国家卫生和计划生育委员会"十三五"规划教材

全国高等学校教材

供康复治疗学专业用

语言治疗学

LANGUAGE THERAPY

第3版

主　　审　李胜利
主　　编　陈卓铭
副 主 编　王丽梅　张庆苏

编　　委　（以姓氏笔画为序）

万桂芳　中山大学附属第三医院

王丽梅　哈尔滨医科大学附属第五医院

王德强　滨州医学院康复学院

冯兰云　天津医科大学儿童临床学院

刘晓明　北京联合大学

汤继芹　山东中医药大学

李胜利　首都医科大学中国康复研究中心

张庆苏　首都医科大学中国康复研究中心

张建斌　长治医学院附属和济医院

陈　艳　广州医科大学第二附属医院

陈卓铭　暨南大学附属第一医院

陈慧娟　哈尔滨医科大学附属第一医院

郭艳芹　牡丹江医学院附属红旗医院

编写秘书　林珍萍　暨南大学附属第一医院

人民卫生出版社

图书在版编目（CIP）数据

语言治疗学 / 陈卓铭主编. -- 3版. -- 北京：人民卫生出版社，2018

全国高等学校康复治疗专业第三轮规划教材

ISBN 978-7-117-26388-7

Ⅰ.①语…　Ⅱ.①陈…　Ⅲ.①语言障碍 – 治疗学 – 高等学校 – 教材　Ⅳ.①R767.92　②H018.4

中国版本图书馆 CIP 数据核字（2018）第 210741 号

人卫智网　www.ipmph.com	医学教育、学术、考试、健康，	
	购书智慧智能综合服务平台	
人卫官网　www.pmph.com	人卫官方资讯发布平台	

语言治疗学
第 3 版

主　　编：陈卓铭

出版发行：人民卫生出版社（中继线 010-59780011）

地　　址：北京市朝阳区潘家园南里 19 号

邮　　编：100021

E - mail：pmph @ pmph.com

购书热线：010-59787592　010-59787584　010-65264830

印　　刷：北京汇林印务有限公司

经　　销：新华书店

开　　本：850×1168　1/16　印张：22

字　　数：620 千字

版　　次：2008 年 1 月第 1 版　2018 年 3 月第 3 版
　　　　　2025 年 4 月第 3 版第 14 次印刷（总第 29 次印刷）

标准书号：ISBN 978-7-117-26388-7

定　　价：58.00 元

全国高等学校康复治疗学专业第三轮规划教材修订说明

全国高等学校康复治疗学专业第二轮规划教材于 2013 年出版，共 17 个品种，通过全国院校的广泛使用，在促进学科发展、规范专业教学及保证人才培养质量等方面，都起到了重要作用。

为深入贯彻教育部《国家中长期教育改革和发展规划纲要（2010—2020 年）》和国家卫生和计划生育委员会《国家医药卫生中长期人才发展规划（2011—2020年）》文件精神，适应我国高等学校康复治疗学专业教育、教学改革与发展的需求，通过对康复治疗学专业第二轮规划教材使用情况和反馈意见的收集整理，经人民卫生出版社与全国高等学校康复治疗学专业第三届教材评审委员会研究决定，于 2017 年启动康复治疗学专业第三轮规划教材的修订工作。

经调研和论证，本轮教材新增《儿童康复学》和《老年康复学》。

康复治疗学专业第三轮规划教材的修订原则如下：

1. **坚持科学、统一的编写原则**　根据教育部培养目标、卫生计生部门行业要求、社会用人需求，在全国进行科学调研的基础上，充分论证本专业人才素质要求、学科体系构成、课程体系设计和教材体系规划后，制定科学、统一的编写原则。

2. **坚持必需、够用的原则**　根据专业培养目标，始终强调本科教材"三基""五性""三特定"的编写要求，进一步调整结构、精炼内容，满足培养康复治疗师的最基本需要。

3. **坚持紧密联系临床的原则**　强调康复理论体系和临床康复技能的培养，使学生毕业后能独立、正确处理与专业相关的康复常见实际问题。

4. **坚持教材创新发展的原则**　本轮教材采用了"融合教材"的编写模式，将纸质教材内容与数字资源内容相结合，教材使用者可以通过移动设备扫描纸质教材中的"二维码"获取更多的教材相关富媒体资源，包括教学课件、自测题、教学案例等。

5. **坚持教材立体化建设的原则**　从第二轮修订开始，尝试编写了服务于教学和考核的配套教材，本轮 19 种理论教材全部编写了配套《学习指导及习题集》，其中 13 种同时编写了配套《实训指导》，供教师授课、学生学习和复习参考。

第三轮康复治疗学专业规划教材适用于本科康复治疗学专业使用，理论教材共 19 种，计划于 2018 年秋季出版发行，全部数字资源内容也将同步上线。

希望全国广大院校在使用过程中提供宝贵意见，为完善教材体系、提高教材质量及第四轮规划教材的修订工作建言献策。

1. 功能解剖学（第3版）
   主编　汪华侨　　副主编　臧卫东　倪秀芹

2. 康复生理学（第3版）
   主编　王瑞元　　副主编　朱进霞　倪月秋

3. 人体发育学（第3版）
   主审　李晓捷　　主编　李　林　武丽杰　　副主编　陈　翔　曹建国

4. 人体运动学（第3版）
   主编　黄晓琳　敖丽娟　　副主编　潘燕霞　许　涛

5. 康复医学概论（第3版）
   主编　王宁华　　副主编　陈　伟　郭　琪

6. 康复功能评定学（第3版）
   主编　王玉龙　　副主编　高晓平　李雪萍　白玉龙

7. 物理治疗学（第3版）
   主编　燕铁斌　　副主编　姜贵云　吴　军　许建文

8. 作业治疗学（第3版）
   主编　窦祖林　　副主编　姜志梅　李奎成

9. 语言治疗学（第3版）
   主审　李胜利　　主编　陈卓铭　　副主编　王丽梅　张庆苏

10. 传统康复方法学（第3版）
    主编　陈立典　　副主编　唐　强　胡志俊　王瑞辉

11. 临床疾病概要（第 3 版）
主编　周　蕾　　副主编　许军英　范慧敏　王　嵘

12. 肌肉骨骼康复学（第 3 版）
主编　岳寿伟　　副主编　周谋望　马　超

13. 神经康复学（第 3 版）
主编　倪朝民　　副主编　胡昔权　梁庆成

14. 内外科疾病康复学（第 3 版）
主编　何成奇　吴　毅　　副主编　吴建贤　刘忠良　张锦明

15. 社区康复学（第 2 版）
主编　王　刚　　副主编　陈文华　黄国志　巩尊科

16. 临床康复工程学（第 2 版）
主编　舒　彬

17. 康复心理学（第 2 版）
主编　李　静　宋为群

18. 儿童康复学
主编　李晓捷　　副主编　唐久来　杜　青

19. 老年康复学
主编　郑洁皎　　副主编　桑德春　孙强三

李胜利

中国康复研究中心原听力语言康复科及吞咽治疗中心主任,主任医师,教授,国务院政府特殊津贴专家,第二次全国残疾人抽样调查言语残疾调查专家组组长。曾经在加拿大、日本专修语言听力康复,率先在国内开展了语言治疗,主持研制了汉语标准失语症、构音障碍、儿童语言发育迟缓(S-S法)评价方法。原卫生部"十一五""十二五"规划教材《语言治疗学》主编,2015年在中央人民广播电台主办的"京城好医生评选"活动中被评为京城好医生。发表文章40余篇,举办了不同类型的语言康复学习班和吞咽康复学习班30余期、举办五届言语治疗国际会议。

陈卓铭

主任医师、博士、博士生导师。暨南大学附属第一医院康复科主任。担任亚太听力言语专业委员会（APSSLH）理事，第九届亚太听力语言大会（9th APCSLH）执行主席。中华医学会物理医学与康复学委员，全国言语语言学组组长，中国医师学会康复分会委员，中国医促会康复医学分会言语听力康复治疗专业委员会副主任委员。广东省残疾人康复协会副会长，广东省物理医学与康复学会副主任委员，广东省康复学会听力言语康复专业委员会副主任委员等。

在科研上曾主持2项国家自然科学基金，国家863课题、国家"十一五""十二五"重大攻关课题等，共承担省部级以上重大课题13项。其主持研制的"语言障碍诊治仪ZM2.1"获广东省科学进步奖二等奖及广州市科学进步奖二等奖。"认知障碍诊治仪ZM3.1"、构音障碍诊治系统等技术，成立并主持广东省神经功能康复工程技术研究中心、暨南大学三好康复研究所。

发表科研论文95篇，涉及康复医学、神经病学、心理学。主编及参编出版15本书籍，包括国家规划教材《语言治疗学》（第1版）、《语言治疗学》（第2版）、《康复医学》（第2版）以及主编专著《特殊儿童的语言康复》《精神与认知康复》等。致力于向全国推广语言障碍、认知障碍、自闭症、脑瘫、脑卒中后遗症、失语、构音障碍、老年痴呆等诊治新技术。

王丽梅

　　教授。哈尔滨医科大学大庆校区康复教研室副主任、哈尔滨医科大学附属第五医院康复科副主任。黑龙江省康复医学会康复治疗专业委员会常委,黑龙江省康复医学会社区康复专业委员会常委,黑龙江省孤独症儿童康复协会理事,黑龙江省科技评审专家库成员,全国首批住院医师规范化培训基地大庆地区康复专业基地负责人,大庆市残疾鉴定委员会专家。

　　2005年开始主讲康复专业本、专科层次"语言治疗学"课程,荣获2014、2017年度哈尔滨医科大学"优秀教师",2016年度哈尔滨医科大学"三育人"工作先进个人。主编国家卫生计生委员会"十二五"规划专科教材《言语治疗技术》;在国家、省级核心杂志上发表医学论文30余篇,参加省、市级科研项目5项,分别获黑龙江省卫生厅科技进步奖、新技术应用奖、大庆市自然科技成果奖等多项奖项。

张庆苏

　　副主任医师,兼职教授,现为中国康复研究中心北京博爱医院听力语言科及耳鼻咽喉科副主任,是2016年亚洲太平洋听语协会教育委员会主任委员,中华医学会物理医学与康复分会委员,中国医师协会康复医师分会委员,中国康复医学会康复教育分会以及吞咽障碍康复分会委员,中国残疾人康复协会孤独症康复专业委员会常务委员,中国老年保健医学研究会老年康复分会委员,北京医学会物理医学与康复学分会常委,北京康复医学会委员。

　　自2000年起在首都医科大学康复学院言语教研室从事教学工作,目前为教研室主任。专业研究方向为听力障碍、语言障碍以及吞咽障碍的评价和康复治疗。主持完成厅局级科研项目各一项,是国家第二次残疾人抽样调查专家组成员。

　　语言治疗学是康复医学中的重要组成部分,是对人与人交流障碍评定、诊断、治疗和研究的学科。随着人民生活水平的提高,人与人交往的要求越来越高,语言障碍成为了影响患者生存质量的重要指标,要求语言康复的患者迅速增加。另外,治疗手段的改变也迫使要求转变,如聋儿治疗。以往聋儿更多的接受手语教育,可实现大班特殊教育,但现在助听器、电子耳蜗迅速发展,很多聋儿要求学习发音,要求一对一的言语训练。孤独症谱系障碍儿童增多、人口老年化和老年痴呆等对语言障碍康复需求迅猛增长,迫切需要专业人员培训,需要大量掌握语言治疗学基本理论、基本知识、基本技能的语言治疗专业人员。本教材的出现成为了语言治疗行业的标准,特别是首都医科大学中国康复研究中心李胜利教授近十多年对第 1版、第 2 版教材的严格把握、科学论述,为行业发展打下坚实基础。随着语言治疗科学的发展,在李胜利教授的主审下,我承担起《语言治疗学》第 3 版的编写工作,希望能够满足高等学校康复治疗学专业教学发展需要。

　　本版教材从语言相关基础、障碍点以及常见疾病导致的语言障碍三大方面进行讲述。在语言基础方面,对语言的相关的解剖、影像以及治疗手段进行概述,并增加言语残疾、特殊教育的相关内容;在语言障碍点的类型方面,包括听力障碍所致的语言障碍、失语症、构音障碍、腭裂、嗓音障碍、口吃、儿童语言发育迟缓、吞咽障碍;在常见疾病导致的语言障碍方面,包括了孤独症谱系障碍、脑退化性疾病、其他原因引起的语言障碍。自 2014 年起,教育部修改了学科专业目录,将听力与语言康复定为医学技术类专业,授予理学学士,学制 4 年。国内各大教育机构逐渐转变教学培养方案,筹备设置听力与语言康复专业。本届编委会在第 3 版的《语言治疗学》中做了较大的改动。本教材已将语言治疗师教育、言语残疾、特殊教育、针对功能障碍的失语症单独作为一节内容,将孤独症谱系障碍、脑退化性疾病的语言障碍作为一章内容。另外,随着计算机科学的发展,语言治疗已不是单纯使用图表、量表的时代。器械、计算机、人工智能、语音识别技术的发展推动语言治疗的发展,并引起相应治疗策略的改变。本教材对相关内容都进行了调整。在《语言治疗学实训指导》(第 2 版)、《语言治疗学学习指导及习题集》(第 3 版)也做了相应的修订。另外,本教材附有二维码进行同步练习,便于教师的教学和学生自习。

　　书稿编写过程中得到湖北省十堰市太和医院谢瑾教授的协助,得到本教材编写秘书暨南大学附属第一医院语言障碍中心林珍萍医师以及暨南大学三好康复研究所、广东省神经功能康复研究中心等单位的大力支持,特此鸣谢!

　　本书不仅可以作为康复治疗学专业本科生教材,也可作为其他康复相关专业师生及从事语言治疗的康复医师们的参考书。虽然我们在本专业领域具有一定的经验,但与发达国家相比仍存在差距,希望通过各个专家团体的努力,让我们的语言治疗学专业逐渐与国际接轨。编写时间较为仓促,书中想必还存在不足之处,希望广大读者批评指正。

陈卓铭

2018 年 3 月

目录

01
第一章
概述

第一节　语言治疗的发展历史　1
第二节　语言交流的医学基础　2
　　一、语言交流的解剖与生理基础　2
　　二、正常儿童听觉、语言和交流
　　　能力的发育　12
第三节　语言交流的心理学基础　16
　　一、语言交流的心理过程　16
　　二、语言障碍与精神心理的关系　20
第四节　语言交流的文化与语言学基础　21
　　一、文化与语言　21
　　二、语音　21
　　三、文字　26
第五节　语言治疗师教育　30
　　一、国内外语言治疗从业人员及
　　　教育概况　30
　　二、国外语言治疗师教育标准课
　　　程设置及教学体系　31
　　三、中国香港特别行政区及中国
　　　台湾地区语言治疗师本科教
　　　育标准课程设置　34
　　四、中国语言治疗师培养现状与
　　　展望　35
第六节　言语残疾评定　36
　　一、言语残疾定义　37
　　二、言语残疾分级　37
　　三、言语残疾评定　37
第七节　特殊教育　43

　　一、特殊教育概述　43
　　二、特殊教育与语言治疗的关系　43
　　三、语言发展关键期与早期干预　44
　　四、医教结合、综合康复　45

02
第二章
语言治疗的方法

第一节　语言与言语　46
第二节　语言治疗的康复途径和原则　46
第三节　治疗的要求和注意事项　49
第四节　语言障碍患者的辅助交流设备　51
　　一、语言障碍的辅助诊断设备　51
　　二、语言障碍的辅助康复设备　52
　　三、语言障碍患者的辅助交流设备　54
　　四、电子媒介对语言的影响　56
第五节　语言障碍的相关药物治疗　56
　　一、钙通道阻断药　56
　　二、脑激活剂类　57
　　三、中药类　57

03
第三章
与语言障碍相关的神经影像学与神经电生理学

第一节　概述　58
第二节　大脑语言区的功能解剖学　58
第三节　语言障碍的非量表检测技术　60
　　一、神经影像学检查　60

二、放射性核素检查 63

三、神经电生理检查 64

第四节　与失语症相关的神经影像学表现 67

04

第四章
听力障碍

第一节　听力学基础 71

一、听觉系统 71

二、听觉生理 72

第二节　听力障碍 74

一、定义 74

二、听力障碍的程度分级 74

三、听力障碍的表现 74

四、听力障碍的分类 74

五、常见听力障碍 75

第三节　听力检查 77

一、听力检查中的常用名词 77

二、主观测听法 78

三、客观测听法 79

第四节　常见听力障碍的预防 80

第五节　听力障碍的干预 81

一、助听器 82

二、人工电子耳蜗 83

第六节　听力障碍儿童的语言评价 85

一、概念 85

二、语言障碍表现 85

三、评价方法 86

第七节　听力障碍儿童的听觉语言训练 87

一、婴幼儿听觉发展过程 87

二、听觉训练注意事项 88

三、听觉训练的方法 88

四、构音训练 89

五、语言训练的方法 89

六、人工耳蜗植入后的语言训练 91

附：人工耳蜗临床技术操作规范 92

一、人工耳蜗植入术 92

二、人工耳蜗听力学评估和调试 93

05

第五章
失语症

第一节　概述 94

一、失语症的定义和病因 94

二、失语症的语言症状 94

第二节　失语症分类和临床特征 97

一、失语症的分类 97

二、各类失语症的临床特征与病灶 98

第三节　失读症 101

一、各类失读症的临床特征与病灶 101

二、失读症的评定 103

三、失读症的康复治疗 103

第四节　失写症 104

一、失写症的概念与分类 104

二、失语性失写 104

三、非失语性失写 105

四、过写症 106

五、汉语失写检查法 107

第五节　失语法 109

一、定义 109

二、表现 109
三、评定 109
四、治疗 110
第六节　双语与多语失语症 110
一、定义 111
二、评估 111
三、康复治疗 112
第七节　原发性进行性失语 114
一、定义 115
二、病因与病理 115
三、临床特点 115
四、诊断与分类 116
五、语言功能评估方法 117
六、康复治疗 117
第八节　失语症评定 118
一、国际常用的失语症检查法 118
二、国内常用的失语症评定方法 119
三、失语症严重程度的评定 119
四、失语症的鉴别诊断 120
五、失语症的评价报告及训练程序 121
第九节　失语症治疗的适应证、原则与预后 124
一、适应证和过程 124
二、治疗原则 124
三、治疗时机 124
四、主要机制 125
五、疗效与预后 125
第十节　Schuell 刺激疗法 126
一、Schuell 刺激疗法的原则 126
二、设计治疗程序时的注意事项 127
三、治疗程序的选择 129
第十一节　针对功能障碍的失语症治疗 130

一、表达障碍的治疗 130
二、听理解障碍 132
三、复述障碍 135
四、命名障碍的治疗 137
五、不同失语症的分类治疗 139
第十二节　促进实用交流能力的训练 142
一、训练目的 142
二、训练原则 142
三、交流效果促进法 142
第十三节　阅读障碍的治疗 145
一、影响阅读理解的因素 145
二、阅读理解的训练方法 146
第十四节　书写障碍的治疗 149
一、临摹和抄写 150
二、指示书写阶段 151
三、自发书写阶段 152
四、失写症的治疗 153
第十五节　小组治疗 154
一、言语 - 语言团体治疗小组 154
二、家庭咨询和支持小组 155
三、心理治疗小组 155

06

第六章
构音障碍

第一节　构音障碍的定义和分类 156
一、定义 156
二、分类 156
第二节　运动性构音障碍的评定与治疗 156
一、运动性构音障碍的定义和分类 156

二、构音障碍评定 158

三、运动性构音障碍的治疗 166

四、脑瘫儿童构音障碍的康复治疗 173

第三节 功能性构音障碍 177

一、功能性构音障碍的定义与原因 177

二、功能性构音障碍的诊断 178

三、构音评价 178

四、训练原则 179

五、训练计划的制订 179

六、构音训练 180

07

第七章

腭裂

第一节 腭裂的概念与语音表现 182

第二节 腭裂的评价 186

一、主观评价 186

二、客观评价 187

第三节 腭裂的构音训练 190

一、语音训练的时间与方式 190

二、腭裂术后语音训练的原则与
注意事项 190

三、腭咽闭合不全的训练 190

四、语音训练的顺序与内容 191

五、腭裂术后常用的语音训练方法 192

六、腭裂术后异常语音的生物反馈
治疗 192

七、练话教材例句 193

08

第八章

嗓音障碍

第一节 发音的基础与生理 194

一、基本概念 194

二、应用解剖与生理 194

第二节 嗓音障碍的种类与表现 196

一、概念 196

二、常见病因 196

三、常见嗓音障碍 197

第三节 嗓音障碍的评价 198

一、主观感知评价 198

二、客观检查及评价 200

第四节 嗓音障碍的预防与康复 204

一、原则 204

二、嗓音障碍的预防 205

三、嗓音障碍的康复 205

四、嗓音障碍的临床治疗 206

第五节 无喉者语言训练 207

一、无喉者的概念 207

二、食管发声训练方法 207

09

第九章

口吃

第一节 口吃的定义、原因和症状 209

一、口吃的定义 209

二、口吃的原因 209

三、口吃症状和类型 210

第二节　口吃的评价 211
一、问诊 211
二、无阅读能力儿童口吃的评价 212
三、有阅读能力和成人期口吃的
评价 212
四、口吃检查、评定记录表 212
五、口吃的分级 213
第三节　口吃的治疗 214
一、口吃治疗的标准 214
二、口吃儿童父母指导 214
三、建立专门流畅性技巧 216
四、成人口吃的治疗 217

10
第十章
儿童语言发育迟缓

第一节　概述 219
一、语言发育迟缓的定义和病因 219
二、语言发育迟缓的表现 221
第二节　儿童语言发育迟缓的评价、诊断 221
一、评价目的 221
二、评价的程序和内容 221
三、汉语儿童语言发育迟缓评价法 225
第三节　语言发育迟缓训练概论 230
一、训练原则 230
二、训练目标 231
三、训练方式 231
四、治疗师对儿童反应的处理方法 231
五、增进互动沟通的技能 232
六、训练程序的定制 233

第四节　语言发育迟缓训练方法 234
一、注意力和记忆力的训练 234
二、交流态度与交流能力的训练 234
三、语言符号与指示内容关系的
训练 235
四、文字训练 238
五、语言环境与儿童语言发育 239

11
第十一章
吞咽障碍

第一节　正常吞咽的应用解剖学基础 240
一、吞咽相关的正常解剖 240
二、正常人的吞咽过程 241
三、吞咽过程的神经支配 241
第二节　吞咽障碍的神经病学原因与临床
表现 243
一、概述 243
二、吞咽障碍的病因 244
三、吞咽障碍的临床表现 245
四、引起吞咽障碍的代表性疾病 245
第三节　吞咽障碍的评估 246
一、筛查 246
二、临床评估 248
三、实验室评估 252
四、吞咽障碍评价流程 257
第四节　吞咽障碍的治疗 257
一、对吞咽障碍患者及其家属的
健康教育及指导 258
二、吞咽障碍治疗的具体方法 258

第五节　吞咽障碍治疗策略临床实施　280
　　一、吞咽康复治疗方案的制定及
　　　　时机　280
　　二、吞咽障碍的治疗操作流程　281
　　三、不同期障碍患者治疗方法的
　　　　选择　281
　　四、对吞咽障碍患者及其家属的
　　　　健康教育及指导　283

12
第十二章
孤独症谱系障碍语言康复

第一节　概述　287
　　一、病因及发病机制　287
　　二、临床特征　288
　　三、诊断标准　289
第二节　康复评定　290
　　一、儿童行为观察评定　290
　　二、筛查、诊断量表　290
　　三、语言能力评定　293
　　四、智力及发育的评定　294
　　五、孤独症谱系障碍的评定流程　294
第三节　康复治疗　295
　　一、语言治疗　295
　　二、行为教育训练　297
　　三、药物治疗　300

13
第十三章
脑退化性疾病的语言干预

第一节　阿尔茨海默病　301
　　一、临床表现　301
　　二、诊断　302
　　三、言语障碍的发病机制　302
　　四、言语障碍的临床表现　302
　　五、AD 不同阶段言语障碍表现　303
　　六、AD 患者言语障碍的评定　304
　　七、AD 患者言语障碍的康复治疗　305
第二节　帕金森病　307
　　一、PD 患者言语障碍的发病机制　307
　　二、PD 患者言语障碍的临床表现　308
　　三、PD 患者言语障碍的评定　308
　　四、PD 患者言语障碍的康复治疗　309

14
第十四章
其他原因引起的语言障碍

第一节　认知功能损害对语言交流的影响　312
第二节　精神心理障碍对语言交流的影响　315
　　一、焦虑　315
　　二、抑郁　316
　　三、精神分裂症　317

第三节　口颜面失用和言语失用　　319

　　一、口颜面失用　　319

　　二、言语失用　　320

第四节　缄默症　　322

　　一、功能性缄默症　　322

二、器质性缄默症　　324

三、缄默症的治疗重点　　325

参考文献　　327

第一章
概述

第一节　语言治疗的发展历史

语言治疗学是康复医学的组成部分,是对各种语言障碍和交往障碍进行评价、治疗和研究的学科。这个专业不同国家开始于不同时期,美国大多数关于语言治疗的起源描写都集中在组织的成立,他们认为本专业起源于1925年左右,那时在言语障碍和言语矫治领域工作的专业人员成立了他们自己的组织。但是,实际上早在19世纪,学习雄辩术的人开始同演说家、政治家、歌手、牧师、演员或其他任何有意改善口才或歌唱技巧的人一起工作。有些人如Andrew Comstock和Alexander Graham Bell也为有语言或听力障碍的人讲授课程。这一时期,查尔斯·达尔文出版了一部有关不同生物起源的书籍《物种起源》以及Paul Broca和Carl Wernicke关于大脑的研究,这些都对语言治疗产生了深远影响。

19世纪的美国作业治疗师、运动治疗师和语言治疗师的组织都尚未成立,在这些领域中提供服务的人是自发的从业者,他们或对所从事的治疗领域非常感兴趣或有一些个人经验。在这些人员中,有一些勇于实践的专家,他们治愈了自身的语言问题或在其教学和演讲实践中取得了经验和专业知识。19世纪中下叶,美国这些专业人员的数量有所增加,并且他们开始合作并致力于语言治疗领域的专业化进程,并且这些活动在20世纪初期由美国的局部地区扩展到全美国。

20世纪以后,语言治疗的实践活动要比上述范围更加广泛,这时专业人员不仅关注组织的建立,并且还关注实践背后的理论研究和科学观点。

在语言治疗第一个时期之后,即是语言治疗发展的第二时期。即从1900年左右持续到2000年。这个时期按年代可以分为4个阶段,每一个阶段都有其特点。

第一阶段为形成期,从1900年之前持续到第二次世界大战结束。这一时期是语言治疗科学、学术和实践的萌芽时期。

第二个阶段从1945年到1966年。这一时期大量的评价和治疗方法发展起来,以改善沟通障碍的内在心理进程。

第三个阶段始于1950年左右,持续到1975年,被称为语言学时代。这一时期他们开始将语言障碍的治疗从言语障碍治疗中分离出来。并按照语言学的本质为出发点进行治疗。

第四个阶段是语用学时期,从1975年到2000年,这一时期开始对实践进行再思考和再构造,这些实践包括会话的、语言的、文化的及日常生活等方面。

20世纪中叶是向科学观念和行为转变的时期。科学的领导地位直接影响了语言治疗的发展方向,使其向着语音学、脑研究、治疗技术、测试及儿童学习等领域发展。这一时期成立了大量的研究项目和学术部门。

语言治疗发展的另一个标志是语言治疗师的数量和教育水平,目前国际上语言治疗师［发达国家现在的正式名称是言语‐语言病理学家(Speech-Language Pathologist,SLP)］的需求量标准是每10万人口中 20 名,美国言语听力协会(ASHA)现有会员 120 000 人,国家资格认证的言语 - 语言病理学家 98 334 人,其中 1371 人具有言语 - 语言病理学家和听力学家国家资格认证,但仍面临不足。按国际上此标准推算,中国大约需要语言治疗师 26 万名,可是目前中国培训的能进行大脑和神经损伤所致的语言障碍的语言治疗师大约 2000 名左右,包括聋儿语训教师,总计大约只有五六千名。在水平上和数量上远远不能适应大量语言障碍患者的需求。在语言治疗师的教育方面,现在美国的 300 多所大学中设有语言病理专业本科教育,其中 200 多所大学设有语言病理硕士和博士研究生教育。另外一些发达国家,如加拿大、德国、澳大利亚、日本等国家相继建立了语言病理专业,而且日本、韩国及我国香港特别行政区已由 20 世纪 80 年代大专教育过渡到现在的研究生水平教育,为社会培养语言治疗和研究人才。特别是近 30 余年以来,随着医学、心理学、教育学的发展,也促进了语言康复领域的发展。中国语言治疗的建立应该视为 20 世纪 80 年代中期,国内的一些医生到国外学习进修并将语言治疗的研究成果和专业知识引进国内,并结合国内的语言特点和文化习惯编制了各种语言障碍的评价方法,开始对失语症、构音障碍、语言发育迟缓、口吃、孤独症、聋儿等语言和交流障碍进行治疗和训练以及在全国范围开展了聋儿语言训练,并且将国外的方法与中国传统医学相结合积累了很多经验,近几年来还开展了吞咽障碍的评价和治疗。在教育方面自 20 世纪 90 年代开始通过短期培训的方式培训语言治疗专业人员。近几年以来在国内的几所院校招收了语言治疗的硕士研究生。在我国的部分大中型医院已有语言治疗专业人员,但总体上与发达国家的相比仍存在较大差距。

(张庆苏)

第二节　语言交流的医学基础

一、语言交流的解剖与生理基础

(一)大脑皮层和功能一侧化

大脑的功能相当复杂,但有相对的功能分区。其中大脑皮层由感觉皮层、运动皮层和联合皮层组成。感觉皮层包括视皮层、听皮层、躯体感觉皮层、味觉皮层和嗅觉皮层。运动皮层包括初级运动区、运动前区和辅助运动区。联合皮层包括前额叶联合皮层、颞叶联合皮层、顶叶联合皮层。联合皮层不参与纯感觉、纯运动的功能,而是在感觉输入与运动输出之间起联合作用。

1. 前额叶联合皮层　前颞叶皮层是最高级别的联合皮层(association cortex)。是中枢神经系统最晚成熟的结构。它在许多脑的高级功能中起关键作用,具有广泛的皮层间及皮层下输入和输出投射联系,例如:前额叶皮层与纹状前视区、颞叶、顶叶有着交互的纤维联系;与基底前脑、扣带回及海马有直接或间接的纤维联系;发出的纤维投射到基底神经节;它既接受丘脑背内侧核的直接投射,也向下丘脑进行直接投射。这种复杂的纤维联系模式决定了前额叶皮层在注意力调控、学习与记忆、行为印制、行为的计划和策略、思维和推理等功能的复杂性。

2. 颞叶联合皮层　颞叶联合皮层由颞上回、颞下回、颞叶古旧皮层共 3 部分组成:颞上回主要与听觉信息处理相关;颞下回主要与视觉信息处理相关;颞叶古旧皮层(内侧颞叶,包括梭状回、旁海马回海

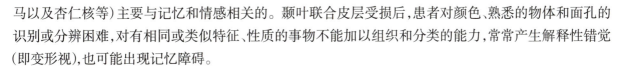

马以及杏仁核等)主要与记忆和情感相关的。颞叶联合皮层受损后,患者对颜色、熟悉的物体和面孔的识别或分辨困难,对有相同或类似特征、性质的事物不能加以组织和分类的能力,常常产生解释性错觉(即变形视),也可能出现记忆障碍。

3. **顶叶联合皮层** 顶叶联合皮层通过接收来自初级的躯体感觉皮层、丘脑后外侧、纹前视区、丘脑后结节、颞上回、前额叶皮层和扣带回等的信息,并投射至运动前区、前额叶皮层、颞叶皮层、扣带回、岛回和基底神经节。当顶叶联合联合皮层受损或病变后,患者在触知觉及空间知觉方面表现异常。例如:在触觉方面,患者会丧失通过触觉辨别物体大小形状的能力。在空间知觉方面,患者会表现出不能识别经常走过的路线;不能正确穿着衣服,前后不分;常常忽视左侧空间的物品;不能通过正确的空间结构搭建物品。

4. **大脑皮层功能侧化** 人类的大脑由大脑纵裂分成左、右两个大脑半球,两半球经胼胝体的横向神经纤维相连。大脑的左右半球虽然在外形上很相似,但是在结构和功能上却存在一定差异,这种差异在神经科学中被称作大脑结构和功能的侧化和功能不对称。随着对两半球功能认识的水平和深度的提高,优势半球的概念逐渐被大脑半球功能侧化和功能分工的概念取代。现代认为,两侧大脑半球各有自己的优势功能(表1-1),人类的一切正常心理活动,都是在大脑两半球功能相对侧化的基础上,通过两半球之间的协同作用实现的,也就是说大脑两半球虽然存在着功能上的分工,但是大脑始终是作为一个整体而工作的。

表 1-1 左右大脑半球各自的优势功能

左侧大脑半球	右侧大脑半球
语言能力	绘画、绘图能力
左右定位	建造能力
计算力	面容识别
手指识别	穿衣
数学	躯体的和空间的定向能力
推理	持续运动
逻辑	音乐、想象力

(二)大脑皮层下功能与语言障碍

人们发现优势半球皮质下结构(如丘脑和基底节等)受损也能引起语言障碍。

1. **基底节** 受损特别是尾状核和壳核受损,可以引发基底节性失语,多表现为非流畅性,语音障碍,呼名轻度障碍,复述相对保留。听理解和阅读理解可能不正常,容易出现复合句子的理解障碍,书写障碍明显。

2. **弓状纤维** 是一束将 Wernicke 区和 Broca 区相连的白色纤维。它将信息从 Wernicke 区传向 Broca 区。所以,其在语言功能的完成中具有重要的作用,但个体间存在左右侧的数量及结构的差异。关于失语症与弓状纤维的损伤情况,不同的文献有不同的结论。针对损伤部位与失语类型是否有关,暂时还没有统一的意见,但弓状束损伤程度与预后有密切相关则被较多的文献都有报道。

3. **胼胝体** 是连接两个半球的纤维。它的功能是联系每一个半球的同一区域。临床表现中,胼胝体主要连接运用中枢、运动性语言中枢、双侧视听中枢,并参与共济运动,是双侧大脑半球认知功能的联系通道。因此,胼胝体不同部位受损,会出现相应大脑半球缺失症状。单纯全胼胝体病损时,临床表现嗅觉、触觉命名不能、感觉传递障碍、观念运动性失用、结构性失用、失写以及异己手现象等。两侧大脑半球的联合纤维在胼胝体内按一定顺序排列,故产生相应的定位症状:胼胝体前 1/3 损害可出现左侧肢体失用,可有肌力下降,言语障碍,认知和精神障碍等。胼胝体中 1/3 损害可出现假性延髓麻痹和共济失调症状。胼胝体后 1/3 损害出现偏盲和听觉障碍。失语症可由于胼胝体联合投射纤维损害,或同时合并颞、额叶语言中枢受损,病灶波及旁中央小叶可导致小便失禁,病变累及额叶,可导致智能障碍,可能与累及大脑前动脉额极支相关。

4. **背侧丘脑** 又称丘脑。背侧丘脑的腹外侧核及腹前核与辅助运动区、运动区及 Broca 区有丰富的双向联系,同时丘脑枕和颞叶与大脑后部皮质间也有密切的联系。如果此区域受损伤,会造成丘脑性失语。临床上多表现为语调低、不善于主动讲话、表情冷漠、命名及阅读理解能力轻度障碍,复述可正常。

(三) 语言中枢在大脑皮层的定位

从 Broca 证明脑与语言的联系以后,产生了言语定位学派,认为每一种语言行为模式都可以被定位于特定的脑区,不同大脑部位的病变是产生不同语言障碍的基础(图 1-1)。

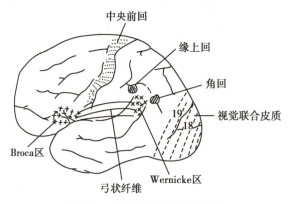

图 1-1 语言功能治疗区示意图

反定位学派则将大脑视为整体,否认语言的功能定位,认为人类复杂的语言功能不可能由几个孤立的脑区承担,强调功能整体论。现代功能影像技术的发展,已经探明了大脑皮层中一些与语言有关的区域(表 1-2),认为定位理论虽然重要,但不能绝对化。

表 1-2 与语言有关的大脑区域

大脑区域	定位	功能
初级运动皮质	中央前回,Brodmann 4 区	将从 Broca 区来的信息转变成运动活动已产生言语
Broca 区	左侧第三额回下部	面、舌、唇、腭、咽和呼吸的运动联合皮质,此区功能包含产生言语所必需的运动模式
弓状纤维	一束将 Wernicke 区和 Broca 区相连的白色纤维	将信息从 Wernicke 区传向 Broca 区
初级听觉皮质	41 和 42 区—颞上横回	接收和分析听觉信息
Wernicke 区	颞上回后部	听联合皮质,分析从初级听觉来的输入信号,将这些信号与储存在记忆库中的信息进行匹配,并翻译他们的意义。该区对复述和理解都很重要
外侧裂周区	环绕外侧裂周围的区域	包括 Broca 区、弓状纤维和 Wernicke 区
交界区或分水岭区	大脑前动脉与大脑中动脉分布交界区,或者大脑中动脉与大脑后动脉分布交界区	此区受损可以引起经皮质性失语,经皮质性失语的共同特点是复述不受损,因为 Wernicke 区仍然与 Broca 区保持联系

大脑区域	定位	功能
角回和缘上回	构成顶叶的前下部,位于听觉、躯体感觉和视觉联合皮质的交界区	使三个区域的联合皮质相互联系。当给予视觉信号时,角回和缘上回能够扫描 Wernicke 区,且能够激发与视觉资料相匹配的听觉信息,同样,当给患者提供听觉信息的时候,角回和缘上回也可以扫描视觉联合皮质
视觉联合皮质	位于初级视觉皮质前,枕叶和顶叶的 18 和 19 区	对初级视觉信号进行分析
胼胝体	连接两个半球的纤维	联系每一半球的同一区域

（四）言语产生的机理

1. **大脑的控制和调节**　言语产生(这一部分是指音声语言或者说是口语)的方式可以参考图 1-2,这个图说明了言语产生需要多个系统和结构连续的活动过程。首先言语起始于大脑的皮层。说话的思维(说话的意愿或反应过程)会引起一系列的神经冲动,而且冲动会迅速地传递到呼吸肌、喉和其他构音器官(构音器官如图 1-3 所示,它们或是呼吸或是进食的器官)。这些神经冲动可能会同时传递给所有的肌肉和某些肌肉,此种模式会在言语产生的过程中存在短暂时间上的重叠(同时传递到一些肌肉)和产生相互影响,例如,在声带发声的同时发音器官产生有具体意思的语音。另一方面,在发声和构音时对气流产生的阻力也会对呼吸系统产生影响。存在于相关关节、肌腱、肌肉的特殊感受器会将言语活动的信息不断传回到大脑,在这些信息中,一些是有意识的,有些信息是无意识的。因此,如果没有反馈、听觉、知觉,语言活动便无法完成。

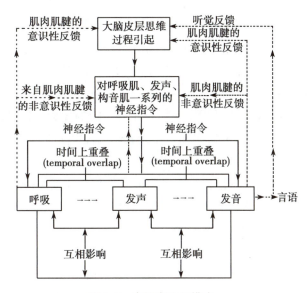

图 1-2　言语产生的模式

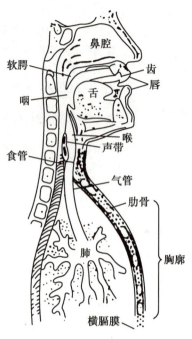

图 1-3　发声与构音器官

2. **发声**　喉的发声包括从肺产生呼气流的过程和在声门(左右声带间隙)将呼气流转变成间断气流并生成声波的过程。

(1)呼吸运动:呼吸运动由肺、支气管、气管、胸廓、横膈和辅助横膈运动的腹肌肌群组成。呼吸过程中,胸廓通过扩大和缩小改变肺的容积,吸气时,肋骨上提,胸廓向侧方和前方扩大,此运动由吸气肌进行。呼气时,扩大的胸廓由于吸气肌的松弛而自然缩小,此时也有呼气肌的参与。横膈在收缩时下降,胸腔向下方扩展进行吸气,横膈松弛时向上,胸腔向上方缩小促进呼气。腹肌使腹壁紧张,增加腹腔内压,间接地使横膈上升,促进呼气。

(2)说话时的呼吸:说话时呼吸的条件是:呼气时要有一定的压力,呼气压要能维持一定时间,能适当控制呼气压水平。在说话过程中,以上这些都是在无意识过程中实现的。在说话时每次的吸气相在0.5秒左右。呼气相在5秒以上。

说话时,由于呼吸肌的运动使呼气压保持在必要的水平称为呼气保持。由于吸气运动使肺、胸廓扩大,由其回缩力所致的呼气压如果比目的压高时,吸气肌收缩使呼气压降至目的压水平。当肺和胸廓缩小,回缩力所致的呼气压比目的压低时,呼气肌收缩,使呼气压上升至目的压水平。为了适应说话时所需要的呼吸,在神经的支配下,呼气肌和吸气肌的协调运动,来维持必要的肺容量和压力。最大吸气后持续发声时间,成人男性平均30秒,女性20秒。主要的呼吸肌参考表1-3。

表 1-3　参与发声构音的主要呼吸肌

肌群	肌肉名称	起始	终止	神经支配	作用
胸廓肌	肋骨提肌	第6颈椎~第11胸椎横突	第1~12肋骨	脊髓神经后支	上提肋骨,吸气
	上后锯肌	第6颈椎~第2胸椎棘突	第2~5肋骨	肋间神经	上提肋骨,吸气
	肋间外肌	肋骨间		肋间神经	上提肋骨,吸气
	胸横肌	胸骨	肋骨	肋间神经	下拉肋骨,呼气
	下后锯肌	第11胸椎~第2,3胸椎棘突	第9~12肋骨	肋间神经	下拉肋骨,呼气
	肋间内肌	肋骨间		肋间神经	下拉肋骨,呼气

续表

肌群	肌肉名称	起始	终止	神经支配	作用
	横膈膜	腰椎,肋骨弓,胸骨剑突	中心腱	横膈膜神经	隔膜下降,吸气
腹壁肌	腹直肌	耻骨,耻骨联合嵴	剑突	肋间神经	腹压上升,呼气
	腹外斜肌	第5~12肋间	腹直肌鞘	肋间神经+腰神经丛	腹压上升,呼气
	腹内斜肌	胸腰肌膜,髂骨	腹直肌鞘	肋间神经+腰神经丛	腹压上升,呼气
	腹横肌	下接肋骨,髂骨	腹直肌鞘	肋间神经+腰神经丛	腹压上升,呼气

(3)喉:喉位于食管与气管的分界处,作用是可以防止食物进入气管。由甲状软骨和环状软骨组成环甲关节。披裂软骨外展则左右软骨分离,若内收则左右软骨接近,由此引起两侧声带的外展而声门开大,内收时声门关闭。参与此关节运动的肌肉是喉内肌(图1-4、表1-4),图1-5和表1-5显示的是位于喉外部的喉外肌。舌骨上肌群通过舌骨把喉向上牵拉,下肌群向下牵拉,包括咽肌在内,参与构音器官的运动和吞咽运动。

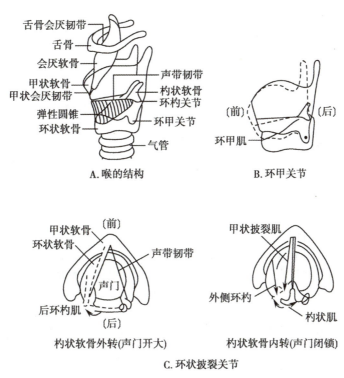

图1-4 喉的结构,关节运动与喉内肌

表1-4 喉内肌

肌群	肌肉名称	起始	终止	神经支配	作用
	环甲肌	环状软骨前面	甲状软骨下缘	喉上神经返支	拉伸声带,使之紧张
	甲杓肌	甲状软骨正中内侧面	杓状软骨前面	迷走神经返支	声门关闭
喉内肌	声带肌	甲杓肌的声带缘	杓状软骨突起处	迷走神经返支	声带紧张
	环杓侧肌	环状软骨侧面	对侧杓状软骨后面	迷走神经返支	声门关闭
	杓肌	杓状软骨后面	杓状软骨突起处	迷走神经返支	声门关闭
	环杓后肌	环状软骨后面		迷走神经返支	声门开大

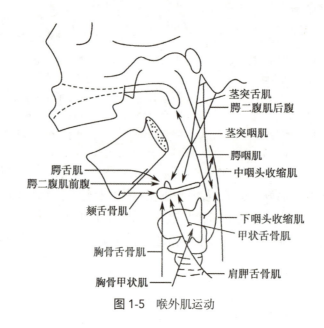

图 1-5 喉外肌运动

表 1-5 喉外肌

肌群		肌肉名称	起始	终止	神经支配	作用
喉外肌	舌骨上肌	颚二腹肌前腹	下颌体内面	固定于舌骨的中间腱	三叉神经第3支	使舌骨向前上方,下颌骨张开
		颚二腹肌后腹	颞骨乳突	固定于舌骨的中间腱	面神经	使舌骨向后
		上颌骨肌	下颌骨颏棘	舌骨	舌下神经	使舌骨向前上方,下颌骨张开
		下颌骨肌	下颌体内侧	舌骨、颏舌骨肌边缘	三叉神经第3支	使舌骨向前上
		茎突舌骨肌	下颚茎突	舌骨	面神经	使舌骨向后上
	舌骨下肌	肩甲舌骨肌	肩胛骨上缘	舌骨	舌下神经 + 颈神经丛	下拉舌骨,使下颌张开
		胸骨舌骨肌	胸骨上端	舌骨	舌下神经 + 颈神经丛	下拉舌骨,使下颌张开
		胸骨甲状肌	胸骨上端	甲状软骨	舌下神经 + 颈神经丛	下拉喉
		甲状舌骨肌	甲状软骨	舌骨	舌下神经 + 颈神经丛	下拉舌骨
	咽提肌	会厌咽肌	咽侧壁	会厌	舌咽神经	上拉咽壁
		茎突上咽肌	茎突	咽侧壁	舌咽神经	上拉咽壁
		咽上收缩肌	蝶形骨翼状突起、下颌骨、舌	咽缝线	舌咽神经	收缩咽腔
		咽中收缩肌	舌骨	咽缝线	迷走神经	收缩咽腔
		咽下收缩肌	舌骨	咽缝线	迷走神经	收缩咽腔
		甲咽肌	甲状软骨	咽缝线	迷走神经	收缩咽腔
		环状咽肌	环状软骨	咽缝线	迷走神经	收缩咽腔

(4)喉的运动调节:呼吸时声门及喉内腔打开,在吞咽或有异物侵入时,声带反射性地强烈收缩,使喉腔闭锁。发声时声带内收,声门闭锁。假声带不能使喉闭锁。发声时声带呈正中位,平静呼吸时呈正中位,深吸气时呈外展位(图 1-6),当发声时声带可以保持适当紧张度和厚度,通过呼气产生震动,声门的开闭与震动周期一致,使呼气流呈断续状态。通过声门的断续的气流形成声源。声音的高低由频率决定(图 1-7)。

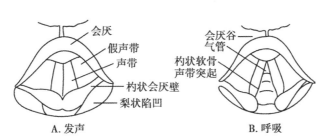

图 1-6　喉镜像

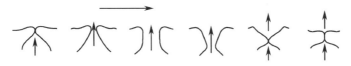

图 1-7　发声振动的一个周期（额状面）

若发的声是浊音，喉处于发声准备状态，声带持续震动。发清音时一般情况下声门打开，声带停止震动。

声音的高度由喉来调节，当声带变薄而且紧张度增高时，频率增加，声音的高度增加。发真嗓音时（天生的嗓子）环甲肌使声带伸展，同时声带肌使声带紧张，这两者的运动使声音的高度增加。发假声时，主要是环甲肌进行调节使声带变厚，而且松弛，频率降低，声音的高度下降。

可能发出的最高音（音域的上限）与最低音（音域的下限）之间的音域称为生理性音域。成人男性的音域为 60～500Hz（约 3 个音阶），成人女性的为 120～800Hz（约 2.5 个音阶）。说话时发声的高度，虽然有某种程度的变化，但平均高度（说话时的发声）成人男性约 120Hz，成人女性约 240Hz，这与声音强度不同，是由呼气压来调节。

3. **调音**　在说话时，通过声门以上的各个器官的协调运动产生的语音过程称为调音。调音器官包括双唇、硬腭、软腭、咽、舌、下颌、鼻腔等它们共同组成声道。其中可以活动的有唇、软腭、咽、舌及下颌。

（1）下颌：下颌骨呈马蹄形后方向上弯曲，通过下颌关节与头骨相连。下颌关节的运动通过咀嚼肌和舌肌来进行。关节的运动包括开闭和左右前后移动。构音动作主要与口开闭运动有关，保持闭口（上举）也是很重要的运动（图 1-8，表 1-6）。

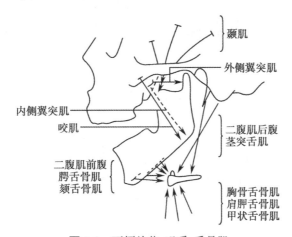

图 1-8　下颌关节、咀嚼、舌骨肌

表 1-6　下颌关节活动肌肉

肌群	肌肉名称	起始	终止	神经支配	作用
咀嚼肌	咬肌	颧骨	下颌角外侧面	三叉神经第3支	闭下颌
	内侧翼状肌	蝶骨翼	下颌角内侧面	三叉神经第3支	闭下颌
	外侧翼状肌	蝶骨翼大翼	下颌关节	三叉神经第3支	前拉下颌,张下颌
	侧关肌	颞骨	下颌骨突起	三叉神经第3支	关下颌,后部肌束后拉下颌
	舌骨肌				

(2)舌:舌是从口腔下面到咽中部的肌肉块,由舌外肌和舌内肌构成。舌外肌由舌的外部进入舌,使舌体前后、上下移动,改变舌的方向。舌内肌在舌的内部可以使舌上下、前后水平方向移动,改变舌的形状。舌的运动十分复杂,但与构音有关的运动是舌体上下、前后移动、舌尖的上举、下降等(图1-9,表1-7)。

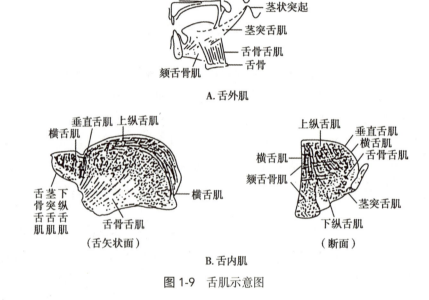

A. 舌外肌

B. 舌内肌

图 1-9　舌肌示意图

表 1-7　舌肌

肌群	肌肉名称	起始	神经支配	作用
舌外肌	颏舌骨肌	下颏骨	舌下神经	前拉舌后部
	舌骨舌肌	舌骨	舌下神经	将舌拉向后下
	茎突舌肌	茎突	舌下神经	拉舌后上方
舌内肌	上纵肌	舌背前后走行	舌下神经	舌缩短,抬舌尖
	下纵肌	舌下部两侧走行	舌下神经	舌缩短,抬舌尖
	舌横肌	舌中部横向走行	舌下神经	使舌细长
	舌垂直肌	垂直于舌肌两侧	舌下神经	使舌扁平

(3)软腭:软腭位于上颚的后三分之一,将咽上部与口腔咽中部分开,腭帆张肌和腭帆提肌从颅骨进入,在舌根和咽壁分别与腭舌肌、腭咽肌相连接腭帆举肌把软腭向后上方牵拉,隔断从中咽到上咽的通路,这个动作可以使鼻咽腔闭锁。腭帆张肌使软腭紧张,受三叉神经的支配。腭帆提肌受咽神经丛分支的支配。腭舌肌、腭咽肌使软腭向下运动,受咽神经丛的支配。

(4)唇:唇位于口腔的前端,围绕口裂的肌肉和从周围向口裂集中的肌肉错综复杂,这些肌肉称为颜面肌,与构音相关的运动是双唇的开闭和突唇。这些肌肉受面神经的支配。

(五)言语障碍的非量表检测技术

语言活动是人类的高级脑神经活动,主要通过人与人的量表检测,但是人的检测主观性及定量化是最大的缺陷。以下要介绍的 N_{400} 和 MRI 的发现,分别获得了两项标志着世界最高科学成就的诺贝尔奖。

1. **神经影像学检查** 头部 CT 和磁共振成像(magnetic resonance imaging,MRI)主要用于语言障碍患者的疾病检查。对语言功能的神经影像学检测主要利用脑功能成像(functional MRI,fMRI)技术,具体机理是:当大脑皮质某些区域被语言等任务激活时,局部皮质兴奋区血流量增加,而局部脑耗氧量增加不明显,这种局部氧耗量和脑血流量失匹配性可导致局部磁场改变,这种磁共振信号通过计算机处理而形成图像化。临床上通过对患者语言输入(听觉或视觉输入)和语言输出(指文字、说话等)患者在完成这些任务时,相应脑区被激活,引起磁共振信号的改变,这时获取功能区的成像图,可得到相应的语言脑功能区定位。如一例右利手脑卒中阅读障碍患者治疗前后阅读时 fMRI 检测,发现治疗前主要活动区是左侧角回,而治疗后则位于右侧角回,这提示治疗后皮层生理功能的改变,神经通路的联合及功能重组。

fMRI 可以检测出人类不同的语言任务在人脑中的功能定位。如给予 Broca 失语的患者听理解任务刺激,fMRI 显示患者听理解区域被激活,给予言语表达任务刺激,Broca 区(可能是病灶区)则不被激活。fMRI 可应用于语言功能恢复的脑结构和功能改变的研究,探讨语言功能康复的机制。在对一例纯失读患者语言功能康复过程 fMRI 检测时,发现在康复前右侧外侧裂区有激活,而且脑激活涉及区域多,说明这些区域在该患者阅读功能早期恢复过程中起重要作用。通过康复治疗后,fMRI 显示激活区域减少,而且以左侧外侧裂为主,由此推测阅读功能损伤后的早期阅读需较多大脑功能的协助完成,其他区域的激活补偿损伤区域的功能,康复训练后主要依赖于原有语言功能区的功能重建,康复后大脑各功能区重新返回原有布局。

fMRI 还可应用于语言功能区附近的肿瘤的术前定位,陈卓铭等对一例中英双语的脑肿瘤患者进行手术前言语评估,fMRI 显示患者在使用母语(汉语)时激活的皮层区域明显小于使用英语时激活的皮层区域,汉字与英文激活左侧顶叶的具体位置不一样,且汉字激活左顶叶的面积要明显小于英文,反映了汉字和英文字在空间排列上的差异,英文字的识别需要更多的空间排列。通过设计受损语言功能的刺激,呈现刺激激活相关脑区,可更精确显示肿瘤与语言功能区的关系,指导最佳手术径路,避免对语言区功能的进一步损害及有利于术后语言功能的恢复。

2. **神经电生理检查**

(1)事件相关电位(ERP):对大脑自发的生物电活动进行检测的设备称脑电图(EEG)。对人为诱发后大脑产生的生物电活动进行检测的设备称诱发电位仪。在诱发电位检测中用听或视语言等人为事件刺激,所检测到的电位变化与该事件相关,称事件相关电位(ERP),事件相关电位反映人脑处理语言文字等高级功能活动,一般检测的潜伏期较长,又称为长潜伏期电位,对刺激—脑电反应的时间非常短,显示出几微秒的反应,刺激反应的时间分辨率高。 N_{400} 是指在 400 毫秒潜伏期附近有一负相的事件相关电位波,该电位变化提示大脑对语言的加工,通俗地说:检测人脑想说什么? 如在检测屏幕中逐字显示句子"她在咖啡中加入了一些牛奶和?"当"?"区域出现"糖"字为正常电位变化;当"?"区域出现"狗"字时在大脑即测出 ERP 的 N_{400} 波,这时通过对大脑 ERP 的检测知道该字在此句中不合适。在临床检测研究中,如对于 Broca 失语患者,听先后呈现的成对的单词,若两个词的词义相关,则后一个词诱发的 N_{400} 较小;若两个词的词义无关。则后一个词诱发的 N_{400} 较大。这就是说,Broca 区损伤时脑对语言仍有加工,仅仅是无法表达出来。对 Wernicke 失语患者来说,则无论成对的两个单词是否相关,所诱发的 N_{400} 没有差异。这就是说,Wernicke 区损伤使大脑对这些单词的加工受到损伤,表现出患者不理解单词的意义,而无法完成语言交流。另外 N_{400} 的研究还可提示脑损伤后的功能代偿是怎样发生的,可以用 N_{400} 衡量左右半球语言加工开始的早晚时间与加工程度深浅定量,这些检测对康复设计有帮助。目前已见 P_{600} 指在 600 毫秒潜伏期附近有一正相的事件相关电位波的研究报道,该电位变化可能提示大脑对语义的深加工。

(2)脑磁图(MEG):脑磁图(MEG)是使用超导量子干扰器,测定自发或诱发的大脑神经元树突细胞内的电流偶极子所产生的生物电磁场,其最突出的特点是可以实时地记录脑电生理变化,反映语言等任务刺激下即时反应及确定反应部位,也就是具有很高的时间分辨率及空间分辨率。另外现已可将与磁共振成像、CT 等解剖影像信息叠加整合,形成脑功能解剖学定位和测出脑功能的瞬时变化,可用于语言思维、情感等高级脑功能的研究。通过对某些语言障碍的恢复过程进行跟踪研究,可以了解其补偿途径或通路,寻求最佳的语言康复训练方案。如对一例阅读障碍的患者进行检查,可以实时地记录优势半球顶叶角回的电生理变化,准确地反映出角回阅读功能的瞬时变化状态,从而对患者的阅读功能作出评估,进而作出科学的语言训练方案。但由于检测设备价格贵,目前仍处于研究阶段。

3. 放射性同位素检查

(1)单光子发射计算机断层脑显像(SPECT):是常用 ^{99m}Tc 标记的放射性药物注入血液循环,通过血脑屏障快速进入脑组织,它在脑内的分布与局部脑血流量成正比,当语言等任务刺激时,局部脑血流增多,代谢活跃,发射单光子多,利用计算机断层扫描和影像重建,就可获得语言任务刺激下局部脑血流变化与脑代谢变化图。

该检查对失语症及脑生理功能的研究有重要的价值。如脑局部缺血引起左额下区域受损的患者,使用一系列与左额下区有关的任务,发现能成功地读词,但是做语言联想产生任务(如由名词产生动词,或反过来以及产生同义词、反义词、同音词等)都出现很多错误。SPECT 结果提示,患者读词是使用对侧左额下区域完成,是一种补偿作用,而联想任务仍需左额下区,患者由于该区域损伤,无法完成此任务。

(2)正电子发射断层扫描(PET):是近年应用于临床的一种无创性的探索人脑生化代谢过程的技术。其原理是用回旋或线型加速器产生正电子发射同位素(^{11}C、^{13}N、^{15}O、^{18}F—脱氧葡萄糖和 ^{18}F—多巴),经吸入和静脉注射能顺利通过血脑屏障进入脑组织,具有生物学活性参与脑的代谢并发出 γ 射线,经显像技术处理后获得脑切面组织的图像,并可计算出脑血流、氧摄取、葡萄糖利用和脑多巴胺的分布情况等。其检测效果优于 SPECT,但价格较高。

目前 PET 可用于脑功能的研究,判断失语症患者语言功能区的功能状况。研究提示左颞极与提取人名的缺损有关,左颞下前部与命名动物问题有关,而左颞下叶后外侧部及外侧颞 - 顶 - 枕结合部与提取工具名的问题有关。当使用 PET 对以上命名任务扫描时得到相对应的激活脑区图像。

神经影像学检查、神经电生理检查与放射性同位素检查的检测机理不同,所以在语言障碍的检测发展中对测部位及刺激时间各优势,康复医师可以根据检查的目的灵活选择。

(陈卓铭　王德强)

二、 正常儿童听觉、语言和交流能力的发育

语言发育是指婴幼儿在成长中学习理解和使用手势、单词以及语句的过程。

（一）语言处理过程的发育

目前的研究已证明，除人以外的高等动物（黑猩猩等），使其学习手语或特殊符号，也可进行与语言同等功能的交流。但在通常的环境，能自然获得声音语言的只有人类。

通常认为，语言的理解与产生需要经过几个处理过程来进行。对于儿童来说，这些处理过程随着年龄的增加而快速变化。可是，由于详细观察语言处理过程的发育很困难。所以，目前还没有能完全说明正常儿童语言处理过程的理论。但是，如果观察语言发育迟缓的患儿，其处理过程缓慢或由于听觉、视觉器官有异常，而导致处理过程的发育不正常，就可以理解什么是语言获得的必要条件。总之，正常儿童到6、7岁时，其口语的理解和产生，达到与成人同等的语言功能（图1-10）。

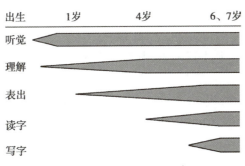

图 1-10　语言功能的发育

婴儿在获得口语以前，会发出很多叫做喃语的声音。这种喃语无论是生活在汉语还是其他种语言环境，在初期都有共同的声学特征。这就意味着人类发声的生理基础是相同的。但是，在开始说话的时期（大约1岁左右），孩子便开始使用各种语言环境所限定的符号（口语）。这一事实表明，口语处理过程的发育，受孩子所在的语言环境中的声音听觉刺激的影响。孩子不是看周围人的口形变化来学习语言的，而是用耳朵听到声音后作为符号才理解其意思的。就像众所周知的那样，一个先天性重度听力障碍者，如果置之不顾，其语言不可能发育，而一个先天性视力障碍者，其最终的语言发育并不迟缓。这也说明，在声音语言处理过程的发育过程中，听觉刺激是最主要的不可缺少的因素。也就是说，听觉记忆的发育是以听觉刺激为基础，理解口语符号，再形成概念，再用符号来表现概念。

（二）听觉功能的发育

听觉功能在口语出现以前的0岁期迅速发育。生后不久的婴儿对于声音有惊吓反射，这是原始反射。这种反射在生后三个月受到抑制。其后，向有声音的地方看或开始对大的声音有反应，然后对较小的声音也有反应（图1-11）。

这种对声音反应的发育，是以从耳到脑的听觉传导通路的生理成熟为前提的。不久，随着婴儿对声音反应的逐渐明确，就会过渡到因母亲的声音而或哭或笑的情绪

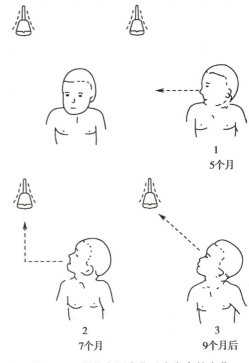

1
5个月

2
7个月

3
9个月后

图 1-11　婴儿音源定位反应发育的变化

反应。也就是,听觉反应从对单纯声音刺激的反射活动到愉快或不快的伴有情绪的反应而逐渐变化。过了 10 个月时,就可见到有明确的语言理解(图1-12)。

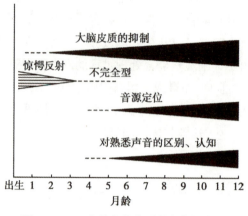

图 1-12　12 个月内儿童听觉发育的变化

(三) 语言能力的发育

这里所说的语言能力是指口语的理解和表达,以及文字语言的理解和书写这 4 个语言能力。另外,也包括交流能力和交流态度。

1. 对口语理解的发育　对语言的理解取决于许多技能,这些技能自婴儿出生后即开始发育,通过视、听、感觉以及与周围人的玩耍开始对他们所处的环境产生辨别能力。在日常生活当中,可以观察到表示语言的行为的手势动作,如说"Bye-Bye"时就摇手等。在各种各样的环境音当中,能逐渐辨别出养育者的声音,并能知道这种声音是一个事物的符号,这种认识的建立,是声音语言理解的开始。在婴儿掌握声音符号的意思以前,需要各种各样的综合性刺激,比如对婴儿的姿势和状态,周围的气氛,说话的人的语调等等。最后才能只用声音这一种刺激就能诱发出手势动作这一运动反应。据一项婴幼儿的调查研究显示,生后 10 个月的婴儿约 90% 能辨别叠音,并对此有手势动作。

婴儿在 1 岁左右就开始懂得熟人使用的简单的语言,1 岁以后,对口语的理解发生质的变化。即听到事物的名称时,能确定所指的对象(事物名称的理解,用手指出来)。这种用手指示的动作是在婴儿期表示声音语言理解发育的最典型动作。这表示已经将口语这种不稳定的听觉刺激与人能认识的最稳定的视觉刺激结合到一起了。由此,口语的记忆得到稳定,口语的理解有了飞跃性提高。这个阶段的词汇理解,最初是从幼儿语、象声词等任意性低的符号的单词开始,逐渐地过渡到对任意性高的单词的理解。其后,便可逐渐理解简单的词组,不久又可理解具有一定语法规则的句子。另外,从词类上看,不只是能理解动词、名词、形容词,其他词类也能理解了。而且也能理解颜色名称、大小、数量等抽象度高的单词。这些理解发育的基础,也包括孩子的记忆能力和认知能力的发育。

2. 口语表达的发育　作为口语表达的发育,一般性来说新生儿和婴儿的声音,在各个语言环境中是相同的。生后一两个月的新生儿只能发出哭声等生理性喊声,而过了 3 个月后,则能发出低沉连续的非生理性喊声(cooing)。生后 4 个月能发出元音样的声音和笑声,6 个月左右能发出含辅音成分喃语。到了 1 岁前后,能发出称为始语的有意义的声音。所谓"始语",是指发出的音韵是其语言中有的,并且音韵的使用有再现性,而且指某一特定的事物。

其后,到 1 岁 6 个月为止叫做单词句期,是开始语言出现的时期。单词句期是指,虽然是说了一个单词,却能表达各种各样的意思,具有句子的功能。另外,这一时期对声音的模仿活跃,单词量急剧增加,对有些事物用幼儿语来称呼,例如,把"车"叫做"bu、bu"等。而且在一个人玩的时候,经常发出一些意思不明的声音。

过了1岁6个月,单词量增加到50～100个左右,出现了双词句的词组。例如:"爸爸,那边(爸爸到那边去了)"等。词组逐渐增长,到2岁时,开始出现三词句的词组,由于不含有前置词、助词等,被称为"电报文体"。过了两岁6个月左右,开始出现含有前置词、助词等的多词词组。

随着词组逐渐变长,逐渐出现了语法结构。主语、动词、宾语、连词等各种词类,按照其语言的语法规则变化排列。在这个过程中,孩子的语言发生,虽然可见各种语法错误,但可逐渐被纠正,到六七岁,便获得了与成人同等的产生口语的能力。

3. 口语处理过程发育的特征　小孩在自己还不能说话的时期,就能够理解大人说的话。有位研究者曾说:"一般(特别是在出生后8个月到36个月的年龄之间),语言的理解能力比说话能力约提前发育数个月。"

于是,为正确把握口语的发育,就要把语言发育分为理解和表达两个侧面,然后再考虑两者的关系。从这个观点看小孩的语言的发育,可以得知除了特殊情况以外,口语的理解比表达要先发育。

也就是说,为使语言处理过程成立,口语理解的发育是前提,只把语言表达作为焦点来分析是不充分的。很多家长们当自己的孩子过了两岁还不能说话时,开始注意到孩子"说话晚"。那时,家长的担心都是"孩子不会说话",而经常强迫孩子讲话。可是如果语言的理解不发育,家长的强迫是徒劳的,而且强迫说话会起反作用。

另外,口语的表达有个体差异。男孩一般比女孩晚,有些孩子虽然理解正常,可到了两岁多也不会说话或说得很少,3岁以后突然说话增多,6岁时完全达到了正常发育水平。当然,这种情况是很少的,前提是这些孩子的语言理解必须正常。总之,在评价孩子的语言发育时,要把重点放在口语的理解上。

(四) 交流能力的发育

孩子的发育是全身都在发育,并不是说,语言发育与其他发育无关而独立存在。但是,语言是交流的工具,从这一意义来讲,交流能力的发育是非常重要的。

交流能力是以与母亲的亲密关系为基础而发育的。与母亲之间亲密关系的发展的过程,在正常情况下如下:

孩子在出生后1个月时,哭的时候,一抱起来,就不哭了。过了4个月时可以追视他人,对人的关心增加,房间里没人时,就哭起来等等。6个月能将母亲与他人区别开,7个月,若强行把他从母亲怀里拉出来,就会有哭闹。9个月能区别家里的人与外人,别人抱时会哭(认生的出现)。1岁3个月,以母亲为中心在母亲视线所及的范围内能安心玩耍,到2岁时,即使母亲不在身边也能与其他孩子一起玩。

要求行为的发育:生后6个月的孩子,如果抢下他手里的东西,就会哭;8个月,如果有想要的东西,会发出声音要求;1岁左右有想要的东西或想去某个地方时,会用手指那个方向;1岁6个月时,想要什么东西时,就做"给我"的手势,给他拿来时,就把原来手里的东西给对方。

如上所述,交流能力在正常发育孩子的早期即可见到。语言的发育可以看作为交流活动的早期如哭或用行为表示等逐渐转化为用口语来表现的过程。自闭症的孩子,这些交流能力的发育不正常,即使获得了语言,也不能正确使用。

(张庆苏)

第三节 语言交流的心理学基础

一、语言交流的心理过程

语言交流的心理过程是从最初的表述动机,经过表述的语义初迹,内部语言,扩展到外部语言。理解话语的心理过程是从感知对方扩展的外部语言,从词、句到话语,分出话语的主要思想,然后理解话语的整个意思。语言交流中各环节都有复杂的心理变化,影响到现实的交流情况。

(一)影响语言交流的心理因素

影响语言交流的心理因素包括交流角色关系、交流循环系统、交流欲望、交流者的地位、交流者的心态、交流环境等,对这些因素的探讨可以促进对语言交流的心理认识。

1. **交流角色关系** 在语言交流中,交流双方的信息传递随着听、说角色关系的不断变换而改变,说话不是为了给自己听,"说"与"听"是语言交流中的两个互为依存的角色,纵然有"自言自语"的现象,但是自言自语不会输出信息。就如收看电视:电视台发送信息并不是它的目的,它的目的是要别人收看节目——接收电视信号。首先只有电视台发送的信号是清晰、可辨的,电视观众才可能有效地接收;如果电视台发出的信号是模糊的,家中电视的接收效果一定不会清晰。语言交流的目的也是为了输出必要的信息,向交流对象表达一定的思想与情感,只有说者输出的信息是清晰可辨的,听者才可能听得懂说话人的意思,甲乙交流的角色变换(图1-13),交流中任一环节均应通畅。

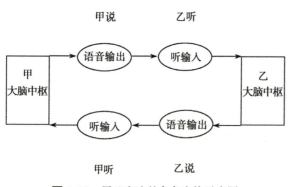

图 1-13 甲乙交流的角色变换示意图

2. **交流循环系统** 语言交流双方的内部心理活动和外部语言传递过程是一个互为条件、相互联系、相互作用的运动过程,是一个信息加工、处理与发送、接收的互动系统。语言生成可理解为其信息加工与发送过程,而语言理解则是其信息接收与处理的过程。所传递的信息是以语言生成的话语为形式的,同时它又是语言理解的对象。在语言交流中,因为交流双方信息传递的方向随着听、说角色关系的不断变换而改变,所以语言交流过程是一个循环系统。在此过程中,除了以听说角色变换、内部语言与外部语言交替为线索的主要循环过程之外,还存在着运行于记忆与编码、解码、内部语言之间的三个支持性循环过程,这种内在的模式就被称为交流循环系统。

3. **交流者的欲望** 一方所生成的话语常常激发对方的表述动机,从而引起一系列复杂的内部心理活动,如赞同、反对、感叹等,从而触动其语言的欲望,交流者的欲望影响着交流者的语言表达及外部情感。

4. **交流者的地位** 在一般情况下语言交流过程中人们是轮流说话的,交流双方的角色关系往往不断变换。交流双方地位是平等的关系,但语言交流中受社会地位等影响,如上级领导对下级的语言交流过程往往是支配与被支配的关系,这会影响被支配者的交流欲望,出现不平衡的特殊交流形式。

5. **交流者的心态** 生活经历及人生态度会影响个体的言行,从而影响交流者的态度,反映在交流心态中,这些反映被听者接受时,会由于接受者的人生背景及交流心态不同而产生的效果,影响到双方交流的内容。

6. 交流环境 交流环境主要分两种,一种是外部交流环境,指交流的场合,声音环境,第三者干扰等。如在很吵闹的环境中交流,说者必须提高音量,听者必须集中精力倾听,需要每一交流者更大的体力付出,从而影响交流心态及交流欲望。另一种是交流者的内部环境,指交流双方的心理环境,如交流者心事重重、疲乏、瞌睡等。

(二) 语言理解过程

语言理解是对交流信息的接收和处理,其心理过程可从以下四方面加以探讨。

1. 语言理解的心理基础 语言理解的心理基础主要有:感知辨识、短时记忆、反馈监控。

(1)感知辨识:听理解首先要对语言的声音进行感知,其次是辨识其词义功能及承载的语义。当听到一串话语时,①把语流加以切分,分出语段、音段、音素所体现的音位。②通过领悟语句的语调结构和词语的含义来辨识语句的意义。辨识词义,其实就是根据该词在语句中的组合地位,判断它用在多义系列中的哪一项语义,有时还要从上下句的关系加以判断,尤其是多义词。例如:"他不是东西"这句话,在感知后切分出"东西"这个词时,首先要辨识它不是词组"东西";其次要辨识它不同于"梳子是有用的东西"中的那个"东西"。也就是说,它不是指"物品",而指"人品差"。然后根据整句话的语气,辨识这句话的意思是"他的品格差"。

(2)短时记忆:短时记忆是参与语言理解的必备心理条件。如在理解连贯话语时,必须记住话语的关键成分,才能抓住重点,分清各成分的关系,理解话语的内在含义。

(3)反馈监控:语言的传入性反馈监控机制是保证语言交流围绕话题的重要心理条件。在语言理解时,听话者必须在判断话语的关键成分的基础上紧紧把握语言交流的话语主题,反复加以核对,一旦发现曲解、误解或偏离话语主题,就要调整理解过程,重新调整谈话方向,尽力捕捉话语的信息核心。

2. 语言理解的策略 语言理解是综合利用各种策略的复杂心理过程。人在已有的知识和经验的基础上,常应用语义策略、词序策略和句法策略等来加工语言信息。例如,人们可以根据语义来确定各种词类:如凡指称实体的词为名词;凡说明行动的词为动词。利用语义策略可以帮助理解一个句子,如听到"孔融梨让"这样的句子,我们能正确地理解这句话的意思是"孔融让梨",这里实际上存在着一个语义模式,即当句子中谈到礼让,谈到一种食物,又谈到一个人,则这个句子的意思是说"此人礼让该食物"。所以,即使词的顺序颠倒,人们也不会产生误解。

词序策略则是利用词序的模式来加工语言信息。例如,汉语句子的基本词序为"名词1-动词-名词2",即"动词之前的名词为支配者""动词之后的名词为受支配者",这个词序模式的内涵就是"第一个名词的特例对第二个名词的特例施加动词所表达的一定行动"。在听到"风吹荷叶"这句话时,就可以正确理解谁吹谁或谁被吹了。可以看出,这种词序策略不仅涉及句子的表层结构的分析,实际上也涉及句子的深层结构或意义。但是,人们的话语是极其复杂和多样的,一个句子往往难以纳入某个个别的词序模式。有时可能首先要利用句法策略将一个句子分解为若干模式,对句子进行分解和组合,构成句法水平加工,然后再应用词序策略。

人们在实际理解语言的进程中,常交替应用几种策略。一般来说,这些策略是从已有的知识和上下文出发的,表现在理解过程中形成某种期望或假设,但它们需要得到输入信息的验证和校正,并在一定时刻加以转换。其实,这些语义策略、词序策略和句法策略都是不同性质、不同层次的模式策略。较高水平的加工策略如语义策略或句法策略,对较低水平的词汇加工乃至语音加工会发生影响,互为作用,以便最好、最快地理解。

3. **语言理解中的信息整合**　人的背景知识对语言理解的作用不仅表现在策略运用上,还表现在信息整合上。人输入的语言信息要与记忆中贮存的有关信息相整合,才能得到理解。如果缺乏有关的信息,或者未能激活记忆中的有关信息,那么就不能或难以实现语言的理解。通常人们将新的信息与已知的信息联系起来达到进一步的理解,在句子中,已知的信息通常先于新的信息出现,然后在记忆中搜索与已知的信息相匹配的贮存信息,再将它与新的信息联系起来,这种情况在句子的上下文阅读理解中表现得最明显。在对话和阅读中,前一个句子或一些句子为后一个句子提供有用的信息,并互为影响,如果这种已知的信息与新的信息互为关系遭到损害,句子的理解将受到影响。

4. **推理在语言理解中的作用**　人在语言理解过程中,不是被动地接受语言信息,而是在已有知识的基础上主动地推敲、领悟语言的意义,常通过推理增加信息,把握事物之间的联系,促进语言的理解。

（三）语言表达过程

在语言交流中,语言生成也必须具备一定的心理条件,在语言交流中理解是从句子的表层结构到深层结构的过程,语言的产出则相反,它是从深层结构到表层结构的过程,它包含:①构造阶段:依照目的来确定要表达的意思;②转换阶段:应用句法规则将思想转换成语言的形式;③执行阶段:把语言形式的消息说出或写出来。

语言产出是人的有目的活动。语言产出过程首先需要确定哪些信息要表达出来,也即决定说(写)什么,然后再决定这些信息如何表达,也即确定怎么说(写)。在确定说什么和实际说出来之间进行着各种转换过程,即从思想依次转换为句法、词汇和语音等不同层次的语言结构。将这些不同的转换过程看成不同的加工阶段,大致分三个过程:

1. **表述动机**　语言生成的起点是表述动机,即在话语中表述特定内容的需要。例如,提出请求、宣布结论、表示愿望、交流信息、陈述思想等,动机只是语言表述的出发点,根据表述的方式分为对话和独白两种。它们在表述动机上不尽相同。对话动机的实质在于:它在语言交流过程中,是交流者将自己置于听者地位、将对方置于说者地位,向对方的语言刺激所作的反应。因此,表述动机既是理解的终点,又是生成的起点,也就是说,它在语言交流过程中是从语言理解转向语言生成的衔接点。

独白是语言表述的另一种形式,即由说话者说出一段意思连贯的扩展性语言,它由独立的表述动机支配。在这种稳定的动机驱使下,说话者会主动独立地制定语言表述计划。如果没有独立的表述动机,或者由于脑损伤而导致表述动机障碍,或者由于突然改变动机而使最初的动机不能坚持,那么独白型扩展性语言就要受到破坏,出现话语不连贯,语无伦次,或出现突然性的语言转折。

2. **语义初迹**　语言生成内部过程的第二个环节是语义初迹。语言表述动机只是引起语言表述过程的出发点,它本身还没有确定的内容。语义初迹的产生是确定语言的内容,它形成未来语言表述的基本格式。

语义初迹可以说是一种由表述动机触发起来的同时呈现的语义关系网络体系,语义初迹包括三个要素:①形成思想的主题和述题;②由义素构成的潜在语义;③一些潜在的语义关系,如时间、目的、对象等。这些要素一旦转化为语言单位,就可以通过内部语言形成扩展的话语。这种语义初迹是形成话语的基础,它是一个潜在的语义关系体系,在心理上只是表述的一般主观意图,但说话者能够把这个主观意图转变为扩展的语言语义体系。

3. **内部语言**　内部语言是语言生成内部过程的第三个环节,它是从同时综合出现的语义初迹向扩展的外部语言过渡的必经阶段。

语义初迹只是含糊的语义关系体系,它还没有包括语言的具体词汇单位,又不包括语言的具体语法结构。由于语言和思维联系密切,只有在语言的参与之后,才能把语义初迹转化为话语表达的清晰的思想。说话者在组织内部语言的语义时,需要选择合适的词汇单位。由于每个词语都处于该语言的一定聚合结构和组合结构之中,因此,选择的心理条件就是:在大脑储存的词语库中,把需要的词语从具有潜在候选资格的词语中筛选出来,过滤同义词和同音词,抑制并放弃次要的,选出最恰当的词语。在通常情况下,一些常用词容易被选中,而罕用词选择的难度较大。

4. 外部语言 外部语言是语言生成内部过程的最后一个环节,从内部语言扩展而来,此时语法上已经定型,词汇也已选定,主要进行语音实现,使目标词语在语音中得到实现,其心理条件是保证将表述变成有声语言,并通过各种反馈不断循环纠正,构成极其复杂的心理过程。

（四）影响语言交流的认知能力

认知是人类的一种心理活动,是指个体认识和理解事物的心理过程。它在觉醒状态下时刻存在,包括从简单地对自己与环境的确定、感知、理解、注意、学习和记忆、思维和语言等。认知功能对语言交流的影响主要体现在四个方面:①接受能力,即通过各种感觉接受外界信息;②记忆和学习功能,包括识记新信息进入脑内,形成即刻记忆;保存信息被编码而形成长久信息,如再现和再认促进理解;③思维功能,对即刻记忆信息和长久记忆信息复呈,再进行组合找到两者的关系,促进理解和表达;④表达功能,通过语言、躯体或情感等各种形式进行表达。此外,意识和注意能力在语言交流中也非常重要,是语言交流的基础。

在语言交流过程中,语言能力与各项认知能力息息相关。首先,语言理解过程就必须以正常认知为基础,若认知功能异常,失去接受能力,即失去通过各种感觉接受外界信息的能力,就丧失了语言理解过程的感知辨识能力。其次,如即刻记忆能力和(或)信息复呈能力下降,就打断了语言交流循环系统,语言交流就无从谈起。再次,如思维混乱,就会语言表述动机不明、词汇选择不分主次、言不达意、语言生成失败。此外,表达功能亦是认知功能之一,表达障碍肯定影响语言交流。总的来说正常的认知功能是语言交流的基础,如果认知功能异常,必然影响语言交流过程,所以语言治疗与认知治疗是不可分割的。

（五）儿童语言习得理论

儿童语言是先天具有的还是后天习得的呢? 儿童语言究竟是如何获得与发展的呢? 儿童语言获得的过程中,儿童是主动的创造者还是被动的模仿者呢? 语言与思维、认知的关系如何呢? 这些问题是心理学家、教育学家、语言学家及特殊教育学家非常感兴趣的话题。由于学者们对这些问题所做的解释不同而形成了各种关于"语言习得"的观点和理论。最具代表性的有以下三种。

1. 外因论 强调语言是后天学习的因素,认为语言是一种后天获得的行为习惯,是学习的结果。外因论认为语言学习的模式是环境提供学习的范本,儿童通过模仿、强化、训练、塑造等环节,最终增加了正确说话的可能性。该理论的主要代表人物是斯金纳。外因论的不足之处在于,不仅无法解释儿童运用语言的创造性,也无法解释关键期(一岁半到三岁半)的存在,亦无法解释关键期后学习强化的效果为何大幅度下降。

2. 内因论 内因论认为人类的遗传因素决定着儿童语言获得的整个过程,儿童头脑中天生具有一部"语言习得装置"(language acquisition device,LAD),有一种称为"普遍语法"的东西存在于 LAD 中,是全人类共有的,先天的语言蓝图。否定环境的强化和训练是语言获得的决定因素,但不否认语言环境对语言发展的作用。该理论的主要代表人物是乔姆斯基。内因论的不足之处在于,忽视后天学习的重要性,同时未能提供脑神经生理学的证据。

3. 相互作用论 外因论和内因论分别从环境和遗传两个极端解释儿童语言发展,但都没有给出让人满意的答案,于是在这两者之间出现了一种新的观点——即认为儿童语言发展是先天的能力和后天的经验相互作用的结果。相互作用论的语言学习模式认为,儿童语言发展受许多因素影响,这些因素相互依赖,相互补充。认知的因素、社会的因素都会影响儿童语言的发展。同样,儿童的语言发展又反过来影响认知能力和社会能力的发展。相互作用论的语言学习模式主要有认知相互作用模式和社会相互作用模式两种语言学习模式。其中认知相互作用模式的代表人物是皮亚杰(Piaget),社会相互作用模式的代表人物布鲁纳(Bruner)、贝茨(Bates)等学者。

综上所述,三种理论从各自不同的角度解释了儿童的语言发展,构成了儿童语言习得理论的核心。

二、 语言障碍与精神心理的关系

(一) 与精神病性障碍的关系

精神病性障碍是指由于器质性或功能性损害导致的自我检验和现实检验能力丧失,人格全面受损及工作、学习能力丧失的一组心理障碍。常见的精神病性障碍主要有:精神分裂症、偏执性精神病、反应性精神病、器质性精神病,导致精神障碍的器质性原因主要有大脑、躯体疾病或精神活性物质滥用,精神分裂症病因未明,被认为是大脑的功能性损害所致。

常见的精神病性症状主要有:幻觉(幻听、幻视、幻嗅等)、妄想(关系妄想、被害妄想、物理影响妄想、夸大妄想、罪恶妄想、疑病妄想、嫉妒妄想、钟情妄想等)、自知力不完整或丧失、兴奋状态、木僵状态等。

由于精神病性障碍的思维联想与正常人及各种语言障碍的人均不同,在语言交流时可以表现为各种异常,如:精神分裂症患者可以出现思维联想速度减慢、思维破裂,使语言交流很难进行;而言语行为增多的患者,尽管语言交流可以进行,但在各种幻觉、妄想的支配下可以表现为言语增多、所答非所问、自言自语现象。

(二) 与抑郁性精神障碍的关系

抑郁性精神障碍(depression)是以显著而持久的心境低落为主要特征的一组疾病,临床上主要表现为情感低落,伴有相应的认知和行为改变,包括抑郁发作和持续性心境障碍。常见的抑郁性精神障碍主要有抑郁性神经症、反应性抑郁、重型抑郁症。

常见的抑郁症状有抑郁心境,思维迟缓,情绪消沉,心情不畅,对生活、工作和周围的一切都无兴趣,悲观失望,精力不足,生活中的大部分时间为抑郁,严重者有轻生念头。出现抑郁症状的同时,出现躯体症状,如睡眠障碍、食欲减退、性欲减退及头痛、背痛、四肢痛等慢性疼痛。

由于抑郁症患者主要表现为精神运动迟缓,在进行语言交流时,常使医生感到语言交流进行很困难,常常出现医生数问患者一答的现象,但语言交流的内容基本是切题的,患者语速减慢,常述脑子不好使了。

(三) 与神经症的关系

神经症(neurosis)是一组精神障碍的总称,根据突出症状,可分为多种类型,患者有多种躯体或精神上的不适感,自觉痛苦,但经详细体格检查及辅助手段检查,缺乏可以解释的客观病理改变,无持久的精神病性症状,现实检验能力未受损害,行为保持在社会规范允许的范围,有自知力,求治心切。其病多与素质、人格特征、精神应激性因素有关;病程多迁延,进入中年后症状常常缓解。

神经症的常见症状主要有精神活动能力下降、烦恼、紧张、焦虑、抑郁、失眠、恐怖、强迫、疑病及各种躯体症状。神经症主要有以下几种:焦虑性神经症、恐怖性神经症、强迫性神经症、躯体形式障碍、癔症、神经衰弱等。

神经症患者由于其自知力完整、求治心切,往往在进行语言交流时,表现为好倾诉、过分夸大病症、叙述仔细而累赘,医生或他人很难打断其谈话,语言交流内容基本无用词或语法错误。

（刘晓明）

第四节　语言交流的文化与语言学基础

一、文化与语言

（一）文化与语言

语言是一种文化形态,语言和文化是不可分割的。人们的语言习惯和语言行为受到文化因素的制约。如语言交流中的语音、词汇、语法使用和表达策略等均与患者文化背景、教育水平、思维方式、交流态度等有关。一个人掌握语言的水平,影响了以此为母语的人对周围环境的认知过程,人们的思维过程也会随语言的变化而变化。

世界上的各种语言按其亲属关系大致分为九种,其中汉藏语系和印欧语系是使用人数最多的两个语系。印欧语系分布区域最广,其中英语使用的人数最多,成为当今最主要的交流语言。汉藏语系主要分布在亚洲东南部。汉藏语系的诸多语言在结构类型上有一些共同的特点:一般都有声调而没有词的重音;多用次序、虚词表示语法关系,而不像印欧语系那样用词的内部形态变化;虚词中还有一类特殊的类别词(即量词)。我国是一个多民族的国家,境内各民族语言非常丰富,但主要推广使用统一的普通话,归属在汉藏语系中。

（二）普通话与方言

汉语普通话就是现代汉民族的共同语,是全国各民族通用的语言。普通话是以北京语音为标准音,以北方话为基础方言,以典范的现代白话文著作为语音规范的语言,在我国港澳台地区则称为"国语",在东南亚一带称"华语"。

国家在统一推广使用普通话的同时,允许多种方言的存在和发展,其中主要有七大方言,分别是:北方方言、湘方言、客家方言、粤方言、闽方言、赣方言以及吴方言。其中与普通话差别最大的是粤方言和闽方言。

二、语音

（一）音素

音素是可划分的最小语音单位。音素分为两类:元音和辅音。

1. **元音**　元音是发音时共鸣腔的不同形状造成的。最重要的共鸣腔是口腔,此外舌位的高低、前后和嘴唇的圆展也参与共鸣并决定着每个元音的音质,如:普通话中的 a、o、e 等。

2. **辅音** 辅音是发音时气流在一定部位受到阻碍,并冲破阻碍而发出的音。受阻的部位就是发音部位,形成和冲破阻碍的方式就是发音方法。辅音的发音要求区别:①清音和浊音;②送气和不送气;③鼻音和口音。如普通话中的 b、p、m 等。

发元音和辅音的主要区别,一般归纳为五点(表 1-8)。

表 1-8 发元音与辅音的主要区别

	元音	辅音
气流	畅通无阻	受阻碍并克服阻碍
发音器官	发音器官均衡地保持紧张	阻碍气流的发音器官明显紧张
声带颤动	有颤动	浊音有颤动,清音无颤动
语音延长	可延长	部分可以

(二)音位

音位是语言中能够区别词义的最小语音单位,也就是不同的语音类型。例如"把"(ba55)、"比"(bi214)、"补"(bu214)三个不同词里,因为受韵母的影响,b 的实际发音方法并不完全相同:第一个"b"双唇较松,而第二个"b"较紧,第三个"b"则带圆唇色彩。但是,这些细微的差别在语言的交际中并没有造成区别意义的作用,因此也就可以把这三个 /b/ 归纳为一个语音类型,这就是 /b/ 音位。

"八"(ba55)、"趴"(pa55),其中的 /b/ 和 /p/ 同与 /a/ 相拼,构成了不同的词义,/b/ 和 /p/ 有了区别词义的作用,因此便是两个不同的音位,即两个不同的语音类型。

(三)音节

音节是在听觉上是最容易分辨出来的自然语音单位。"飘"(piao55),一听便知是一个音节,而"皮袄"(pi35′ao214)虽然与"飘"的音素完全相同,但一听便知是两个音节。"鲜"(xian55)与"西安"(Xi55′an55);"换"(huan51)与"忽暗"(hu55′an51)等等音节都是凭听觉来加以区分的。

普通话音节的构成比较简单,也比较整齐。即分解为:声母、韵母、声调三个组成部分。

1. **声母** 汉语音节中开头的那个辅音就称为声母。每个音节中的声母只由一个辅音充当。例如"中国"(zhong55 guo35)中的 /zh/ 和 /g/,就是这两个音节中的声母。普通话共有 21 个声母,见声母表。

2. **韵母** 在汉语音节中,声母后面的部分叫做韵母。韵母有的由一个、二个或三个元音组成,有的韵母中也有辅音成分。普通话韵母共有 39 个,见汉语拼音韵母表。

3. **声调** 在汉语的发音过程中,贯穿整个音节的声音的高低、升降、曲直变化就是声调。声调是汉语音节中不可缺少的组成部分,也是汉语区别于其他语言的又一个显著特点。如英语、俄语、日语等只有重读之说,没有区别语义的声调,所以声调是许多外国人学习汉语的难点之一。

(四)发音部位及发音方法

发音离不开发音器官的运用,其中有的发声器官是固定不变的,比如齿、齿龈、硬腭等。有的发声器官的形状、位置是可变的、能动的,比如唇、舌、连着小舌的软腭、声带等。这些能活动的发声器官是发声过程中的主角也是康复训练的重点。

1. **发音部位** 发辅音时,对气流能够形成阻障的发音器官就是主要的发音部位。比如发 b(图 1-14)、p、m 时,是上下唇之间形成阻碍,就称它们为双唇音,根据 21 个声母发音部位的不同,大致可归纳为七类(表1-9)。

表1-9 辅音发音的部位

类别	发音部位	举例
双唇音	上唇与下唇中部形成阻碍	b、p、m
唇齿音	上齿与下唇内侧形成阻碍	f
舌尖前音	舌尖与上齿背形成阻碍	z、c、s
舌尖中音	舌尖与上齿龈形成阻碍	d、t、n、l
舌尖后音	舌尖与硬腭前端形成阻碍	zh、ch、sh、r
舌面音	舌面中前部与硬腭形成阻碍	j、q、x
舌根音	舌面后部与硬腭后部形成阻碍	g、k、h

注:此"辅音发音的部位"表是根据标准普通话的发音所列

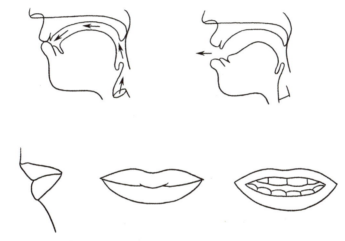

图1-14 /b/音的发音运动图

2. 发音过程 声母发音的全过程可以划分为成阻、持阻、除阻三个阶段。

(1)成阻:发音的两个部位形成阻碍,为发音做好准备的阶段。例如:b、p、m,在发音时,双唇先闭拢形成阻碍的过程。

(2)持阻:成阻部位保持成阻状态,并蓄积一定的力量和阻力,同时让气息积聚在发音部位的后面,为发音做好最后的准备。

(3)除阻:气流冲破阻碍,最后发出声音的过程。例如:双唇音b、p,m,双唇中部打开,气流冲出,发出b、p、m的音。

3. 发音方法 指发音时形成阻碍和克服阻碍的方式,包括气流的强弱、声带的颤动等,根据声母形成阻碍和克服阻碍的方式普通话声母可以分为塞音、擦音、塞擦音、鼻音、边音几类。

(1)塞音:成阻部位完全闭合,持阻并突然除阻,气流冲破阻碍,造成爆发色彩。例如:b、p、d、t(图1-15)、g、k。

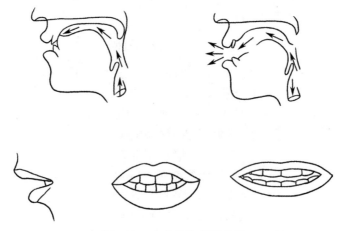

图 1-15　/t/ 音的发音运动图

（2）擦音：成阻部位靠近，形成缝隙，气流从缝隙中挤出造成摩擦声。例如：f（图 1-16）、s、sh、r、x、h。

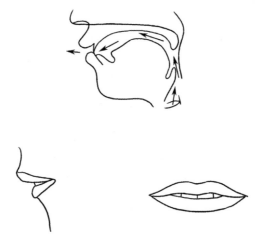

图 1-16　/f/ 音的发音运动图

（3）塞擦音：成阻部位开始时完全闭合，当发音时，成阻部位立刻微微打开一条窄缝，让气流从窄缝隙中摩擦挤出，由于这中间有塞和擦的过程，故称之为塞擦音。例如：z（图 1-17）、c、zh、ch、j、q。

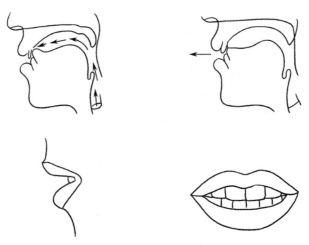

图 1-17　/z/ 音的发音运动图

(4)鼻音:成阻部位完全闭合堵住气流,发音时,软腭下垂,鼻腔通路打开,让气流向上从鼻腔中通过,发出鼻音。如:m、n(图1-18)。

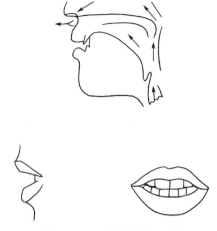

图 1-18   /n/ 音的发音运动图

(5)边音:舌尖抬起和上齿因接触形成阻碍,阻塞气流。发音时,气流沿舌的两边流出,同时舌自然落下造成边音。如:l(图1-19)。

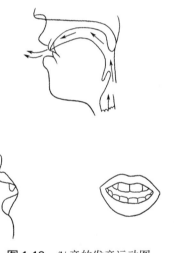

图 1-19   /l/ 音的发音运动图

根据除阻时气流强弱的不同,普通话声母的发音又可分为送气音和不送气音两种。

(1)送气音:发音时呼出的气流较强,例如:p、t、k、q、ch、c。

(2)不送气音:发音时呼出的气流较弱,例如:b、d、g、i、zh、z。

根据声母发音时声带颤动的情况又分清音与浊音。

(1)清音:发音时声带不颤动的为清音。

(2)浊音:发音时声带颤动的为浊音。普通话声母中,只有 m、n、l、r 为浊音,其余的均为清音。

正确发音除了以上发音原则外,还要掌握好以下语音四要素(表1-10)。

表 1-10　语音四要素

语音	声音性质	物理特性
音高	声音的高低	频率
音重	声音的轻重或强弱	振幅
音长	声音的长短	振动时间的长短
音质	可以从声音的产生和音响两方面分析	

以下是汉语拼音的声母与韵母的发音表(图 1-20,表 1-11),供大家参考使用。

发音部位		上唇 下唇	上齿 下唇	舌尖 上齿背	舌尖 上齿龈	舌尖 前硬腭	舌面 前硬腭	舌根 软腭
塞音	不送气	b			d			g
	送气	p			t			k
塞擦音	不送气			z		zh	j	
	送气			c		ch	q	
擦音	清音		f	s		sh	x	h
	浊音					r		
鼻音(浊音)		m			n			
边音(浊音)					l			

图 1-20　汉语拼音声母发音表

表 1-11　汉语拼音韵母表

汉语拼音韵母表							
单元音韵母	/ɑ/、/o/、/e/、/i/、/u/、/ü/、/er/						
复元音韵母	ai	ia	ua	üe			
	ei	ie	uo				
	ao	iao	uai				
	ou	iou	uei				
	an	ian	uan	üan	en	in	uen	ün
	ang	iang	uang	eng	ing	ueng	ong	iong

三、文字

1. **汉字**　汉字是建立在象形基础上的表意文字,可以以义构形,以形索义,又有高度抽象的符号功能。汉字形体结构形式遵循着一定规律,抽象出五种基本笔画,笔画顺序按先上后下、先左后右、先中间后两边。利用线条构成字体,例如:象形、指事、会意、形声、转注、假借。

象形字的结构基础是象形语义,指事字则是用形象加符号或单用指事符号表达语义,会意字的结构基础是用两个以上的形象或符号组合起来表达特定语义。形声字大量产生,在形体上增加意义信息的结果。汉字偏旁部首具有高度抽象的符号功能。

2. **语法**　汉语语法单位包括:语素、词、短语和句子。语素是语言中最小的音义结合体,大多数为一个音节即一个语素。

(1)语素:主要从三方面分类,见表1-12 语素的分类。

表1-12　语素的分类

类别		解释	例子
从语音形式角度的分类	单音语素	占优势	"喜、欢、弹"等均为此类
	多音语素	主要由古汉语中的联绵词和音译外来词构成	坷坷、喇叭、幽默、沙发等
从语言功能角度的分类	成词语素	可以直接作为词的语素	好、人、天、走等
	非词语素	不能直接构成词而必须和其他语素相结合才能构成一个词	业、民、务等
从意义、性质角度的分类	词根语素	体现词的基本意义	人、天、老虎、桌子等
	附加语素	由词缀构成的	老虎、作家、第三、阿姨等

(2)词:词是能够独立运用的最小的语言单位,是构成短语和句子的备用单位。

根据语素与语素的结合情况,可分为表1-13 中的几种形式。

表1-13　语素与语素的结合

语素类型		举例
单纯词(由一个语素构成的词)	单音单纯词	人、树、拿
	多音单纯词 联绵词	蜘蛛、哆嗦、垃圾
	叠音词	猩猩、太太
	音译词	沙发、安乃近
合成词(由两个或两个以上的语素构成的词)	重叠式合成词	爸爸、星星、花花绿绿等
	附加式合成词	老师、老板、第二、初一、鞋子、绿油油等
	复合式合成词 联合型	健美、改革、喜欢
	偏正型	新潮、雪白
	补充型	打倒、搞活
	述宾型	投资、美容
	主谓型	海啸、胆怯

(3)句子:句子是由短语或词构成、具有特定的句调、能够表达一个相对完整的意思的语言单位。

句子可以有如下两种分类:

1)按照用途和语气,句子可分为:

a.陈述句:说明一件事情。如:他正在看书。

b.疑问句:提出一个问题。如:你干什么去了?

c.祈使句:表达请求、命令、劝阻。如:快走!

d.感叹句:表达一种感情。如:她长得多漂亮啊!

2)按照结构,句子可分为:

a.单句:

主谓句:例如:他走了。"他"为主语,"走"为谓语。

非主谓句:例如:"下雨了""禁止吸烟!"

b.复句:

一重复句:由两个单句构成,如:"如果你不来,她就会生气。"

多重复句:由两个以上单句构成,如:"她走进屋,脱下大衣,就去做饭了。"

3. 词类　分为实词和虚词两大类。实词包括名词、动词、形容词、区别词、数词、量词、副词、代词、象声词和叹词十类。虚词包括介词、连词、助词和语气词四类。

(1)实词

1)名词:名词是表示人和事物的词。它常作主语、宾语、定语、谓语,它可以受数量词修饰,分为以下八类:

a. 可数名词:能加个体量词的名词。例如:(一张)纸、(一匹)马、(一本)书等。

b. 不可数名词:没有适用的个体量词,只能选择度量词,临时量词和不定量词,例如:(一斤)肉、(一桶)水等。

c. 集合名词:表示一个集合体。例如:师生、亲友、信件等。

d. 抽象名词:表示抽象概念。例如:文化、道德、品质等。

e. 专有名词:包括人名、地名、书名、团体机构等,例如:鲁迅、上海等。

f. 时间名词:表示时间,例如:春天、秋分、早晨、中午、三年等。

g. 处所名词:表示地点、场所,例如:郊区、内地、公园、学校等。

h. 方位名词:表示方向、位置,例如:上、下、左、右、上边、左面、内外等。

2)动词:动词是表示动作、行为、心理活动,或存在、变化、消失等的词。它可以带"着、了、过"表示时态,它常作谓语,一部分动词可以受副词修饰,一部分动词可以重叠,可分为以下几类:

a. 及物动词:可以带宾语,例如:打球、看书、喝水等。

b. 不及物动词:不能带宾语,例如:走、跑、休息等。

c. 判断动词"是":它具备动词的主要特点,在句中起判断作用,例如:他是学生。

d. 助动词:表示意愿、可能、必要等意义,例如:能、会、应该、想、愿意、可以等。

e. 趋向动词:表示趋向,例如:上、下、进、出、上来、下去、回来等。

3)形容词:形容词是表性质、状态的词。大部分形容词可以受程度副词修饰,形容词不能带宾语,它一般作定语,一部分形容词可以重叠,但重叠后的部分形容词不受程度副词等的修饰,分为以下几类:

a. 表性质形容词:例如:软、坏、苦、大方、聪明、伟大等。

b. 表状态形容词:例如:长、短、大、小、雪白、冰凉、平坦等。

c. 表程度数量的形容词:例如:多、少、多少、许多、好些等。

4)区别词:区别词是表示事物属性的词。例如:

单纯区别词:如金、银、男、女、正、副等。

合成区别词:数量比较多,如彩色、黑白、民用、长期、直接、初级等。

5)数词:表示数目多少或顺序多少的词,它经常与量词并用构成数量短语,后者可用来作定语或补语。例如:

a. 基数词:表数目多少的词。例如:一、二、三、个、十、百等。

b. 序数词:表示次序的词。例如:第一、第二等。

c. 倍数:由"基数+倍"构成,例如:一倍、五倍等。

d. 分数:格式为"几分之几"。例如:十分之一、五分之二等。

e. 概数:表示大概的数目。例如:十来个、三四个、七八成等。

6)量词:量词是表示计算单位的词。分为:

a. 物量词:包括度量词、集合量词等。例如:尺、小时、亩、元、角、匹、群等。

b. 动量词:例如:次、回、趟、阵、场等。

7)副词:副词是限制、修饰动词、形容词以表示程度、范围、时间等的词,分为:

a. 程度副词:例如:很、非常、十分、更加、有点儿、尤其等。

b.范围副词:例如:都、总共、统统、一概、单单、仅仅等。

c.时间频率副词:例如:已经、曾、刚刚、才、常常、屡次、再三等。

d.其余:有表肯定或否定的,例如:必、必须等;有表情态、方式的,如特意、赶紧、悄悄等;有表语气的,如偏偏、果然、恰恰、不妨等。

8)代词:代词是有代替、指示作用的词,它代替什么词,就具有什么词大体相同的句法功能。代词分为:

a.人称代词:例如:我、你们、自己、大家等。

b.疑问代词:例如:谁、什么、哪儿、怎样等。

c.指示代词:例如:这、那、这会儿、这么、那些等。

9)叹语:表示感叹、呼唤或应答的词,分为:

a.感叹叹词:例如:哈哈、唉、啊、哟等。

b.呼唤应答叹词:例如:喂、嗯等。

10)象声词:指模拟自然界声音的词,它可以作状语、定语和独立语。例如:他嘴里叽里咕噜地不知在说什么。

(2)虚词

1)介词:介词主要用于名词或名词性短语前,构成"介词短语",作动词或形容词的附加成分,表示时间、处所、方式、条件等。分为:

a.时间介词:例如:从、趁、随着、自从等。

b.处所、方向介词:例如:从、自、打、沿等。

c.方式介词:例如:经、通过、靠、以等。

d.原因介词:例如:由于、因、因为等。

e.目的介词:例如:为、为了、为着等。

f.对象介词:例如:对、对于、关于、把、同、跟、与、和等。

g.被动介词:例如:被、叫、让、给等。

h.比较介词:例如:比等。

i.排除介词:例如:除、除了等。

j."据"类介词:例如:根据、按照、凭、本着等。

2)连词:是连接词、短语、分句或句子的词。它不充当造句成分,也不单独回答问题。连词分为:

a.常连接词或短语的:例如:和、跟、同、与、而、并且、或等。

b.常连接分句的:例如:只要、因为、然而、不但……而且、或者……或者等。

3)助词:是附着在其他语言单位上边表示动态等语法意义的词。它附着性很强,一般念轻声。分:

a.结构助词:例如:的、地、得。

b.时态助词:例如:着、了、过、来着等。

c.比况助词:例如:似的、一样等。

d.其他助词:例如:所、给、连。

4)语气词:是指能放在句尾或句中停顿处表示种种语气的词。语气词可以单用,也可以连用,一个语气词不止有一种意义。分为:

a.陈述语气词:例如:的、了、吧、呢、哟、也好、啊(呀、哇、哪)等。

b.疑问语气词:例如:吗、吧、呢等。

c.祈使语气词:例如:吧、啊(呀、哇、哪)、了呢等。

d. 感叹语气词:例如:啊。

4. 句法　说话的时候,句子能表达一个相对完整的意思。每个句子又都有一定的语调,表示不同的语气。在连续说话中,句子和句子之间有一个较大的停顿,在书写时则用句号、问号或叹号表示语气和停顿。

主要有六种句式:

(1)连动句:基本结构为"名词 + 动词 1+ 动词 2"。例如:"她放下行李跟我说了几句"。

(2)兼语句:基本结构为"名词 1(主)+ 动词 1+ 名词 2(宾) (主)+ 动词 2"。

例如:"他给孙子起个名字叫祺祺"。

(3)存现句:基本结构为处所词(或时间词)+ 动词 + 名词。例如:"地上放着两只箱子"。

(4)"是"字句:例如:"这孩子是个急性子"其中"是"为动词;而例如:"老方是明天离开杭州"中的"是"则为副词。

(5)"把"字句:例如:"他把画儿挂在墙上"。

(6)"被"字句:表示被动。例如:"他从来没有被人尊重过"。

5. 现代汉语中常见的句子变化

(1)倒装:例如:"早就走了,你弟弟。""八点了,都。"

(2)省略:例如:"我弟弟 8 岁了,(我弟弟)刚上小学二年级。"

(3)紧缩:例如:"(不……也)你不请我也来。"

(陈卓铭)

第五节　语言治疗师教育

随着临床医学及康复医学的发展,以及各种疾病所致功能障碍患者的生存率的提高,人们的康复需求服务日益增长。且人们对于康复的需求不再满足于日常生活活动能力的改善,逐渐注重社会参与、生存质量的改善。各种原因所致言语 - 语言障碍严重影响患者的交流与参与能力,言语 - 语言康复治疗现已成为康复治疗的重要亚专业方向之一。然而,我国言语 - 语言治疗起步较晚,从业人员严重不足,且言语 - 语言康复治疗专业人才培养模式尚处于探索阶段。在发达国家,20 世纪 80 年代以前,从事言语 - 语言评价、研究和治疗的工作的专业人员称为言语治疗师或语言治疗师,随着专业的发展,言语 - 语言治疗人才培养体系的完善,逐渐分为听力学家及言语 - 语言病理学家(speech-language pathologist, SLP)。在一些发展中国家,因专业发展及人才培养相对滞后,仍沿用言语或语言治疗师。我国内地地区目前从事言语治疗的人员仍被广泛地称为言语或语言治疗师(speech therapist, ST),语言治疗师培养多为大专或本科康复治疗学专业毕业后经过短期的培训学习,以及从业过程中获得继续教育的模式。近几年来,部分高校逐渐设立听力语言学专业或病理语言学专业,但各校在专业定位、课程设置、实践教学、教材建设及师资培训等方面仍面临诸多亟待解决的问题。

一、国内外语言治疗从业人员及教育概况

20 世纪六七十年代之后,随着康复医学的发展,大量康复中心在许多国家逐渐建立,语言治疗需求

的增加,言语 - 语言治疗技术的发展及从业人员的培训也日益受到重视。在美国、加拿大、澳大利亚、日本、韩国等国家相继建立言语治疗相关专业,培养言语治疗与研究的专业人员。国外或境外从事言语治疗相关专业人员主要包括听力学家及言语语言病理学家,而中国内地语言治疗的发展相对起病较晚,目前从业人员多为言语或语言治疗师。

据美国劳工部统计,2008 年美国言语治疗师从业人员为 119 300 人,到 2018 年从业人员将增加到 141 400 人,增幅为 19%。其他国家语言治疗师每十万人口比率分别是英国 18.5 人、德国 13.9 人、加拿大 15.9 人及澳洲 20 人。2017 年美国听力语言协会(American Speech-Language-Hearing Association,ASHA)网站数据显示,美国平均每 10 万人拥有 ASHA 注册的 SLP 约 48 人,在美国大多数洲的 SLP 须获得语言语音病理学硕士或博士学位,或得到该行业认可的硕士学位,或只认可毕业于某一语言病理学家培养计划,并通过听力学及语言语音病理学术评审局认可的人员。同时,毕业生还需接受临床实践指导。在学校工作的 SLP 必须通过言语病理学的实践测试,获得认可的条件包括接受一定时间的临床实践指导及数月的研究生临床经验。此外,美国许多州对言语治疗师资格有效期有一定规定,多为 3 年,有效期后需重新进行评审考核,且有效期内需完成一定的继续教育学时。而日本的国立或公立大学康复相关专业只设立物理治疗和作业治疗两个康复专业,一些私立大学如国际医疗福祉大学设立言语听觉治疗学本科、硕士、博士课程,培养包括言语听觉障碍学、发声发语·吞咽障碍学等领域,培养的言语 / 语言治疗师服务对象包括听力及语言障碍、吞咽障碍等患者。

2010 年中国台湾地区医事人力需求论坛及各职类建议报告书等资料表明,每十万人的语言治疗师是 1.93 人、听力师则为 1 人。而香港特别行政区语言治疗师比率则为 6.3 人、听力师为 1.58 人。中国台湾地区听力师与语言治疗师(简称听语人员)的培养早期主要为国际人士支持及外出进修等方式,逐渐发展为储训班或学会代训制度培养模式,目前已发展为大学系所正规教育培养,并逐渐建立相关法规规范语言治疗师及听力师执业,中国大陆语言治疗则始于 20 世纪 80 年代,是一门新兴学科。语言治疗师多为康复治疗学专业本科毕业或护理学毕业相关人员经过不同形式培训、进修等方式培养。早期仅有少数医院开展言语治疗,2008 年后,在政府一系列支持政策带动下,也随着患者对言语治疗需求的增加,大部分三级、二级综合医院康复医学科在近几年内相继开展言语治疗,并配置语言治疗师。因此,目前各级医院语言治疗师队伍普遍为非语言治疗专业毕业人员,且表现为学历结构偏低、从业时间短、专业技术职称低等特点。此外,特教机构及康复机构语言治疗师也是语言治疗师队伍的重要组成部分。总之,目前言语治疗师缺乏相应的国际认证,尚未加入国际言语治疗师联盟,而且隶属于卫生、残联、教育及民政 4 个系统,缺乏统一的准入标准及资格认证体系。

二、国外语言治疗师教育标准课程设置及教学体系

在多数发达国家如美国 310 所大学中语言病理专业均是本科教育,其中 232 所大学设有语言病理硕士研究生教育,而且在美国、加拿大法律规定必须取得硕士学位后,再通过 1 年学习取得临床资格证书才能从事言语治疗临床工作。在美国获取言语治疗师资格,必须完成与其专业相关的课程并获得听力语言专业硕士学位,这些课程大致可以分为,①言语和语言生理解剖课程;②听力学课程;③言语 - 语言病理学课程;④言语学课程;⑤语言、言语评估、诊断课程;⑥研究方法和毕业设计课程等,同时还要完成一定学时的实习课程。美国 2005 年言语治疗师临床资格证书授予标准和程序明确规定申请言语治疗师的人员必须完成言语 - 语言领域相关课程并获得至少 75 学分。在申请时必须提交由申请人所在学校出具的正式的学分证明。

交流科学与障碍专业(communication sciences and disorders)由言语病理学与听力学专业更名而来,

培养听力学家与言语 - 语言病理学家两类专业人才。美国爱荷华大学（The University of Iowa）、匹兹堡大学（The University of Pittsburgh）等设立交流科学与障碍专业或交流沟通科学与障碍系。爱荷华大学交流科学与障碍专业在美国处于领先地位，是美国最早授予语言病理学学位的专业，该专业课程均接受言语语言听力协会（American Speech-Language-Hearing Association，ASHA）认证。爱荷华大学交流科学与障碍专业设置本科、硕士、博士课程培养，本科阶段学制 4 年，毕业后获得言语听力科学文科学位，专业课的目标是让学生掌握言语、语言、听力的正常过程（具体核心课程设置见表 1-14），硕士学制两年，博士学制四年，硕士及博士培养分为研究型和专业型两类。硕士阶段课程不是简单扩展本科阶段的课程，更为注重学生临床实际应用能力的培养与科研能力的培养，核心课程包括言语与听力神经学、沟通技巧、语言与语言发育障碍、神经性语言障碍、神经性言语障碍、嗓音障碍、口吃、听力障碍及评估、听力康复等。而博士阶段课程涉及大量听力学知识，重视高科技在专业中的结合与应用，培养学生懂得如何应用现代技术解决科学难题。核心课程包括言语与语言发育障碍、言语和听力科学系统与信号理论、听力解剖生理、听觉电生理学、听力学、人工耳蜗学、听力辅助技术、听力障碍的治疗与康复、儿童听力学、教育听力学、内耳前庭功能评估与康复、听力障碍预防、听力学商务管理实践、询证实践专题研究、生物医学统计方法专题研究等。

美国另一所听力学家与言语 - 语言病理学家人才培养摇篮的高校匹兹堡大学，设立交流沟通科学与障碍系（Department of Communication Science and Disorder，CSD），其教育包括 5 个项目：交流科学本科教育（BA in Communication Science）、交流科学与障碍硕士教育（MS/MA in Communication Science and Disorder）、听力学博士教育（Doctor of Audiology，AuD）、医学言语 - 语言病理学临床科学博士教育（Doctor of Clinical Science in Medical Speech-Language Pathology，CScD）、交流科学与障碍哲学博士教育（PhD in Communication Science and Disorder）。交流科学本科 BA 项目主要为从事言语 - 语言病理学工作的学生后期研究生项目学习奠定基础，该项目的申请要求高中毕业生并达到一定的学分要求和成绩绩点，本科学习期间掌握相关课程（具体核心课程设置见表 1-14）。硕士教育 MS/MA 项目的申请需取得 CSD 的学士学位，主要培养该领域的高级人才，如言语 - 语言病理学家，从事预防、诊断、治疗及康复沟通障碍人士，一般在言语 - 语言康复中心、特殊教育学院任职。两年硕士研究生的学习内容主要为言语障碍相关内容的研讨会和临床实践。博士教育项目中，AuD 项目为 4 年制博士项目，CScD 项目为 5 年制博士项目，PhD 项目没有具体年限，一般 5～6 年甚至 10 年才可拿到学位。AuD 项目课程包括 3 年的听力学相关课程的学习及 1 年的校外实习，毕业后主要从事听力学相关工作，服务于临床听力中心听障人士。CScD 项目旨在培养该领域优秀人才与领导者，毕业后从事临床言语 - 语言病理学家、大学教师、言语 - 语言培训师、该专业的指导老师等。而 PhD 项目培养该领域尖端人才，研读期间需参加 PhD 专题研讨会、PhD 课题研讨会、准研讨会三种类型研讨会，参加统计学与实验设计课程学习及论文写作及答辩，毕业后从事教学和科研工作。

日本设立言语听觉治疗学专业具有代表性的高校为国际医疗福祉大学。该校设立言语听觉治疗学本科、硕士、博士课程，培养包括言语听觉障碍学、发声发语 - 吞咽障碍学等领域。本科学习期间掌握相关课程见表 1-14，言语听觉治疗学的硕士课程包括言语听觉障碍学领域，发声发语·吞咽障碍学领域两个研究方向，博士课程则包括言语障碍学领域、听觉障碍学领域和发声发语·吞咽障碍学领域三个研究方向。

表 1-14　美国及日本相关专业本科教育核心课程设置

高校（专业）	核心课程
美国爱荷华大学 （交流科学与障碍专业）	言语、语言、听力的神经学 解剖学基础 言语、语言的正常发育及发育障碍 语音学理论与应用 言语与听力的声学原理 听力障碍的评估与预防 听力康复的原则 临床见习（评估与治疗）
美国匹兹堡大学 （交流沟通科学与障碍系）	听力学基础 言语 - 病理学基础 声学基础 听力系统解剖和生理 言语解剖与生理 语言发育和障碍 听力障碍 心理学 临床见习与实习
日本国际医疗福祉大学 （语言听觉治疗学）	言语学 言语心理学 人体发育心理学 学习心理学 认知心理学 神经心理学 声音学 听觉心理学 心理测定法 实验心理学 康复医学 声音言语医学 耳鼻咽喉科学 中枢神经机能学 言语听觉障碍学概论 言语听觉障碍诊断学 失语症学 高级脑机能障碍学 发声发语障碍学 摄食吞咽障碍学 听觉障碍学 言语听觉障碍学研究法 言语听觉疗法特论 言语听觉学综合练习

三、 中国香港特别行政区及中国台湾地区语言治疗师本科教育标准课程设置

中国香港特别行政区主要有香港大学设置言语与听觉科学系进行听力言语治疗师本科教育,学制五年,包括一年的实践学习与学位论文写作。具体课程设置见表1-15。毕业后通过相应的从业人员资格考试取得执业资格后方可从业。台湾中山医学大学是台湾地区最早设立语言治疗与听力学专业大学课程的高校,学制四年,具体课程设置见表1-15,并逐渐开始语言治疗师及听力师专业硕士课程。目前随着台湾地区语言治疗与听力学专业的发展,语言治疗及听力专业毕业并完成实习者,才具备语言治疗师及听力师证照考试资格。考试科目依据中国台湾地区"语言治疗师法""听力师法"所制定的业务范围及专业所需核心能力拟定,各有六科。语言治疗师证照考试科目包括基础言语科学(包括解剖、生理、语音声学与语音知觉)、神经性沟通障碍学、儿童语言障碍学、嗓音与吞咽障碍学、构音与语畅障碍学、沟通障碍总论;听力师证照考试科目包括基础听力科学、行为听力学、电生理听力学、听觉辅具原理与实务学、听觉与平衡系统之创健与复健学、听语沟通障碍学。所有听语人员需通过台湾地区"考选部"的语言治疗师或听力师考试,才有执业资格。

表 1-15　香港特别行政区及中国台湾地区言语与听觉科学系本科教育课程设置

	台湾中山医学大学 (语言治疗师专业)	台湾中山医学大学 (听力师专业)	香港大学 (言语与听觉科学系)
一年级	普通心理学 听语科学导论 基础神经解剖学 报告写作基础 语言学 沟通障碍学导论 听力学导论 语言神经解剖学 统计学 发展心理学 语音学 听语科学研究方法	普通心理学 听语科学导论 语言学概论 基础神经解剖学 报告写作基础 全校性活动时间 统计学 沟通障碍学导论 听力学导论 听语仪器原理与运用 听语神经解剖学 发展心理学 语音学 听语科学研究方法	语音与听觉解剖生理学 临床语言学Ⅰ:语义和句法 临床语言学Ⅱ:语音 人类言语及听觉科学发展 沟通障碍介绍 共同核心课程Ⅰ 大学英语
二年级	语言发展学 特殊教育导论 心理语言学 临床听力与障碍学 听力学临床实务论 听语测验原理与应用 言语科学 音韵障碍学 语音声学 语畅障碍学 音韵障碍学 行为改变技术与应用 学前儿童语言障碍学	听力科学 语言发展学 特殊教育导论 耳鼻喉科学概论 听障教育与沟通训练 心理语言学 沟通障碍之咨商技巧 语音声学 儿童语言障碍学 临床听力学 早期疗育与沟通障碍 音韵障碍学 行为改变技术与应用	认知和语言处理 言语语言治疗循证实践 临床实习介绍Ⅰ 临床实习介绍Ⅱ 神经病学和神经科学 言语及听觉科学研究方法与统计学 言语科学 言语与听觉科学学术英语 共同核心课程Ⅱ

续表

	台湾中山医学大学 （语言治疗师专业）	台湾中山医学大学 （听力师专业）	香港大学 （言语与听觉科学系）
二年级	初阶语言障碍学实习 婴幼儿沟通障碍 神经语言学导论 儿童语言障碍个案研究	听觉障碍学 儿童语言障碍初阶实习 听力学临床实务论	
三年级	吞咽障碍学 运动言语障碍学 学童语言障碍学 沟通障碍评估与测验 听语障碍实习 语言治疗方法总论 运动言语障碍学个案讨论 成人神经语言障碍学 语言治疗专业伦理 听能复健学 听觉电生理 学校沟通障碍服务 人工耳蜗学 听觉障碍个案研究 听觉障碍研究方法	听觉电生学 进阶临床听力学 幼儿听力学 听语障碍实习 听力学专业与伦理 听觉辅具原理与实务学 内耳前庭功能评量与复健 内耳前庭功能评量与复健实习 认知神经学 听能复健学 学校沟通障碍服务 人工耳蜗学 听觉障碍个案研究 听觉障碍研究方法	听力学和听力康复 儿科复杂病例 学龄前语言发展和语言障碍 儿科临床实习Ⅰ 儿科临床实习Ⅱ 学龄期及青少年期的语言和文化障碍 言语发展和语音障碍 嗓音障碍
四年级	语言障碍学实习	听力学实习	成人临床实习Ⅰ 成人临床实习Ⅱ 失语 成人复杂病例 吞咽困难 流利性,喉切除术和颅面疾病 言语运动障碍 实用汉语
五年级	—	—	沟通障碍研究学位论文 高阶临床实习

四、 中国语言治疗师培养现状与展望

目前,我国语言治疗师的培养仍然主要以国家级康复机构或境外高校进修学习、短期培训班等方式进行培养。高校设立听力语言学专业或病理语言学专业进行语言治疗师本科教育尚处于起步及探索阶段,2014 年教育部普通高等学校本科专业设置目录医学技术类特设专业开始设置听力与言语康复学专业(专业代码 101008T),学制 4 年,授予理学学士学位,目前已有数所高校设置该专业并进行招生,课程设置与境内外高校言语治疗师专业本科教育课程设置仍有较大差别。此外,语言治疗师从业人员的认定标准尚未确立。在本科生教育方面,部分高校进行了物理治疗及作业治疗分专业方向培养,但由于师资不足等问题,多未进行语言治疗方向的分化,语言治疗师多从康复治疗学专业本科教育后临床实践培养后走上从业岗位。本科教育阶段,有关语言治疗的专业课程大多只设置了"语言治疗学"课程。各个院校该课程设置基本可归为两大类:一类作为考查课,课时 30 学时以上,明确规定理论授课与实践的比

例,且理论课时要高于实践课时,实践课主要以实习形式为主。这点与临床专业的设置形式类似。在这个基础上某些院校在"语言治疗学"课程的基础上还设置了两门或一门选修课,采用陈卓铭主编的《特殊儿童的语言康复》和《精神与认知康复》,视院校师资情况,选择同时开设两门或其中一门课,让学生在学校就有做语言治疗师的计划。另一类作为选修课,课时数较少,主要进行基本理论的讲解以及安排少量时间的见习。毕业后想成为言语治疗师,还需要一定时间的继续教育和再培训。与物理治疗学和作业治疗学课程相比,目前言语治疗学中存在学生专业性不强、实践能力较低、毕业后对该专业工作的适应时间较长等问题。

结合国外及香港特别行政区、中国台湾地区言语 - 语言障碍治疗专业人才培养模式,结合目前实际情况,部分高校或附属医院康复医学科作为言语病理学的教学实践基地,在物理医学与康复硕士研究生培养过程中,招收康复治疗学专业本科学生进一步培养,以语言治疗为研究方向,培养了一批又一定专业方向的硕士语言治疗师,补充和提高了言语病理学的从业人员及师资队伍水平。但这类人才培养模式尚无建立统一的课程体系,主要以语言治疗的临床实践及语言治疗方向的研究课题与论文写作为主要标准。此外,近年来,由于语言治疗师培养的迫切需求,部分境外高校联合境内研究机构举办相关的语言治疗师师资培训课程班,采用网络或现场培训的方式进行语言治疗师的课程培训,并进行考核与发放资格证书,这类培训班的课程设置与教学对我国目前康复治疗学专业课程中语言治疗专业课程不足有一定的弥补作用,但其实质仍然是短期培训班。积极探索并完善与国际接轨的不同层次的交流科学与障碍专业课程体系,是目前语言治疗师培养亟待解决的问题。

总之,虽然言语 - 语言障碍治疗的专业人才培养体系尚未完善,但面对当前言语 - 语言治疗障碍专业人才的紧迫需求,在较长一段时间内维持目前短期培训、实践教学培养、个体化的语言治疗硕士治疗师培养仍是弥补我国言语 - 语言障碍专业人才匮乏的重要途径。在康复治疗学本科教育阶段,为语言治疗课程配置较高水平的规范化教材、提高师资授课水平、选择语言治疗亚专业发展相对完善的实践教学基地等,提高目前语言治疗师本科教学质量,使学生能在未来实践的岗位上,将语言治疗相关知识更好应用于言语障碍的康复、听觉康复、特殊教育等方面。

(陈 艳)

第六节　言语残疾评定

1988 年由国务院颁布第一个残疾人事业发展规划,重点发展三项康复,其中一项为聋儿听力言语训练。2007 年进行了全国第二次残疾人抽样调查时,由于听力语言残疾人数众多,听力语言残疾类别就被分为听力残疾和言语残疾。所以,1987 年全国残疾人抽样调查中确定的五类残疾就被修改为六类残疾,其分别为:视力残疾、听力残疾、言语残疾、智力残疾、肢体残疾、精神残疾。这个残疾分类一直沿用至今。

中华人民共和国国家质量监督检验检疫总局、中国国家标准化管理委员会于 2011 年颁布并实施了《残疾人残疾分类和分级》国家标准(GB/T26341—2010),由中国残疾人联合会和原中华人民共和国卫生部组织编写《残疾人残疾分类和分级国家标准实施手册》-《言语残疾评定手册》,这一手册指导日常的言语残疾评定。

一、 言语残疾定义

言语残疾(speech disability)是指由于各种原因导致的不同程度的言语障碍,经治疗一年以上不愈或病程超过两年,而不能或难以进行正常的言语交流活动,以致影响其日常生活和社会参与(注:3 岁以下不定级)。主要引起原因包括:失语、运动性构音障碍、器质性构音障碍、发声障碍、儿童言语发育迟缓、听力障碍所致的言语障碍、口吃等。

二、 言语残疾分级

言语残疾分级原则:按各种言语残疾类型的口语表现和程度,脑和发音器官结构、功能损伤程度,活动和参与,环境和支持等因素进行分级。

言语残疾分级的具体内容可见下表(表 1-16):

表 1-16　言语残疾分级

因素分级	脑和(或)发音器官的结构、功能	言语功能	语音清晰度	言语表达能力等级测试	社会生活方面
言语残疾一级	极重度损伤	无	≤ 10%	未达到一级测试水平	极严重障碍
言语残疾二级	重度损伤	具有一定的发声及言语能力	11% ~ 25%	未达到二级测试水平	严重障碍
言语残疾三级	中度损伤	可以进行部分言语交流	26% ~ 45%	未达到三级测试水平	中度障碍
言语残疾四级	轻度损伤	能进行简单会话,但用较长句表达困难	46% ~ 65%	未达到四级测试水平	轻度障碍

三、 言语残疾评定

1. **评定的主试人员**　儿科、内科、神经内科主治医师以上,康复科医师以上或者言语语言治疗师。经过省级以上言语残疾评定技术培训并取得结业证书。

2. **评定环境**

(1)如有条件,最好在隔音室进行。

(2)如没有隔音室,需要准备专门房间,室内应该安静,避免视觉和听觉干扰。

(3)行动不便的残障者可在家中进行测试,但仍应注意室内安静,尽量避免视觉和听觉干扰。

3. **评定工具**

(1)语音清晰度测试工具:测试图片:语音清晰度测试图片 2 组(25 张 / 组),正面是图,背面是词。图片用于 3 ~ 14 岁的儿童,词用于 15 岁以上人群或有阅读能力者。

(2)言语能力测试工具:看图说话测试图片:用于 3 ~ 14 岁的儿童,(一、二、三级)看图说话测试图片 1 套(15 张 / 套);(四级)看图说话测试图片 1 套(20 张 / 套)。情景描述图片:用于 15 岁以上人群,情景描述图片 1 套(16 张 / 套)。

(3)辅助工具:数字录音笔;部分玩具(拼图、交通工具和动物模型等玩具,用于年龄小,注意力差和不配合的儿童)。

4. 评定方法

(1)评定流程:重点注意的是3岁以下的孩子是不定残的,所以,3岁以上的孩子才可以进入评残的流程。具体评定流程见下图(图1-21):

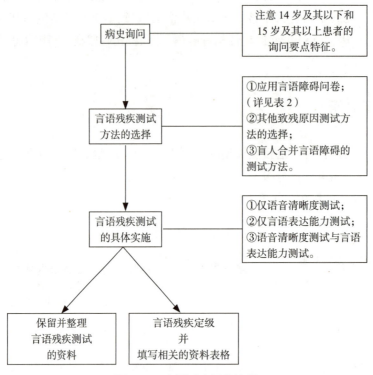

图 1-21 言语残疾评价流程

表 1-17 言语障碍问卷

言语障碍问卷

姓名:_____ 性别□男/□女 年龄:_____ 出生日期:_____年_____月_____日

诊断:_____ 测试日期:_____年_____月_____日 测试人:_____

序号	问题	是(打✓)	否(打✓)
1	你的说话有问题吗		
2	说话问题是在"脑出血"以后出现的吗		
3	说话问题是在"脑梗死"以后出现的吗		
4	说话问题是在"脑外伤"以后出现的吗		
5	说话问题是在"脑瘫"以后出现的吗		
6	只有口语问题,不存在听或读写问题是吗		
7	除了口语问题,在听或读写也有问题是吗		
8	有腭裂吗		
9	说话问题是喉的手术以后出现的吗		
10	你有耳聋吗		
11	你有"智力障碍"或"孤独症"吗		
12	你说话"结巴"吗		

1）下面以"是"回答的序号组,需要做语音清晰度测试:①1、2、6;②1、3、6;③1、4、6;④1、8;⑤1、9。

2）下面以"是"回答的序号组,年龄在3～14岁,需要做言语能力测试中的看图说测试。如果年龄在15岁以上,需要做言语能力测试中的情景描述测试:①1、2、7;②1、3、7;③1、4、7;④1、11。

3）下面以"是"回答的序号组,需要做语音清晰度和言语能力两种测试:①1、5;②1、10;③1、12。

(2)测试的具体实施方式

语音清晰度测试:

1)测试用具:语音清晰度测试图片。分为两组(每组25张图)

第一组(图1-22):白菜、菠萝、拍球、飞机、毛巾、头发、太阳、电话、脸盆、萝卜、牛奶、公鸡、火车、黄瓜、气球、西瓜、浇花、树叶、唱歌、照相机、手绢、自行车、扫地、碗、月亮。

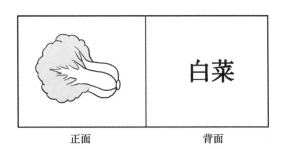

图1-22　语音清晰度测试用具中第一组图片之一

第二组(图1-23):苹果、拍球、冰糕、沙发、门、太阳、弹琴、电视、女孩、绿色、脸盆、蝴蝶、喝水、看书、汽车、熊猫、浇花、茶杯、唱歌、照相机、手绢、擦桌子、扫地、牙刷、碗。

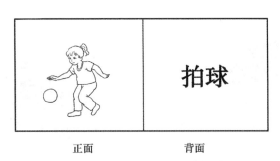

图1-23　语音清晰度测试用具中第二组图片之一

2)测试方法:本测试采用三级人员测试方法,即测试人员与被测试者接触密切程度分为三个级别,一级1名,二级1名,三级2名。一级测试人员为直接接触:测试对象的父母、兄弟或者听障儿童语训老师;二级测试人员为间接接触:测试对象的亲属或者本地残疾人工作干部;三级测试人员为无接触人员。要求测试人员听力正常。测试人员坐在被测试者的背后,被测试者面对主试者,主试者从两组图片任意取一组图片,依次出示25张图片,让被测试者看图片说出名称。如果被测试者不能正确说出图片代表的词语,主试者可以贴近被测试者的耳朵小声提示说出代表的词语,注意不要让其他测试人员听到,由以上4名测试人员听被测试者说出的词语并记录;或者由以上4名测试人员听被测试者说出的词语的录音并记录,然后与主试者对照正确答案,最后将4名测试人员记录的正确数相加后除以4,得出平均数即是被测试者的语音清晰度(表1-18)。注意:可以认字的被测试者可以直接读图片背面的文字进行测试。

表 1-18　语音清晰度结果记录表

姓名:_____　性别:□男 / □女　年龄:_____　出生日期:_____年_____月_____日　编号:_____

诊断:_____　测试日期:_____年_____月_____日　测试人:_____

指导语:填写测试记录,并在对应测试结果打√

评估内容	测试记录	测试结果
语音清晰度 (%)	一级人员正确数(1):	□ ≤ 10%
	二级人员正确数(1):	□ 11% ~ 25%
	三级人员正确数(2):　+	□ 26% ~ 45%
	平均语音清晰度:(　+　+　+　)×100%=	□ 46% ~ 65%
语音清晰度级别	□一级　□二级　□三级　□四级	

备注:一级(≤ 10%);二级(11% ~ 25%);三级(26% ~ 45%);四级(46% ~ 65%)

言语表达能力测试

1)测试用具:看图说话等级测试图卡和情景描述图片。

2)测试方法:言语表达能力测试包括看图说话(图 1-24、图 1-25、图 1-26 和图 1-27)和情景描述图片法(图 1-28、图 1-29、图 1-30 和图 1-31)。主试者和被测试者面对面坐着。如被测试儿童年龄太小或者不配合,可以让其父母或者照顾者抱着进行测试。如注意力不集中,可以先用玩具吸引孩子注意力,待安静下来以后进行测试。测试时,主试者首先从一级测试题库抽取一张图片向被测试者出示,要求被测试者说出图片的内容和意思,根据其是否能正确理解、表达语意、言语的流畅程度评定能否通过该级测试。如不能正确说出,则另抽取一张图片测试。在每一等级测试中,如有一次通过则认为该级通过,可依次进入下一等级测试。若连续 3 次不能正确理解、表达语意则停止测试,并根据测试结果填写言语表达能力测试记录表。

图 1-24　看图说话一级测试的图片之一(吃饭)　　图 1-25　看图说话二级测试的图片之一(叔叔赶马车)

图 1-26　看图说话三级测试的图片之一(老师打鼓,小朋友们玩抢椅子,我们大家一起玩)

图 1-27　看图说话四级测试的图片之一（搭积木的故事）

图 1-28　情景描述的一级测试图片之一（喝水）　　图 1-29　情景描述的二级测试图片之一（妈妈洗苹果）

图 1-30　情景描述的三级测试图片之一（在公共汽车上一个小偷在偷钱包，被站在后面的警察看到了）

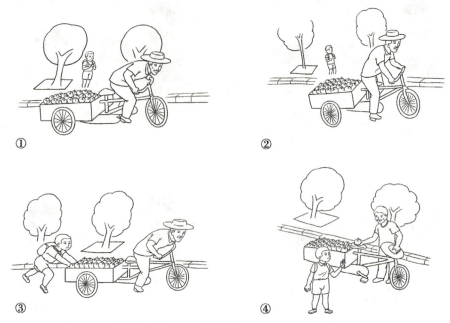

图 1-31 情景描述的四级测试的图片之一(老爷爷与苹果的故事)

(3)言语残疾定级说明

言语残疾定级:当言语表达能力残疾时,在每一等级测试中,如有一次通过则认为该级通过,可依次进入下一等级测试;若连续3次不能正确理解、表达语意则停止测试,以未通过测试的级别为言语表达能力的等级,即言语残疾的等级。如:二级通过,三级连续3次未通过,则言语残疾定级记为三级。

当语音清晰度与言语表达能力评价结果处于不同等级时,其最后残疾等级的确定应该着重考虑言语表达能力,如相差一个级别时,以言语表达能力的等级为准。如相差两个级别以上等级,语音清晰度级别可向言语表达能力的级别靠近一个数量级确定其等级(表1-19,表1-20)。

表 1-19 需做两种言语测试时言语残疾评定表

语音清晰度测试级别	言语能力未达到的测试水平	言语残疾定级
1	1	1
1	2	2
1	3	2
1	4	2(偶见)
2	3	3
2	4	3
3	4	4
4	4	4
4	1	基本不存在
2	1	1
3	2	2
4	3	3
4	4	4

表 1-20 言语残疾测试结果记录及分级表

言语残疾测试结果记录及分级表

姓名:_____ 性别:□男□女 年龄:_____ 出生日期:_____年_____月_____日 编号:_____

诊断:_____ 测试日期:_____年_____月_____日 测试人:_____

注:请在相对应的级别的右边方框打√

语音清晰度	言语能力	言语残疾
一级	一级	一级
二级	二级	二级
三级	三级	三级
四级	四级	四级
综合评定意见		

备注:

1. 单独使用语音清晰度测试可对构音障碍进行评定;

2. 当语音清晰度与言语能力评价结果处于不同等级时,其最后残疾等级的确定应该着重考虑言语能力,如相差一个等级时,以言语能力的等级为准。如相差两个以上等级,语音清晰度级别可向言语能力的级别靠近一个数量级确定其等级

(陈卓铭)

第七节 特殊教育

一、特殊教育概述

特殊教育是指根据特殊儿童的身心特点和教育需要,采用一般或者特殊的教学方法和手段,最大限度发挥受教育者的潜能,使他们增长知识,获得技能,拥有良好品德,提高适应能力的一种教育。随着时代的进步,特殊教育的发展水平已经成为衡量一个国家和地区综合实力、文明程度的重要标志。

特殊教育对象是指由于不同方面的原因而必须接受特殊教育的儿童,简称为"有特殊教育需要的儿童"或"特殊儿童"。目前对于特殊教育对象的界定一般分为狭义和广义之分。狭义的特殊教育对象一般为残疾儿童(根据 2011 年颁布的《残疾人残疾分类和分级》包括视力残疾、听力残疾、言语残疾、肢体残疾、智力残疾、精神残疾和多重残疾)。广义的特殊教育对象不仅包括残疾儿童,还包括问题儿童(包括学习问题、行为问题、情绪问题等不同类型问题的儿童)和超常儿童(包括具有超常智力、能力和天赋优异的天才儿童)。一般我们所说的接受特殊教育的对象指的是狭义的特殊教育对象。

二、特殊教育与语言治疗的关系

从特殊教育视角出发,语言发展是特殊儿童接受特殊教育服务的一个重要的方面。大多特殊教育

对象都具有语言功能方面的障碍或者问题,换句话说,接受语言治疗的儿童亦需同时接受特殊教育。

智力障碍儿童由于大脑功能发育受阻,其听力差、听觉分化功能弱,加上家庭、社会等不良环境的影响,其言语能力受到很大限制,语言发展非常缓慢。有研究表明,虽然智力障碍儿童语言发展的顺序、阶段特点等与正常儿童基本一致,但绝大多数智力障碍儿童都有不同程度的语言缺陷,主要表现在说话发音不准、吐字不清,出现音的替代、歪曲、遗漏和添加等现象,还有的出现语言流畅性问题,语言的理解与表达也有明显落后。

听力障碍儿童听力丧失的结果,首先是对语言发展的限制,不能或很难清晰地感知语言,发出声音却不能得到良好、恰当的听觉反馈,无法得到充分的言语强化、不能听到成人的言语示范,出现语言习得的困难。因此,听障儿童的"聋"是原发性缺陷,"哑"是继发性缺陷。特殊教育早期干预的意义在于防止家长延误其发展的关键期或是引发其他继发性障碍。

脑瘫儿童由于围产期广泛性脑损伤,一方面大脑语言区直接受损,另一方面常合并听觉、视觉等感觉系统异常、智能异常、运动异常及行为异常等。脑瘫儿童常常伴随语言障碍,主要包括语言发育迟缓和运动性构音障碍等。我国学者侯梅(2003)研究报道,73.1%的脑瘫儿童存在语言障碍,且不同类型的脑瘫儿童语言发育迟缓和构音障碍的发生率不同。一般情况下,痉挛型、手足徐动型和共济失调型三类脑瘫儿童语言障碍发生率较高。因此对脑瘫儿童来说,我们除了要对其运动障碍和姿势异常进行矫治,智力、语言、感觉及心理等方面也需进行同步的特殊教育。

自闭症(孤独症)方面,美国精神疾病协会在2013年5月公布的《精神疾病诊断与统计手册》(第5版)(DSM-V)中,对自闭症及其谱系障碍的诊断标准进行了多项重大的修订,其中包括核心症状的缩减。将原来症状标准中的3个维度(社交、言语语言、刻板行为),合并成2个维度,即社会/交流障碍与刻板重复的兴趣行为。原来3个维度的两组症状语言交流障碍和社会交往障碍事实上是不可分割的,所以将两者认定为一组症状更为精确。DSM-V其实更加强调言语和非言语的社会使用上存在持续性困难的障碍。因此在对自闭症儿童的教育过程中,语言治疗的成分在应用层面所占比重会更大。

此外,语言发育迟缓儿童、口吃儿童等偏重语言治疗领域的特殊教育对象,语言发展是其接受全方位特殊教育的一个重要部分。

综上所述,在对儿童进行语言治疗的过程中,我们亦需遵照特殊教育的原则、使用特殊教育的方法对他们进行教育,尤其要抓住语言发展的关键期,对特殊儿童进行早期干预,以期达到事半功倍的效果。

三、 语言发展关键期与早期干预

智力障碍、语言发育迟缓、脑性瘫痪、自闭症、听力障碍等儿童均可能伴有言语、语言障碍。这些儿童可能在语音、语义、语法、语用等方面存在异常。大量的研究与实践证明,早期干预对特殊儿童自身发展具有重要意义。

早期干预是指为学龄前(0～6、7岁)儿童中具有发展缺陷或有发展缺陷可能的儿童及其家庭提供各项专业服务,即早期鉴别、早期发现、早期诊断,并针对其特殊需要提供医疗、保健、康复、教育、社会服务及家长育儿指导等综合性服务。

早期干预对于具有言语语言障碍的儿童来说,尤为重要。因为儿童语言的发展具有关键期。儿童语言,尤其是口语的发育是极其迅速的,一般在5、6岁前,儿童就已经掌握了其母语的大部分内容。更有研究指出,3岁前是儿童语言发育的关键期,狼孩的故事验证了此观点。因此,我们要抓紧儿童语言发育的关键期,通过早期预防和干预,最大限度发挥孩子言语语言方面的潜能,将残疾或者障碍的程度降至最低。

四、 医教结合、综合康复

随着社会的发展、科学的进步,目前特殊教育学校的教育对象已发生了很大的变化,主要体现在以下三种情况:残障类型增多、障碍程度加重、多重残疾儿童增多。这些儿童在接受学校教学的同时,必须要长期接受康复治疗。然而,长期以来,我国康复治疗服务主要由医院来承担,而教育主要由特殊教育学校提供。近年来,人们开始反思这种康复与教育分离的特殊教育模式。"医教结合"成为扭转这种分离模式的必然趋势。

在特殊教育实践教学过程中,我们经常会遇到同类残疾儿童伴有多重障碍、多重残疾儿童一定表现出多重障碍的情况。因此,对有多重残疾与多重障碍的儿童必须进行多重干预,即综合康复。要对特殊儿童实施综合康复,必须架构起现代康复医学理论与特殊教育学校实践之间的桥梁,根据现代康复医学的理论与障碍儿童的需要,华东师范大学杜晓新教授等人建构了综合康复体系,该体系由7个康复功能模块构成,即:①听觉功能评估与训练;②言语功能评估与训练;③语言能力评估与训练;④认知能力评估与训练;⑤情绪行为评估与训练;⑥运动能力评估与训练;⑦学习能力评估与训练。这七个板块涵盖了医学康复、教育康复、心理康复等领域,力求形成教育与康复的合力以促进特殊儿童的最佳发展。智力障碍、语言发育迟缓、脑性瘫痪、自闭症、听力障碍等伴有言语、语言障碍的儿童均可在医教结合、综合康复体系中获得最佳的教育和康复效果。

(刘晓明)

第二章
语言治疗的方法

第一节　语言与言语

语言是人类交流思想的工具。在人们平时的交往中,语言和言语两个词往往混用,并不会影响意思的理解,但从语言病理学的角度看,两者的定义有一定的区别。

语言(language)是指人类社会中约定俗成的符号系统。人们通过应用这些符号达到交流的目的。包括对符号的运用(表达)和接受(理解)的能力,也包括对文字语言符号的运用(书写)、接受(阅读)以及姿势语言和哑语。语言障碍是指在上下文中口语和非口语的过程中词语应用出现障碍。代表性的语言障碍是脑卒中和脑外伤所致的失语症和大脑功能发育不全所致的语言发育迟缓。从临床的角度,语言障碍往往涉及多种语言模式,影响到语言在大脑的加工和产生,所以语言障碍对人们生活和工作的影响更大,致残率也较高。

言语(speech)是音声语言(口语)形成的机械过程。为使口语表达声音响亮、发音清晰,需要有正常的构音器官结构和与言语产生有关的神经、肌肉的活动作为基础。当这些结构以及相关的神经或者肌肉发生病变时,就会出现说话费力或发音不清甚至完全不能发音。言语障碍是指言语发音困难,嗓音产生困难,气流中断,或者言语韵律出现困难。代表性的言语障碍为构音障碍,临床上最多见的构音障碍是脑卒中、脑外伤、脑瘫、帕金森病等所致的运动性构音障碍,另外较常见的是由于构音器官形态结构异常所致的器质性构音障碍,其代表为腭裂。从临床的角度,虽然单纯的言语障碍只涉及口语,其他模式是正常的,但中至重度的言语障碍同样给人们的交流带来严重的困难,在一些疾病的晚期如肌萎缩侧索硬化,多发性硬化等疾病甚至丧失了发音和说话的能力。

"语言"和"言语"的区分主要是为了语言治疗人员能够对各种语言和言语障碍正确理解和准确地制订康复治疗计划。为书中用词的简化,在本教材中用语言一词代表"语言"和"言语"。

第二节　语言治疗的康复途径和原则

(一) 语言评价

语言评价是语言治疗师重要的工作内容,也是语言治疗和训练制订计划的依据和前提,在语言障碍评价的流程方面,除了要了解患者语言障碍的表现以及相关病因、病史,还要了解患者的语言治疗和训练情况;相关专业的评价情况和结果,比如患者的情绪变化,行为异常,注意力的评价情况,另外很重要的方面是根据不同的语言障碍选择正确的评价方法,实际工作中常用的评价量表有成套语言功能评价量表,如评价成人失语症的西部失语症评价量表(WAB)汉语标准失语症检查(CRRCAE),汉语失语成套测验(ABC)双语失语检测法(BAT),评价儿童的语言发育迟缓检查(S-S法)等,还有评价某一语言侧面的评价方法,如代币(Token)测验,汉语失写检查(CAB),语音清晰度检查等,请参阅相关章节内容。

(二)治疗途径

1. **言语治疗和训练** 是言语治疗的核心,首先要依据评价的结果制定康复目标和治疗训练计划,也包括治疗后的再次评价和计划的必要调整。在治疗和训练方面包括:言语听理解的训练,口语表达训练,阅读理解和朗读训练,书写训练,呼吸训练,构音器官运动训练(必要的口面肌肉的运动训练),语音清晰度训练,言语交流辅助替代系统的应用训练,电脑语言训练系统应用,与语言相关的基础概念和认知训练等言语治疗。另外还包括吞咽障碍的治疗和训练。

2. **指导** 主要包括患者的家属进行指导,重度言语障碍的成人患者首先要对患者的家属进行训练方法的指导以及如何与患者进行沟通。对中度和轻度的成人患者可以直接对本人进行指导,使他们能充分配合治疗师的训练。对重度言语障碍患儿的父母进行指导和必要的培训,使他们了解他们孩子的语言障碍并建立信心,正确选择康复的方法。对口吃的儿童还包括对幼儿园和学校老师的指导,这一点非常重要,让老师能够正确掌握口吃的儿童平时的学习和交流方法。

3. **手法介入** 对一些言语障碍的患者可以利用现代以及传统医学的手法帮助改善言语产生有关运动功能受限,此方法不仅适合用于成人运动性构音障碍患者,也适合儿童的各种构音障碍,特别是重症患者非常必要。也适用于重度神经性吞咽障碍的患者。

4. **辅助具** 为了补偿功能受限,有时需要装配辅助具,如听力障碍需要装配助听器,重度运动性构音障碍腭咽肌闭合不全时,可以给患者戴上腭托(图2-1),以改善鼻音化构音。

5. **替代方式** 当重度言语障碍很难达到正常的交流水平时,例如部分完全性失语患者、重度脑瘫儿童运动性构音障碍不能获得有效的交流语言,就要考虑使用替代交流方式,最简单易行是交流图册和文字交流板,也可以使用高科技的言语交流系统(图2-2)等。

图2-1 腭托

图2-2 言语交流器

(三)治疗原则

言语治疗是促进语言和交流能力的获得或再获得,就是治疗人员给予某种刺激,使患者作出反应,正确的反应要强化(正强化),错误的反应要加以更正(负强化),反复进行可以形成正确反应,纠正错误反应。

1. 基本过程

(1)出示给患者(患儿)事先准备好的刺激,比如图片、文字或实物等。

(2)若患者反应正确(正反应),告诉他回答正确(正强化)。

(3)若患者反应不正确(错误反应),则告知错误(负强化)。

(4)患者和治疗师的努力,患者的正反应增多,并固定下来。

(5)正反应固定下来以后,则向上移一阶段的课题。

(6)反复进行,当达到目标阶段时结束。

2. 设定训练课题　按特定的目标而选择训练材料和规定顺序所实施的具体过程称为训练课题。设定训练课题之前,首先要对患者的语言障碍进行正确的评价和分型,了解语言障碍的各个侧面和程度,此基础上,针对语言症状的各个方面,设定能使之改善的训练课题。若评价结果不准确,就会给患者设定出过于简单或过于难的课题。

3. 制定训练程序　明确了训练课题后,还要制定训练程序,也就是把训练课题分解成数个小步骤,训练程序制定正确与否会明显影响训练效果,因此要必须加以注意。训练程序制作相关因素(表 2-1)。

表 2-1　训练程序制定相关因素

项目	内容	难易度	
		易	难
课题	长度	短(单词)	长(句子)
	意义	具体(具体名词)	抽象(抽象名词)
	使用频率	高频词(常用词)	低频词(非常用词)
	造句	简单(单句)	复杂(复句)
刺激	患者兴趣	浓	淡
	提示速度	慢	快
	时间	长	短
	提示次数	多	少
	间隔	短	长
输入途径	醒目性	醒目(彩色图片)	不醒目(线条幅)
	声音强度	强	弱
选择答案	种类	视觉	听觉
	数量	数目	单一
	数量	少	多
	内容	不同(不同范畴)	相近(同一范畴)

4. 刺激与反应　在训练进行过程中,由于患儿的障碍程度不同反应也会多种多样。比如做事物基础概念的选择训练,我们在患儿的面前摆上牙刷、手套和眼镜,训练者手中拿着一个小娃娃,治疗师说:"请你给小朋友刷刷牙"(刺激),患者拿起牙刷放在小朋友的嘴前作出刷牙的动作(反应)。患儿做得正确(正确反应),做得不正确(错误反应)。这便是训练过程中的一种刺激 - 反应。

5. 强化与反馈　在训练过程中患者(患儿)反应正确时,要使之知道正确并给予鼓励(正强化),反之也要让其知道答错并一起表示遗憾(负强化)。向患者(患儿)传递反应正误过程称为反馈。正确使用反馈在训练过程中非常重要,特别是对刚刚开始训练的患者,往往可以达到患者(患儿)配合训练,巩固训练效果。在强化和反馈的应用过程中,对患儿有时要给予奖励,但要考虑患儿的年龄和兴趣合理应用,才能取得良好效果。

6. 升级与降级　在刺激 - 反应过程中,正反应会逐渐增加,当正反应能固定下来时,就可以考虑将训练上升一个阶段。当顺利达到训练目标时,训练即结束。但有时错误反应会增加,除了患者本人的疾病的变化因素以外,此时大多由于训练难度超出患者的水平,反而要降级。在下一阶段训练一段时间后,当有所改善时,还可以重新升级。但如果是由于初期的评价不准确就会使训练课题设定不正确,则可能即使降级以后错误反应可能会继续存在,这时候就要进行再评价和修订训练程序。当正答率达到100%时,要把训练上升一个阶段,但有时判定也有一定困难,一般情况是在正答率达到70%~80%时,就可以考虑升级。

(李胜利)

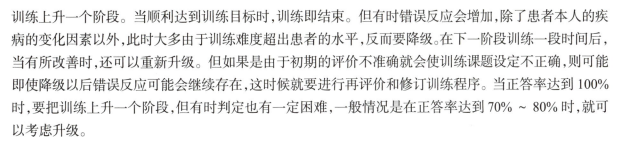

第三节　治疗的要求和注意事项

（一）治疗的要求

为了达到最佳治疗效果,要设法创造可能的条件,但这并不是要求所有的语言治疗都要机械地去苛求条件。在目前,有些条件满足起来是有一定困难的。

1. **训练场所选择**　对于脑血管病急性期或脑外伤患者及个别重症脑性瘫痪的患儿病情许可时,可以在床边进行训练。当患者可以借助轮椅活动时,可到训练室进行治疗。成人治疗的房间不要太大,一般10m²即可,要能放下语言训练治疗机,一张床,教材柜子,能进去轮椅即可。但儿童训练室,要求较宽敞的房间,因为课桌上难以进行的课题往往就要在地板上进行,所以必须具有一定的宽度。要尽量避开视觉和听觉上的干扰,最理想的是在有隔音设施的房间内进行,因为语言障碍患者音量一般来说都不高,语言欠清晰,在噪声下表达较吃力,另外噪声情况下患者的注意力容易分散,心理承受会出现问题。

2. **训练室内尽量避免过多的视觉刺激**　大部分语言障碍患者是脑损伤,其注意力极易分散,也极易疲劳,所以训练室内要简洁、安静、井然有序,墙壁上不要贴多彩的画报,语言训练治疗机要放在明亮之处。

3. **形式**　原则上以一对一训练为主,有时要进行集体训练。①一对一训练:是根据患者的具体情况,如病症的程度,障碍的侧重面,残余语言功能等,制订出个人训练计划并制订出具体语言训练内容,除了语言功能训练还要进行实际语言交流能力训练(CADL)。②集体训练:将各种类型及不同程度的语言障碍患者召集在一起,以小组的形式进行语言治疗。其特点是能够改善语言障碍患者对社会的适应性,减少心理不安,提高交流欲望,也给语言障碍患者提供了一个交流的场所,对改善由于语言障碍所致的二次性障碍问题,如心理方面、情绪方面人际关系方面等起到积极的作用。另外通过集体训练重症患者可以从轻症患者身上看到希望与信心,也为将来回归家庭与社会打下基础。还可以请心理治疗、作业治疗、社会工作者一起参加,这种训练可以增加患者的自信心和兴趣。

4. **治疗次数和时间**　治疗次数可以根据治疗师和患者人数而定,每天的训练时间就由训练者以及诊治患者的人数决定,但至少应保证0.5~1小时,幼儿可以是20分钟,住院患者一日一次,门诊的患者可以间隔长一些时间。语言治疗尤其是检查,时间最好安排在上午,因为上午患者的精神比较饱满,头脑较为清醒,下午的耐受力较上午差。患者在训练期间精神较为集中,时间稍长会感到疲劳,因此在训练上要随时观察患者的身体情况,以防出现意外或原发疾病复发等情况发生。

5. **家属指导及自我训练**　要将患者语言障碍检查的结果以及将来对日常生活、职业生活所带来的影响向患者的家属及亲友讲清楚,以求得家属及亲友的理解,明白如何对待语言障碍患者的方法,从而促进家属对患者及其语言症状等方面的了解。根据具体情况也可以治疗时让患者家属在旁边观察检查、训练的情况,根据看到的语言症状加以说明,使家属更易理解。另外还可以让治疗师观察患者家属与患者间的日常沟通交往,然后就交往的正确与否向家属反馈,为使患者更好的康复,还应对患者家属提供具体指导,要求患者本人及患者家属协助 5 ~ 6 小时。

患者本人的训练是根据训练程序及每天训练内容,给患者留作业,这是一条很好的学习途径,通过作业,可以强化每天训练的内容,还可以使患者看到自己的进步,提高信心。家属可以通过作业的前后对比看到希望,语言治疗师可以根据作业发现面对面训练时发现不了的问题。另外自习的内容可以扩展开来,设定一些家庭成员可以加入的课题,既达到了训练目的又亲密了家庭关系,提高了交流能力也使家庭成员对患者更充分理解。

6. 卫生管理 训练时经常接触患者的身体和唾液,所以一定要预防各种传染病,手指有伤时要特别注意,训练前后要洗手,训练物品要定期消毒,直接接触患者口腔或皮肤的检查训练物品,要尽量用一次性的压舌板和手套。构音障碍治疗前嘱家属为其清洁口腔。

(二) 语言治疗的注意事项

1. 反馈的重要性 这里所说的"反馈"是指治疗过程中,患者对自己的反应有意识的认识(如指出图片或发出声音等)。有两种意义,一是对自己所进行的活动有意识客观地把握,二是能认识到反应正确与否。

2. 确保交流手段 语言是交流的工具,对于重症患者,首先要用手势、笔谈、交流板、语言障碍诊治仪等交流工具建立非语言的交流方式,特别对失语症患者有很大意义。

3. 要重视患者本人的训练 一般来说训练效果与训练时间成正比,因此,要充分调动患者和其家属的积极性,配合训练。训练的课题和内容可以一样,让患者自己训练,但要变换形式。有些患者治疗时家属在场可能会影响治疗情绪,但治疗师还需要让家属观察到全部训练过程,使其加深对患者的理解,并掌握训练患者的方法,训练室最好设有观察窗口,观察窗口应使用单向玻璃,让家属能看到患者,而患者看不到家属。

4. 注意观察患者的异常反应 治疗前要了解患者原发病及并发症方面的资料以及可能出现的意外情况。另外要经常注意患者的身体情况、病房人员的介入量、运动疗法、作业疗法训练内容等,特别要注意患者的疲劳表情。训练时如发现与平时状态不同,绝不要勉强训练。

5. 必须充分理解患者 认真、耐心的态度帮助患者改善,与患者建立充分的信赖关系,是将治疗引向成功的第一步。

6. 尊重患者的人格 对成年患者,应仍以成人或年长者看待,不要因为其行为表现有"返童倾向"等异常,而以接触儿童或痴呆人的态度处之,避免加重患者的心理不平衡,以及削弱训练欲望,影响训练效果等负面作用。同时要尊重患者的意见。对收集个人生活资料中涉及的个人私生活内容,应注意保密。

7. 让患者对自身的障碍有正确的认识 不要为了让患者一时高兴而说与事实不符的话,可将患者障碍的现状、恢复的预测及治疗计划等情况,根据患者不同的理解力和承受力,适当地直言相告,以利其尽早正视事实,接受自己。有时隐瞒真相,会影响治疗师与患者建立真诚的信赖关系。

8. 增强患者的自信心,提高训练欲望 注意正面引导,避免否定患者的言行。当患者强调自己的错误时,应在淡化其失败感的同时,努力向克服障碍的决心方面引导。对于患者细微的进步,也不要忘了鼓励,要使患者总是处在有可能成功的状态。

9. 心理治疗 语言障碍患者的心理障碍应视为由于语言障碍引起的继发障碍,所以也是语言治疗工作范围以内的内容。语言治疗的目的不仅使语言功能改善和恢复,与此同时也要设法使患者的心理 - 社会状态得到适应。

(陈慧娟)

第四节　语言障碍患者的辅助交流设备

一、语言障碍的辅助诊断设备

随着计算机信息技术的发展,互联网已经融入到我们的生活中,大数据运算以语言康复与功能为导向。语言障碍的辅助诊断系统不断完善,利用计算机及电子科技获取、处理、编辑、存储和展现不同类型信息媒体技术的结合,给语言障碍人群提供声音、文字、图像、演示、模拟仿真等多种形式的康复及教育信息,为现代的康复治疗打开了一个广阔的空间。语言障碍的辅助诊断系统目前主要有两种形式,一种是单机形式设备,一种是以互联网、大数据、云计算等思维和技术为基础建立的康复平台。两者都可以对表达、理解、复述、命名功能提供语音、图片、文字等内容进行评估与提供康复治疗方案,促进语言障碍人群的康复治疗。

目前的语言障碍的辅助诊断系统有以下特点:

(1)图文声像并茂,激发患者的兴趣:通过文本、图形、动画、声音、视频等多种媒体信息,让患者在再学习过程中受到多重感官的刺激,激发患者的学习兴趣和积极性。

(2)多媒体教学软件,提供人机交互式学习环境:能够根据患者的具体情况,选择合适的治疗内容,做到精准语言康复。

(3)丰富的信息资源,提供大量的信息素材:丰富的信息资源以及信息,不仅减轻治疗师的工作负担,更加重要的是针对患者的语言水平能力提供不同程度的治疗方案。

1. 语言障碍的辅助诊断设备　计算机辅助语言障碍的诊断发展相对成熟,对语言障碍进行辅助筛查,其筛查优势在于:①初步筛选出语音信号,能直接分析出各种语音参数的差异;②可实现各语言功能检测题目自动分级测试,实现多层甄别测试;③测试数据库大,避免重复;④定量化,受人为干扰小;⑤多媒体显示直观,有趣。通常以专家系统的形式实现,具有两种模式:

(1)一种是基于宏观功能模拟的专家系统,从人的思维活动和智能行为的心理特征出发,是建立在心理学基础上的模式。其设计过程包括:①输入足够多的病例资料;②选用数字模型,确立参数和运算规则,常用的是贝叶斯数字模型、最大似然诊断模型、模糊算法、模糊矩阵聚列分析等;③编制诊断程序;④患者的检测结果输入计算机不断调试,最后投入临床使用。上述过程中如果病例足够多、数学模型运用适当,诊断计算的符合率就越高。

(2)另一种是基于神经网络的专家系统,它从人脑的生理结构出发,是建立在仿生学基础上的模式。神经网络模拟的专家系统是一个高度复杂的非线性动力学系统,是计算机模拟人脑思维活动,抽象为神经网络模拟学习分析的快慢两过程。快过程对应人脑的计算过程,认为是神经网络活跃状态的模式变换过程,以计算机运算来模拟;慢过程对应人脑的学习过程,认为是神经网络模式变换的能力,以计算机的存储来模拟。快慢过程同时协调运行,模拟人类的思维,在外部界面上当医生对系统诊断结果不满意时，系统能在医生指导下（给出正确结果和训练实例）再次学习，自动学习从而提高诊断水平。神经网络的研究方法最大的特点是模仿人类"干中学，学中干"的特点。

语言障碍的专家诊治系统一般包括病历管理、诊断系统、康复训练、系统介绍四大模块，能实现疾病介绍、诊断、康复、病例查询、病例统计、报表打印、数据修改等各功能模块间可以跳转。其中诊断系统为核心部分，如果临床提供给计算机各种类型的诊断特点，并不断给予诊断纠正，计算机诊断的准确性就越高，可预期计算机辅助诊断水平会在未来有很大的提高。

2. 语言障碍的辅助诊断的康复平台　语言障碍的辅助诊断的康复平台以互联网、大数据、云计算等思维和技术为基础，是一种集协同办公、康复信息、康复服务、康复资源、康复数据等于一体的多级化信息化康复管理平台。推动语言障碍的远程医学诊断和治疗发展，开启了语言障碍的远程诊断、专家会诊、信息服务、在线检查和远程学习的新纪元。方便患者在家中进行康复训练，为医疗水平不发达地区提供医疗服务。

语言障碍的辅助诊断的康复璟云平台，减少了医院对购买硬件、软件的支出、信息技术工作平台维持的费用。其一，医院只需利用现有的终端，例如：移动电话，掌上电脑，计算机等通过互联网获得相应的云服务。其二，具有海量数据的存储功能，通过云计算提供数据存储服务，并且对这些海量数据进行整合分析，达到资源的共享和交流。其三，具有节约资源和减少相应有毒物质的排放，使用方便快捷。

二、语言障碍的辅助康复设备

国外发达国家大多康复机构都使用计算机及电子设备辅助语言障碍的康复，包括发音训练、理解训练、词汇学习、口语表达、阅读书写等等。适用不同年龄、不同文化层次的患者，有家庭训练版及医院训练版。可以针对不同的语言障碍类型进行康复训练。

1. 发声障碍的患者　利用特定的语音处理技术将语音信号转化为不同的动画形式显示在电脑屏幕上，并对声学和生理现象作出评价，包括发声的起音、声强、持续时间等参数评估和发声时舌、腭位的视觉生物反馈。患者根据图像判断发声的音量大小、准确程度、模仿正确的发声模式并不断纠正。例如：发声训练（图2-3）：屏幕上有一只小狐狸，还有一只在缓慢滑行的球，当患者对准麦克风大声发音时，小狐狸便会抓到球。通过训练，可提高患者发声能力，发声的趣味性，发声的即时反应。

图2-3　发声训练

2. **构音障碍需要辅助交流的患者** 可利用移动电话、掌上电脑等设备,由患者通过选择相应的文字指令、发声,作为辅助交流的设备,成为患者生活交流的代用品。例如辅助沟通交流训练(图2-4):患者需要表达刷牙。治疗师可结合沟通情景,利用辅助沟通设备完成点击图片:刷牙(刷牙动作),并辅助刷牙动作,如果能力高可选择"刷牙"的文字,或者"我要刷牙""我要拿杯子牙刷刷刷牙"等,应用实现了语言障碍患者的辅助沟通。

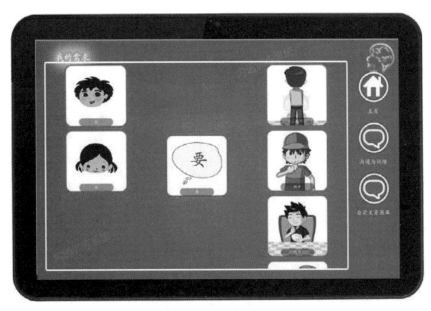

图 2-4 辅助交流训练

3. **构音障碍训练的患者** 通过构音诊断以及训练系统,可反复地进行发音模仿和纠正训练。调整自己的舌位、口形,找到正确的发音部位。与标准音的对比播放,则更容易找出发音的差距,提高发音的准确性。通过声音、文字、图像的巧妙结合,具有极强的趣味性。实时录音,反复实践,对比回放,找出差距。练习时音义直观,为音节训练做好准备。如构音障碍诊治训练系统 ZM6.1 进行声调训练时,发对"妈"字的声调,飞机会平飞,发错为"骂"字的声调,飞机就撞到地下。又如清浊音训练,让患者发一个音,发对浊音时屏幕中浊音红色灯泡会亮。另外还可包括音调、声强、清浊音、起音、声时、共振峰等参数评估和发声时舌、腭位的视觉生物反馈。患者根据图像判断发音的准确程度,模仿正确的模式并不断纠正发音。

4. **命名障碍的患者** 由于物品的视觉形象与物品的知识、语音之间的联系中断导致了命名障碍,通过设计语音处理技术将语音信号转化为不同的动画形式显示在电脑屏幕上,如可显示不同的场景,如飞机场、超级市场、图书馆、银行、商店等,患者只要触摸相应点即会显示物品、动物及人物的名称,听见物品名称和物品的定义,同时患者可作字词朗读,这样通过听、视两个通道互相反馈、互相强化达到康复的目的。例如:词语评估(图2-5),评估的目标物为"花",评估干扰项分为音近干扰"滑梯"、义近干扰"草"和无关干扰"杯子"三种类型,根据患者选择的选项则能有效考察音义联结能力,明确障碍点,从而据此制订有效的训练计划。

图 2-5　词语评估

5. **伴随有认知障碍的训练**　语言治疗建立在一般的认知学习的基础上,而认知发展往往需要靠语言来进行,有了语言的帮助,我们认知的能力才能扩大与发挥。国内已可采用多媒体技术,视觉或听觉回馈,通过语言传递提高计算机、记忆力等认知能力。例如:记忆能力训练(图 2-6),先给出一张"熊猫"的图让患者观察,几秒后,熊猫消失,出现两张图,其中一张为干扰物,让患者从中找出刚刚看过的图,通过训练可有效训练患者短时记忆能力。

图 2-6　记忆力训练

三、语言障碍患者的辅助交流设备

感知周围环境和人际交流是人类不可缺少的生存能力。若沟通能力丧失,则需要辅助交流工具代偿。辅助交流设备主要用于视、听、表达障碍者,但也包括肢体功能障碍者阅读、书写、安全警报等辅助设备,这类辅助设备统称为语言交流辅助设备。常用的有:

(一)视力残疾辅助设备

1. **盲人行动辅助设备**　分直盲杖、折叠盲杖两种,多为红色或红白色相间,容易引人注意、以便视力正常者避让。某些手杖还能发音,替代患者的语音表达。

2. 盲人阅读辅助设备　例如:各种盲文读物、盲人地图、盲人专用的计算机、文字—语音转换设备、盲人钟、盲人扑克牌等。

3. 盲人书写辅助设备　例如:各种盲文笔和盲文写字板、盲文打字机、盲人手写语音输出设备等。

4. 盲人文具　例如:专用的直尺、三角尺、卷尺、圆规、算盘、盲文复写纸等。

5. 低视力助视辅助设备　例如:普通光学放大镜、眼镜式助视器,远用可调助视器、电子助视器,对辅助阅读、书写等发挥较大作用。

(二)听力残疾辅助设备

1. 助听器　根据其外观和安装部位可分为以下几种:盒式助听器、耳背式助听器、耳内式助听器等,这些设备可起到声音的增益作用。由微电脑控制,根据常用语言频率进行不同程度的扩增,可最大限度地模仿人耳对声音的传送过程。

2. 通过视觉途径的辅助设备　例如:闪光门铃,在按响门铃的同时在室内发出闪光以告知聋人。

3. 通过振动等途径的辅助设备　例如:振动闹钟,在闹钟上通过导线连接有振动器,振动器可置于枕头内,可以定时唤醒聋人。

(三)语言沟通辅助器

语言交流链中任何一个环节中断都会引起语言交流中断,利用各种补偿手段可辅助语言沟通,如残疾人沟通器,运用预设的餐厅使用语,表达障碍患者可自行按键组词,表达出"我要吃饭""要付多少钱"等,实现替代交流的作用。另外,计算机语音识别可将错误语音数字化、图像化,患者可直接看到正确和错误语音图像的差异,并通过实际的语言环境来自行逐渐纠正。同时患者可在辅助交流中得到训练。

语言沟通辅助器在辅助交流的过程中,能提供患者选中事物的名称,而且当一件事物被选中,即会出现为其制作的动画。在动词部分,动词被生动地用动画的形式得到并被应用在句子中。若要实现深化名词及描述名词功能,只要患者选择一件事物,计算机就会给出它的名称以及简短的说明。

增强交流能力和驾驭环境能力的计算机系统,可以使婴幼儿从使用辅助技术的早期训练中获益。例如,6～7个月的婴儿能通过操作单开关的电脑系统懂得因果关系,促进了语言的萌发。语言障碍及肢体障碍的患儿能学会使用电动的转移设备提高活动能力,从而大大增加了控制和操纵环境的能力,有利于语言康复。早期康复治疗程序包括教会儿童如何使用辅助设备以提高他们的独立性。可以辅助儿童在普通的教育环境中获得更大的康复效果。

(四)口部构音运动训练器

口部运动及构音训练器是一种促进或辅助构音器官进行运动训练的外部器械,它不仅能更有效地训练唇、舌尖、舌根、上颌等构音器官的运动能力,还能引导患者逐渐达到准确发音时构音器官的状态,从而达到促进或纠正患者发音的目的。适用于构音器官运动功能障碍或发音动作协调障碍导致的各种类型的构音障碍。不适用于构音器官的器质性结构不稳定。主要根据患者构音问题与其构音器官的运动功能之间的关系状况,来选择对应类型的口部运动及构音训练器,配以对应级别的治疗操作(图2-7,图2-8)。

图 2-7　口部扩张运动训练器的操作

（口部运动及构音训练器之一）

图 2-8　舌根运动训练器的操作

（口部运动及构音训练器之一）

四、　电子媒介对语言的影响

电视和电脑在我国已非常普及,互联网的发展更是以迅猛的速度冲击着人们的生活,这给语言障碍的患者产生不同的影响。

1. **电视的影响**　电视对语言障碍的患者的影响是多方面的。电视可以被看作是一个训练的器械,提供广泛的听、视觉素材,但是看电视的同时也影响了患者的人与人的交谈、外出游戏、家庭争论、没有针对性训练等,治疗人员要根据实际情况安排看电视的时间,也可作为康复奖励的手段。

2. **电脑和互联网的影响**　电脑和互联网能提供大量的康复素材,提高康复的趣味性,使康复内容与日常生活不脱节。网上的信息高度综合,有利于患者及家属对疾病的理解。但是网上的信息高度综合性和高度图像化,影响了人们想象能力及逻辑思维能力的发展,对患者及正常儿童读、写、听、笔算、试验动手等能力都有一定的负面影响,长期沉迷电脑或网络不利于正常语言和认知的发展。

第五节　语言障碍的相关药物治疗

目前并没有药物直接作用于语言障碍,临床上有以下几类药物可通过改善记忆力及精神状况等间接治疗语言障碍。随着认知神经科学、神经影像学的发展,发现一些药物治疗能够影响失语症患者大脑结构、连接和功能活动的可塑性,并对失语症相关的神经递质如胆碱能、多巴胺能、5-羟色胺能及去甲肾上腺素能等递质有调节作用。

一、　钙通道阻断药

大脑的老化过程伴随有钙自动平衡的失调,引起脑功能障碍,甚至出现老年痴呆症,可表现出语言交流功能障碍。常用的钙通道阻断药如尼莫地平,该药可降低脑细胞内钙离子水平,改善脑功能障碍。

二、 脑激活剂类

1. 胆碱能药物 中枢胆碱能系统与学习记忆密切相关,石杉碱甲能选择性地抑制乙酰胆碱酯酶,使患者的记忆、认知和日常生活能力都有改善;多奈哌齐为特异的可逆乙酰胆碱酯酶抑制剂,适用于轻中度阿尔茨海默病引起的语言认知功能障碍;Berthier 发现多奈哌齐能促进卒中后失语患者的语言恢复,改善语音的输入和输出,提高词汇 - 语义的处理能力,其机制可能为增强了左右半球间神经网络活性及改变了神经可塑性。重酒石酸卡巴拉汀通过抑制乙酰胆碱酯酶在神经元的突触处对乙酰胆碱的分解破坏,从而增加脑中释放胆碱能的神经元的功能。

2. 多巴胺能药物 多巴胺能药物最早用于治疗失语症,溴隐亭是一种特异性下丘脑和垂体的多巴胺受体激动剂,能改善帕金森病的运动障碍,也被认为能作用于语言的输出通路。在少量病例报道中表明溴隐亭能够改善非流利性失语患者的词语检索困难现象。对于存在语言表达启动困难和信息加工困难的经皮质运动性失语症患者,溴隐亭能激活自发语言的表达改善其口语的流利性。

3. 5- 羟色胺重摄取抑制剂 5- 羟色胺重摄取抑制剂通过提高突触间的 5- 羟色胺的浓度,改善脑卒中后的语言功能障碍,氟伏沙明能提高失语患者的命名能力,对于语言持续现象及患者的情绪均有改善。

4. 非竞争性 NMDA 受体拮抗剂 美金刚可以阻断谷氨酸浓度病理性升高导致的神经毒性及抑制钙离子内流的作用,能够阻止迟发性的脑损伤,使半暗带区的神经细胞最大程度得到挽救,脑功能损害减到最小从而起到神经保护作用。有研究表明美金刚对慢性失语患者的语言能力有改善作用,对急性脑卒中失语患者的自发语言、复述、命名能力均有改善。

5. 氨基酸类神经递质药物 吡拉西坦是一种 γ- 氨基丁酸衍生物,具有激活、保护和修复脑细胞的作用,可以促进脑胼胝体的信息传递,进而促进蛋白质的合成和增加腺苷激酶活性,因而可用于治疗语言和认知障碍,对急性期和慢性期卒中后失语症患者均有效,Kessler 等发现吡拉西坦能改善与语言相关的脑区如左侧颞横回、额下回三角区、和颞上回后部的脑血流情况,联合语言训练能改善失语患者的语言能力,吡拉西坦是一种充满前景的治疗脑卒中后失语症的药物。

6. 儿茶酚胺类 去甲肾上腺素和多巴胺对记忆功能起着重要调节作用,用这类受体激动药可以治疗老年痴呆症和早老性痴呆症以及老年性记忆障碍。

7. 神经肽 语言等高级脑神经活动需要多种神经递质和活性物质(包括神经肽在内的各种神经调节物质)的共同协调作用。应用神经肽类药物对脑功能和行为有促进作用,对中、重度痴呆、患者引起的语言认知功能障碍有疗效。

8. 神经营养因子 神经生长因子为神经分化生长所必需,存在于中枢胆碱能神经中,其中神经节苷脂具有促神经生长和神经营养作用,临床上可用于脑损伤继发的语言障碍,远期疗效仍有待观察。

9. 胞磷胆碱钠 胞磷胆碱为核苷衍生物,可用于颅脑外伤等急性损伤引起的语言认知功能障碍和意识障碍。

10. 氧合剂 临床用于脑血管病,脑动脉粥样硬化引起的语言障碍。

三、 中药类

人参等强壮滋补类中药临床研究认为可提高学习记忆能力。丹参等活血化瘀类药物能改善由于脑缺血或脑损伤所致的学习记忆缺陷。

(陈卓铭)

第三章
与语言障碍相关的神经影像学与神经电生理学

第一节 概述

　　语言活动是人类的高级脑神经活动,语言交流障碍严重影响患者的工作、生活和学习。语言障碍通常是指通过口语、书面等形式来表达个人思想、感情、意见的能力出现缺陷,表现为听、说、读、写四个方面的各功能环节单独受损或两个以上环节共同受损。正常的语言有赖于感觉、运动功能的相互协调、语言符号的联系以及习惯句子模式的产生,当与这些有关的脑组织功能受损时,就会出现相应的语言障碍。常见类型有失语症、构音障碍、小儿语言发育迟缓等。

　　失语症是由于大脑功能受损所引起的语言功能丧失或受损。常见病因有脑血管病、脑外伤、脑肿瘤、感染等,脑血管病是其最常见的病因。可表现为 Broca 失语、Wernicke 失语、传导性失语及混合性失语等。构音障碍是指由于构音器官先天性和后天性的结构异常,神经、肌肉功能障碍所致的发音障碍以及虽不存在任何结构、神经、肌肉、听力障碍所致的言语障碍,主要表现可能为完全不能说话、发声异常、构音异常、音调和音量异常和吐字不清,但不包括由于失语症、儿童语言发育迟缓、听力障碍所致的发音异常。常见有运动性构音障碍、器官结构异常所致的构音障碍和功能性构音障碍。小儿语言发育迟缓是指语言发育没有达到发育年龄应有的水平。常见于智能发育迟缓,自闭症,构音器官异常,脑损伤以及语言环境的脱离。

　　研究发现,左侧大脑半球为优势半球,额叶与运动性语言有关,颞叶和顶叶与感觉性语言有关。在20世纪90年代前对人脑语言区定位的研究主要借用 CT、MRI 等技术和尸体解剖检查手段。目前,语言检测已从静态走向动态功能检测,传统的影像技术检测主要针对语言障碍患者的病变部位及病因,主要技术有头部 CT、MRI、脑电图、单光子发射计算机断层成像(single photon emission computed tomography,SPECT)等。近几年影像技术飞速发展,逐渐对毫秒时间段的语言思维过程给予显影。涉及语言功能刺激下的心理反应,其中语言定位技术的代表是功能性磁共振成像(functional magnetic resonance imaging,fMRI),语言反应时间检测的代表是事件相关电位(event related potential,ERP)中的 N400 和 P600 检测。近年来脑磁图也已开始被应用于脑功能方面的研究。

第二节 大脑语言区的功能解剖学

　　语言区是人类大脑皮质所特有的区域。与语言功能有关的半球通常被视为优势半球。多数人的优势半球为左侧半球,只有一部分善用左手的人(左利者),其语言区在右侧半球。大脑语言区主要位于大脑半球的额叶、颞叶和顶叶,依其位置和在处理语言功能中作用的不同分为不同语言中枢。从 Broca 证明脑与语言的联系以后,产生了言语定位学派,认为每一种语言行为模式都可以被定位于特定的脑区,不同大脑部位的病变是产生不同语言障碍的基础(图 3-1)。

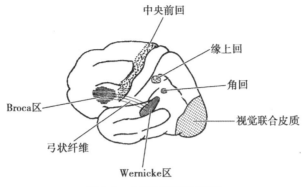

图 3-1　大脑语言区示意图

在 20 世纪 90 年代前,对人脑语言区定位的研究从某种意义上讲,是在病理下得出的结论,提供的只是形态学方面的信息。近年随着影像技术的发展,使通过采集功能信息来定位语言区成为可能。由于 MRI 在颅脑扫描时允许进行三维任意角度、任意层面的扫描,并且对一些脑内的解剖结构标志也显示非常清楚,图像也非常接近脑标本切片,所以更多的颅脑影像学检查采用了 MRI 检查。

1. Broca 区　又称运动性语言中枢,位于 Brodmann44 区及 45 区,紧靠中央前回下部,额下回后 1/3 处(图 3-2)。用于计划和执行说话,此区受损的患者,能理解他人的语言,而且与发音有关的肌肉未瘫痪,但丧失了说话的能力,临床上称之为 Broca 失语,主要表现为口语表达障碍。

2. Wernicke 区　是指优势半球颞上回后部,位于 Brodmann22 区、40 区。Wernicke 区与躯体感觉(Brodmann 5 区、7 区)、听(Brodmann 41 区、42 区)和视(Brodmann 18 区、19 区)(图 3-3)皮质有着丰富的联系,用于分析和识别语言的感觉刺激。该区病变产生感觉性失语(Wernicke 失语),表现为患者的语声调和语调均正常,与人交谈时不能理解别人说的话,答话语无伦次或答非所问,听者难以理解。

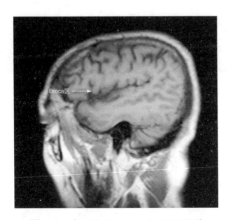

图 3-2　额下回 Broca 区 MRI 显示

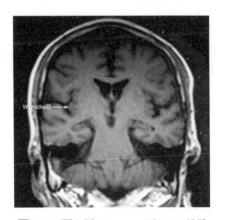

图 3-3　颞上回 Wernicke 区 MRI 显示

3. 弓状纤维　弓状纤维是大脑半球内短的联络纤维。是一束将 Wernicke 区和 Broca 区相连的白色纤维,将信息从 Wernicke 区传向 Broca 区。该部位损伤易产生传导性失语,主要临床特点口语为流利型,听理解相对保留,复述不成比例。

4. **外侧裂周区**　目前公认的语言区大多数位于左侧半球外侧裂周围。主要包括 Broca 区、弓状纤维和 Wernicke 区。

5. **交界区或分水岭区**　大脑中动脉与大脑后动脉分布交界区，或者大脑中动脉与大脑后动脉分布交界区为分水岭区，此区受损可以引起经皮层性失语，经皮层性失语的共同特点是复述不受损，因为 Wernicke 区仍然与 Broca 区保持联系。

6. **角回和缘上回**　视觉性语言中枢(阅读中枢)位于角回(Brodmann 39 区)。此区受损，患者的视觉正常，但不能理解文字符号的意义，称失读症。角回和缘上回构成顶叶的前下部，位于听觉、躯体感觉和视觉联合皮层的交界区使三个区域的联合皮层相互联系。当给予视觉信号时，角回和缘上回能够扫描 Wernicke 区，且能够激发与视觉资料相匹配的听觉信息，同样，当给患者提供听觉信息的时候，他们也可以扫描视觉联合皮层。

7. **视觉联合皮层**　位于初级视觉皮层前，枕叶和顶叶的 18 和 19 区对初级视觉信号进行分析。

8. **胼胝体**　胼胝体位于大脑纵裂底，包括嘴、膝、干、压四部分，由联合左、右半球新皮质的纤维构成。有认为胼胝体前 1/3 的纤维连接运动性语言中枢，后 1/3 的一部分纤维联系着一侧感觉性语言区，另一部分纤维联系着一侧感觉性语言区及对侧的运动性语言区。

9. **基底神经节**　基底神经节主要由位于皮质下的壳核、尾状核、苍白球等神经核团组成，不只是一种纯运动结构，而且接受感觉和大脑皮质边缘区的传入，是一个高级整合机构。损害可导致语言功能障碍，称之为基底节失语。在皮质—纹状体—苍白球—背侧丘脑—皮质的环路中，基底神经节与额叶保持着密切的联系：尾状核、壳核发出纤维到苍白球，后者又发出纤维到背侧丘脑的腹前核与腹外侧核，最后经内囊达 Brodmann4 区、6 区。病变损害该环路中的任何环节均可导致基底节失语，其主要表现为自发性言语受限，且音量小，语调低。

10. **背侧丘脑**　依据临床观察、手术和电刺激结果，目前认为背侧丘脑腹外侧核、腹前核、丘脑枕与语言有关。腹外侧核与腹前核与运动区、辅助运动区及 Broca 区有丰富的双向联系。丘脑枕和颞叶及大脑后部皮质间有密切联系。丘脑性失语多表现为音量小、语调低、表情淡漠、不主动讲话、找词困难，听理解及阅读理解轻度障碍，复述可正常，命名轻度障碍。

第三节　语言障碍的非量表检测技术

语言活动是人类的高级脑神经活动，主要通过语言障碍量表检测，因此无法避免检测者的主观性，缺乏精确量化。随着近几年医学及相关学科的迅猛发展，语言障碍的非量表检测技术也在迅速提高。本章主要介绍与语言障碍检测相关的神经影像学检查、神经电生理检查和放射性核素检查。

一、神经影像学检查

(一) 电子计算机体层扫描(computed tomography, CT)

CT 是利用 X 线和电子计算机技术成像的新诊断技术，直接显示脑组织，为真正的脑成像技术。正式问世于 1969 年，由英国计算机工程师 Hounsfield 发明，于 1972 年开始应用于临床，使得观察活体脑组织的断层成为可能,大大促进了医学影像学的发展。随着设备的进步,CT 不仅可以提供形态学方面的信息,而且开始用于某些功能性信息方面的研究。

1. **CT 的基本原理** CT 是利用各种组织对 X 线的不同吸收系数,通过电子计算机处理得到图像。螺旋 CT 是一种相对较新的技术,其扫描更加快速,1 秒钟内即可完成一个层面的扫描,分辨率也更高,扫描层厚可以薄至 1mm,可以更清楚地显示微小病变。

2. **CT 的特点及临床应用** CT 属无创伤检查方法,密度分辨率高,显示钙化敏感,且空间分辨率较高,扫描速度快,检查方便。颅脑 CT 广泛应用于脑血管病、颅脑外伤、颅脑肿瘤、颅内感染、脑白质病、颅脑先天发育畸形、脑积水等疾病的诊断。由于 CT 能显示较清晰的影像断面解剖结构,因此它可以用来研究大脑皮质功能区的定位。也有作者将它用于语言相关功能区的定位研究,主要通过大脑主要的一些结构(如脑沟、脑回)的识别来辨认功能区。

(1)脑梗死患者 CT 的影像学表现:在脑梗死发生的当时,CT 平扫检查可能是阴性的,大部分患者在 24 小时后 CT 才能有阳性发现。第 1 周内梗死区可见明显的低密度区,多为三角形或扇形,底边向外,边界清楚,但密度不均匀。由于存在诸如水肿这样的因素,使得观察到的病灶可能要比真实的病灶范围要大。第 2 周低密度区边界更清楚,密度更均匀。第 2、3 周部分病例由于梗死区脑水肿消退和吞噬细胞浸润,周围侧支循环的恢复,使低密度区恰好演变为等密度区,CT 呈现"模糊效应"。此时如是首次 CT 扫描的患者,则易于误诊,应进行增强检查才能显示出梗死病灶,病灶区域出现边缘脑回状强化表现,反映病变区域血 - 脑脊液屏障破坏、新生毛细血管和血流灌注过度。在脑梗死后期(两个月后),坏死组织清除,可形成液性囊腔,CT 显示为边界清楚的低密度软化病灶。

(2)CT 血管造影(computed tomography angiography,CTA):指静脉注射含碘造影剂后,经计算机对图像进行处理,可以三维显示颅内血管系统,可以取代部分 DSA 检查。CTA 可清楚显示主动脉弓、颈总动脉、颈内动脉、椎动脉、锁骨下动脉、Willis 动脉环,以及大脑前、中、后动脉及其主要分支,对闭塞性血管病变可提供重要的诊断依据,可以明确血管狭窄的程度,清晰显示动脉粥样硬化斑块以及是否存在钙化。与 DSA 相比,CTA 不需要动脉插管,操作简便快捷,但不能显示小血管分支的病变。

(3)CT 灌注成像:可以在注射对比剂后显示局部脑血容量(rCBV)、局部脑血流量(rCBF)和平均通过时间(MTT)等,能够反映组织的血管化程度,并能动态反映脑组织的血流灌注情况,属于功能成像的范畴。在急性脑缺血发生 10 分钟即可显示脑缺血区的范围,可用于显示缺血半暗带;通过两侧对比了解脑血流供应和代偿状态,有助于缺血性脑血管病治疗方案的制订。主要应用于急性脑缺血患者的早期诊断。

(二) 磁共振成像(magnetic resonance imaging,MRI)

MRI 是一种新的生物磁学核自旋成像技术,于 20 世纪 70 年代中期发明,80 年代技术得到完善,成为医学影像诊断的重要工具。能够提供传统的 X 线和 CT 不能提供的信息,是诊断颅内和脊髓病变最重要的检查手段,目前在我国已普遍应用。近年来新的磁共振技术如功能性磁共振成像(fMRI)、磁共振血管成像(magnetic resonance angiography,MRA)和弥散加权成像(diffusion weighted imaging,DWI)等的出现,推进了神经科学的发展。

1. **MRI 的基本原理** MRI 主要是利用人体内的氢质子在主磁场和射频场中被激发产生的共振信号,经计算机放大、图像处理与重建后得到的磁共振影像。人体接受 MRI 检查时,被置于磁场中接受一系列脉冲后,打乱了组织内质子运动,脉冲停止后质子的能级和相位恢复到激发前状态,这一过程称为核磁弛豫。弛豫分为纵向弛豫(简称 T_1)和横向弛豫(简称 T_2)。与 CT 影像的黑白对比度以人体不同组织密度对 X 线的衰减值为基础不同,MRI 成像主要依赖以下四个因素:T_1、T_2 质子密度和流空效应。其

中 T_1、T_2 的长、短与成像信号强度之间遵循一定的规律,往往是 T_1 越长(如新生物、水肿、感染、脑脊液、骨皮质、钙化、结石等)信号越弱(低信号),T_1 越短(如脂肪、骨髓、亚急性血肿等)信号越强(高信号);T_2 越短(如骨皮质、钙化、结石、铁沉积等)信号越弱(低信号),T_2 越长(如新生物、水肿、感染、亚急性血肿等)信号越强(高信号)。空气和骨皮质无论在 T_1 或 T_2 加权图像均为黑色。T_1 图像可清晰显示解剖细节,T_2 图像有利于显示病变。液体、肿瘤、梗死病灶和炎症在 T_1 加权像上呈低信号,在 T_2 加权像上则为极易识别的高信号。而心脏、血管内的血液由于迅速流动,使发射磁共振信号的氢原子核居于接收范围之外,所以测不到信号,在 T_1 或 T_2 加权像中均呈黑影,这就是流空效应。

2. MRI 的优势及临床应用 与 CT 比较,MRI 能提供多方位和多层面的解剖学信息,图像清晰度高,没有电离辐射,对人体无放射性损害;无颅骨的伪影;不需要造影剂即可清楚地显示出冠状、矢状和横轴三位像;可清晰地观察到脑干及颅后窝病变的形态、位置、大小及其与周围组织结构的关系;对脑灰质与脑白质可以产生明显的对比度。但对于急性颅脑损伤、颅骨骨折、钙化病灶及出血性病变急性期等 MRI 检查不如 CT 敏感。需特别注意的是装有心脏起搏器、眼球内金属异物、义齿、动脉瘤银夹等严禁做 MRI 检查。另外由于 MRI 检查所需时间较长,危重或不能配合的患者往往难以进行检查,而头颅 CT 检查快速简便,在这种情况下具有一定优势。

MRI 广泛用于脑梗死、脑肿瘤、脑外伤、颅脑发育异常、脑萎缩、脑炎、脑变性疾病、脑白质病变等脑部疾病。对于脊髓病变有较高的诊断价值。

(1)磁共振血管造影(magnetic resonance angiography,MRA):是对血管和血流信号特征显示的一种技术。MRA 不但能显示血管解剖腔,且可以反映出血流方式和速度等血管功能方面的信息。MRA 使用方便,是无损伤性检查,脑血管 MRA 往往不需造影剂。MRA 对颅脑及颈部的大血管显示效果好,主要用于颅内动脉瘤、动静脉畸形、大血管闭塞性疾病及静脉闭塞等。MRA 可检出 90% ~ 95% 的颅内动脉瘤,但对 < 5mm 的动脉瘤漏诊率高。在脑血管狭窄时,对于严重的狭窄或闭塞的血管判断较为可靠,对轻度狭窄者可存在夸大狭窄程度的现象。普通 MRI 在颈部血管成像时受伪影影响较大,静脉注射造影剂后进行检查可改善成像效果。MRA 的优点是:不需插管、方便省时、无放射损伤及无创性。缺点是:空间分辨率差,不及 CT 血管造影(computed tomography angiography,CTA)和数字减影血管造影(digital subtraction angiography,DSA);信号变化复杂,易产生伪影;对细小血管显示差。临床在诊断动脉瘤、血管畸形时主要用于筛查,确诊和干预时仍需 DSA。

(2)磁共振弥散加权成像(diffusion weighted imaging,DWI):是利用磁共振成像观察活体组织中水分子的微观扩散运动的一种成像方法。水分子扩散快慢可用表观扩散系数(apparent diffusion coefficient,ADC)和 DWI 两种方式表示。主要用于缺血性脑血管疾病的早期诊断,发病 2 小时即可显示缺血性改变。在早期这种弥散变化是可逆的,为早期治疗提供了重要的信息。弥散加权成像可用于区分新旧脑梗死病灶,可以敏感地显示各种原因导致的细胞毒性水肿,DWI 不需要注射造影剂。

(3)磁共振弥散张量成像(diffusion tensor imaging,DTI):是弥散成像的高级形式,可更加准确地检测组织内水分子的弥散状况及弥散各向异性特点,经特定的后处理可显示脑内的白质纤维束走行,并用脑白质纤维束成像或彩色弥散张量图显示。临床上主要用于脑部神经纤维走行的研究,显示脑白质和灰质的结构,显示出常规 MRI 所不能显示的解剖细节,特别是脑白质的精细解剖。在脑血管病、多发性硬化、癫痫、脑内肿瘤等病理情况下,DTI 能够显示病变对神经纤维破坏、压迫、推移等情况。

(4)磁共振灌注加权成像(perfusion weighted imaging,PWI):又称动态磁敏感增强扫描。快速静脉推注有机碘对比剂后,在对比剂首次通过受检脑组织时进行快速动态扫描,并重组脑实质血流灌注参数图像。它反映脑实质的微循环和血流灌注情况。灌注测定对于脑缺血的诊断及治疗均具有重要意义。PWI 能够早期发现脑缺血区及其血流动力学改变,并对其进行诊断。当 rCBV 减少和平均通过时间

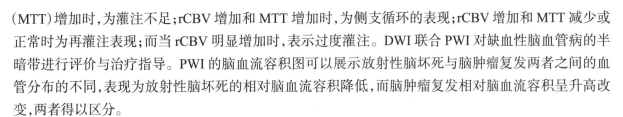

（MTT）增加时，为灌注不足；rCBV 增加和 MTT 增加时，为侧支循环的表现；rCBV 增加和 MTT 减少或正常时为再灌注表现；而当 rCBV 明显增加时，表示过度灌注。DWI 联合 PWI 对缺血性脑血管病的半暗带进行评价与治疗指导。PWI 的脑血流容积图可以展示放射性脑坏死与脑肿瘤复发两者之间的血管分布的不同，表现为放射性脑坏死的相对脑血流容积降低，而脑肿瘤复发相对脑血流容积呈升高改变，两者得以区分。

（5）脑功能性磁共振成像（functional MRI，fMRI）：是以脱氧血红蛋白的敏感效应为基础，对皮层功能进行定位成像。成像是基于脑功能活动中的生理学行为，大脑皮层某一区域兴奋时，局部小动脉扩张，血流量增加，但耗氧量仅仅轻度增加，故局部氧合血红蛋白含量增加，在 T_1 和 T_2 加权像上信号强度增高。信号强度的变化反映了该区灌注的变化，利用该原理可进行皮层功能定位。

语言功能的神经影像学检测主要利用脑功能成像 fMRI 技术，具体机制是：当大脑皮质某些区域被语言等任务激活时，局部皮质兴奋区血流量增加，而局部脑耗氧量增加不明显，这种局部氧耗量和脑血流量失匹配性可导致局部磁场改变，这种磁共振信号通过计算机处理而形成图像。临床上通过对患者语言输入（听觉或视觉输入）和语言输出（指文字、说话等）患者在完成这些任务时，相应脑区被激活，引起磁共振信号的改变，这时获取功能区的成像图，可得到相应的语言脑功能区定位。如一例右利手脑卒中阅读障碍患者治疗前后阅读时 fMRI 检测，发现治疗前主要活动区是左侧角回，而治疗后则位于右侧角回，这提示治疗后皮层生理功能的改变，神经通路的联合及功能重组。

fMRI 可以检测出人类不同的语言任务在人脑中的功能定位。如给予 Broca 失语的患者听理解任务刺激，fMRI 显示患者听理解区域被激活，给予言语表达任务刺激，Broca 区（可能是病灶区）则不被激活。fMRI 可应用于语言功能恢复的脑结构和功能改变的研究，探讨语言功能康复的机制。在对一例纯失读患者语言功能康复过程 fMRI 检测时，发现在康复前右侧外侧裂区有激活，而且脑激活涉及区域多，说明这些区域在该患者阅读功能早期恢复过程中起重要作用。通过康复治疗后，fMRI 显示激活区域减少，而且以左侧外侧裂为主，由此推测阅读功能损伤后的早期阅读需较多大脑功能的协助完成，其他区域的激活补偿损伤区域的功能，康复训练后主要依赖于原有语言功能区的功能重建，康复后大脑各功能区重新返回原有布局。

fMRI 还可应用于语言功能区附近肿瘤的术前定位，陈卓铭等对一例中英双语的脑肿瘤患者进行手术前言语评估，fMRI 显示患者在使用母语（汉语）时激活的皮层区域明显小于使用英语时激活的皮层区域，汉字与英文激活左侧顶叶的具体位置不一样，且汉字激活左顶叶的面积要明显小于英文，反映了汉字和英文字在空间排列上的差异，英文字的识别需要更多的空间排列。通过设计受损语言功能的刺激，呈现刺激激活相关脑区，可更精确地显示肿瘤与语言功能区的关系，指导最佳手术径路，避免对语言区功能的进一步损害及有利于术后语言功能的恢复。

二、 放射性核素检查

（一）单光子发射计算机断层扫描（single photon emission computed tomography，SPECT）

SPECT 是利用发射 γ 光子核素成像的放射性核素断层显像技术。主要是了解脑血流和脑代谢。对颅内占位性病变诊断的阳性率一般为 80% 左右，尤其是脑膜瘤及血管丰富的或恶性度高的脑瘤，阳性率可以达到 90% 以上。该检查对急性脑血管病、癫痫、帕金森病、痴呆分型及脑生理功能的研究也有重要的价值。因价格较 PET 明显低廉，较易被临床接受和推广。

近年来,SPECT 脑血流灌注显像等已逐渐用于失语症的研究中,并取得了一些进展。与 CT、MRI 相比,脑 SPECT 血流灌注检查不仅能反映脑结构的变化,亦能反映脑功能的变化。近年来已逐渐应用于语言、认知、记忆等脑功能的研究。SPECT 脑血流灌注显像检查对失语症患者 Broca 和 Wernicke 区的异常病损检出率明显高于 CT、MRI 检查的异常检出率,它与临床 WAB 评定结果相似,这说明 SPECT 对失语症患者语言区的病损诊断价值明显高于 CT、MRI,与临床 WAB 评定价值相似。

(二) 正电子发射体层摄影(positron emission tomography,PET)

PET 又称正电子发射断层显像,是一种利用放射性核素和计算机实现的断层显像技术,是一种具有高特异性的、基于电子准直技术的功能显像和分子显像。PET 所用的示踪药物是用回旋或线形加速器产生的正电子发射性核素,主要有 18F-2- 脱氧葡萄糖(18F-FDG)等短寿命正电子核素,其参与脑代谢并发出 γ 射线,因此能在分子水平上提供有关脏器及其病变的功能信息。大多数疾病的生化变化先于解剖学的变化,并且 PET 对于示踪剂浓度的灵敏度非常高,能高精度定量检测出代谢过程的非正常增加并给出清晰的图像,因此能提供很多疾病在发展过程中的早期信息,进行早期诊断。PET 采用短半衰期核素,因此可在短期内反复使用,空间分辨率可达 3 ~ 5mm,而且均匀性好,影像的对比度和空间分辨率方面明显优于 SPECT。

PET 检查的临床意义:①脑梗死早期诊断,有助于可逆性脑缺血和不可逆组织损伤的鉴别;②各种痴呆的鉴别,特别对血管性痴呆和阿尔茨海默病的鉴别更有意义;③帕金森病早期诊断,有助于与帕金森综合征的鉴别诊断;④癫痫病灶的定位,癫痫发作期表现为癫痫灶的代谢增加,而在癫痫发作间歇期表现为代谢降低,其中可达到 80%,明显高于 CT 和 MRI 检查,对于术前原发性癫痫的病灶定位具有重要的意义;⑤用于脑肿瘤的分级、预后判断、肿瘤组织与放射性坏死组织的鉴别。

将形态学信息和功能信息结合的技术称为图像融合技术。图像融合技术随计算机技术的发展得到了发展,并于近几年开始应用于临床。在外科肿瘤切除手术中使用 MRI 和功能磁共振成像图像融合技术可大大增加安全性和准确性。运用正电子发射断层扫描和 MRI 图像融合技术治疗患者时更快更准确。

三、 神经电生理检查

神经元的电化学性质为研究大脑的高级功能活动提供了机会。采用神经电生理方法是研究人类高级神经活动的过程和机制的重要手段。这种方法不仅适用于对运动和感觉系统的研究,也适用于包括语言在内的高级神经功能的研究。包括脑电图、诱发电位、事件相关电位及脑磁图等。

(一) 脑电图

脑电图(electroencephalogram,EEG)是脑生物电活动的检查技术,通过测定自发的有规律的生物电活动以了解脑功能状态。EEG 是对大脑皮层的一项非创伤性、功能性检查,结合临床资料,间接诊断脑内各种疾病。

1. 正常成人脑电图

(1)清醒期 EEG:正常在觉醒、安静闭目时,由 α 波和快波构成,有少量 θ 波散在出现,不出现明显的 θ 波和 δ 波。基本节律为 8 ~ 12Hz 的 α 节律,波幅为 20 ~ 100μV,主要分布在枕部和顶部;β 活动的频率为 13 ~ 15Hz,波幅为 5 ~ 20μV,主要分布在额叶和颞叶;部分正常人在大脑半球前部可见少量 4 ~ 7Hzθ、α 波对于睁眼、感觉刺激、精神活动等有抑制反应。α 波和快波不显示异常的高波幅。不出现尖波、棘波等爆发性异常波。

(2) α波泛化：α波不仅在枕部，而且在额、中央、顶、颞部等全导联部位都持续出现。多见于脑外伤后遗症、脑动脉硬化患者，提示存在有脑的广泛性轻度功能低下。

(3) 睡眠期 EEG：1 期睡眠(思睡期)，α波逐渐解体，慢波渐增多，双侧顶部出现顶尖波。2 期睡眠(浅睡期)，睡眠纺锤波(14Hz 左右)与 K 复合波显著，可见低幅 θ 波、δ 波。3 期睡眠(中度睡眠期)。4 期睡眠(深睡眠期)，2Hz 以下、波幅在 75μV 以上的慢波增多，纺锤波时出现，时不出现。3 期和 4 期睡眠合称为慢波睡眠。

儿童脑电图以慢波为主，随年龄增加，其慢波逐渐减少，α波逐渐增加，4 ~ 6 岁时 α 节律已较多，一般 14 ~ 18 岁接近成人脑波。

2. 异常脑电图主要波形

(1) 尖波：时限为 1/14 ~ 1/5 秒(70 ~ 200 毫秒)，波幅高而尖锐，区别于背景脑电。

(2) 棘波：时限为 1/50 ~ 1/14 秒(20 ~ 70 毫秒)，波幅高而尖锐，区别于背景脑电。向上的波峰为负相，向下的波峰为正相。

(3) 棘慢波：在棘波之后跟随一个 300ms 左右的慢波。

(4) 多棘慢波：棘慢波中的棘波成分为多棘波。

(5) 尖慢波：慢波接着尖波后形成的复合波。

3. 脑电图的临床应用 脑电图是目前监测脑功能较为敏感的指标。主要用于癫痫、脑外伤、脑肿瘤等疾病的诊断。脑血管病的脑电图，尽管无特异性改变，但对诊断和预后的判断仍十分有意义。脑血管病急性期 90% 脑电图出现异常，主要是慢波增多，尤其是病灶侧更明显。脑出血时常伴有意识障碍、脑水肿和脑室出血，只有部分轻症患者表现轻度局限性异常。急性脑梗死发生后，数小时就可有局灶性慢波出现，这种改变常在数周后改善或消失，以大脑中动脉为最多见，故局灶性改变主要在颞叶。如果是短暂性脑缺血发作，在发作间期脑电图可无异常。在发作期一部分脑电图可能出现异常，这类患者较易发生脑梗死。

(二) 诱发电位

诱发电位(evoked potentials，EP)是神经系统在感受外在或内在刺激过程中产生的生物电活动，可以了解脑的功能状态。目前不仅能对躯体感觉、听觉和视觉等感觉通路的刺激进行检测，还可以对运动通路及认知功能进行测定，后者称为事件相关电位(event related evoked potential，ERP)。

1. 体感诱发电位(somatosensory evoked potential，SEP) 体感诱发电位是指对躯体感觉系统的任一点给予适当的刺激后较短时间内，在该系统特定通路上的任何部位能检出的电反应。多是自中枢神经系统的体表投射部位记录而得。SEP 反映了躯体感觉通路自下而上直至皮质的功能状态，主要反映周围神经、脊髓后束和相关神经核、脑干、丘脑、丘脑放射和大脑感觉皮质等相关部位。临床主要用于吉兰 - 巴雷综合征(GBS)、颈椎病、后侧索硬化综合征、多发性硬化(MS)及脑血管病等感觉通路受累的诊断和客观评价。还可用于脑死亡的判断和脊髓手术的监护等。

2. 脑干听觉诱发电位(brainstem auditory evoked potential，BAEP) 脑干听觉诱发电位是用耳机传出重复声音，刺激听觉传导通路时在头顶记录到的电位。它不需要受检者对声音信号作主观判断和反应，不受主观意识和神志状态的影响，可用于婴幼儿和昏迷等不能配合检查的对象。BAEP 的临床适应证：①客观评价听力：特别是对听力检查不合作者、癔症和婴儿、重症患者、意识障碍及使用氨基苷类抗生素的患者，可以帮助判断听力障碍的程度。还可用于监测耳毒性药物对听力的影响。②脑桥小脑肿瘤。③多发性硬化和脑桥中央髓鞘溶解症等。④脑死亡的判断。⑤后颅凹手术的监护。

3. 视觉诱发电位(visual evoked potential，VEP) 视觉诱发电位是通过头皮电极记录的枕叶皮质对视觉刺激产生的电活动,其传入途径为视网膜感受器、视神经、视交叉、视束、外侧膝状体、视放射和枕叶视区。临床常用的有闪光式视觉诱发电位和模式翻转视觉诱发电位(PRVEP)。前者波形、潜伏期变化较大,阳性率低,一般应用于不能合作或不愿意合作者,仅须了解视网膜到枕叶通道是否完整。后者的波形成分较简单,记录较容易,疾病时异常的检出率高,无创伤性,临床意义大。VEP主要应用于视网膜病变、视神经、视交叉等视觉通路病变,尤其是对脱髓鞘疾病,如多发性硬化(MS)、球后视神经炎、视神经脊髓炎等可提供早期神经损害依据。另外可用于客观评定视觉功能、手术监护等。

4. **运动诱发电位**(moto evoked potentials,MEP)　是用电或磁刺激脑运动区或其传出通路,在刺激点以下的传出径路及(或)效应器肌肉所记录到的电反应。由于重复电刺激可以造成头皮明显的疼痛,给检查者带来明显的不适。1985年,Barker等开创了无痛无创的经颅磁刺激技术,代替经颅电刺激技术。该技术是采用高强度磁场、短时限的刺激所诱发MEP,通过测定其潜伏期(传导时间及速度)、波幅、波形,判断运动通路中枢传导的功能状态。MEP主要用于运动通路病变诊断,如多发性硬化、脑血管病、脊髓型颈椎病和肌萎缩侧索硬化等,后者可发现亚临床损害。

5. **事件相关电位**(event related evoked potential,ERP)　在诱发电位检测中用听或视语言等人为事件刺激,所检测到的电位变化与该事件相关,称事件相关电位(ERP),事件相关电位反映人脑处理语言文字等高级功能活动,一般检测的潜伏期较长,又称为长潜伏期电位,对刺激—脑电反应的时间非常短,显示出几微秒的反应,刺激反应的时间分辨率高。

(1)N400:是指在400毫秒潜伏期附近有一负相的事件相关电位波,该电位变化提示大脑对语言的加工,通俗地说:检测人脑想说什么? 如在检测屏幕中逐字显示句子"她在咖啡中加入了一些牛奶和?"当"?"区域出现"糖"字为正常电位变化;当"?"区域出现"狗"字时在大脑即测出ERP的N400波,这时通过对大脑ERP的检测知道该字在此句中不合适。在临床检测研究中,如对于Broca失语患者,听先后呈现的成对单词,若两个词的词义相关,则后一个词诱发的N400较小;若两个词的词义无关,则后一个词诱发的N400较大。这就是说,Broca区损伤时脑对语言仍有加工,仅仅是无法表达出来。对Wernicke失语患者来说,则无论成对的两个单词是否相关,所诱发的N400没有差异。这就是说,Wernicke区损伤使大脑对这些单词的加工受到损伤,表现出患者不理解单词的意义,而无法完成语言交流。另外N400的研究还可提示脑损伤后的功能代偿是怎样发生的,可以用N400衡量左右半球语言加工开始的早晚时间与加工程度深浅定量,这些检测对康复设计有帮助。

(2)LAN和P600:LAN和P600是与句法加工密切相关的ERPs成分。LAN(left anterior negativity)是一种为较早出现的负波,P600是一种为较晚出现的正波。有研究显示LAN这种负波不同于N400,其峰值更靠前。它一般在刺激后300～500毫秒后出现,并且左半球的LAN大于右半球,与句法干扰有关。但这一负波有时在100～300毫秒这一更早的时间窗出现,目前认为这一ERP成分属于早期LAN效应(early left anterior negativity,ELAN),反映了早期句法加工过程,与词分类干扰有关。P600是出现在500～1000ms之间的晚期正向波,主要分布在中央顶区。它与直接句法干扰和句法的非特指结构相关,反映了次级句法分析过程或对于错误句法的修复过程。这两种成分反映了句法分析加工的不同阶段。

对Broca失语患者进行了主谓一致性违反的听觉ERPs研究,受试者的作业是听耳机内的句法正常或主谓一致性违反的句子,三组受试者分别是Broca失语患者、右半球损害无失语患者和健康对照组。结果发现:健康对照组存在P600效应,右半球损害无失语者的ERPs表现基本类似于健康人,而Broca失语患者则基本无上述的表现,其P600异常的程度与患者对句子的理解力有关。此外,还测定了经典的认知电位P300,3组均显示出了P300效应。这些结果提示,Broca失语患者的病变可导致与句法加工相关的P600异常,但并不会导致所有的认知电位(如P300)的异常。ERP在揭示失语的病态语言学机制上发挥很大的作用,但机制复杂需进一步研究。

（三）脑磁图

脑磁图（magneto encephalography，MEG）是研究脑磁场信号的脑功能图像技术。它是记录头皮上由神经活动电流产生的磁场的方法。其时间分辨率为毫秒数量级，空间分辨率可达 1 ~ 2mm。与其他脑成像技术相比，MEG 提供了脑生理活动反应的最佳空间灵敏度和时间灵敏度的平衡。它是对大脑皮质活动的直接反映，可以用它来进行人脑的动态行为比如诱发刺激反应的脑功能研究。MEG 研究的临床价值：脑磁图是一种完全无侵袭、无损伤、无接触的脑功能检测技术，具有毫秒级的时间分辨率，可以对脑生理活动进行真正的实时观察，能对患者重复多次测量，被广泛地用于大脑功能的开发研究和临床脑疾病诊断。

这项技术已开始被应用于语言认知的研究。比如用于探查听觉诱发电位和躯体感觉诱发电位的起源；记录正常人执行语音判断任务与字形判断任务时脑神经元激活的时间源等。

第四节　与失语症相关的神经影像学表现

语言障碍严重影响患者的工作、生活和学习。在 CT、MR 图像上，对大脑语言区的准确定位，不仅是语言障碍患者治疗和康复的基础，对脑功能影像学研究和脑语言区及其周围结构病变的诊治也具有十分重要的理论意义和实用价值。

失语症是由于大脑局灶病变引起的语言功能障碍，表现为对口语或文字（或非言语的相等功能）的理解和表达上的功能缺陷或功能丧失。大多数人包括左利者在内，语言功能主要位于左侧大脑半球内，在颞叶的后上部、相邻的顶叶下部、额叶的下外侧部位，以及这些部位间的皮层下联络结构。这个大致呈三角形的区域任何部分的损害都会妨碍语言功能的某些方面。优势半球不同特定部位受损，可出现不同类型的失语症。引起失语症的疾病以脑血管疾病最为多见，其次为脑部炎症、外伤、变性等。通过 CT、MRI 扫描，影像学往往能够发现病变的部位，并能判断疾病的性质。

（一）Broca 失语

Broca 失语也称运动性失语、表达性失语、皮质运动性失语等。在影像学检查时常发现优势半球额叶 Broca 区病变（图 3-4）。

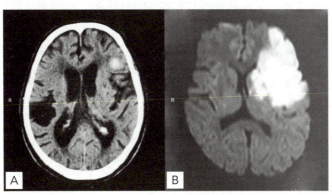

图 3-4　Broca 失语患者神经影像学表现

A. 脑出血患者头颅 CT 示左侧 Broca 区斑片状高密度影

B. 脑梗死患者头颅 MRI 示左侧额叶 Broca 区病灶，在 DWI 上为片状高信号

（二）Wernicke 失语

Wernicke 失语又称感觉性失语、感受性失语等。在影像学检查时常发现优势半球颞上回后部（Wernicke 区）病变（图 3-5）。

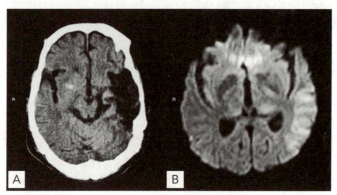

图 3-5 Wernicke 失语患者神经影像学表现

A. 脑梗死患者头颅 CT 示左侧颞叶 Wernicke 区片状低密度病灶

B. 脑梗死患者头颅 MRI 示左侧颞叶 Wernicke 区病灶，在 DWI 上呈明显片状高信号

（三）传导性失语（conduction aphasia）

复述不成比例的受损为此型失语的特点。在影像学检查时常发现优势半球缘上回或者深部白质内的弓状纤维病变。

（四）经皮质性失语（transcortical aphasia，TC）

复述相对的保留是该类失语症表现的特点，病灶多位于分水岭区域。因为病变位置不同，临床表现也不同。

1. 经皮质运动性失语（transcortical motor aphasia，TCM） 在影像学检查时常发现优势半球 Broca 区的前、上部病变。

2. 经皮质感觉性失语（transcortical sensory aphasia，TCS） 在影像学检查时常发现优势半球颞、顶叶分水岭区病变。

3. 经皮质混合性失语（mixed transcortical aphasia，MTA） 在影像学检查时常发现优势半球分水岭区病变，病灶较大。

（五）命名性失语（anomic aphasia，AA）

又称为健忘性失语，是以命名障碍为主要表现的流畅性失语。在影像学检查时常发现优势半球颞中回后部或颞枕交界区病变。

（六）皮质下失语

人们发现优势半球皮质下结构（如丘脑和基底节）受损也能引起失语。在影像学检查时常发现优势半球丘脑区病变（图 3-6）。

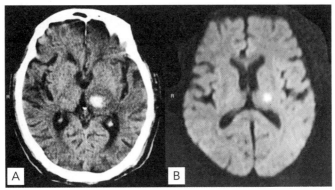

图 3-6　丘脑性失语患者神经影像学表现

A. 脑出血患者头颅 CT 示左侧丘脑区斑状高密度病灶

B. 脑梗死患者头颅 MRI 示左侧丘脑区病灶,在 DWI 上呈明显斑块状高信号

基底节受损特别是尾状核和壳核受损,可以引发基底节性失语,多表现为非流利性,语音障碍,呼名轻度障碍,复述相对保留。听理解和阅读理解可能不正常,容易出现复合句子的理解障碍,书写障碍明显。在影像学检查时常发现优势半球基底节区病变(图 3-7)。

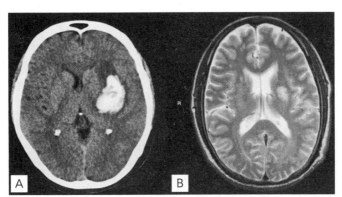

图 3-7　基底节区失语患者神经影像学表现

A. 脑出血患者头颅 CT 示左侧基底节区片状高密度病灶

B. 脑梗死患者头颅 MRI 示左侧基底节区病灶,在 T_2WI 上为斑片状高信号

经典的 Wernicke-Geschwind 语言模式认为失语症与某些局部的脑组织功能有关。但现代理论认为,失语症可能是由于构成语言与记忆等复杂的神经系统功能的改变所致。语言是由许多皮质功能区与庞大的神经通路组成的神经网络同步活动的结果,除了 Broca-Wernicke 语言通路外,皮质下结构如丘脑、基底节、白质等结构亦参与其中。研究发现,颞顶叶皮质梗死也可引起 Broca 语言区功能障碍的症状,单纯皮质下结构病损亦可引起各种失语症,且可引起皮质语言区的低血流灌注显像,这些均提示在失语症中,神经网络功能活动障碍起重要作用,失语症可由于皮质之间、皮质与皮质下结构的相互作用障碍引起。SPECT 脑血流灌注显像检查发现颞叶的血流灌注缺损与语言功能障碍密切相关,提示颞叶与大脑白质通路所形成的神经网络在语言障碍的形成中亦起重要作用。

总之,失语症可能是由于脑皮质与皮质下结构组成的语言神经网络的破坏所引起的,而在这神经网络中,颞叶皮质可能起重要作用,其受损可引起常见的各种类型失语症。越来越多的研究发现,之前认为的与脑梗死后失语症有关的经典语言区解剖定位可能是不准确的,这不仅包括语言中枢的定位,还包括白质纤维束的组成及其作用;此外,右侧语言镜像区在脑梗死后语言功能恢复过程中究竟发挥怎样的作用,也是一个需要解决的问题。通过借助多种影像学手段,特别是多模态功能成像方法,可以不断明确大脑语言功能区的定位,再结合各种神经科治疗手段(如重复经颅磁刺激、tDCS 等)探究右侧语言镜像区在语言功能恢复中的作用,进而帮助理解脑梗死后失语症的发病机制,为其临床康复治疗提供理论依据。

(汤继芹)

第四章
听力障碍

第一节　听力学基础

一、听觉系统

人的听觉系统主要包括外周听觉器官、听神经、听觉的中枢神经系统共同组成,是人类接受和感受声音信号、传递声音信号、处理声音信息的重要系统,下面分别简述之:

1. **听觉器官**　耳是人的听觉器官,位于人头颅的两侧,按照所处的解剖位置,耳可以分为外耳、中耳和内耳三部分。

外耳由耳郭、外耳道组成,与中耳以鼓膜相隔。

中耳的结构包括鼓室、鼓窦、乳突以及咽鼓管4部分,其中主要与声音的空气传导有密切关系的结构均位于鼓室内,包括鼓膜、听骨链以及鼓室肌肉。中耳是由含气的腔室所组成,经由咽鼓管使中耳与鼻咽相通,咽鼓管是调节中耳内鼓室气压的重要结构,当张口、吞咽以及打呵欠时咽鼓管的鼻咽侧(咽口)得以开放,使得鼓室内外气压平衡。当咽鼓管出现功能异常时不能正常开放调节鼓室内外气压时,如炎症,使得鼓室内变为负压,或因为小儿咽鼓管形态在发育期较成人接近水平位置的条件下,使咽部的感染(如鼻炎或上呼吸道感染)更容易逆行进入中耳导致中耳炎症的发生,都会引起相应的听力障碍。耳的解剖关系如图4-1所示。

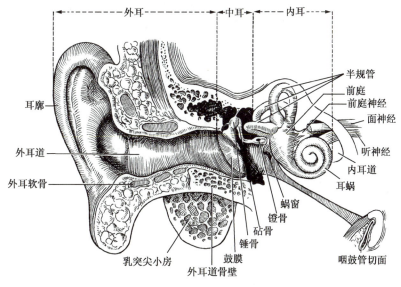

图 4-1　耳的解剖关系示意图

内耳又称为迷路,其结构复杂而精细,按照解剖和功能分为前庭、半规管和耳蜗三个部分,按照组织学上又分为骨迷路和膜迷路,两者形状相似。膜迷路位于骨迷路之中,包括三个主要结构称为膜蜗管、椭圆囊和球囊以及膜半规管,膜蜗管在耳蜗的切面上,呈三角形,其中上壁为前庭膜,外侧壁为螺旋韧带,下壁由骨螺旋板和基底膜组成。在基底膜上有由支持细胞,内外毛细胞和胶质盖膜等形成的螺旋器(又称 Corti 器),是听觉感受器。骨迷路和膜迷路之间充满外淋巴液,而膜迷路含有内淋巴液,内外淋巴液互不交通。内耳的解剖关系如图 4-2 所示。

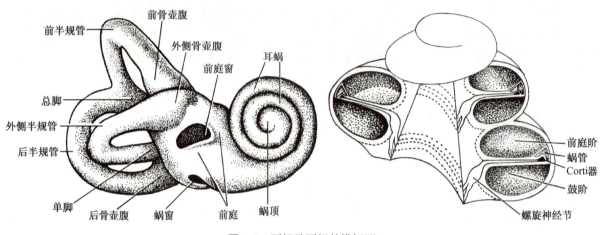

图 4-2　耳蜗及耳蜗的横切面

　　2. **听神经**　听神经由听神经元及其神经纤维组成,人耳每侧约有 30 000 个听神经元,听神经元的胞体位于耳蜗骨螺旋板位置,并聚集在一起形成螺旋神经节,螺旋神经节的树突末梢穿越骨性螺旋板分布到相应部位的毛细胞,轴突则汇入蜗轴的中心管道中集聚成束形成听神经。听神经经内听道止于延髓和脑桥交界的蜗神经核。

　　3. **听觉的中枢神经系统**　主要由脑干及以上的与听觉有关的中枢神经系统组成,包括了从脑干到大脑听觉皮层之间不同层级以及不同位置上的神经核团,这些神经核团共同组成了听觉传导通路,听觉信息在这条通路上依次向上传送,也会向下传送。

　　组成由脑干向听觉皮层进行听觉传导的核团从下至上分别为耳蜗核(第 1 级神经元)、上橄榄复合体(第 2 级神经元)、外侧丘系及其核团(第 3 级神经元)、下丘以及内侧膝状体(第 4 级神经元)。大脑皮层的听觉中枢位于颞叶,接受从两侧听觉通路传入的听觉刺激。

二、听觉生理

　　1. **声音的物理学和听觉特征**　声音是指由一定能量作用于可振动的物体而产生的机械振动;能够发出声音的物体称为声源;声音在空气中传播是声源振动后引起空气分子疏密相间的向四周传播,这种形式称为声波。人类能够感受的声波频率为 20 ~ 20 000Hz 范围之间,其中对 1000 ~ 3000Hz 的声波最敏感。

　　物理学对于声源主要分为以下两类,是在声音测试中常用的测试声音,包括:①纯音,指的是单一频率的声音,或者是声压随时间做正弦函数变化的声波;②复合音,指的是含有多种频率的声波,常见的有谐音、噪声以及语声。

　　人对声音的感受有客观的声音特征也有主观的声音特征感受,这在嗓音障碍一章中有详细叙述,在此不再赘述。

2. **声音传入内耳的途径** 内耳是感受声音的器官,声音传入内耳主要通过两个途径,空气传导和骨传导,分述如下:

空气传导,指的是声音通过耳郭、外耳道、鼓膜以及听骨链传导声音的过程,是声音在生理状态下传入内耳的主要形式,日常人们提及的听力水平主要就是针对空气传达路径而言的。在声音的空气传导路径下,耳郭起到收集声音的作用,外耳道则对声音起到传递和共振作用,根据研究表明,人外耳道的共振峰为3500Hz,按照这个数据测算,频率为3000Hz的声音在鼓膜附近可提高15dB,频率为2000Hz或5000Hz的声音则可以提高10dB左右。鼓膜相当于一个压力感受器,接受声波的冲击而振动,与鼓膜相连的中耳重要结构是听骨链,是由锤骨、砧骨和镫骨三块听小骨链接而成,连接鼓膜和内耳耳蜗的前庭窗。鼓膜、听骨链组成了中耳非常有效的声音传递和放大的杠杆系统,据测算,声波经鼓膜、听骨链达到镫骨足板(与前庭窗相连)时,可以提高22.1倍,相当于声压级27dB。

骨传导,指的是声音通过颅骨的振动使内耳的外淋巴液产生波动,并激动耳蜗的螺旋器产生听觉的过程。在正常听觉过程中,由骨导传入耳蜗的声能极其微小,故没有实用意义。但骨导听觉常用于耳聋的鉴别诊断,所以临床上也会给予注意。

3. **听觉系统对于大声的防护机制** 首先,在通常的声强刺激下,中耳听骨链是作为一个整体而运动。当声强高达150dB时,镫骨足板产生的阻力会引起砧镫关节的缓冲作用,听骨链不再进行整体活动,声音振动的幅度从锤骨经砧骨到镫骨逐渐减小。在低、中声强下,镫骨足板振动沿垂直轴进行,而到大声强下,镫骨足板沿前后轴运动,减少外淋巴的振动范围,从而避免对内耳感音结构的损伤。其次,内耳的圆窗结构对于大声刺激时可以进行外凸减压,缓冲声音对内耳的压力;最后中耳的咽鼓管结构通过关闭和开放来调节鼓室内压力和外界大气压的平衡,从而保证中耳传音装置维持正常活动。同时当咽鼓管处于关闭状态时,可以阻挡因说话声、呼吸声等经咽鼓管直接传入鼓室并振动鼓膜,形成杂音干扰患者的听觉。

4. **双耳听力** 双耳在头颅的解剖位置在声音的定位、回声抑制和在复杂环境中随意提取所需声音方面起到重要作用。首先,由于双耳的距离差异,声音会首先达到离声源近的一侧耳,然后到达离声源远的一侧耳,因此造成了双耳之间的时间差异,同时声音在颅骨两侧传递之间的衰减,也为声音的定位提供了信息。其次,双耳对声音的分析能力,可以有效地将所需声音从环境声中提取出来,有利于听者对目的声音的注意和理解。最后,双耳对于声音的次序获得,还会有效抑制环境产生回声对于听觉的影响。

5. **听觉掩蔽** 在日常的听觉体验中,当两个声音同时呈现时,一个声音会受到另一个声音的影响而减弱,例如在歌厅中背景音乐很大的情况下,人听取目的声音就变得困难,对话双方必须要提高说话的音量方可交谈,这就是声音的掩蔽现象。一个可听声音由于其他声音的干扰而使听觉发生困难,前者必须要增加声音的强度才能被重新听到,这种现象就称为掩蔽效应,其中要听到声音叫做被掩蔽音,起干扰作用的声音叫掩蔽音。

6. **听觉中枢** 听觉中枢的很多生理机制目前尚未阐明,据研究证明,蜗神经核神经元与听神经类似,具有频率选择性;上橄榄核、下丘、内侧膝状体等2、3、4级神经元可以识别双耳传入声信号中的强度差和时间差;颞叶是听觉功能高级中枢的所在部位,其中上部的颞横回是听觉的初级皮质区,负责接收两侧听觉信息的投射,由于第2、3级神经元有交叉和不交叉的神经纤维,来自任何一侧耳部的听神经的冲动都可传至两侧大脑的听觉皮质区域。颞叶外侧的二级皮质区域与初级皮质区相连,这里又称为是听觉联合区,在这些区域内可以对听觉信息进行分析、判断,并和以往的听觉记忆相比较,理解听觉刺激所带来的信息,形成听理解能力。

第二节　听力障碍

一、定义

听力障碍（dysaudia）是指听觉系统中的传音、感音以及对声音的综合分析的各级神经中枢发生器质性或功能性异常，而导致听力出现不同程度的减退。听力学对于听力的轻度减退称为重听（hypacusia），对于重度听力障碍称为聋（deafness）。而临床又常将两者混同都称为聋。

二、听力障碍的程度分级

根据世界卫生组织（WHO）1980 年标准，听力障碍按照语言频率 500Hz、1000Hz 和 2000Hz 的平均听阈计算，将耳聋分为五级：轻度（mild）：平均听阈 26 ～ 40dB；中度（moderate）：平均听阈 41 ～ 55dB；中重度（moderately severe）：平均听阈 56 ～ 70dB；重度（severe）：平均听阈 71 ～ 90dB；极重度（profound）：平均听阈 91dB 以上。

三、听力障碍的表现

临床上听力障碍的表现主要就是听力水平的下降，在婴幼儿期的儿童早期会表现为异常的安静、不容易被声音所惊吓，随着儿童的生长发育，家长会逐渐发现儿童不会出现寻找声音和定位声源的行为，正常喃语期推迟出现并且语量变少，听力障碍会影响语言的获得和表达，儿童在 3 岁以前或 3 岁前后由于先天或后天原因导致的双耳重度耳聋可以因为不能通过对声音进行学习而获得语言，这样的人群称为聋哑或聋人（deaf）。

在成人期因为各种原因导致的双耳耳聋临床上首先表现会为对声音的迟疑和迟钝，学生会出现走神和成绩下降，对话时因不听清而反复发问，对话常常答非所问和对发音上相近的语句辨别困难，严重的双耳听力障碍会因为不能对说话声进行听的反馈而影响说话者自身的语音语调，说话时声音音量变得极大，同时音调变高，声音的共鸣单一，给听话者不适的倾听感觉，同样对社交产生影响，到了后期，因无法听到声音而变得沉默寡言，不愿意加入到社交活动中，孤立自己。

四、听力障碍的分类

听力障碍的分类方式很多，一般在临床上常用的是根据听力障碍产生的病理机制将听力障碍分为传导性耳聋、感音神经性耳聋和混合性耳聋，但也可根据听力障碍发生的部位分为周围性听力障碍，中枢性听力障碍，根据听力障碍产生的时间分为先天性耳聋，后天获得性耳聋，根据发病年龄分为儿童期耳聋、成人期耳聋以及老年性聋，根据听力障碍产生的行为特征又可分为器质性耳聋和功能性耳聋，按照获得语言能力的先后又分为语前聋和语后聋。

五、 常见听力障碍

下面将常见的听力障碍分述如下。

1. **传导性听力障碍**，临床上习惯称为传导性聋。传导性聋是由于各种原因引起的外耳道、中耳的病变，使得经空气径路传导的声波受到阻碍，到达内耳声能的减退引起的听力障碍。其病因常见为：①炎症：急、慢性化脓性中耳炎，急、慢性分泌性中耳炎，外耳道炎，疖肿引起外耳道狭窄或闭塞影响声波的传导等；②外伤：颞骨骨折引起的中耳听骨链中断、耳外伤引起的鼓膜穿孔等；③异物或其他机械性堵塞：外耳道异物堵塞、耵聍栓塞以及肿瘤等；④先天性的异常：先天性外耳道闭锁、听骨链畸形以及其他中耳传导结构的发育异常或缺失等。

传导性聋主要根据病因进行相应治疗，去除病因如炎症、异物以及肿瘤，修复外伤如鼓膜修复、听骨链重建等，对于先天异常可以选择相应的手术治疗如鼓室成形术。对于经过治疗不能恢复正常听力的传导性聋患者可以通过佩戴助听器进行听力补偿。

2. **感音神经性听力障碍**又称为感音神经性聋。内耳感音结构如毛细胞、血管纹、螺旋神经节，神经传导通路如听神经以及各级听中枢由于器质性病变导致声音的感觉与分析或声音信息的传递受到阻碍，由此引起的听力障碍包括了对声音的感受障碍（耳蜗）和对声音信号的传输障碍（听神经），临床上称为感音神经性耳聋。

根据导致听力障碍的不同病因，感音神经性聋分为以下三类。

(1) 遗传性聋（hereditary hearing loss）：由于基因或染色体异常等遗传缺陷引起的听觉器官发育缺陷而导致的听力障碍称为遗传性聋。出生时已存在听力障碍者称为先天性遗传性聋，常见的 Usher 综合征又称遗传性耳聋 - 色素性视网膜炎综合征、Crouzon 综合征又称颅面骨发育不全等；出生后某个时期（多发生于婴幼儿期、儿童期或青少年期）开始出现的听力障碍称为获得性先天性遗传性聋，常见的有 Alport 综合征又称遗传性肾病等。

(2) 非遗传性先天性聋（nonhereditary congenital hearing loss）：是指在母亲怀孕期或围产期发生的耳聋，出生时即已存在，病毒感染、孕期用药、孕期受到物理性损伤如射线、产伤以及核黄疸症均可造成，常见的有先天性耳蜗畸形、前庭水管综合征等。非遗传性耳聋往往为双侧重度性聋或极度聋。

(3) 非遗传性获得性感音神经性聋（acquired nonhereditary sensorineural hearing loss）：此类听力障碍在临床上发病率最高，较常见的有药物性耳聋、突发性耳聋、噪声性耳聋、老年性耳聋、创伤性耳聋、感染中毒性耳聋以及肿瘤和相关性疾病耳聋。分述如下：

①药物性耳聋：是指应用耳毒性药物导致的听力障碍。常见的耳毒性药物有氨基苷类抗生素如链霉素、庆大霉素、卡那霉素、新霉素、妥布霉素、林可霉素，多肽类抗生素如万古霉素、多黏菌素等，抗肿瘤类药物如顺铂、卡铂、长春新碱、氮芥等，单独或联合使用利尿类药物如呋塞米等，水杨酸类药物如阿司匹林类等还有其他的化学物品如含砷剂、酒精和一些重金属盐如铅、汞等。药物性耳聋主要影响内耳，其后果取决于用药种类、剂型、给药方式、用药时间等因素，并且对于个体有剂量差异性，也就是说并不一定大量使用才会引起耳聋，有些个体可能在治疗剂量或微量使用下也会出现耳聋。②突发性耳聋：是指在短时间内突然发生的原因不明的感音神经性耳聋，听力多在 3 日内急剧下降，有时伴有耳鸣和眩晕。有一定的自愈倾向。目前发病原因不明，可能与劳累、精神紧张和病毒感染有关。常规治疗对大多数患者有效。③噪声性耳聋：是指急慢性强声刺激引起的听力障碍，急性声刺激指的是由于骤然发生的高强度声音对听觉器官的损伤。慢性声刺激是指噪声性声音对听觉器官的损害。噪声对于听功能的影响主要表现为听敏度的下降、听阈提高。一般来讲 80dB 以下的噪声对人听力的危害性可以忽略，80dB

以上的噪声对人耳的高频听力产生损害的危险则迅速增加。因此对于噪声性耳聋的治疗要以避免噪声刺激为原则,对症治疗。④老年性耳聋:是指由于年龄老化而发生的听觉系统退行性变导致的耳聋,多因为螺旋神经节细胞萎缩或耳蜗基底膜变性所引起。老年性聋的发生多以双侧耳对称性渐进性的高频听力损失为特点,早期出现对语言的听辨别障碍,有时伴有高调耳鸣。佩戴助听器进行听力补偿是适合的治疗措施。⑤创伤性耳聋:头颅外伤、耳气压伤或急、慢性声损害导致内耳损害引起的听力障碍。⑥感染中毒性耳聋:是指一些病毒和细菌对于邻近器官和全身感染的过程中通过血行途径或直接侵袭的方式累及听觉系统如耳蜗、前庭、听神经或引起迷路的炎症而导致的单侧或双侧非波动性的感音神经性耳聋。临床上较常见的感染有流行性腮腺炎、耳带状疱疹、流行性感冒、流行性脑脊髓膜炎、猩红热、麻疹、风疹、梅毒、艾滋病等。⑦肿瘤和相关性疾病耳聋:听觉传导通路以及中枢的肿瘤可以导致感音神经性耳聋如听神经瘤、脑干肿瘤等,而一些全身系统疾病也可以引起内耳、听神经或听觉中枢的损伤而出现感音神经性耳聋如糖尿病、高血压、慢性肾炎、白血病等。

3. 混合性耳聋 中耳、内耳病变同时存在,影响声波传导与感受所造成的听力障碍称为是混合性聋。导致混合性聋的病因可以是一种病变同时损伤了耳的传音和感音系统时,如耳硬化症累及中耳和内耳、爆震性耳聋同时引起鼓膜穿孔和内耳的损害、急慢性化脓性中耳炎并发迷路炎,这时的耳聋就兼有了传导性聋和感音神经性聋的特点。也可以是不同的疾病分别导致中耳和内耳或听传导通路的功能障碍所引起,如慢性分泌性中耳炎合并突发性耳聋、慢性化脓性中耳炎合并老年性聋等。混合性聋在临床的表现多为两种耳聋的混合表现,以耳闷堵作为主诉的较多,治疗应该分别处理中耳和内耳的病变即可。

4. 中枢听处理障碍 中枢听觉神经系统是一个高度复杂的神经网络,负责分析和处理由双耳传来的听觉信息,传向听觉皮层和神经系统的其他区域。中枢听觉处理障碍(central auditory processing disorders,CAPD)是指中枢听觉神经系统的功能受损而致的听功能缺陷,有的文献也称为中枢性耳聋或皮层性聋。一般分为两种类型:由神经系统损伤引起的蜗后病变,如肿瘤等占位性病变或创伤引起的损伤;发育性疾病或弥散性疾病引起的损伤,如老年性病变等,脑血管病患者当双侧听觉处理中枢出现病灶时,也会出现中枢听觉处理障碍。CAPD在临床表现上行为特征很类似周围性听力障碍的患者,但经过听力学检查该类多不伴有听敏度的损害,也就是说CAPD患者在听力学检查是听阈正常或轻度异常,或是听阈水平不能解释患者的实际表现出的听觉感受。其主要表现有:①听力障碍的主要表现为言语识别水平的降低,患者对声音的分辨和对说话声的分辨常会出现分离现象,即听得见说话却听不清说什么,患者的听功能受影响的程度与发病的部位相关联,一般来讲,靠近外周的损伤对听功能影响较大,而靠近中枢的损伤对听功能影响则较小;②对于增大的声音并不能使患者的听力水平得到改善,常会诉说不适;③容易受到周围噪声的影响,患者常常诉说在周围噪声明显的空旷场所或人多的地方听不清,而在安静状态下或单独面对对话者时听力会转好;④双耳听力好于单耳听力;⑤助听器的补偿常不能取得理想的结果。

5. 功能性听力障碍 功能性听力障碍即功能性聋,又称精神性聋,属于非器质性聋,发病常由于一次突然的重大精神刺激及意外引起,患者主观上并没有诈病的企图,也不希望达到任何目的,对病情会感到痛苦。功能性耳聋发病突然,患者表现出严重的听力损失甚至全聋,不伴有耳鸣和眩晕,但会有外耳道皮肤麻木、感觉障碍和癔症的表现如手足麻木、震颤、情绪激动或抑郁、出汗、心悸等表现。患者的听力学检查以及相关检查均为正常。本病会突然痊愈,也接受暗示的治疗,往往预后很好。

6. 伪聋 伪聋即装聋、诈聋,是指听觉系统无明显器质性病变,听力正常,而自称耳聋。伪聋者并无神经心理创伤,往往带有某种目的或企图进行伪装,主观表现非常严重,通过多次的听力学检测以及客观听力检查有助于鉴别。

第三节　听力检查

　　听力检查是对受试者的听力情况作出量化的评估，是听力学中重要的检查手段。在康复医学上，正确判断受试者的听力水平直接影响治疗者采用的康复手段。

一、听力检查中的常用名词

1. 分贝与零分贝

　　分贝（dB）：对声音的度量单位，在听力学检测中，指的是某一频率声波造成的环境大气压的变量大小的相对量，即声压。

　　零分贝（0dB）：是指正常成年人所能感受到的最微弱的声压。它的绝对值并非为零。

　　生活中存在各种不同大小的声音，40～50dB的声音相当于一辆悄悄行驶的小汽车，或者是一间不太安静的办公室；在5m的距离普通的说话声大约是在50～60dB；70～80dB的声音相当于非常响的收音机或电视机的声音，最小的说话声如耳语声只有大约10～15dB，而极大的声音如喷气式飞机则远远大于120dB。

2. 频率（Hz）
是指单位时间内物体振动的次数或周期数，单位为赫（赫兹，Hz）。人听觉的感受范围是20～20 000Hz，这一频带称为声频，高于此范围者叫超声，低于此范围者叫次声。

3. 听阈（dB）
是指在听觉频率（20～20 000Hz）以内能引起听觉的声音最小声压值，以dB表示。

4. 声压级（SPL）
声压级是用对数关系表示的声压值。

5. 听力级（HL）
正常人耳对各个频率纯音的听阈声压级不同，听力计零分贝值的确定是通过测定一定数量耳科正常人群的各个频率听阈均数而得到的基准等效阈声压级值。

6. 语言"香蕉"
语言"香蕉"图是指正常人的语言频率分布和强度分布的范围。根据此范围描画出的曲线形似香蕉，因此称"香蕉"图（图4-3）。语言"香蕉"图是由一群人用正常音量说话，说话人在距离一米处用声级计测出言语的频率和强度的分布范围。在"香蕉"图的分布上，"i，u，m"的频率在250～500Hz，强度在30～50dB，"a，o，e"的频率在500～1000Hz，强度在40～55dB，而"zh，ch，sh"的频率在2000～3000Hz，强度在10～30dB，"z，c，s"则在更高的频率4000～6000Hz，强度却在10～25dB。可见，元音多在中、低频率的范围内，而且声音强度高；辅音多在高频率范围内，但声音强度低。

7. 主观测听
是依据受试者对刺激声信号作出的主观判断记录测听结果，又称行为测听。主观测听经常会受到受试者主观意识、情绪、智力水平、年龄、文化程度和行为能力配合的影响，所以在一些情况下（如伪聋、智力迟滞、婴幼儿、失语症、肢体瘫痪等）检测结果并不可靠。主观测听法包括行为测听法、秒表试验、音叉试验、纯音听阈检查以及语言测听等。

8. 客观测听
客观测听是指不依赖于受试者的行为配合，不受其主观意识的影响，利用检查仪器对受试者听力进行测试的结果进行分析判断。该测听法较为客观、可靠，但判断结果与操作者的经验和水平相关。临床上常用的客观测听法有声导抗测听、电反应测听和耳声发射测听等。但主观测听的频率特异性较差，不能全面反映受试者的听力状况，因此不能替代主观测听法。

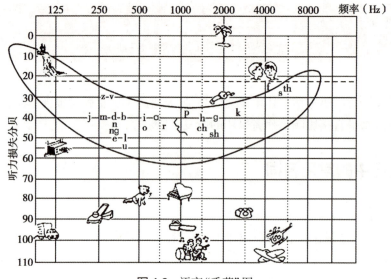

图 4-3 语言"香蕉"图

二、主观测听法

1. **行为测听法**　又叫行为观察测听法、听觉行为反应测听法,主要目的是观察 1 岁以下受试小儿对声音刺激的一致性反应,是一种被动反应测听方法。在测试时周围环境要求安静无噪声,小儿处在平静状态下,测试声源可以选择复合声源如玩具小鼓、哨子、小喇叭,测试时避免声源物品接触到小儿或被小儿看见。给声后根据小儿的反应进行观察,6 个月以下小儿会出现惊吓反应、听睑反射(又叫瞬目反射)及唤醒反应,6 ~ 12 个月小儿会出现声定位反应,即头转向声源一侧。由此可以粗略判断小儿对声音的敏感性,是一种粗略的筛查听力异常的方法。

2. **条件探索听力反应检查**　条件探索反应检查(conditioning orientation reflex,COR)是一种附加强化条件刺激的行为测听法,常选择视觉刺激作为听觉的强化条件,检查时利用扬声器给声,选择不同频率的啭音作为刺激声源,每次给声时都附加一个视觉刺激强化儿童的转头反应,选择的视觉刺激一般为可发光活动的玩具如会闪光打鼓的小熊等,当小儿对声音的定位反应被强化固定下来时,则逐渐减低声音的强度以测出小儿对声音的听觉反应阈值。此方法测出的是小儿健耳的听觉能力。适合于双侧耳听力异常的筛查,另外也可作为评测小儿注意力以及声定位能力的工具,应用于脑瘫语言智力发育迟缓的小儿检查和训练中。

3. **听力计检查法**　又称电测听法,是利用不同频率、不同强度的纯音作为测试声源,分别测试受试者的骨导听阈和气导听阈,对受试者的听力水平作出量化的评估并能绘出听力曲线,是目前医院中最常见的听力检查。适合 3 岁以上儿童以及成人的听力检查。主要用来判断听力障碍的类型、估计病变部位以及评价助听器的验配。

常见的听力计可以测出 125 ~ 8000Hz 的不同频率的听阈,在网格状听力图上以曲线表示,称为听力曲线。听力图的纵刻度为声强,以 dB 表示,横刻度为频率,以 Hz 表示,气导右耳用"○"来记录,左耳用"×"来记录,骨导右耳用"["来记录,左耳用"]"来记录,分别按频率顺序描记在网格线上并连起来就做出了听力曲线(图 4-4)。

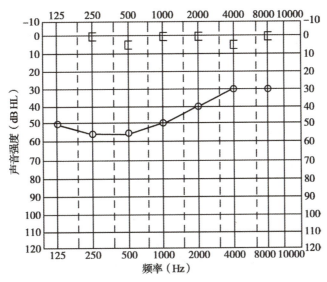

图 4-4 纯音听力检查图

听阈的计算临床上主要以气导阈值为主，常用的是三分法和四分法。三分法是 500Hz、1000Hz、2000Hz 三个频率分贝数的平均值；四分法则是按公(500Hz+1000Hz+2000Hz+4000Hz)/4 计算出分贝数的平均值(根据 WHO 预防聋和听力减退项目计划非正式工作组报告，1991 年，日内瓦)。

4. **言语测听**　言语测听法是将标准词汇录入磁带或唱片上，通过耳机和自由声场对受试者进行测试。主要测试项目包括言语接受阈和言语识别率。言语接受阈以声强级(dB HL)来表示，言语识别率指的是受试耳能够听懂所测词汇中的百分率。正常受试者能够听懂 50% 以上的词汇。

言语测听法目前主要在助听器的验配、人工耳蜗术后康复评估和训练中应用。

三、客观测听法

1. **声导抗测听法**　是临床中最常用的客观听力检查法，正常时，声音经过外耳道到达鼓膜，一部分声能克服中耳传音系统的阻抗后继续向内耳传导，另有一部分则会被直接反射回外耳道而损失掉；外耳道压力的变化可以使鼓膜的张力发生变化，因此中耳对于声音的传导效能也会随之变化。声导抗测试就是利用这一特性，测过测量中耳传音结构的阻抗随外耳道压力的动态变化，从而客观的反映中耳传音系统和脑干听觉通路功能的一种听力测试方法。声导抗的检测内容包括鼓室导抗测量和镫骨肌声反射两项内容。

2. **听诱发脑干反应**　听诱发脑干反应(ABR)是一种远场记录的早期听诱发反应，通常使用一定频率的短声重复刺激听觉系统，在头颅表面记录电位变化，可据此估算客观听阈及诊断听觉系统病变。ABR 的波形、潜伏期、波间期是诊断和鉴别耳蜗性病变及蜗后病变的主要方法，目前是临床应用最广、实用价值最大的电生理检查方法。

ABR 测试时采用每秒 20 ~ 30 次短声刺激，记录电极置于受试者前额发际或头顶，参考电极置于同侧耳垂或乳突，以远场方式记录和放大叠加 1000 次。脑干诱发电位由潜伏期 1 ~ 10ms 的 7 个正向波组成，各波的主要来源与平均潜伏期(图 4-5)。

临床上 I ~ V 波较为重要，听力正常者 I、III、V 三个波较稳定，而 V 波的出波率最高，最为稳定。同时 V 波的反应阈值与主观听阈较接近，一般为主观听阈上 0 ~ 20dB。所以临床上常以 V 波作为听阈的检测波。

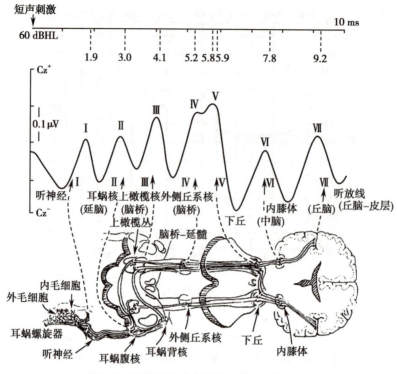

图 4-5　听性脑干反应波形及其来源模式图

3. 耳声发射　耳声发射(otoacoustic emission, OAE)是一种产生于耳蜗、并经听骨链及鼓膜传导释放如外耳道的音频能量,反映了耳蜗外毛细胞的功能状态,而外毛细胞又是耳蜗内主要的感音结构,因此耳声发射的能量显然同听觉有密切关系。利用高敏度特殊的仪器对这种能量进行探测并记录,称为耳声发射检测。

由于耳声发射检测的客观、简便、无创、灵敏、省时的特点,目前已经用于婴幼儿听力筛查的首选方法。在我国一些城市,新生儿要进行听力筛查,未通过耳声发射检查的要进一步进行听觉脑干反应检查,以便于对耳聋的早发现早治疗。

4. 耳蜗电图　耳蜗电图测听法是通过记录给予声音刺激后被试者的耳蜗和听神经点活动的近场或远场电位来进行听力学诊断的方法,耳蜗电图是一种客观测试方法,其结果不受睡眠、意识状态、镇静剂等因素的影响,是评价外周听觉和听神经功能的理想方法,临床上主要用于迷路积水的诊断,为耳聋的诊断与鉴别诊断提供客观依据。

5. 多频稳态听觉诱发电位测试　听觉稳态诱发电位(ASSR)是一种以经过振幅调制或频率调制的正弦波为刺激信号所诱发出的大脑稳态电反应信号,该项检查在 20 世纪 80 年代开始报道并应用于临床。

第四节　常见听力障碍的预防

听力障碍影响语言的发育,也影响智力、心理和精神神经方面的发育,它给机体带来的障碍是多元性的——既有生理方面的,又有社会方面的。我国是一个大国,耳聋患者的绝对数是庞大的,每年新增加的聋儿数量也是惊人的。因此,我们不但要有相对规范的治疗康复手段,更要有相对完善的预防措施。

(一) 优生优育

是避免遗传性听力障碍的有效途径。对于有遗传性疾病家族史的要进行遗传学检查和评价,避免近亲结婚,强调婚前医学检查都是不可少的。

(二) 孕期预防

妇女在怀孕期间,尤其在前三个月以内,往往是胎儿内耳的发育阶段,要注意避免接触耳毒性药物、物理射线的照射、病毒感染、一氧化碳中毒等易引起胎儿内耳发育畸形的因素。

(三) 婴幼儿期听力障碍早发现、早诊断、早治疗

4 岁以前的婴幼儿听力能力对于语言的习得非常重要,不同程度的听力障碍可以导致小儿语言发育迟滞、构音障碍以及不能获得语言。早期发现儿童听力障碍,早期进行介入干预,可以避免因听力障碍带来的社会沟通能力障碍,具有现实意义。

了解正常儿童的听觉发育过程,发现异常及早检查诊断。正常儿童的听力发育特点见第一章第二节。

(四) 避免应用耳毒性药物

临床上要合理用药,避免使用耳毒性药物如链霉素等氨基苷类抗生素,尤其对于婴幼儿、有家族成员易感的、以往应用过类似药物的及听力轻度异常的个体要避免使用可能对内耳产生不良影响的药物。

(五) 及早治疗可能引起致聋的病因

1. **全身疾病的治疗**　对于可能引起耳聋的全身基础疾病如高血压、糖尿病、肾病等要积极控制,合理用药,避免累及听功能。

2. **局部疾病的治疗**　对于引起耳聋的常见耳部疾病如慢性化脓性中耳炎、慢性分泌性中耳炎、耳硬化症以及突发性耳聋要积极治疗,避免引起听力障碍。

(六) 做好对于噪声的防护

避免长时间处在噪声环境中、长期持续佩戴耳机等造成噪声性耳聋的易感因素非常重要。此外对于在高噪声环境中工作的人群要注意职业防护和定期复查监测个体的听力。

第五节　听力障碍的干预

听力障碍的干预措施主要包括临床干预和听觉能力补偿两个方面,听力障碍的临床干预主要是指通过临床治疗手段(药物和手术)对于患者引起听力障碍的病因进行治疗,从而达到治愈病因,恢复患者听力的过程。例如临床中对于突发性聋的对症治疗,对于急性中耳炎的抗感染治疗,对于中耳病变进行的鼓室成形术等均属于临床的干预,患者往往在经过有效治疗后可以恢复或部分恢复听力,达到治愈

或临床治愈的效果。这部分内容会在《耳鼻咽喉 - 头颈外科学》教材中详细介绍。本书主要介绍经临床治疗无效或无法进行临床治疗的听力障碍的干预措施,也就是听觉能力的补偿措施,目前较常使用的是助听器的研配和人工耳蜗的植入,分别叙述如下:

一、 助听器

助听器具体来说就是一个微型的电声放大装置,通过这个装置将声音进行放大,从而使聋人听到了原来听不到、听不清的声音。使用助听器可以起到使聋人重新听懂声音,完成言语交谈中的听觉反馈;帮助重度耳聋的人分辨周围声音如环境音、汽车声等提高外出行动的安全;进行聋儿的学语和教育等作用。应该了解的是,助听器只是一种补偿听力损失的方式,它不能改善或阻止听力损失,经过专业的验配合适的助听器也不会加重听力损失,另外它也不能完全替代耳的听觉能力。

(一) 助听器的分类

助听器根据体积、功能及适用范围主要分为两大类:集体助听器和个体佩戴的助听器。

集体助听器主要用于聋儿康复机构和学校及个别的影视中心等场所,适合于聋儿的集体语言训练和教学使用。

个体助听器就是通常人们所说的助听器。这种助听器的特点是体积小、外观美、隐蔽性好、佩戴方便。目前主要使用的有耳背式、耳内式。此外还有一些现在较少使用的助听器类型,如盒式、眼镜式和骨导助听器。

1. **耳背式助听器**　耳背式助听器是挂在耳郭后面的,麦克风、受话器和放大器全部集中在助听器的外壳中。外面有开关、音量调节器和电话挡,还有耳钩挂在耳郭上,用一根塑胶管一端连接在耳钩上,另一端连在耳模上,耳模放进耳道内,助听器放大的声音通过耳模传声。耳背式助听器是欧洲和亚洲听力障碍患者使用最多的助听器。

2. **耳内式助听器**　耳内式助听器是相对于耳背式助听器而言的。相当于把耳背式助听器和耳模合二为一,元件和外壳更小,可放在耳甲腔和外耳道内里。适合轻度、中度和中重度的个体使用,具有隐蔽性和美观性。

3. **盒式助听器**　盒式助听器是一种老式助听器,麦克风和放大器安装在盒子里,放在胸前的口袋中,纽扣式的受话器通过导线与助听器相连接。但由于噪声响、音质差、频响范围窄,在多数发达国家已经淘汰。

4. **眼镜式助听器**　这种助听器的麦克风、受话器、放大器全部安装在眼镜腿上,用一根导声管连接助听器和耳模。适合于成人并伴有屈光不正的个体,价格昂贵。我国使用很少。

5. **骨导助听器**　前面所提到的都是气导助听器,就是将放大的电信号转化为声能后传进耳道。骨导助听器则是将放大的电信号转换为机械能后,通过放在乳突部位的骨导振荡器使颅骨产生振动,从而使患者感受到声音。此种助听器适用于外耳道闭锁、严重粘连狭窄,慢性化脓性中耳炎流脓不能干耳,鼓膜完全穿孔及对耳模过敏者。

(二) 助听器选配适应证

以下可以考虑推荐验配助听器(听力损失程度指的是相对好耳):

1. 平均听力损失 26 ~ 40dB 的学语期儿童。

2. 平均听力损失在 41 ~ 90dB 的个体。

3. 平均听力损失在 90dB 以上个体在考虑人工耳蜗植入术前的试配。

4. 听力情况不再进展的、经过相应治疗无效的各个类型的双耳耳聋。

5. 对于气导助听器的验配个体具有正常或接近正常的外耳结构。

（三）助听器的选配

助听器的选配应该遵循以下原则：

1. **选配前进行详细的医学评估**　助听器的选配是一个医疗过程,因此必须对个体进行详细的医学评估,包括询问听力障碍病史、进行耳以及相邻器官的体检、进行纯音测听等过程。

2. **选择助听器的类型**　对于听力损失较轻的个体可以优先从美观性出发选择耳内式或耳甲腔式助听器,使得个体佩戴较为隐蔽,有助于减轻心理负担;对于听力障碍较严重的个体则需要选择耳背式助听器,定制耳模,减少佩戴时的不适感;对于先天性外耳道闭锁、小耳及外耳道畸形可以选用骨导式助听器。

3. **验配的一侧耳**　对于双耳听力障碍的个体优先选择听力较好耳或听觉范围较大耳,但当双耳听力均在 50dB 以内时,可以考虑选择听力较差耳进行验配。

4. **考虑双耳助听器**　目前国际上倾向于双耳同时佩戴助听器,这是因为双耳助听器更有利于个体进行声源定位、立体声的聆听、消除单耳投影效应(是指声音从好耳传导致差耳的声衰减引起的不适感)以及有效的抑噪等优点。因此在临床中,在费用能承受的条件下首选对个体进行双耳助听器的验配。

5. **根据个体的耐受情况选择助听器的功率**　对于助听器佩戴后的功率选择需要兼顾个体的听觉改善和对助听器的耐受两个方面,助听器验配的主要目的是使个体重新利用听觉功能,但是助听器由于现在工艺的局限仍会随功率的增大产生噪声,个体能够耐受长期佩戴助听器的生活也是非常重要。因此助听器在验配时要以以上两个方面作为评价助听器验配是否合适的条件。

（四）听力障碍对心理、社会方面的影响

在现代社会中,听力和语言都是人类进行生产活动和社会活动的重要工具。婴幼儿期的听力障碍可以导致儿童的学语期获得言语能力的延迟、出现异常的发音模式及导致不能获得口语,即成为聋哑人。聋哑人在社会地位以及人际沟通能力方面的困难会造成个体自卑心理以及对社会的排斥,另外,由于听力和语言的异常,也限制了个体在社会中的职业角色,从而带来更多的社会生活问题。

二、 人工电子耳蜗

人工电子耳蜗是将声音转换成特殊编码的电脉冲并刺激内耳的感音结构使个体产生听觉的特殊装置,它是目前可以治疗极重度聋以及全聋的有效方法。

（一）原理

内耳耳蜗的感音过程就是耳蜗毛细胞将声波的机械振动转化成生物电活动并由听神经接受和传导的过程。重度感音神经性耳聋的患者大部分是丧失了内耳的毛细胞功能,但听神经纤维还有残留。人工耳蜗可以通过对声音的解码转化成连续电脉冲,并由插入导耳蜗的电极直接刺激听神经,从而绕过并替代了损伤的内耳毛细胞,听神经兴奋后传向中枢产生听觉。

（二）电子耳蜗的结构与类型

目前,能够临床使用的电子耳蜗都是多导人工耳蜗,这是针对早期单导电子耳蜗而言的,所谓多导,指的是植入耳蜗的电极结构而言的,电极上的多个通道分别对应耳蜗鼓阶的不同部分,对于耳蜗不同频率的感音部位进行刺激,可以最大限度地模拟听觉感音的过程,也会给个体带来最真实的听觉感受。

电子耳蜗主要包括两个部分,即体内植入部分和体外部分,体内植入部分包括接收器/刺激器和电极;体外部分包括言语处理器、麦克风、传输线圈以及相应的连接导线。

（三）适应证与禁忌证

目前来讲,电子耳蜗仍然是比较昂贵的装置,因此,合理地掌握电子耳蜗的适应证和禁忌证有重要意义。

1. 患者可以接受植入手术的适应证有:
(1)双耳重度或极重度感音神经性耳聋。
(2)语前聋患者的最佳年龄应在 12 个月 ~ 5 岁;语后聋患者年龄不限。
(3)余听力,经佩戴助听器及听力康复 3 ~ 6 个月听觉语言能力无明显改善者。
(4)无手术禁忌证。
(5)家庭及本人对电子耳蜗有正确认识和适当的期望值。
(6)有听力语言康复条件的。
2. 以下情况患者不适合接受手术:
(1)内耳严重畸形、中耳乳突炎症未得到控制的。
(2)智力、精神异常不能接受听觉语言康复治疗的。
(3)电子耳蜗有过高的期望值或本地区没有可靠的听觉语言康复训练条件的。

（四）手术方法

患者需要在专业的综合医院耳鼻喉科接受电子耳蜗的植入手术,手术时将体内装置的电极部分植入患者的耳蜗内,将接收器部分植入颞骨骨槽并固定即可。

（五）术后护理与语言训练

电子耳蜗手术是一种安全而且并发症较少的手术,术后注意抗感染治疗,并不需要特殊护理。术后 3 天拍乳突 X 线片进行耳蜗植入部分评估,术后 1 个月进行第一次开机调试。

术后的听觉语言康复训练至关重要,直接关系到手术的成败。患者需要去专业的听力语言康复机构进行相应的训练。对于语前聋的患儿要从声音的辨识训练开始,具体顺序是自然声、环境声、人声、乐曲等的认识和辨别,最后直到对话语声的辨别学习;这样的训练常常要持续 3 个月到 2 年的时间。

（张庆苏）

第六节　听力障碍儿童的语言评价

一、概念

　　听力障碍儿童是指在婴幼儿期因先天因素或在幼儿期因后天因素所导致的听力下降而且经治疗不能恢复正常听力的个体。听觉能力提供了儿童语言习得的两个基本条件,即对声音的辨别能力和反馈能力。听力障碍的儿童往往不能获取真实的声音水平或根本不能获取声音的概念,也不能对自己所发出的声音反馈调整,其结果则会严重影响儿童的语言以及相关的社会发育、情绪发育和学习的能力,因此对于听力障碍儿童进行语言评价,从而对其进行康复训练是非常重要的。

二、语言障碍表现

　　听力障碍儿童所带来的语言异常主要有以下方面:

(一) 发音异常

　　发音异常指的是听力障碍儿童在发音的音量、音调、音色方面的异常。这是主要因为听力障碍儿童对声音的认识出现了异常。

　　1. 异常的音量　由于患儿在发声时过于紧张喉头肌肉,呼吸肌群不适当的用力过强,形成了硬起声的现象,患儿发音像是爆破音,不能连续起来。另外患儿不能根据周围环境、情景调节自己声音的音强,使得发声时音量过大。

　　2. 异常的音调　由于某段频率的听力丧失,从而使得患儿对该段频率声音的认知异常也不能反馈调节,患儿在发声时声带张度发生异常。从而出现不正常的高调声音或低调声音。

　　3. 异常的音色　由于患儿长期不正常发声,使得发声的器官组织闲置不用,因此会带来肌力、运动能力的减退或丧失,患儿不能对声音进行正常的修饰,引起异常的共鸣如鼻音化异常、韵律节奏单一等。

　　极重度的听力障碍儿童甚至不能获得对周围声音的认识因而也无法学习发音,形成了聋哑的特殊现象。

(二) 构音异常

　　构音异常是指听力障碍儿童由于不能像正常儿童那样通过听来获取发音的方法,因此在言语学习过程中形成错误的发音方式,导致了发音的错误。

　　1. 音的替代　比较普遍的错误,指的是一个音被另一个音所替代,常见的有送气音与不送气音替代如"d"与"t",舌根音与舌尖音的替代如"g"与"d"等,而且这种替代并不局限于某一发音位置或某一个音上面。

　　2. 音的歪曲　所发的音不是正常存在音,只是因为听力障碍儿童无法用听反馈调整,发音时力量不能有效控制造成的,多见于塞擦音、摩擦音和边音上如"s"和"sh""x"和"q""l"和"r"等。

　　3. 音的省略　该发的音没能发出来。如尾辅音省略、非重音省略等。

　　4. 音的添加　在发出的音中添加一个原本没有的音。常常会在某些单韵母音节上发生,添加一个不必要的声母。

听力障碍儿童在学语时会较多的利用视觉学习发音,因此他们对于构音操作复杂、视觉表现不明显音的发声时就更容易出现错误。

(三) 语言发育异常

听力障碍儿童对声音的认识缺陷将会影响到儿童对正常词汇的学习、组织句子能力和会话交流能力,此类儿童常常语言出现较正常儿童为晚,严重的甚至不能出现语言能力;由于通过听所学习的词汇有限,他们也不能利用丰富的词汇进行表达;由于语言表达的贫乏,带来儿童对于会话交谈的畏惧和抵制,也严重地影响了儿童参与社会生活的能力。

三、 评价方法

对于听力障碍儿童的评估应该是全面而完整的,即要对听力水平进行检查和对语言能力进行评价,听力的检查方法已在前详述,本节只介绍对语言能力的评价。

(一) 言语清晰度

言语清晰度是对听力障碍儿童发音的可辨别程度作出评价。本方法为主观评价法,适用于已有言语功能的听力障碍儿童。测试采用三级测试方法,即将测试人员分为三个级别,一级为直接接触:包括儿童家长和他的语言治疗师;二级为间接接触:包括测试对象的亲属或者本地残疾人工作干部;三级为无接触:包括正常儿童家长、其他医疗人员等与该儿童无直接关系的人员。共选择 5 名测试人员(一级 1 名,二级 1 名,三级 2 名和 1 名主测试人员),测试图片为日常生活中常使用的双音节高频词图片 25 张。主测试依次出示 25 张测试图片,让听障儿童认读,每张图片读 2 遍。4 名测试人员面对听障儿童,根据听障儿童的读音,将听到的内容按顺序记录下来,每词正确记 1 分,每字正确记 0.5 分,每名测试人员满分 25 分,最后将 4 名测试人员记录的正确数累加,即可获得聋儿的言语清晰度。为避免方言的影响,测试人员必须是当地人。

(二) 构音检查

构音检查是对听力障碍儿童的发音功能的全面评价。主要包括:

1. **共鸣能力检查** 通过对鼻腔和口腔在发不同单音素时的气流变化分析鼻腔共鸣参与构音运动的异常表现,可以定量和定性分析。临床上可以使用鼻流量计进行测定。

2. **语谱分析** 通过对受试者发元音和辅音时的声音的基频和共振峰的分析来定性确定错音的类型以及错误原因。临床上可以应用语谱分析计算机系统进行检查。

3. **词汇检查** 用一组包括基本调音运动的测试词汇图片(50 张),记录聋儿的发音情况,具体分析错音来源与构音动作之间的关系。

4. **句子检查** 用一首常见的儿歌评价聋儿在句子表达水平错音来源及产生原因。

5. **构音器官检查** 对参与构音运动的器官组织如舌、软腭、喉、呼吸肌群的形态和运动状态进行评价。

(三) 语言发育检查

通过对听力障碍儿童的语言发育阶段与正常儿童语言发育阶段进行对比评价出聋儿的语言发育

年龄。

临床上可以采用语言发育迟缓检查量表进行定性评价,详细内容参见语言发育迟缓的评价一节。

(刘晓明)

第七节　听力障碍儿童的听觉语言训练

人类的听力是先天具有的,但是在出生后数年间不断进行听觉方面的学习才使得听觉功能不断的提高和完善。听觉对声音的认识过程可以分为几个阶段,即听觉感知、听觉注意、听觉定位、听觉辨别、听觉记忆、听觉选择、听觉反馈、听觉概念、听觉理解。这些听觉阶段不是孤立存在的,因此,对聋儿进行语言训练时要注意不可将这几个阶段截然分开。如果对聋儿能做到早期发现,早期选配合适的助听器并进行系统的训练,那么,其听觉及语言功能有可能与正常儿童同样发育,但是语言发育的最佳时期是在 2 岁左右,如果错过这一时期,其训练效果就会受到影响。

一、婴幼儿听觉发展过程

婴幼儿听觉发展过程遵循一定的规律,其发育过程见表 4-1。

表 4-1　听觉及语言发育观察表

月龄	观察项目
1～2 个月	( )睡眠中突然出现声音会上下肢体抖动
	( )大的声音能够惊醒
	( )会寻找声源位置
3 个月	( )哭闹时,一打招呼就会停止哭声
	( )哄他(她)时会笑
	( )跟他(她)说话时,会发出"啊""呜"声
4 个月	( )开始寻找声源
5 个月	( )感知熟悉的声音,习惯语言声
	( )喜欢发声玩具
	( )能发出笑声
6 个月	( )高兴时会发出"咯咯"的笑声
	( )冲着人发出笑声
7 个月	( )开始注意说话者的口形
8 个月	( )对声音进行自我调节
	( )听到叫名时就会回头
	( )冲着玩具发出声音
9 个月	( )会出 "ma"、"pa"、"ba" 等声音
	( )会发出 "ka"、"dadada"、"babab" 的声音
10 个月	( )模仿学习语言,学习说话
11 个月	( )随着音乐摆手,对音乐有欣赏力

续表

月龄	观察项目
12个月	（　）能理解"给我"、"睡觉觉"、"过来"等词义 （　）对说"拜拜"有反应 （　）会模仿大人说话 （　）常常说一些无意义的话 （　）能说 1 个或 2 个有意义的词 （　）能模仿词的某个部分
1 岁～1 岁半	（　）寻找隔壁房间的声音 （　）询问熟悉画面名称 （　）喜欢听有简单情节的故事
2 岁	（　）有简单会话能力，并按要求做事
3～4 岁	（　）能依次说出物品名称，学习简单常见词
5 岁	（　）听觉理解力提高，语言能力提高

二、听觉训练注意事项

1. **听障儿童的听觉语言康复多采用"一对一"的训练模式**　听力障碍个体之间存在较大的差异，应针对每位听障儿童进行听觉语言功能评定，寻找患儿在助听器或电子耳蜗植入之后的听觉语言功能的基线水平，制定科学合理的训练方案。

2. 要让听障儿童感受丰富多彩的声音和有意义的声音，学以致用。包括自然环境声和社会环境声，不能偏颇。

3. 训练可遵循正常儿童的语言发育规律，如"听"略先于"说"，从易至难，从简单到复杂；如听觉训练从察知、分辨、识别，再到听觉理解的高级阶段。

4. 听觉训练应采用游戏的形式，适合孩子的年龄特点。要尽量减少视觉的辅助，以培养聋儿独立地用听觉接收信息和反馈信息的能力。

5. 听力训练应坚持每天进行，长期坚持。要循序渐进，设定合理的阶段发展目标。

三、听觉训练的方法

聋儿听觉训练的基本原则是尽早利用残余听力，最大限度地提高他们对日常各种声音的辨认、区别和理解的能力，使他们重新回到有声的世界。对聋儿进行听力训练，就是要根据聋儿的听力状况、智力以及语言发展水平，充分利用其残余听力进行听觉唤醒训练。

（一）声刺激训练

1. **训练用具**　采用多媒体教学系统，语言障碍诊治仪；没有条件的可用哨子、喇叭、锣鼓等高频、大音量器具进行训练。

2. **训练的目的**　是唤醒聋儿听觉，培养聋儿注意声音的习惯。

（二）乐音刺激训练

1. **训练用具**　多媒体中的录音程序、音乐 CD 碟。

2. **训练目的** 让聋儿充分使用残余听力,尽量多地接受外界声音的刺激,帮助其生活在有声世界中。

(三)辨音训练

在噪声刺激训练和乐音刺激训练基础上可以进行辨音训练。分辨的声音越多越好,而且训练的方法可以多种多样。

1. **辨别声音的有无** 可以通过游戏的方式让聋儿辨别声音是否存在。

2. **辨别声源** 利用能够发出声音的物体以及通过预先录制的声音进行训练。

3. **辨别声音的次数** 这种训练要求聋儿能够辨别所听到的声音有几声。

4. **辨别声音的远近** 训练者可以从离孩子不同距离的位置发出同样强度的声音,然后让孩子辨别哪个声音离他近,哪个声音离他远。

5. **辨别声音的高低** 可以选用能够发出不同频率声音的器具,让聋儿辨别哪个声音高一点,哪个声音低一点。

声音辨别训练是为进一步训练音声语言打基础,因此在此阶段的训练一定要循序渐进。

6. **综合听辨练习**

(1)分辨交通工具的声响。

(2)音素练习:在进行音素差异的听辨训练时,应先将音素放到相应的词语中进行辨听。

四、构音训练

(一)构音训练的目的

聋儿的发音器官并没有器质性病变,发音训练可以帮助聋儿体会发音要领,掌握发音技巧,形成正确自然的语音习惯,为他们能清楚流利应用有声语言打下基础。

(二)构音训练的方法

1. **呼吸训练** 首先训练吸气,学会吸气后教呼气。

2. **声气结合锻炼** 声气结合锻炼是锻炼孩子说话用气和控制气流的能力。

3. **嗓音训练** 听障儿童在没有接受训练以前,孩子一般不注意发音的声带颤动,如果没有声带的颤动,就无法说话。多数孩子长期不会发音,发出的音往往尖而怪,在对孩子进行呼吸、舌头、口部锻炼的同时,应当对他们进行嗓音锻炼。

五、语言训练的方法

语言是人类最重要的交际工具和思维工具。

人类的各种语言都有一套完整的体系,它包括语音、词汇和语法三个要素。聋儿因听力障碍,造成了掌握有声语言的困难。由于没有有声语言,他们无法通过各种渠道获得大量的间接知识;他们的思维只能停留在动作思维和形象思维阶段,很难发展到抽象思维阶段。因此必须制订详细的训练计划,按计划对聋儿进行语言训练。下面介绍的训练计划及实施顺序是从语言前阶段到基本语言能力完成阶段的训练程序见图4-6。

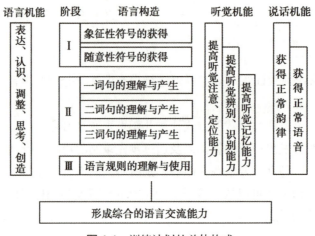

图 4-6　训练计划的总体构成

（一）聋儿训练实施中的注意点

1. **训练环境的设定**　训练者和孩子原则上是处于面对面的位置。

2. **刺激的提示**　对重度耳聋儿童进行各种刺激提示时,最好是视觉刺激和听觉刺激综合在一起进行。

3. **课题的实施**　首先,要确定什么是所希望达到的课题内容,这个课题内容能否被理解。在孩子产生正、误反应时,要给予什么样的反馈(即产生正反应时要强化,产生误反应时要及时修正),所以必须注意事先要确定其反应条件。同时,也要充分考虑到听觉刺激的传达方式、课题进行的顺序,可以先进行预备练习。另外,在教材、奖励及时间等问题上也要充分注意,要组织孩子能积极地参与课题。

4. **训练的形式**　语言治疗师的训练,包括对孩子的训练以及对孩子父母的指导两部分。原则上是以一周一次,一次一小时的进度进行,另外,也可以由语言治疗师设定训练计划,父母亲以此为基础每天一小时在家中指导孩子训练,而且,为了使在家中的训练取得积极、突出的效果,对父母亲进行较为详细的指导也必不可少。

5. **训练的记录**　语言治疗师要把课题的顺序和孩子的反应客观地记录下来。而且,对父母亲也要根据训练的目的和方法、孩子的反应情况等进行具体的指导,使其能记录下家庭指导的情况。

6. **训练目标的设定**　制定训练目标时重要的是根据孩子的实际情况,以及所能达到的最终目标进行具体设定。训练目标要通过训练的实施结果进行分析和适当的验证,经过一段时间还要重新进行相应的修改。

（二）聋儿的语言训练方法

1. **词汇**　词义的理解是儿童使用语言和理解语言的基础,是语言发展中重要的方面。儿童获得词义的过程比获得语言、句法的过程缓慢,严格地说,词义的发展将贯穿于人的终身。儿童在 1 岁半左右只能说出少量的词,但在 2 岁和 3 岁以后词量急剧增长。在刚开始掌握词汇时,可多教孩子一些名词,要强调对词的理解和使用。

2. **句子**　正常儿童在 1 岁半到 2 岁开始出现由双词或三词组合在一起的语句。而且,在短时期内能出现大量词的组合。当孩子的词汇逐渐增多,这时已有了用句子表达思想的条件,语言学习可以进入单句阶段。

3. **语法** 正常儿童从 1 岁到 3 岁所表达的句子是从不完整句→大部分是完整句→基本上都是完整句。语法的发展过程是从无修饰语的简单句→有修饰语的简单句→复杂句。

语言训练是一个漫长的过程，单字、单词、概念、句、文章的形成、出现，需详细制订计划、目标，还要根据训练中的实际情况，逐步改进、修订训练计划和训练方法，使聋儿更有效地掌握、运用有声语言，让其真正回归到有声世界中来。

六、 人工耳蜗植入后的语言训练

人工耳蜗的植入为重度听力障碍者提供了良好的听觉补偿前提，但这并不意味着植入人工耳蜗自然就可以能听会说。良好的语言表达需要有大量的语言听觉积累和语言理解的基础。所以，听力障碍患者在接受人工耳蜗植入后都需要进行刻苦的听力语言训练。

康复应该包括以下几个方面：①听觉康复训练；②语言康复训练；③认知能力的培养——感知觉、注意力、记忆力、想象力、逻辑思维能力等；④社会性、情绪情感等方面的培养。

聋儿聆听技能培建的方法

"听见"和"聆听"是两个具有本质区别的概念。"听见"是一个生理过程，而"聆听"更多是一个心理过程，包括听觉察知、听觉注意、听觉定向、听觉记忆、听觉选择、听觉反馈和听觉理解的形成。可见，它是一种习得的行为，是经过练习可以不断提高的心理技能。关于人工耳蜗植入后聋儿聆听技能培建方法，可以参照儿童聆听技能发展的四个阶段进行（图 4-7）。

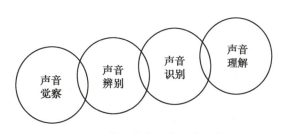

图 4-7 聋儿培建程序四个阶段

1. **培建内容** 聋儿听觉能力的培建和聆听技能的掌握，直接关系到聋儿听力语言康复的最终效果，因此其具体内容可根据聆听能力发展的四个基础水平进行如下的分解：

（1）声音觉察阶段：培建的内容为：①听觉游戏条件反应的建立；②自发性机警反应的建立；③对自然环境声和音乐的感知。

（2）声音辨别阶段：培建的内容为：①区分声音的时长；②区分声音的响度；③区分声音的音调。

（3）声音识别阶段：培建的内容为：①对语音特性的分辨；②对单词音节不同的分辨；③对音节相同但辅音及元音信息不同的分辨；④对发声方式、方法和部位的分辨；⑤在短语中对关键成分的识别；⑥在噪声和距离变化条件下的语言识别。

（4）声音理解阶段：培建的内容为：①对日常短语的理解；②对连续语言的理解；③对简短故事中顺序关系的理解；④在噪声背景中理解对话；⑤对拟声或抽象语言的理解。

2. **培建方式** 聋儿聆听技能的培建方式，可分为单一听力口语方式和多种感觉参与方式两种。

（1）单一听力口语方式：强调单独利用听觉途径去发展聋儿听觉技能（人工耳蜗儿童聆听技能的培建多采用此种方式），多采用听觉条件反射游戏法（如听声拨珠、听声摆积木、听说做动作）、听声识图法、听声指认法和听声复述法完成培建的基本任务,突出好的聆听环境的营造,回避专用视觉或身体语言的沟通能力。

(2)多种感觉培建方式:强调充分利用听觉、视觉、触觉等感觉渠道进行听力练习,其中尤以重视视觉的辅助作用。对各种声音的理解可借助实物、图片提示法进行联系,建立音义联系;触觉利用法可帮助聋儿建立对声音的物理属性概念;音乐旋律与关于声音的心理体验可借助动作表现或表演(表情)法进行。

附:人工耳蜗临床技术操作规范

一、 人工耳蜗植入术

【适应证】

(一)语前聋患者

1. 双耳重度或极重度感音神经性聋。
2. 最佳年龄应为 12 个月 ~ 5 岁。
3. 助听器选配后听觉能力无明显改善。
4. 家庭对人工耳蜗有正确认识和适当的期望值。

(二)语后聋患者

1. 双耳重度或极重度感音神经性聋。
2. 各年龄段的语后聋患者。
3. 助听器选配后言语识别能力无明显改善。
4. 对人工耳蜗有正确认识和适当的期望值。

【禁忌证】

(一)绝对禁忌证

1. 内耳严重畸形病例,如 Michel 畸形或耳蜗缺如。
2. 听神经缺如。
3. 严重的精神疾病。
4. 中耳乳突化脓性炎症尚未控制者。

(二)相对禁忌证

1. 全身一般情况差。
2. 不能控制的癫痫。

【操作程序及方法】

1. 耳后切口,分离皮瓣,切开肌骨膜,暴露乳突及骨性外耳道后壁。

2. 开放乳突腔。

3. 颅骨表面磨出安放植入体的骨床。

4. 开放面隐窝,行耳蜗开窗。

5. 将植入体安放在骨床内,将电极植入鼓阶,参考电极置于颞部骨膜下。

6. 依次缝合肌骨膜、皮下和皮肤。

【注意事项】

1. 手术者应该具备较成熟的耳显微外科技能,并经过人工耳蜗手术培训。

2. 特殊病例如中耳、内耳畸形及耳蜗骨化等应谨慎处理。

二、 人工耳蜗听力学评估和调试

【病史采集】

病史采集重点是耳聋病因和发病过程,包括发病时间和病程发展情况。

【听力学检查】

1. **主观听阈测定** 可采用纯音测听。儿童可采用行为观察、视觉强化和游戏测听法。

2. **声导抗** 包括鼓室压曲线和镫骨肌反射。

3. 听性脑干诱发电位,40Hz 相关电位(或多频稳态诱发电位)。

4. 耳声发射。

5. 言语测听。

【开机和调试】

1. 手术后 2 ~ 4 周开机,开启外部装置。

2. 测试电极阻抗,了解植入体工作状况。

3. 测试并设定各通道的电刺激阈值和最大舒适值。

4. 实时聆听,并根据受试者的反应进行适当调整。

5. 保存调试结果。

6. 以适当时间间隔进行再次调试。

【注意事项】

1. 调试专业人员应具备听力学和人工耳蜗技术相关知识,并经过相应的专业培训。

2. 开机后应进行听觉语言康复训练。

中华人民共和国卫生部

2006 年 12 月 11 日

(刘晓明)

第五章

失语症

第一节　概述

一、失语症的定义和病因

（一）失语症的定义

失语症（aphasia）的定义目前有很多种，通常所用的是美国 Benson 的定义，其认为失语症是由于大脑功能受损所引起的语言功能受损或丧失。Ryan 给失语症的定义：失语症是由于脑损伤所引起的组织语言能力的丧失或低下，可以在以下方面出现困难：①口语和书面语言；②识别图片或物体；③口语、书面语和手势的交流。Darley 认为失语症是由于脑的损伤所致的语言符号形成和解释能力的障碍，在语言学成分编码和译码效能方面多种语言的丧失或障碍（词形和较大语法单位）。Chaipey 的失语症定义强调认知水平对语言的重要性，其认为失语症是一类由于脑的器质性病变所致，在语言和作为语言基础的认知过程的后天性损害，特点是在语言的意思、形式或结构、应用或功能及作为语言基础的认知过程的降低和功能障碍，是语言识别、理解、记忆和思维障碍，具体表现在听、说、读、写四个方面。

所以，失语症是大脑由于各种原因受损所产生的一种获得性语言障碍，表现为口语的理解（听）和表达（说）、书面语的理解（阅读）和表达（书写）等多种语言模式不同程度受损，轻者仅部分语言功能受限，重者语言功能完全丧失，不能交流。失语症在成人及儿童均可发生。失语症临床上会与一些疾病有相似的临床症状或伴随相关疾病，应相鉴别，如①意识障碍；②痴呆；③运动性构音障碍；④其他高级脑功能障碍，如失用、失认等。

（二）失语症的病因

失语症常见病因有脑血管病、脑外伤、脑肿瘤、感染等，脑血管病是其最常见的病因。由于病因不同，失语症的临床表现也就不同。关于脑卒中所致失语症的发病率，国外曾做过一些统计，Brust 曾观察了850 名急性期患者发现 21% 有失语症，我国的研究资料显示至少 1/3 以上的脑卒中患者可产生各种语言障碍。

二、失语症的语言症状

临床上，失语症患者的语言症状主要表现在听理解、口语表达、阅读理解、书写四个方面的障碍，每一种障碍在不同的患者会有不同表现，而且同一患者不同时期症状也不相同。

(一)听理解障碍

听理解障碍是失语症患者常见的症状,是指患者对口语的理解能力降低或丧失。患者常表现为虽然可以听到语音,听觉正常,但是却不能理解语音所表示的意思;或者表现为能听到非言语声音,但对别人说出的话语音似听不到一般。

听理解包括字词、单词、及复句等不同层次,不同等级的理解,是高水平的大脑功能的整合过程。听理解需要在声音、音素、词汇语义、句法、及篇章不同水平上功能保持完整,并且在优势半球的感知、辨识、识认等译码功能完整的基础上完成。影响听理解的因素有 3 类:①语言学因素,包括信息长度、词汇的抽象性、语义相关性、词汇的使用频率、句法结构的复杂性等;②语言外因素,包括语言速度、停顿、重读等;③语境因素,如交往环境的真实性、表情、声调等。

听理解能力主要涉及语音听辨别的能力、音义转换能力及足够的听觉记忆跨度,任何能力降低均会导致言语听理解不同程度损伤。所以,听理解障碍在临床上常表现为以下两种障碍:①语义理解障碍;②语音辨识障碍。根据失语症的类型和程度不同而表现出在字词,短句和文章不同水平的理解障碍。

1. 语义理解障碍   此种情况在失语症最多见。患者能正确辨认语音,但存在着连续的音义的中断,以致部分或全部不能理解词义或语义。常见于以下几种情况:①轻症患者往往在句子较长,内容和结构复杂时不能完全理解;②中度障碍时,患者可以理解常用词,对不常用词理解有困难,或者对名词无困难,但对动词不能理解;③重度障碍情况下,对日常生活的常用物品名称或简单的问候语也不能理解。

2. 语音辨识障碍   患者能像常人一样听到声音,但听对方讲话时,对所听到的声音不能辨认,给人一种似乎听不见的感觉,患者可能会说听不懂你的话或不断地让对方重复或反问。经纯音听力检查听力正常,或仅有语言频率外的高频听力的减弱。典型的情况称为纯词聋,是临床上偶见的听理解障碍。

(二)口语表达障碍

口语表达障碍是指口语(说)表达的能力受损或丧失,是失语症常见症状,不同的患者有不同的口语障碍表现。

1. 口语的流畅性与非流畅性   失语症的患者会有口语流利程度的改变,一般根据患者谈话的流利程度将失语症的口语分为流畅性和非流畅性两种。由于失语症种类的不同,会有不同的表现,运动性失语的患者表现非流畅性语言,感觉性失语的患者为流畅性语言。口语的流畅性和非流畅性从说话量、费力程度、句子长度、韵律、信息量五个方面相鉴别。美国 Benson 的言语的流畅性与非流畅性鉴别,见表 5-1。

表 5-1   言语的流畅性与非流畅性鉴别

语言鉴别的项目	非流畅性	流畅性
说话量	减少,50 词以下每分钟	多
费力程度	增加	无
句子长度	缩短	可说长句子
韵律	异常	正常
信息量	多	少

2. 错语   常见有三种错语,即语音错语,词义错语和新语。语音错语是音素之间的置换,如将"香蕉"说成"香猫";词义错语是词与词之间的置换,如将"桌子"说成"椅子";新语则是用无意义的词或新创造的词代替说不出的词,如将"铅笔"说成"磨小"。

3. **杂乱语** 也称奇特语,在表达时,大量错语混有新语,缺乏实质词,以致说出的话使对方难以理解。

4. **找词困难和命名障碍** 指患者在谈话过程中,欲说出恰当词时有困难或不能,多见于名词,动词和形容词。在谈话中因找词困难常出现停顿,甚至沉默或表现出重复结尾词,介词或其他功能词。所有患者都有不同程度的找词困难。如果患者找不到恰当的词来表明意思,而以描述说明等方式进行表达时,称为迂回现象。当面对物品或图片时,不能说出物品或图片名称时称命名障碍。

5. **刻板言语** 常见于重症患者,可以是刻板单音,如"嗒""嗒","八""八",也可以是单词如"妈妈""妈妈","人啊""人啊",这类患者仅限于刻板言语。即任何回答都以刻板言语回答。有时会出现无意义的声音。

6. **言语的持续现象** 在表达中持续重复同样的词或短语,特别是在找不到恰当的表达反应方式时出现,如有的患者被检查时,已更换了图片,但仍不停地说前面的内容。

7. **模仿言语** 强制的复述检查者的话,称模仿言语,如检查者询问患者"你多大岁数了",患者重复"你多大岁数了"。多数有模仿言语的患者还有语言的补完现象,例如:检查者说"1,2"患者可接下去数数,检查者说:"锄禾日当午",接下去说:"汗滴禾下土"。有时补完现象只是自动反应,实际患者并不一定了解内容。

8. **复述障碍** 在要求患者重复检查者说的词句时,有复述障碍者,不能准确复述检查者说出的内容,如完全性失语患者,几乎完全不能复述。Broca 失语患者表现为较长语句不能准确复述。有些类型失语症可以较好地复述,如经皮质性运动性失语,经皮质感觉性失语等。

9. **语法障碍** 表现为失语法和语法错乱:①失语法表达时多是名词和动词的罗列,缺乏语法结构,不能完整表达意思,类似电报文体,称电报式语言;②语法错乱指句子中的实意词、虚词等存在,但用词错误,结构及关系紊乱。

10. **发音障碍** 失语症的发音障碍与周围神经、肌肉结构损害时的构音障碍不同,发音错误往往多变,这种错误大多由于言语失用所致。重症时仅可以发声,在中度时可见到随意说话和有意表达的分离现象,即刻意表达明显不如随便说出,模仿言语发音不如自发语言且发音错误常不一致,可有韵律失调和四声错误。

11. **说话费力** 一般常与发音障碍有关,表现为说话时语言不流畅,患者常伴有叹气,面部表情和身体姿势费力的表现。

(三) 阅读障碍

因大脑病变致阅读能力受损称失读症。阅读包括朗读和文字的理解,这两种可以出现分离现象。

1. **形、音、义失读** 患者既不能正确朗读文字,也不理解文字的意义,表现为词与图的匹配错误,或完全不能用词与图或实物匹对。

2. **形、音失读** 表现为不能正确朗读的文字,但却理解其意义,可以按字词与图或实物配对。

3. **形、义失读** 能正确朗读,却不理解文字的意义。失读患者对文字的阅读理解也表现在语句的层级上,能正确朗读文字,文字与图匹配也正确,当组成句后不理解。

(四) 书写障碍

大脑损伤的失语症患者会出现书写能力受损或丧失,称失语症。书写不仅涉及语言本身,而且还有视觉、听觉、运动觉、视空间功能和运动参与其中,所以在分析书写障碍时,要判断书写障碍是否为失语性质。检查项目包括自发性书写、抄写、听写、看图书写、主动书写等。失语症的书写障碍常见以下几种表现：

1. **书写不能** 完全性书写障碍,可简单画一划两划,构不成字形。
2. **构字障碍** 是写出的字看起来像该字,但有笔画增添或减少,或者写出字的笔画全错。
3. **镜像书写** 见于右侧偏瘫用左手写字者,即笔画正确,但方向相反,可见写出的字与镜中所见相同。
4. **书写过多** 类似口语表达中的语言过多,书写中混杂一些无关字,词或造句。
5. **惰性书写** 写出一字词后,让写其他词时,仍不停地写前面的字词,与口语的语言持续现象相似。
6. **象形书写** 不能写字,以图表示。
7. **错误语法** 书写句子出现语法错误,常与口语中的语法障碍相同。

第二节 失语症分类和临床特征

一、失语症的分类

迄今为止,对失语症的分类仍未取得完全一致的意见。19 世纪后叶,以解剖学为基础的大脑功能定位学说占主流,认为不同病变部位是产生不同失语类型的基础;到 20 世纪前半叶,以心理学为基础的大脑功能整体学说占主流,此时期否定语言功能定位学说,抛弃从语言障碍探寻大脑受损部位的方法,以语言活动过程受损进行分类;20 世纪后半叶至今,随着科技的发展,功能定位学说再次受到重视。

现在研究认为,人脑复杂的活动与初级活动和感觉活动相关,皮层间联系中断为语言障碍的主要原因。大脑某一部位的损害,会造成一组完全或不完全的语言临床症状较高频率的出现,如果损伤较局限,多表现为典型的失语症状,如果范围较广或损伤在皮质下,会呈现出非典型的失语症状。但典型性失语也是相对的,有些失语难以归为哪一类,国外研究资料显示约 30% 的失语无法明确归类。1971 年,Benson & Geschwind 提出按照解剖——临床为基础的失语症分类,将失语症分为 12 类,此分类法得到了世界范围的广泛使用。此外,较常用的失语症分类还有以解剖部位为基础的 Bensonwv 分类法,以症状为基础的 Schnell 分类法,及以语言障碍分类的 Head 分类法。

我国学者以 Benson 失语症分类为基础,根据失语症临床特点以及病灶部位,结合我国具体情况,制定了汉语失语症分类,将失语症分为:外侧裂周失语综合征、分水岭区失语综合征、完全性失语、命名性失语、皮质下失语、纯词聋、纯词哑、失读症和失写症。具体见表 5-2。此外临床上还有一些特殊的失语,如交叉性失语、原发性进行性失语、儿童获得性失语症。

表 5-2 汉语失语症主要类型

1. 外侧裂周失语综合征 病灶位于外侧裂周围,都有复述困难

(1) Broca 失语(Broca aphasia,BA)

(2) Wernicke 失语(Wernicke aphasia,WA)

(3) 传导性失语(conduction aphasia,CA)

2. **分水岭区失语综合征** 病灶位于大脑前动脉与大脑中动脉分布交界区,或者大脑中动脉与大脑后动脉分布交界区。共同特点是复述相对较好

(1)经皮质运动性失语(transcortical motor aphasia,TCMA)

(2)经皮质感觉性失语(transcortical sensory aphasia,TCSA)

(3)经皮质混合性失语(mixed transcortical aphasia,MTA)

3. **完全性失语**(global aphasia,GA)

4. **命名性失语**(anomic aphasia,AA)

5. **皮质下失语**(subcortical aphasia,SA)

(1)基底节性失语(basal ganglion aphasia,BGA)

(2)丘脑性失语(thalamic aphasia,TA)

6. **纯词聋**(pure word deafness,PWD)

7. **纯词哑**(pure word dumbness,PWD)

8. **失读症**(alexia)

9. **失写症**(agraphia)

此外,20世纪90年代的Hollandr的失语症二分法分类目前也在临床常用。失语症二分法按失语症患者语言的流利程度,将失语症分为非流畅性失语(non-fluent aphasia)和流畅性失语(fluent aphasia)两大类。非流畅性失语病灶一般损伤在优势半球中央沟前方,流畅性失语病灶损伤部位在优势半球中央沟后方。这种分类有利于临床常见失语症的鉴别,易于掌握,所以被广泛应用。

二、 各类失语症的临床特征与病灶

失语症的患者是由于大脑语言功能区病变导致的言语交流能力受损,导致口语表达和理解、书面语表达和理解以及计算等多方面语言障碍。临床上表现为自发言语、听理解、命名、复述、阅读和书写六个主要语言症状方面受损或丧失,病灶部位不同,分类不同,临床表现各有差异。

(一)外侧裂周失语综合征

外侧裂周失语综合征包括Broca失语、Wernicke失语、传导性失语3种,病灶均位于外侧裂周围,都有复述困难。这是所有失语症中了解最多,并且得到广泛承认的一大类失语。

1. Broca失语(Broca aphasia,BA) 病灶累及优势半球额下回后部的Broca区。又称运动性失语或表达性失语,是由Paul Broca于1865年首次提出,是最先被描述并广泛公认的,以口语表达障碍为突出特点。自发语言呈非流畅性,语量少,找词困难,讲话费力,语言呈电报文样,严重的时候表现为无言状态。尽管患者说话时语量较少,但是常为实质词,虽然存在失语法情况,交谈时仍可基本达意。发音和语调障碍,错语常见,特别是语音性错语。听理解相对较好,简单的句子可以理解,复杂的或指令性的语句理解较为困难。命名有障碍,存在启动发音问题或找词困难,患者往往知道是什么,却无法说出名称,但可以接受语音提示,如检查者提示"铅……"(指铅笔时),患者可以说出"铅笔"。语言复述困难,特别是对音节数较长的句子复述有困难。阅读以及书写均不同程度受到损害。另外,Broca失语常常伴有颜面失用,即颜面部自主运动不能听从命令随意进行。Broca失语的预后与病灶大小有关,大多良好,可进行日常交流。

2. Wernicke失语(Wernicke aphasia,WA) 病变部位在优势半球颞上回后部的Wernicke区。

又称感觉性失语或接受性失语,于1874年由Carl Wernicke首先提出的,听理解障碍为其突出特点。自发语言呈流畅性,表现为语量多,讲话不费力,患者自己在很流利地说,却不知在说些什么,有较多的错语、新语、难以理解,答非所问,缺乏实质词,语言空洞,无构音和韵律异常。听理解障碍较重,对实词和虚词均有困难,对语音的理解和语义的理解都受到损害,别人和自己讲的话均不理解,或者仅理解个别词和短语,但在一定语境下略好。复述存在严重障碍,多由于听不懂别人的问话意导致。命名有找词困难,出现大量错语和新语。阅读和书写存在不同程度障碍,尤其是听写,能书写但不知道自己写的是什么。Wernicke失语预后不佳,且患者缺乏疾病自我意识,向经皮质感觉性失语转化。

3. **传导性失语**(conduction aphasia,CA) 病灶位于优势半球缘上回或者深部白质内的弓状纤维。复述差,复述不成比例的受损为此型失语的特点。患者的自发语言表现为流畅性,大多可达意,错语较多,多为语音性错语,词义错语和新语较少。听理解相对好,对语法结构句子理解有困难。复述障碍重,能听懂复述的内容,但不能准确复述出来。命名存在语音性错语。阅读能力较差,有语音性错语和词义性错语。书写中抄写差,听写和自发性书写常有构字障碍,句子书写有障碍。预后一般较好,有人认为与累及部位有关,累及缘上回者比颞叶者恢复好。

(二) 分水岭区失语综合征

分水岭区失语综合征包括经皮质运动性失语、经皮质感觉性失语、经皮质混合性失语3种。病灶位于大脑前动脉与大脑中动脉分布交界区,或者大脑中动脉与大脑后动脉分布交界区。复述相对较好是该类失语症的特点,因为病变位置不同,临床表现也不同。

1. **经皮质运动性失语**(transcortical motor aphasia,TMA) 病灶位于优势半球Broca区的前、上部。非流畅性失语,自发语言较少,但对刺激往往会作出相应的简单反应,不能说出有组织的语言。复述功能保留很好,可复述词、短语、绕口令和复合长句,当复述内容不合常理时能纠正。听理解相对较好,或有轻度障碍,如对比较结构的句子理解有障碍。命名有障碍,列名差,有言语的持续现象。阅读有障碍,其中朗读障碍困难,文字理解方面能力保留较好。书写能力严重障碍,抄写较好,听写和自发性书写严重障碍。该型失语症与Broca失语的最大区别在于可以复述较长的句子,另外,自发语虽少,但构音失用现象较少。预后好,可恢复正常或接近正常。

2. **经皮质感觉性失语**(transcortical sensory aphasia,TSA) 病灶位于优势半球颞、顶叶分水岭区。自发语言流畅,错语较多,命名严重障碍,复述能力较好,但有学语现象。虽然不理解对方在说什么,却反复重复对方所说的语言。语言理解和文字理解都出现障碍,与Wernicke失语的最大区别在于复述保留。可以朗读但不理解其真正意义。听写能力差。一般预后较差,个别轻症者可恢复到正常交谈,未恢复者有明显的复杂句子的理解障碍、命名障碍、阅读和书写障碍。

3. **经皮质混合性失语**(mixed transcortical aphasia,MTA) 病灶位于优势半球分水岭区,病灶较大。自发语言严重障碍,完全不能组织构成表达自我意思。理解障碍也较明显,文字理解和口语理解都有困难,书写也存在困难。但是复述能力被很好地保留下来。预后较差,但有些患者可恢复到能进行有效的日常交流。

(三) 完全性失语(global aphasia,GA)

病灶位于优势半球外侧裂周围的语言区域。完全性失语是一种严重的获得性的全部语言功能的损害,是听、说、读、写所有语言模式受到严重损害的一种失语。主要表现为自发性语言极少,命名、复述、读词不能。听觉理解、文字理解严重障碍,即使能理解也是极少数单词。有的患者能说出部分系列语,如数出部分数和唱出部分歌曲和歌词。多伴有偏瘫、偏盲及偏身感觉障碍。预后较差,初期完全不能讲话,后期语言有所恢复,理解障碍改善,语言表达障碍仍严重,这是最常见的转归。或兼有 Broca 失语和 Wernicke 失语的特点。

(四) 命名性失语(anomic aphasia,AA)

病灶位于优势半球颞中回后部或颞枕交界区。又称为健忘性失语,是以命名障碍为主要表现的流畅性失语。在口语表达中主要表现为找词困难、缺实质词,对人的名字也有严重的命名困难。对于说不出的词,患者多以迂回语言和描述物品功能的方式进行表达,因此语言表现为赘语和空话较多。除了命名以外的其他语言功能均被保留下来。预后较好。

(五) 皮质下失语(subcortical aphasia,SA)

随着神经影像技术的发展,人们发现优势半球皮质下结构(如丘脑和基底节)受损也能引起失语,其症状不似皮质性失语那样典型,是非典型的,主要包括基底节性失语和丘脑性失语。

1. **基底节性失语**(basal ganglion aphasia,BGA) 病灶部位在基底节,特别是尾状核和壳核受损。研究显示,病变部位靠近基底节前部者,症状类似 Broca 失语;靠近基底节后部者,症状类似 Wernicke 失语;病变累及基底节较大面积时,症状类似完全性失语。听理解和阅读理解可能不正常,容易出现复合句子、执行指令的理解障碍。书写障碍明显。命名对名词、颜色命名较好,列名较明显障碍。复述相对保留,可复述短句,长句稍差。阅读有形义失读。书写轻度障碍,以自发性书写障碍为主。

2. **丘脑性失语**(thalamic aphasia,TA) 病灶部位在优势半球丘脑。丘脑性失语表现为音量较小、语调低,可有语音性错语,找词困难,语言扩展能力差,呼名有障碍。复述保留相对较好。听理解和阅读理解有障碍,书写大多数有障碍。

(六) 纯词聋(pure word deafness,PWD)

病变部位不清。一般认为与优势半球颞横回病变有关。患者听力正常,口语理解严重障碍,症状持久,简单的测试也会产生错误。患者虽然对词的辨认不能完成,但是可能在犹豫后完成简单的指令,这是此症的典型表现。纯词聋存在对语音和非语音的辨识障碍,即患者可以不理解词语的信息,但是对非语音的自然音仍能辨识,如鸟鸣声、电话声等。复述严重障碍。口语表达正常或仅有轻度障碍。命名、朗读和抄写正常。

(七) 纯词哑(pure word dumbness,PWD)

病灶部位不清,中央前回下部或其下的传出纤维受损被认为可以产生纯词哑。发病急,早期常表现为哑,或者仅有少量构音不清和低语调的口语,恢复后说话慢、费力、声调较低。在临床上真正的纯词哑是一种相当罕见且独特的语言障碍临床综合征,此类患者口语表达能力严重障碍,而文字表达及理解等其他功能均正常。纯词哑并不是 Broca 失语的最轻型,两者的差别在于,Broca 失语有失语法,听理解障碍和命名障碍,而纯词哑则是单纯的发音障碍。

(八) 失读症

没有视觉障碍或智能障碍的患者,由于大脑病变导致对语言文字的阅读能力丧失或减退,为失读症。失读症的临床特征和病灶部位在失读症一节详细阐述,具体见本章第三节。

（九）失写症

由于大脑损害所引起原有的书写功能受损或丧失，称为失写症。失写症的临床特征和病灶部位在失写症一节阐述，具体见本章第四节。

（十）交叉性失语（crossed aphasia，CA）

交叉性失语是指任何与惯用手同侧的大脑半球病变引起的失语，但现在一般仅指右利手右侧半球病变后发生的失语。交叉性失语发生率很低，多出现于脑外伤累及右侧大脑半球者。患者听理解损害较少见，书面语言比口头语言易受影响。语言表现为听理解轻度障碍、命名及复述轻度障碍、阅读理解轻度障碍和表达、自发性书写明显障碍。

（十一）原发性进行性失语（primary progressive aphasia，PPA）

原发性进行性失语是一种由不同的神经病理学改变引起的临床综合征，神经系统症状、语言能力缓慢而逐渐受损。多由神经退行性疾病如阿尔茨海默病或额颞叶退化病变引起。患者隐匿性发病，在病程的早期阶段有突出、孤立的语言缺陷，语言产生、物品命名、句法或单词理解等损害逐渐进展，复述、朗读能力下降相对较轻，而命名、复杂语句的理解执行能力损害突出，除与语言相关的功能活动以外，患者的日常生活活动能力维持正常。病灶位于优势半球额颞叶。

（十二）儿童获得性失语（acquired childhood aphasia，ACA）

儿童获得性失语是指儿童在部分获得或者已经获得口语能力以后所造成的失语症。主要病因是脑外伤，在语言表现方面，多数儿童初期表现为缄默，缄默消失后表现为发音异常，语言速度慢，说话量少，声音低弱以及韵律失常。另外，几乎所有儿童失语症患者的口语表达均为非流畅性，很少出现杂乱语。部分儿童获得性失语预后较好。

（王丽梅）

第三节 失读症

失读症（alexia）是一种语言性的阅读障碍，特指大脑解码文字过程出现的阅读障碍；而不是阅读所依赖的注意、记忆、视空间等非语言性的高级神经功能损伤引起的获得性阅读障碍。

一、各类失读症的临床特征与病灶

Benson 将失读症分为失读伴失写、失读不伴失写、额叶失读症、失语性失读四种。

（一）失读伴失写

又称为中央部失读症、皮质视觉性失语症、顶颞叶失读症。突出临床表现是全部或部分丧失了阅读和书写能力，既不能认识字，也不能认识词；既不能通过视觉途径认知文字，也不能通过（如在患者身体、皮肤上书写)、听觉(拼读字词给患者听)或书写动作(患者用手或笔描画拼出字词)来理解。书写障碍的程度也不一致,主要影响主动书写和听写,抄写能力常常保留。抄写常表现为临摹性质,摹本如为印刷体者只能抄写成印刷体,摹本为手写体者则只能抄写成手写体。对所抄写的摹本文字和自己抄写出的文字均不认识、不理解。失读伴失写患者常伴有其他神经系统症状,包括枕叶失读症的部分症状、轻微命名性失读症、偏瘫、偏身感觉障碍、偏盲或象限盲、错语、Gertsmann 综合征等。失读伴失写的病变部位是主侧半球角回,影像学改变常在顶颞叶交界区。

(二) 失读不伴失写

失读不伴失写又称纯失读、拼读性失读、枕叶失读。这一经典的综合征是最原型的周围型阅读障碍。患者表现为不理解文字,常伴朗读障碍。患者可读字母,但不理解并联合成音节或词。并非视觉途径有助于理解,即不能通过视 - 文字途径的阅读。如果患者自己临摹字形、或将字母写在患者身上、或摸方块上突出的字形,或按顺序说出某字的字母排列(主要针对拼音文字)患者可拼出该字。也就是说:患者主要通过听觉、动觉、触觉等其他感觉途径来达到理解文字的目的。患者的数字阅读能力常保留,可能与数字词汇较少有关。此型失读症一般不伴有书写障碍,但书写并非完全正常,自发书写或听写表现较好,而抄写表现较差。出现患者不认识自己写出的字的情况。患者的口语表达基本正常。可有轻度命名障碍,特别是常伴有颜色命名障碍:患者说不出所示颜色的名称,也不能按听到的颜色名称指出相应的颜色,但患者可以配色,患者可用颜色名称回答提问,如问"国旗是……"患者可答"国旗是红色的"。神经系统检查常伴有一些视觉系统症状,如偏盲或视野缺损。失读不伴失写的病理损害常在左侧枕叶距状沟或外侧膝壮体至距状沟的视觉通路上,以及胼胝体压部或紧邻压部外侧白质。

(三) 额叶失读

大多数额叶失读症患者可理解一些文字材料,但仅限于个别字,特别是名词实词、动作动词和意义明确的修饰词。如果一个句子依靠一两个或几个有实质意义的字即可理解全句,患者可猜出全句的意义。如果一个句子的结构依语法结构能够确定句子的意思,患者则不理解或理解错误。这与 Broca 失语患者的听理解障碍相似。有时有些额叶失读症患者能理解报纸上的新闻标题,却不理解文章中的句子。额叶失读症患者字母失读明显,词失读较轻,大多对检查者拼出的字母不认识。常有惰性阅读,即阅读思维不能随阅读内容的改变而改变,当阅读刺激字已经改变,患者仍以前一个阅读的词应答,甚至刺激词已经换了几个,仍重复读同一个词;近形错读,将刺激字读作形态相似的另一个字,如"甲"读作"申",或只读成词的一部分,如"油"读成"田"。额叶失读症患者还会出现语句和篇章失读:指丧失对语法结构、语句前后因果关系、短文逻辑关系的综合分析能力。常伴有严重书写障碍,包括拼写障碍,遗漏字母,构字障碍。抄写虽相对好,仍其他失读症要重。常伴有 Broca 失语或经皮质运动性失语,口语表达表现为非流利型失语口语,听理解相对好,常伴有明显的右侧偏瘫和偏身感觉障碍。目前所报道的病例其病变的共同特点是均累及了额叶。

(四) 失语性失读

是指感觉性失语、传导性失语及难以进行分类的失语症所伴有的阅读障碍。失语性失读患者也可能保留某些符号的认知,包括字母、数字等。他们可能完成匹配大小写字母、印刷体与手写体字母、书写数字与伸出的手指数等,但是不能够与这些符号的字母名称相匹配失语性失读患者阅读理解更容易受损的是区别词义相近的同范围词的能力,特别是有很强共同内涵的词。由于概念中含有多个层次,它可能不同程度受失语症的影响。词义加工受损的患者仍可能区分不同内涵词类之间的词。多数患者还表现出情感效应和实词效应,即理解和朗读语义中富含情感色彩或很好图示的词有优势。有些患者还显示出语言的部分效应,主要表现为功能词的阅读障碍。

二、失读症的评定

失读症常为失语症的表现之一,一般失语症检查都包含了阅读检查。汉语失读症检查法尚在探索中。1987年王新德在《汉语失语症检查法》(草案)的基础上,制定了"汉语失读症的检查方法"。其基本内容有:

1. 词的视觉认知

(1)词—图、词—物匹配:即要求患者将词与相应的物体或图片匹配。

(2)听词指词:即要求患者指出检查者所说词的卡片。

2. 阅读

(1)数字朗读:即要求患者正确读出数字1~20。

(2)合体字及其组成部分的认读:即要求患者认读一些偏旁和独体字,如"日""月"以及所组成的合体字"明"等。

(3)字词阅读:字词包括近形、近音、近意字和象形、指事、形声、会意字及双音节词和成语。要求患者朗读,不论其读出与否,均要求解释字词意思,且同时注意患者对读不出的词用手指描画后能否认知。

(4)语句理解:即解释词句;选择正确答案完成句子;执行书面命令;看图答题(是非题)。

(5)短文阅读:要求患者首先朗读,然后据短文内容回答书面是非题。

(6)《汉语失语症检查法》(草案)的阅读检查包括字词阅读(朗读和字词匹配)、语句朗读(朗读和理解)、篇章阅读(朗读并回答是非题)等。

三、失读症的康复治疗

一般失读患者常与口语的失语并存并较之受损更明显,其康复设计往往是作为口语恢复的辅助措施,而不是在恢复失读本身,而且口语康复任务重、时间长,不易涉及失读本身的康复,当然在促进口语过程中失读也有一定的进步。

(一)失读康复的训练原则

失读康复的训练原则包括:①针对文字的精确理解而非针对发音。②选择常用、有效的词、句,改善认知功能。③挑选患者有兴趣的而不选用现成编好的教材。④所用的字要足够大,置于视野之内(注意疏忽或偏盲)。注意力要集中。⑤逐渐增加词汇及句子长度、难度。⑥如果采取语音辅助,辅音比元音更重要。⑦从改善认知功能角度考虑设计。

(二)失读康复的训练方案

康复方案应依据有失读不同类型及症状特点,抓住形、音、义的关系,灵活处理,充分利用图画及汉字构字特点,如阅读包括读出声及理解,故也包含有口语成分,但康复着重于对文字的理解。失语患者不可能没有口语的理解障碍,除非纯失读症者,而纯失读极少见,故失读的康复比口语的更难,更复杂。

1. 字词层次 ①视知觉训练:让患者认识单词,进行词—图匹配。然后取出单个字,让患者从字卡中选出相同的一个。利用汉语特点,偏旁(如"树"字)、语音的暗示、手指比划提示均有利于词的引出。

②语词理解训练:治疗师从一堆字卡中选出两个字,让患者指出先后顺序,组成词,然后选出多个字让患者排列成词组,采用词句—图画匹配的方式,让患者阅读语句,找比相应的图画。图字匹配的各种设计也可帮助词义理解的恢复。能讲的患者可配合口语,令其解说,以便了解其障碍。

2. 句子或篇章层次 词级或句法水平均可影响理解,要了解其障碍所在而设计句子。句子由短句(3字左右)、简单句逐渐向长句、复杂句过渡,逐渐增加词量及难度。短文理解训练:患者阅读一段短文后,提供一些备选答案,指令患者去选择其中的一个正确答案。动员语言的其他形式协助,通过讲、听、写协作。并利用其他方式如手势、手指比划提示、看画、画图等协助对文字的理解。

3. 利用荧屏的训练方法 是应用计算机多媒体技术治疗汉语阅读障碍,在康复训练中通过运用计算机最新科技成果,达到人机即时反馈、精彩的图像显示,栩栩如生的动画表达,人机互动,从而在康复应用中显得简单有序。使治疗师摆脱了单一枯燥且繁重的训练工作,使患者体验到康复训练的乐趣,在不断康复游戏中超越疾病的束缚,达到程度最大的语言恢复。

(郭艳芹)

第四节 失写症

一、 失写症的概念与分类

失写症(agraphia)是指脑损害所引起原有的书写功能受损或丧失。不同部位脑损害可导致不同形式的失写症。Benson 等 1985 年结合临床及神经心理学特征提出失写症的分类方法,将失写症分为三大类:失语性失写、非失语性失写和过写症。

二、 失语性失写

1. 非流畅性失写 非流畅性失语患者大多表现为非流畅性失写,患者常伴有右侧偏瘫而被迫改用左手书写。书写表现为写出量少,书写费力,字体笨拙。常遗漏笔画,书写简短,缺乏语法词,比口语中语法缺失明显。但书写内容可反映出中心含义,如图 5-1。

2. 流畅性失写 流畅性失语患者书写大多表现为流畅性失写,如患者利手无瘫痪,则书写时写出量较多或很多,书写不费力,字形尚可,句子长短正常。但拼写困难,缺实质性词,出现大量语音性和词义性错写。患者边写边大声朗读,大多是类似乱语样或错语样朗读。

3. 其他失语性失写 完全性失语患者表现为严重失写,具有非流畅性失写特点,但写出量很少,可能只有固定的几个字,且不成字形,抄写也不能,如图 5-2。经皮质混合性失语的失写表现为抄写相对好,其余表现如非流畅性失写。命名性失语者的失写,表现为抄写明显优于自发书写,自发书写时表现为提笔不知选用什么字词。

4. 失读伴失写 失读伴失写患者的阅读和书写能力均有受损,即所谓后天文盲。伴有命名困难,书写不费力,可写简单字词,但杂乱无章,由于失读,对书写的内容不会纠正。

5. Gerstmann 综合征患者的失写 Gerstmann 综合征有四个主要症状:失写、失计算、手指失认、左右失认,常见于优势半球的顶叶角回病损所致。失写表现为流畅性失写,书写不费力,有字母遗漏,或者字母秩序错误而组成无意义词。

6. **纯失写** 指除书写障碍外其他的语言功能正常或接近正常。这些患者多为左顶叶病变使产生视觉控制下的手运动缺陷而导致单纯书写功能的障碍,可引起纯失写,也有其他部位局灶病变可引起纯失写的报告。

7. **精神错乱状态失写症** 是指在各种原因引起的精神错乱状态下,如药物中毒、代谢性脑病或麻醉状态,发生语言功能障碍。有些患者的口语表达、理解、复述、命名和阅读能力正常或接近正常,但书写功能受损,表现为字形笨拙,书写量少,不能反映书写主题。

8. **深层失写症** 指患者在书写中出现词义替代,即词义性错写,病变多位于优势半球顶叶。

9. **分离性失写症** 多出现在胼胝体切除术后,患者用右手书写正常或接近正常。左手抄写尚可,但自发书写完全失败,不能写出有意义的文字材料。

图 5-1 非流畅性失写   图 5-2 书写不能

三、非失语性失写

书写功能除与语言功能密切相关外,还与运动和视空间功能有关。因此,运动或视空间功能受损都可干扰书写的正常进行,甚至产生严重的书写障碍。

1. **运动性失写**

(1)瘫痪性失写:没有失语的患者出现中枢或周围神经损伤,此时即使病变轻微,也会使手的书写运动受到损害。患者书写笨拙,字大,字形不规范,趋向于以印刷体书写。

(2)运动过少性失写:或称小写症。锥体外系病变可影响书写功能产生小写症。患者写一句话或一行字时,字体越写越小,书写慢,笔画可出现不应有的曲折。书写利手静息时伴不自主震颤。这种失写多见于锥体外系病变引起的帕金森氏综合征患者。

(3)运动过多性失写:这种失写多见于锥体外系的舞蹈症、抽动障碍等。因该类患者出现肢体活动时震颤明显,肌张力低,特别在欲书写时,由于大脑对书写利手发出指令,书写利手欲执行该精细动作,可出现肢体震颤更明显,表现出字体笨拙,歪歪斜斜,字距和行间距等差别较大,字形忽大忽小,严重者只见纸上画出弯弯曲曲的笔迹,甚至笔尖将纸穿破,患者越想写好,越想控制准确,越写不清、写不好,甚至患者自己也难以辨认,而拒绝书写。

(4)重复性失写:表现在写短语、词、字母甚至字母的一部分时,反复地重写,患者难以自我控制(图 5-3)。

2. **视空间性失写** 书写除与语言和运动功能密切相关外,还需要正确的、连续的视空间定位能力。右侧颞顶枕交界处病变可表现为视空间性失写。由于一侧空间的不注意或空间视觉的改变,患者在自己的视觉空间中分配位置书写而出现障碍。如对左侧空间的注意障碍,患者可出现左侧书写疏忽,表现为只在纸的右半部分书写;由于空间视觉的改变,患者写一行字时,向纸的上方或下方倾斜;由于复视或注意障碍,患者书写字母的间隔不等,破坏了书写的空间完整性(图5-4)。

3. **癔症性失写** 癔症患者因手的癔症性瘫痪或震颤而致书写障碍,患者不能写或严重障碍,可以经暗示治疗而得到戏剧性改善或恢复。

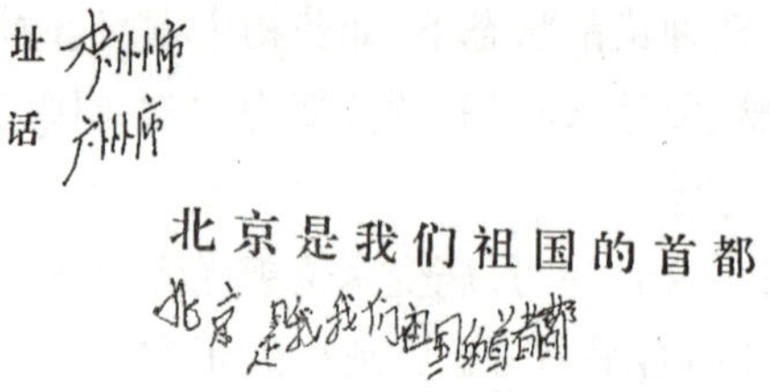

图 5-3　重复性失写 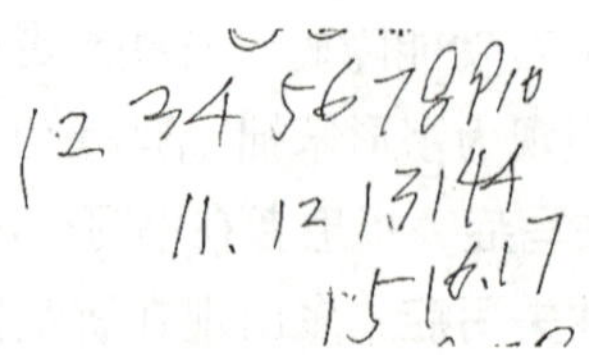　　　　　　　　　　　图 5-4　视空间性失写

四、 过写症

可发生于以下两种情况:

1. **人格改变的患者** 书写内容多,带有强烈的情绪色彩,常包含哲学、政治、或宗教内容,但更多的是泛泛的、空洞的过量书写内容。在癫痫发作或颞叶病变时也可见该表现。

2. **精神分裂症患者** 书写过多,内容稀奇古怪,反映患者严重的思维紊乱。

David 和 Roeltgen(1997)将失写症分为神经病学性和神经心理学性两大类。神经病学性失写症强调传统的神经系统疾病及其与失写症的关系,包括:①失语性失写,据失语类型又可分为非流利性失写(Broca 失语性及经皮质运动性失写)和流利性失写(Wernicke 失语性及经皮质感觉性失写);②伴失读的失写;③失用性或空间性失写;④帕金森病性失写;⑤精神错乱性失写;⑥胼胝体性失写;⑦痴呆性失写;⑧单纯性失写。

神经心理学失写症强调研究失写症的认知加工过程的损害,包括:①语言性失写,又可分为语音性、词语性和语义性失写;②周围性失写,包括字母缓冲性失写、失用性失写、形式性失写、空间性失写和口头拼写障碍。

镜像书写(mirror writing)是脑部疾病引起的一种特殊类型的书写障碍,它是指书写时出现字体及笔画顺序的逆转,即书写的字左右颠倒,像照在镜子里一样。镜像书写的机理目前尚未明了。我国学者提出镜像书写运动—图式联系通路理论:正常情况下,书写运动—图式和镜像书写运动—图式在左右大脑半球分别建立后,左半球的书写运动—图式通过半球间联系抑制了右半球的镜像书写运动—图式,并主导了左侧和右侧半球运动区的书写运动。这样左、右手书写时均出现正常的汉字。当右半球病变或左半球病变损害或阻断了左半球书写运动—图式对右半球镜像书写运动—图式的抑制作用和对右侧运动区书写运动的主导作用,镜像书写运动—图式对右半球运动区书写运动的影响占据了相对优势,左手书写时出现镜像的书写运动程序而表现为镜像书写。病变较轻时只表现为镜像的书写运动,尚能维持正常的汉字书写形式。如写一些对称的字时其笔画的左右运动方向相反;病变严重时不仅出现镜像书写运动,而且也存在镜像书写。

我国学者对学龄前儿童和学龄儿童的镜像书写、弱智儿童的镜像书写、成人脑血管病和帕金森病患者的镜像书写及健康老年人的镜像书写进行了系统研究。结果表明,镜像书写与我国书写语言的发展有密切的关系,还与脑部整合功能的发展和退化密切相关。健康老年人也可观察到轻度的镜像书写,提示老年人大脑的整合功能有所减退,文化程度低者容易出现镜像书写。

五、汉语失写检查法

汉语文字的书写有别于英语等拼音文字,每个汉字都是形音义的结合,由许多具体的笔画偏旁组成,一般失语检查法都包含失写检查项目,适用于临床筛查,详细的"汉语失写检查法"(简称:CAB)由刘晓加等编制,根据汉语文字的特点、书写行为及我国的文化背景设计而成。

汉语失写检查法主要内容:

1. **自动书写** 要求书写最熟悉的文字内容,包括姓名、年龄、地址;系列书写,包括阿拉伯数字和汉字数字。

2. **抄写** 要求抄写部首、字词、语句,设计抄写的字形有独体字和合体字,合体字的结构又分上下、左右、内外三种。例如:抄写部首,共以下 10 项(图 5-5),抄对每个部首得 1 分,共 10 分。

图 5-5 抄写部首检查

抄写字词共 20 分,具体字词为:"柑橘、思想、团圆、远近、水火、江河、花草、围困、疾病、日月"。抄写语句"中华人民共和国成立了!"共 10 分。

3. **听写** 要求听写部首、字词和语句,根据字音的不同,分同声母、同韵母、同声调三种。

4. **看图书写** 要求在图画所表示的字义刺激下产生书写,分部首、字词、语句、篇章。例如:提供以下图片 10 张各图片下有相应的提示(图 5-6),患者只需要理解图上意思,根据图的含义填上恰当的部首,共 10 个图,填完每个部首得 1 分。

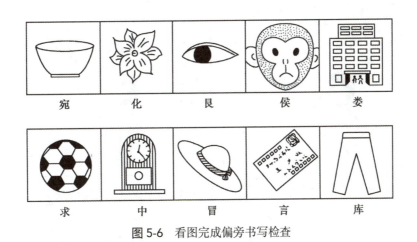

图 5-6 看图完成偏旁书写检查

看图书写字词(图 5-7),每个字词得 1 分,共 10 分。

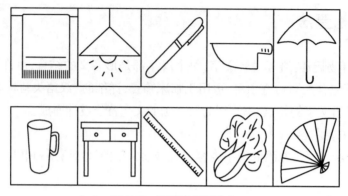

图 5-7　看图写字词检查

书写语句(图 5-8),书写正确得 10 分。

图 5-8　看图书写语句检查

将以下 4 幅画组成篇章内容(图 5-9),书写成一个完整的故事得 10 分。

图 5-9　看图书写篇章故事检查

5. **主动书写**　要求在没有形、音、义任何依托的条件下,根据自己的思路书写一段文字。

6. **书写相关能力的检查**　包括视力、视野、听力、运动、感觉、视空间能力,运用能力、智力等。

将各分测验实际得分换算成量表分填入总表,通过检测计算出失写指数,以便根据各残存功能设计康复,进行康复疗效的对照评定。

(陈卓铭)

第五节　失语法

一、定义

失语法或缺失语法(agrammatism)是失语症患者常常表现出来的一种语言问题。它指的是个体口语和书面语中缺乏语法结构的一种失语症状,其特点是个体在口语或者书面语表达过程中采用电报式语句或者完全缺乏语法结构。

二、表现

失语法语言的特点不是固定不变的,常受讲话者语言的语法结构制约。失语法患者语言障碍在印欧语系表音文字语言中研究较多,大多数认为有以下几个方面的障碍:

1. **省略或替换具有语法意义的词素**　患者的口语可仅保留实质词,即电报式语言。而省略不适当的替换功能词,表现在数量关系表达(如"们、些、有的、几个、许多"等词),表示名词、代词在句子中和其他词关系的格的表达(如"把、给、用、拿、跟、在、从、到"等介词),表示行为状态的表达(如"了、过、着"等词),表示说话人对事件态度的情态表达(如"要、想、愿意、应该、也许"等词),量词使用(如"个、只、根"等词)以及句子类型结构等几个方面。

2. **动词使用的错误**　失语法患者的自发口语常缺乏动词或动词缺少曲折变化。患者倾向于用词的原形(不定式)而省略代表其数、性、格、时态等的词尾曲折变化。有人认为动词的移位比动词的曲折变化更容易出错。

3. **复杂句子的理解和运用障碍**　主要包括复合句的理解和加工障碍;可逆句子,被动态句子语义理解和运用障碍;特殊疑问句的理解和产生障碍等。

三、评定

为了全面、系统、准确地评定汉语失语症患者的语法缺失程度,武汉大学毛善平等人根据汉语文字特点、语法和文化习惯编写了一套汉语语法量表(Chinese Agrammatism Battery,CAB)主要用于评定汉语失语症患者语法缺失的程度。

检查内容包括词类、语序、语用、句子-图画匹配及语言符号操作五部分。

1. **汉语语法量表的制定原则**　现代汉语是分析性语言,词形变化极少。词序和虚词十分重要,是表达意义的主要手段,各种语言都是组合而成,但不同的语言组合的特点各有不同。英语在组合时有单数和复数、主格和宾格,现在时和进行时等数、格、态方面的形态变化,汉语则没有这些变化。

本检查法引用了西方国家语法量表的理论和框架,在语句的选用上严格依据汉语习惯和规则。检查中的语言形式遵循由易到难的顺序,使用统一的指导语、检查图表及评分标准。设计不同的分测验,量化计分,便于横向和纵向分析比较。经过在138例受教育程度在6年以上的不同文化层次、不同年龄、不同性别、不同方言等的正常人中标准化研究表明,该量表符合我国老年人口文化程度普遍较低的文化背景,设定具备高小以上文化程度的正常人均可顺利通过。

2. 汉语语法量表的内容及评分 CAB由词类、语序、语用、句子-图画匹配和语言符号操作五个亚项组成。①词类:实词名词(一般名词和特殊名词)、动词(一般动词和特殊动词)、形容词(一般形容词和非谓形容词)、副词、数词、量词、代词、虚词、介词、连词、助词(结构助词、动态助词、语气助词)。以上每项(如名词类)各含6个词组成的句子,共80句,要求受试者复述每一个句子,每句1分,共80分。②语序:语序与语法意义、语序与语用意义、同形异构及其识别。每项各18句,共54句,检查者以问答形式提问,受试者以是否形式回答,每句1分,共54分。③语用:主要包括词语和句子的理解与应用,如量词(同一量词的不同用法和不同量词的相同作用)、趋向动词(单纯趋向动词和复合趋向动词)、"把"字句、"被"字句等,共40句,要求受试者从语法上判断每一句的对错,每句1分,共40分。④句子-图画匹配:由10个基本句式生成的正误两组句子与相应的图画匹配,共90句,每句1分,共90分。⑤语言符号操作:功能词与实质词操作(各20个),以动词为中心和以名词为中心的句子组配各20组,将句子中的成分分别写在卡片上,要求患者将词卡上的词按检查者所读的句子排列组合成一个完整句子。检查前先将字、词卡片让患者阅读,确认其无不认识的字后再操作。若患者完成任务正确,则每句计1分,总分为60分。

四、 治疗

失语法的治疗是设计出促进语法结构建立的技术,如利用刺激法。还可以利用再教的方法,例如开始教主、谓、宾结构,然后再教形容词和副词、介词、连词。也可以用表示动作的句子来进行训练,例如"小红开门"。应用这类句子是由于这类句子容易被正常人和失语症患者理解。另一种观点认为失语法结构的患者仍然保留语法结构知识,通过适当的提示可以刺激患者应用完整的语法知识,这被称为"冲破阻滞"。可使用几个句子并逐句增加句子语法的复杂性,如"老虎把狮子叼着""老虎被狮子叼着""兔子被小猫赶走了""兔子送了小猫给小熊""小红穿衣服""小红一边穿衣服一边吃早饭""小红一边穿衣服一边吃美味的早饭"等。

(陈慧娟)

第六节 双语与多语失语症

在心理学研究中,学习和掌握两种或两种以上语言的人被广泛称为双语或多语者。随着社会经济的发展与地区间交流的频繁,双语(bilingual)和多语(polyglot)人群逐渐增多。在我国,随着对外交流的发展,广泛的英语等第二语言的教学,普通话-英语等双语人群逐年增加。此外,我国语言与方言异常复杂,如单纯按照地区的方言与普通话的差异度区分,有较多的双语人群,如大量的普通话 - 粤语、普通话 - 闽南语等双语人群及普通话 - 粤语 - 闽南语多语人群。而随着人口的老龄化,脑卒中等患病率的增高,这部分人群患包括失语症在内的认知与交流障碍风险增加,提示双语或多语失语症患病率可能呈上升趋势。

一、 定义

对于双语或多语概念的界定尚存争议,争论的焦点主要在于两种或多种语言掌握的熟练程度或是否包括双言或多言两个方面。从熟练程度来说,大多数研究者认为在不同领域和情境中,能够在一定的程度上使用不同语言表达不同目的的个体都可以被称为双语或多语者。从是否包括双言或多言层面来说,一般来说,双语指两种语言有不同的口头语言和书面语言,双言则指两种语言有不同的口头语言和基本一致的书面语言。双言的问题比较复杂,目前学术界对于双言的界定仍未达成一致意见。广义上的双语者也包括双言者。

双语失语(bilingual aphasia)或多语失语(polyglot aphasia)是指发病前熟练掌握两种或两种以上语言的失语症患者。如普通话 - 英语、普通话 - 粤语、普通话 - 粤语 - 英语等双语及多语者脑损害引起普通话、粤语及英语双语或多语失语。

根据言语获得及运用机制,两种语言在大脑中的储存主要有两种形式:①共同贮存:两种语言彼此联系,可以互相转译,共贮于一个单一的语义记忆系统中;②单独贮存:两种语言各有独立的加工和存储系统,各自进行信息编码、语句分析、独立记忆存贮。存贮形式与双语间的差异有关,影响双语能力的因素主要有语言使用数量程度、使用语言的环境、习得语言的环境、习得动机及年龄、语言音的结构距离等。双语者对语言的控制与处理与认知控制过程密切相关。

二、 评估

双语者或多语者因各种原因导致其发病前熟练掌握两种或两种以上语言的损伤,需要对双语者的两种语言(多语者的所有语言)的语言能力进行评估,为其语言损伤情况进行诊断、研究和制定治疗方案等。双语失语的评估方法,包括部分与单语失语重叠的评估方法,以及特定的双语失语评估方法。评估过程中,若评估人员与患者使用不同的语言时,应由熟悉患者语言的其他人员进行翻译。评估应重点关注患者的语言使用情况,可通过询问患者及其家人、或其他熟悉患者语言情况的人进行了解,可采用语言经历及熟练程度问卷(Language Experience and Proficiency Questionnaire,LEAL-Q)进行评价。其次是患者每种语言受损及残存能力及语言间的翻译能力等评估。目前国际上较常采用的双语失语评估方法是 Paradis 的双语失语检测法(the Bilingual Aphasia Test,BAT)。由于 BAT 可对各种语言进行可比性的检测,故也可用于评估多语失语。

BAT 检测法是在世界各国的双语人群中进行检测取得正常范式的基础上编制。各种语言版本的译制不是直接的翻译,而是按照统一的原则,注重每一个检测的亚项在语言上及文化上的平衡,因此具有语言间的可比性。目前 BAT 语言库中,有一百多对语言的成套 BAT 检测表及工具。可以根据其原则制定新的语种的检测版本,我国目前已有汉语普通话版本及粤语版本可用。BAT 评估通过听、说、读、写四种语言形式,对每一种语言从三层面进行评估:①语言学层面:语音、语调、句法、词汇、语义;②语言职能层面:理解、复述、接受判断、词汇判断、提问;③语言单位层面:词、句子、段落。能较全面的发现患者语言的特定缺陷,准确描述双语或多语失语的表现,详细调查每一种语言反映于语言运用方面的语言残存能力,也可为临床提供一个合乎国际通用失语症分类标准的失语症概貌。

BAT 评估分三部分:第一部分为双语历史,共 50 题,调查语言获得和语言环境;第二部分则具体针对每一种语言,评估该语言的各项能力,共 24 项,427 题,具体包括语言使用背景与使用情况、自发言语、词语理解、听音辨词、语句理解、语义分类、语法判断、语义的可接受性、有/无意义词的复述与判断、流利度、命名、造句、语义对立、形态变化、量词的使用、描述、计算、听力检测、阅读、抄写、听写、读词识图、读句识图、写作;第三部分为双语中两语言转换检测,即翻译能力,共四项,86 题,具体为词的辨认、词的翻译、句的翻译、语法判断(表 5-3)。

表 5-3 语言能力及检测项目

语言能力		检测项目
理解	听理解	指物、简单指令、稍复杂指令、复杂指令、听音辨词、语句理解、语义分类、同义词、反义词
	阅读理解	词、句、短文
判断		语义的可接受性、词汇判断、语法判断
词汇的可接受性		命名、口语的流利性、语义对立、按图描述、自发讲话
复述		词的复述、语句复述
阅读		朗读词、句子
		阅读理解词、句子
拼写		抄写、词的听写、语句听写、自发书写
书写		词的听写、语句听写、自发书写
语言间转换		词及非词的复述、语句复述、词的听写、语句听写、词朗读、语句朗读、抄写

在制定各种语言的检测表时应考虑双语中两种语言的对应差异,根据 BAT 设计原则,编制成对应不同语言的检测表,对各检测项目的合理性和检测难度要有统一的标准。BAT 检测库中有全套普通话-英语双语失语检测法、粤语-英语双语失语检测法、普通话-粤语双语失语检测法,可直接使用。如其他方言地区应用则可参照林谷辉及陈卓铭等编写《双语失语症的评估》一书,进行相应的编译。对多语失语患者进行评估则需要进行每两种语言之间的检测。此外,评估方法还应考虑病程及康复模式等因素,卒中等急性损伤所致失语的急性康复阶段,评估注重基础交流能力,慢性康复阶段,语言能力相对稳定,应注重语言理解能力的评估。在康复治疗过程中,应根据康复模式的改变定期进行评定。

三、 康复治疗

(一) 恢复模式及影响因素

双语失语患者语言表达受损大部分表现为两种语言的平行受损,部分患者可表现为第二语言较第一语言受损更严重。在语言翻译能力受损方面,则表现为翻译不能、单向翻译、非理解翻译、自动翻译。双语失语患者两种语言的恢复模式复杂,与单语失语的恢复模式差异较大。Paradis 总结双语或多语失语表达能力、翻译能力、认知因素等方面的恢复模式,其中语言表达能力恢复模式包括平行恢复、差异性恢复、混合型恢复、选择性恢复、对抗性恢复、变换对抗性恢复、连续性恢复(表 5-4)。各种恢复模式的患病率及其恢复机制尚不明确,其中平行恢复最为常见。这些恢复模式并不互相排斥,不同的语言配对之间可同时有不同的关系,恢复模式可以随病程而改变。

表 5-4 双语失语的恢复模式及语言特点

恢复模式	语言特点
平行恢复	语言能力的恢复与病前能力平行,如果一种语言病前占优势,则恢复可能占优势
差异性恢复	一种语言的恢复明显优于另一种语言
对抗性恢复	随着第二种语言的恢复,最初恢复的语言能力逐渐消失
转换对抗性恢复	对抗性恢复的反复循环,循环周期可为 24 小时至数月
混合型恢复	即使试图说一种语言时,仍出现两种或多种语言的词汇或语法结构不可控制的混合
选择性恢复	仅有一种语言能力丧失,而另一种语言能力并未检测到缺损
连续性恢复	两种或多种语言先后恢复

影响双语失语恢复模式的因素可能包括语言获得或学习的顺序和方式、使用的范围、流利的程度、语言间的结构距离、损伤的类型和程度、累及书写系统的类型和书写的方向等,以及引起失语症病灶的部位、大小以及所致的失语症类型等。Fabbro 等对 20 例 5 ~ 7 岁获得第二语言的右利手双语失语患者进行研究,并总结其语言评估及恢复情况,发现语言状态(母语或最常使用的语言)、病灶类型或部位、语言使用环境、失语类型、学习语言的方式等因素并不能可靠的预测其恢复模式。Paradis 综述文献,推测年龄、语言熟练程度、获得语言的背景、双语的类型等因素可能影响其恢复模式,尤其是上述因素的联合作用,可能决定双语或多语失语的恢复模式。亦有学者认为性别、年龄、利手及受教育水平、病变情况、康复欲望等亦影响双语或多语失语的恢复,而母语因素、环境语言因素、语种差异三方面对双语或多语失语恢复产生重要影响。各种脑成像的研究发现,使用母语时脑激活的区域较非母语时小,推测母语受损的可能性较非母语小,同等受损时,母语更易被康复激活,从而更易恢复。其次,患者听理解和口语表达对语言的选择可能受环境语言的影响,因而有意识的设计患者的康复语言环境,可能提高语言恢复的效果。此外,患者所掌握的两种语言间结构的差异可影响该患者各种语言的恢复,如:在广东地区的普通话 - 粤语双语者,语言间结构差异小,表现为更易于连续性恢复。

(二) 康复语言的选择

对于大部分双语失语患者而言,单语失语患者的治疗原则同样适用。如选择的训练课题难度应适中。现有的双语失语有效治疗方法有全面刺激法,如、密集的听觉刺激、重复刺激、命名、阅读、不同语言水平的书写练习等。其他治疗方法包括语调及节律促进患者词汇及短语的产生。更为重要的是,还应根据双语或多语失语患者病前语言的使用情况,选择训练语言及任务。如阅读训练应选择患者病前常用于阅读的语言。

对于双语或多语失语患者,如何选择训练语言,需考虑以下问题:应采用一种语言治疗,还是采用两种或多种语言同时治疗? 应选择哪种语言开始治疗最佳? 应选择何种康复语言环境? 以上问题应针对患者个体情况分析后决定。大多数学者认为,发病早期或病情较重患者最好针对一种语言进行治疗。在选择康复治疗语言时,目前主要有四种不同的选择方式:①选择母语;②选择病前最熟悉的语言;③选择患者最先自发恢复的语言;④选择治疗时的环境语言。如果四种方式选择的语言均一致,建议参照失语症评定和康复治疗,以该单一语言为突破口,提高该语言的各项能力,再通过翻译训练延伸至其他语言中。若四种方式选择出不同的语言,则要视各种选择、患者个体情况、各种语言能力评定的差异和试验性康复训练的效果等多种因素综合考虑。如果母语是病前最熟悉的语言,又是最先自发恢复的语言,而环境语言不是该语言时,建议以母语作为康复治疗语言,有目的的改变该环境,使环境中出现的语言最大程度的倾向于康复治疗语言。

（三）语言能力训练

对于大部分双语失语患者而言,单语失语患者的治疗原则与方法同样适用。如选择的训练课题难度应适中。现有的双语失语有效治疗方法有全面刺激法,如密集的听觉刺激、重复刺激,复述、命名、阅读、不同语言水平的书写练习等。其他治疗方法包括语调及节律促进患者词汇及短语的产生。一般根据双语失语者训练语言的选择原则,采用单一语言作为训练语言,在训练时,应根据双语或多语失语患者病前语言的使用情况,选择训练语言及任务。如口语理解与表达训练时,多采用母语;阅读训练应选择患者病前常用于阅读的语言等。

（四）转换与翻译训练

为使双语或多语失语患者达到最大程度的康复,语言治疗的目标不仅仅是一种语言的康复,因此,使治疗后已恢复的一种语言向未恢复语言的转换或翻译训练同样重要。有研究表明,语言能力的转换是建立在神经生理和语言的解剖结构基础之上。即使对两种语言同时进行治疗,其直接治疗效果也主要表现在一种语言上,然后通过继续康复转换到另一语言的康复,而且两种语言之间的结构差异程度对语言间的转换产生影响,如果两种语言在语音、语法、结构等方面有更多相似性,则语言间的转换更容易。此外,第二语言的康复也易于向母语的转换。

目前仍不知道翻译是否有一个独立的大脑处理中枢,但双语失语患者可能表现为多种翻译障碍,主要有以下几种形式:①翻译不能,不能将双语中的语言 1 翻译成语言 2,亦不能将语言 2 翻译成语言 1;②荒谬性翻译,可以将双语中的语言 1 翻译成语言 2,但不能将语言 2 翻译成语言 1;③非理解性翻译,机械地将语言 1 翻译成语言 2,但不能理解其意思;④自发性翻译,不可抑制地将自己及他人所说的话翻译成另一种语言。双语失语患者的大脑损伤可能在一段时间内选择性地仅仅抑制翻译过程的组成部分,而另一组成部分可能因为在神经解剖上是独立的,翻译功能因而可能不受干扰。当出现翻译功能障碍时可以从以下几方面给予康复:

1. **词的辨认训练** 如不同语言的字词连线训练。
2. **词的翻译训练** 可进行口译和笔译两种训练形式。
3. **句子翻译** 可进行口译和笔译两种训练形式。
4. **使用语种的指令表达** 用一种语言说出或写出另一种语言的某项指令。
5. **语法判断** 设计正确或错误的语法结构,用听判断及阅读判断进行训练。

第七节　原发性进行性失语

19 世纪 90 年代,Pick 及 Serieux 等首次描述左半球前额叶及颞叶萎缩伴有进行性语言障碍,Mesulam 也描述了一系列慢性进行性失语症患者,后来被命名为"原发性进行性失语症(primary progressive aphasia,PPA)"。1975 年 Warrington 描述了一例语义记忆进展性障碍,Snowden 等将其描述为语义性痴呆。20 世纪 90 年代早期,Hodges 等进一步阐述了语义性痴呆的综合表征。而 Grossman 等则描述了另一种进行性语言障碍的不同形式,即进行性非流利性失语症。之后约 20 年里,PPA 病例通常被分为语义性痴呆或进行性非流利性失语症。然而,许多 PPA 患者并不适合于上述两种分类方法,

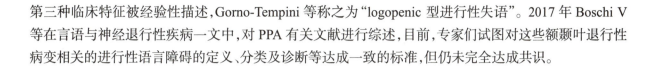

第三种临床特征被经验性描述,Gorno-Tempini 等称之为"logopenic 型进行性失语"。2017 年 Boschi V 等在言语与神经退行性疾病一文中,对 PPA 有关文献进行综述,目前,专家们试图对这些额颞叶退行性病变相关的进行性语言障碍的定义、分类及诊断等达成一致的标准,但仍未完全达成共识。

一、 定义

PPA 是一种由不同的神经病理学改变引起的临床综合征。患者隐匿性发病,在病程的早期阶段有突出的、孤立的语言缺陷,语言产生、物品命名、句法或单词理解等损害逐渐进展,除与语言相关的功能活动(如使用电话等)以外,患者的日常生活活动能力维持正常。在发病的初期阶段,失语是其最主要的功能缺损,随着病情的发展,认知功能可能受损,但语言障碍仍然是其病程中受损最突出的方面。

二、 病因与病理

最初认为 PPA 患者脑萎缩广泛出现在左侧大脑半球的外侧裂周区域,后期有关 PPA 不同临床症状及特异性神经解剖损伤的研究报道显示:左侧前额叶及岛叶区域与非流利型 / 失语法型 PPA 相关,前颞叶区域与语义型 PPA 相关,左侧颞顶叶区域与 logopenic 型进行性失语相关。这些资料表明,PPA 患者语言网络中最大的解剖损伤位点与不同的临床症状相关,与卒中引起的失语症相似,因而,在 PPA 分类中,逐渐引入神经影像学结果。

分子病理学研究资料表明,大部分 PPA 患者被证实 tau 蛋白阳性、泛素蛋白 /TDP43 阳性、额颞叶退行性病变(FTLD)或阿尔茨海默病(Alzheimer disease,AD)。临床病理学研究通常将非流利型 / 失语法型与 tau 蛋白阳性病理改变相联系、语义型与泛素蛋白 /TDP43 阳性病变相关、logopenic 型进行性失语与 AD 病变相关。然而,AD 患者在体的生物学标记,如 PET-PIB 阳性、Aβ-42 退行性变及脑脊液中 tau 蛋白增加。PPA 亚型之间可能存在临床病理相关,在不同的临床及解剖亚型与病理改变之间并没有直接的对应关系,提示不同病变可能只是与某些神经网络相关。事实上,每种额颞叶退行性病变亚型甚至是 AD 的病理改变与各种临床表现相关,尽管相关的程度存在差异。此外,PPA 的临床病理学研究来自不同的实验室,而不同的研究中心使用的临床标准存在差异,因而无法用统一的方式进行比较分析。有必要补充神经影像学及其他生物学标记,以及大样本患者研究资料,以确定临床与解剖及病理改变相关的可靠性。

近 10 年来,在 PPA 的遗传学领域取得显著进展。PPA 以常染色体显性遗传方式遗传,大部分患者存在 progranulin(GRN)基因突变。对 GRN 基因相关的 PPA 表型尚未进行深入研究,最初的报道表明患者有突出的命名障碍,而无进展性的口语表达能力损伤及相关的早期单个单词理解能力损害。其他与 FTLD 相关的基因型,如微管相关蛋白 tau(MAPT)基因可能与 PPA 有关,但目前的 PPA 分类标准如何应用到遗传学病例尚不明确,而遗传学信息作为确定的病因证据,与病理改变同等重要。

三、 临床特点

原发性进行性失语患者以孤立的、逐渐进展的语言功能衰退为特点,大多 55 ～ 65 岁起病,男性发病率高于女性。在数年至 10 余年内,患者从找词困难开始,逐渐发展到语法结构和词的听理解受损,导致严重交流障碍。一般在起病后 2 年内,患者仅有突出的语言功能障碍,而其他认知功能如记忆、视空间功能等相对保留。

1. **口语表达障碍** 起始症状常为命名障碍,患者难以唤出熟悉的人、朋友甚至家人的名字,对熟悉的物品出现命名障碍,但可正确指出检查者说出名称的人或物,也可接受选词提示。交谈中出现找词困难,语言表达类似非流利性失语。早期听理解相对保留,表现可类似 Broca 失语症或经皮层运动性失语症(复述相对保留)。或因找词困难出现赘语,表现为描述物品性质或用途,以代替说不出的名称。随病情进展,患者言语中实质词减少,最终可表现为哑口无言。一般罕见构音障碍。

2. **听理解障碍** 病情进展,患者可出现不同程度的听理解障碍。初期偶有词义不理解,可通过语境、手势语、书面语等辅助理解与交谈。病情进展出现命名障碍,同时亦不能理解检查者说出的物品名称,但可通过视觉途径代偿,如通过视觉感知后可描述物品的性质、用途等。随病情进展听理解障碍可逐渐加重,以至完全不理解言语声,导致严重的交流障碍。

四、 诊断与分类

(一) PPA 的诊断

1. **诊断标准** ①语言障碍是最突出的临床特点;②语言障碍是影响日常生活活动能力的主要原因;③失语症是发病及疾病起始阶段的突出症状。

2. **排除标准** ①病情可更好的由其他非退行性神经系统等疾病解释;②认知障碍可更好的由精神心理疾病解释;③发病初期视觉记忆及视感知觉障碍;④发病初期突出的行为障碍。

(二) PPA 的分类及诊断标准

根据 PPA 患者突出的言语语言障碍特征进行分类诊断,应考虑的主要语言域包括言语的形成特征(包括语法、言语运动、发音错误,找词困难等)、复述、单词及短语理解、命名、语义理解、朗读或拼写。目前 PPA 主要分为非流利型/失语法型、语义型以及 logopenic 型。三种亚型的诊断包括临床诊断、影像学支持、病理学确诊三个水平。

1. **非流利型/失语法型 PPA**

(1)临床诊断:必须符合下列两条核心症状:①语法错误;②不连续的口语表达、表达困难、表达停顿、发音错误或歪曲(言语失用)。至少符合下列三条其他症状中的两条:①语句构造复杂句的理解受损;②无单词理解障碍;③无物品识别障碍。

(2)影像学支持:必须同时包含以下证据:①临床诊断为非流利型/失语法型 PPA;②影像学表现包括 MRI 显示左侧额-岛叶后部萎缩,或 SPECT/ 显示左侧额-岛叶后部低灌注或低代谢。

(3)病理学确诊:必须具备①②或①③:①临床诊断为非流利型/失语法型 PPA;②存在神经退行性病变的组织学证据(FTLD-tau,FTLDTDP,AD 等);③存在已知的致病突变。

2. **语义型 PPA**

(1)临床诊断:至少符合下列核心症状之一:①命名障碍;②单个词理解受损。至少符合下列其他症状中的三条:①物品识别受损,尤其是低频或不熟悉项目;②朗读或书写困难;③无复述障碍;④无言语生成障碍(语法或言语运动)。

(2)影像学支持:必须同时包含以下证据:①临床诊断为语义型 PPA;②影像学表现包括 MRI 显示颞叶前部萎缩,或 SPECT/ 显示颞叶前部低灌注或低代谢。

(3)病理学确诊:必须具备①②或①③:①临床诊断为语义型 PPA;②存在神经退行性病变的组织学证据(FTLD-tau,FTLDTDP,AD 等);③存在已知的致病突变。

3. logopenic 型 PPA

（1）临床诊断：至少符合下列核心症状之一：①在自发言语及命名过程中,单个词提取障碍;②句子及短语复述受损。至少符合下列其他症状中的三条:①在自发言语及命名过程中,出现音位错误;②无单个词的理解及物品识别障碍;③无言语运动障碍;④无明确的语法障碍。

（2）影像学支持：必须同时包含以下证据:①临床诊断为 logopenic 型 PPA;②影像学表现包括 MRI 显示左侧外侧裂后部或顶叶萎缩,或 SPECT/ 显示左侧外侧裂后部或顶叶低灌注或低代谢。

（3）病理学确诊：必须具备①②或①③:①临床诊断为 logopenic 型 PPA;②存在神经退行性病变的组织学证据(FTLD-tau,FTLDTDP,AD 等);③存在已知的致病突变。

五、 语言功能评估方法

在分型诊断前,可进行简单的语言功能评估,主要的评估内容如表 5-5。

表 5-5　PPA 患者常用言语语言功能评估方法

言语 / 语言功能	检查任务	行为测量	PPA 亚型
语法	图片描述、故事复述、被动语法句造句	语法结构、句子的平均长度、语速、内容的准确性、韵律、发音、词汇选择的错误类型	非流利型 / 失语法型
言语运动	言语运动评估,包括多音节词的多次复述、构音类似运动、自发言语	错误、犹豫、言语或构音失用、特殊类型的发音错误、构音的影响因素(单词的音节长度)	非流利型 / 失语法型
命名	对图片、声音、食物、气味的词汇检索反应	错误率、命名延迟、命名准确性的影响因素(是否熟悉、名词 / 动词、语义类型)、错误类型(语义错误、音位错误)	语义错误可见于重度语义型,音位错误可见于重度 logopenic 型
复述	复述词、假词、短语或句子	复述流利性的影响因素(短语的可预测性、句子长度、语法复杂性)、错误类型	伴有语音错误的 logopenic 型
句子理解	听指图(句子)、听是否判断、听指方向	理解的影响因素(语法复杂性、句子的可逆性)	语法复杂性影响非流利型 / 失语法型;长度和频率影响 logopenic 型
单词理解	词图匹配、词定义匹配、同义词匹配	理解的影响因素(熟悉度、频率、语法词的等级)	语义型
物品 / 人物识别	图图匹配、语义联系、手势语 - 实物匹配、听指图	物品识别的影响因素(熟悉度、语义类型)	语义型
朗读 / 拼写	包括规则及不规则词、不同类型的词、假词与词匹配	朗读 / 拼写准确性的影响因素(规则性、词频、词的类型)、错误类型(规则性、发音不准确、拼写错误)	"规则性"错误见于语义型;发音错误可见于 logopenic 型

六、 康复治疗

目前,PPA 病因尚不明确,目前尚无有效治疗方法,根据患者语言障碍临床表现,早期可参考失语症的康复治疗方法,进行语言表达及语言理解训练。

1. **非流利型 / 失语法型 PPA**　图片描述、故事复述、音节复述；复杂句理解、听是否判断、听指图等训练。

2. **语义型 PPA**　图片、实物命名训练；词图匹配、词定义匹配、同义词匹配、图图匹配、语义联系、手势语 - 实物匹配、听指图等训练。

3. **logopenic 型 PPA**　词、假词、短语或句子复述训练；朗读、拼写训练等。

（陈　艳）

第八节　失语症评定

失语症评定总的目的是通过系统全面的语言评定发现患者是否有失语症及程度，鉴别各类失语，了解各种影响患者交流能力的因素，评定患者残存的交流能力，制订治疗计划。专门目的包括病因学，认知和交往能力方面的研究。听觉理解和口语表达是语言最重要的方面，应视为评价的重点。下面介绍国际上常用的几种失语症评定方法。

一、国际常用的失语症检查法

（一）波士顿诊断性失语症检查（Boston Diagnostic Aphasia Examination，BDAE）

此检查是目前英语国家普遍应用的标准失语症检查。是一种言语功能综合性评价方法，此检查由 27 个分测验组成，分为五个大项目：①会话和自发性语言；②听觉理解；③口语表达；④书面语言理解；⑤书写。该测验在 1972 年标准化，1983 年修订后出版了第 2 版（Goodglass & Kaplan，1983），2001 年出版了第 3 版，此检查能详细、全面测出语言各种模式的能力。但检查需要的时间较长。在我国还没有通过常模测定。

（二）日本标准失语症检查（Standard Language Test of Aphasia，SLTA）

是日本失语症研究会设计完成，检查包括听、说、读、写、计算五大项目，共包括 26 个分测验，按 6 阶段评分，在图册检查设计上以多图选一的形式，避免了患者对检查内容的熟悉，使检查更加客观。此方法易于操作，而且，对训练有明显指导作用。

（三）西方失语症成套测验（Western Aphasia Battery，WAB）

西方失语成套测验是较短的波士顿失语症检查版本，检查时间大约 1 小时，该测验提供一个总分称失语商（AQ），可以分辨出是否为正常语言。WAB 还可以测出操作商（PQ）和皮质商（CQ），前者可了解大脑的阅读、书写、运用、结构、计算、推理等功能；后者可了解大脑认知功能。该测验还对完全性失语、感觉性失语、经皮质运动性失语、传导性失语等提供解释标准误差和图形描记。

（四）Token 测验

Token 测验是 DeRenzi 和 Vignolo 于 1962 年编制，此测验由 61 个项目组成，包括两词句 10 项、词

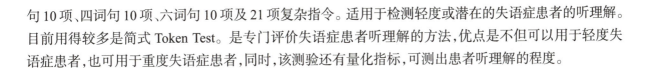

句 10 项、四词句 10 项、六词句 10 项及 21 项复杂指令。适用于检测轻度或潜在的失语症患者的听理解。目前用得较多是简式 Token Test。是专门评价失语症患者听理解的方法,优点是不但可以用于轻度失语症患者,也可用于重度失语症患者,同时,该测验还有量化指标,可测出患者听理解的程度。

二、 国内常用的失语症评定方法

(一) 汉语标准失语症检查

此检查是中国康复研究中心听力语言科以日本的标准失语症检查为基础,同时借鉴国外有影响的失语评价量表的优点,按照汉语的语言特点和中国人的文化习惯所编制,亦称中国康复研究中心失语症检查法(简称 CRRCAE)。1990 年由李胜利等编制完成,经 40 例正常成人测试后制成试案应用于临床。经过近 10 年多家医院的临床应用,证实适合中国的失语症患者。于 1999—2000 年对 151 名正常人和非失语症患者进行检测并计算出均数和标准差,并用方差分析年龄、性别、利手、职业和文化水平对此检查法的影响,除了不同文化组间在执行口语指令和描述图有差异外,其他项目未发现显著差异。因此,本检查方法适用于我国不同地区使用汉语的成人失语症患者。

此检查包括两部分内容,第一部分是通过患者回答 12 个问题了解其语言的一般情况,第二部分由 30 个分测验组成,分为 9 个大项目,包括听理解、复述、说、出声读、阅读理解、抄写、描写、听写和计算。为不使检查时间太长,身体部位辨别,空间结构等高级皮层功能检查没有包括在内,必要时另外进行。此检查只适合成人失语症患者。在大多数项目中采用了 6 等级评分标准,对患者的反应时间和提示方法都有比较严格的要求,除此之外,还设定了中止标准。本检查是通过语言的不同模式来观察反应的差异,为避免检查太繁琐,在一些不同项目中使用了相同词语。又为了尽量避免和减少患者由此造成对内容的熟悉,在图的安排上有意设计了一些变化。使用此检查以前要掌握正确的检查方法。应该由参加过培训或熟悉检查内容的检查者来进行检查。

(二) 汉语失语成套测验(Aphasia Battery of Chinese,ABC)

此测验是由北医大神经心理研究室参考西方失语成套测验结合国情编制,ABC 由会话、理解、复述、命名、阅读、书写、结构与视空间、运用和计算、失语症总结十大项目组成,于 1988 年开始用于临床。

三、 失语症严重程度的评定

目前,国际上多采用波士顿诊断性失语症检查法(Boston Diagnostic Aphasia Examination,BDAE)中的失语症严重程度分级(表 5-6)。

表 5-6 BDAE 失语症严重程度分级标准

分级	意义
0	无有意义的言语或听觉理解能力
1	言语交流中有不连续的言语表达,但大部分需要听者去推测、询问或猜测;可交流的信息范围有限,听者在言语交流中感到困难
2	在听者的帮助下,可能进行熟悉话题的交谈,但对陌生话题常常不能表达出自己的思想,使患者与检查者都感到进行言语交流有困难

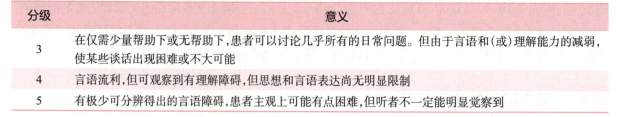

分级	意义
3	在仅需少量帮助下或无帮助下，患者可以讨论几乎所有的日常问题。但由于言语和（或）理解能力的减弱，使某些谈话出现困难或不大可能
4	言语流利，但可观察到有理解障碍，但思想和言语表达尚无明显限制
5	有极少可分辨得出的言语障碍，患者主观上可能有点困难，但听者不一定能明显觉察到

四、 失语症的鉴别诊断

（一）主要失语症类型的鉴别诊断(图 5-10)

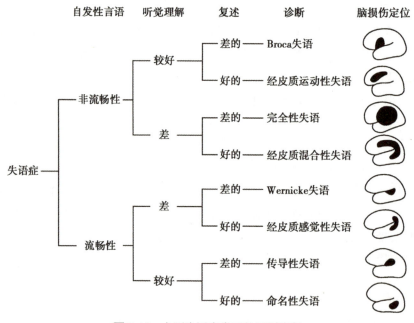

图 5-10 主要失语症类型的鉴别诊断

1. **语言的流畅度**　失语症鉴别诊断的第一步是确定语言的流畅度。大脑皮层病变所致的失语症依据会话语言的特征分成两类，流利性和非流利性失语，这些会话语言的范例应该包括社会交往方面的话题(你今天好吗？)以及个别的需要以短句和较长句子回答的问题(请介绍一下你的职业)或(请说一下你的发病经过)。虽然一些有经验的治疗师可以随着患者的谈话便可以确定患者的流利性，但最好将患者的谈话录音并要仔细分析。如何判定请参考本书语言症状内容中 Benson 的语言的流利性和非流利性语言鉴别，也可以参考 WAB 检查中有关章节。图 5-10 中根据患者的口语可以将之分为流利和非流利两大类，非流利性失语：Broca 失语、经皮质运动性失语、完全性失语、经皮质混合性失语；流利性失语：Wernicke 失语、经皮质感觉性失语、命名性失语、传导性失语。

2. **口语的听觉理解**　在我们的失语检查中的听理解由四个分测验组成，即名词、动词、句子和执行口头命令。在决定听理解的好与差，重要的是要看患者理解短句、较长句子、需要用对或错回答的篇章水平的材料和完成指令(一步到三步指令)，如果患者可以理解检查中的句子或简指令被视为理解较好的，反之被视为较差的。非流利性的失语中听理解好的是 Broca 失语和经皮质运动性失语；听理解较差的是完全性失语和经皮质混合性失语。流畅性失语中理解较好的是传导性失语、命名性失语；理解较差的是 Wernicke 失语、经皮质感觉性失语。

3. 复述 像听觉理解检查一样,这项检查主要是要鉴别患者的复述和面对面会话能力的相对保留或损害,在我们的检查中包括名词、动词复述(其中有单节词到三音节词)以及短句和较长句子。能够较好复述句子可以视为复述好的类型。非流利性失语听觉理解好的一组中复述好的是经皮质运动性失语,复述差的是 Broca 失语;听觉理解差的一组中复述好的是经皮质混合性失语,复述差的是完全性失语。流利性失语听觉理解好的一组中复述好的是经皮质感觉性失语,命名性失语;复述差的是感觉性失语和传导性失语。通过这三方面的鉴别,治疗师可以比较容易区别这些临床上常见的失语症类型。

(二)失语症与其他言语障碍的鉴别诊断

1. 运动性构音障碍(dysarthria) 运动性构音障碍是由于神经和肌肉的病变,言语产生有关肌肉的麻痹、收缩力减弱或运动不协调所致的言语障碍。轻症患者言语不清晰,重症患者完全不能说话,但患者的听理解、阅读、书写均正常。在成人,临床上最常见的是假性延髓麻痹引起的痉挛型构音障碍,其发声粗糙、费力,明显鼻音以及构音器官的运动障碍为其特征。此言语障碍大多单独存在,特别是轻症时要注意鉴别。有时与失语症同时存在,在临床上更应引起注意,详见第五章构音障碍。

2. 言语失用(apraxia of speech) 言语失用是不能执行自主运动进行发音和言语活动。而且这种异常是在缺乏或不能用言语肌肉的麻痹、减弱或不协调来解释的一种运动性言语障碍。大部分患者为左大脑半球的损害涉及第三额回。言语失用可以单独发生,常常伴随运动性失语。口语特征:随着发音器官运动调节复杂性增加,发音错误增加。词的开头为辅音比在其他位置发音错误多。模仿回答比自发性言语出现更多发音错误。患者在元音顺序模仿时出现困难,并常出现探索现象。

3. 言语错乱(language of confusion) 言语错乱是由脑损伤后失定向和记忆思维混乱而引起的一种语言障碍。患者表现在对时间、地点、人物的定向能力紊乱,不能正确地理解和认识环境,记忆和思维也有障碍,但听理解、找词、复述,尤其是语法基本正常。在谈话中常有离题和虚谈倾向。缺乏自知力,不合作,缺乏对疾病的认识。病因多由于双侧颅脑损伤,其表现为认知障碍所致。Darley 认为多数这种语言障碍持续时间短或呈一过性的,如表现持续超过数周,应考虑其他诊断。

4. 格斯特曼综合征(Gerstmann syndrome) 这种障碍包括 4 种表现:左右辨别、手指失认、失写、失算。这四种表现全部存在时可以认为存在优势侧大脑顶叶病变,评价时要从整体上观察是否为单独存在还是全部存在这些障碍。

5. 痴呆(dementia) 痴呆是一种与许多神经疾病、中毒、感染和外伤有关的综合征。痴呆可以出现一些与失语症相似的表现,如命名、口语保持现象、非流畅语言、杂乱语和迂回现象等。如患者的症状为痴呆所致时,必须要仔细地询问病史,采取一系列针对性诊断程序,痴呆的特征是除了有语言障碍的表现外,还具有慢性进行性的智力、记忆、人格和交往方面的退行性改变。可以采用相应的量表进行评价。详见第十二章第三节的内容。

五、 失语症的评价报告及训练程序

评价报告书非常必要,它是失语症评价结果的总结,是参加评价会的重要资料,也是制订治疗计划的重要依据,一般在开完评价会以后被放在医院的病历中保存。

(一)报告书内容和格式

报告书要以失语症的综合评价结果为基础,医生及康复小组其他成员负有互通患者语言障碍状况的责任。内容要求简明扼要。突出各种失语症的类型和程度;一般住院患者需要书写三次,即初期、中期和末期评价报告。患者失语症评价报告书(表5-7)。

表5-7 失语症评价报告书

语言评价报告(初期)

患者: 年龄: 性别: 职业: 利手: 日期:

临床诊断: CT 或 MRI: 语言障碍诊断: 语言治疗师:

Ⅰ大体所见
  失语
  脑机能低下
  口部颜面部失用,其他高级脑机能障碍
[现在交流能力]
  以失语症程度为标准
Ⅱ检查结果
  语言机能
    听:
    说:
    读:
    写:
    计算:
    其他
    全部脑机能:(WAIS—R 知能诊断检查的动作性检查结果等)
Ⅲ总结
语言障碍种类、程度、类型及成为诊断依据的语言症状总结
  合并障碍
  推测预后
  制订计划(长期和短期目标设定)
  适当的治疗途径和方法
  其他与治疗有关的问题

(中国康复研究中心制)

(二)报告书的书写要求

1. **印象** 要记录语言障碍的种类和程度,并发症的鉴别、诊断结果。失语症类型很复杂,要综合语言的全部表现对失语症的类型,进行判断。如果不是典型失语症要做专门记录。失语症程度要在语言功能和交流能力的基础上进行。按失语症的类型和程度,设定目标,制订训练计划,确定接诊方法。另外并发症也要考虑到(运动性构音障碍、言语失用、意识障碍、行为、认知、视觉障碍等)。

2. **报告书中记录的要点** 见表5-8。

表 5-8　报告书中记录的要点

项目	内容
听	有无听语理解障碍,水平(单词、短文、口头指示),内容(高频率语、低频率语、语言的抽象度、文章的构造)因话题而不同,单纯写作和谈话的差别,检查认知障碍的有无和程度
说	有无自发性言语,自发语的量,有无一定程度的系列语,说话水平(单词文章)及其内容(与说话量比较的情报量),流畅性,有无错误构音,有无命名困难(迂回、延迟、不能),有无错语(语性、音韵性),有无语法障碍。有无复述障碍和水平(单词、文)有无回响语言,自发语言、惯用的(自动的)语言
读	与听理解障碍程度比较的阅读理解障碍程度,有无肌肉运动知觉的影响
写	自发书写(姓名、住所)抄写(视觉通路)听写(听觉通路)
计算	是否保留数的概念,笔算(加、减、乘、除)水平

3. **其他**　简单总结必要的智能检查、构音检查或其他高级脑功能检查的结果:

(1)合并问题(或可疑症状):①构音障碍;②行为、认知异常;③听力、视觉异常。

(2)一般问题:①脑功能低下;②注意力的保持;③检查态度(配合、拒绝);④疲劳程度;⑤妨碍检查和训练可能出现的问题。

4. **总结**　总结患者语言障碍问题点和制定训练方针及推测预后。

对每个患者都能正确地判断其预后极不容易,初次评价时推测其预后的目的是要设定今后治疗的出发点。综合地判断失语症的类型、程度、原发病、发病经过,年龄、治疗恢复的愿望、合并问题等,对改善其功能极为有利。预后推测应考虑以下几方面:①能改善吗? 用怎样的方式获得最大的改善? ②实用性交流能得到何种程度的改善? ③期望的长期目标:复职(现单位、调换单位),回归社会,回归家庭(家庭内独立、需要借助),其他。

5. **训练的适应证**　在上述基础上判断能否进行语言训练,除以下情况都可进行训练,有时需做实验性的训练和观察,以下几种情况不适合训练:①全身状态不佳;②意识障碍;③重度智能低下;④拒绝或无训练欲望;⑤接受一段时间的系统语言训练,已达到静止阶段。

6. **制订计划**

(1)短期目标:是根据长期目标和患者的具体情况决定,拟订一周或一个月的进度和当时应达到的水平,在确定短期目标时要注意:①训练内容和难度要依据患者的现存能力来确定;②要求达到的目标不能超出预期患者应能达到的功能水平。

(2)长期目标:根据失语程度的不同来确定,可以参照表 5-9。

表 5-9　失语治疗长期目标

分度	BDAE 失语严重级	长期目标
轻度	4、5	改善言语机能,力争恢复就业
中度	2、3	充分利用残存功能,在交流上做到基本自如
重度	1、2	利用残存功能和代偿方法,进行简单的日常交流

对一些不典型和发病初期的失语患者,可以考虑经过一段时间的训练后再进行长期目标的设定(必要的话,可以采取短期与长期目标相结合的训练)。

(李胜利)

第九节 失语症治疗的适应证、原则与预后

一、 适应证和过程

原则上所有失语症都是治疗的适应证,但有明显意识障碍、情感或行为异常的患者和精神病患者不适宜语言训练。失语症治疗的过程一般可分为以下三个时期。

1. **开始期** 原发疾病不再进展,生命体征稳定。此时期应尽早开始训练,移动困难的患者,可以在病房进行适当训练,并使患者及其家属充分了解其障碍和训练的有关情况。

2. **进行期** 在训练室训练的频度和时间是有限的,此时期要使患者在家中或病房配合训练。此时期也可能发现初期评定存在的问题,有时需要修改最初制订的计划。

3. **结束期** 当经过一段时间的训练,患者的改善达到一定程度后几乎不再进展或进展很缓慢时,可以看作是平台期,此时要把患者掌握的内容进行适应性训练。结束时可向患者的家属介绍训练的情况,并设法采取一定的指导和帮助。

二、 治疗原则

1. **要有针对性** 治疗前要对患者进行标准失语症评定,掌握患者是否存在失语症、类型和程度,以便明确治疗方向。

2. **综合训练,注重口语** 失语症大多为听、说、读、写均不同受损,所以需要进行综合方面的训练,但随着治疗的深入,要逐步把重点放在口语的训练上来,对一些重度患者要重视阅读和书写的训练,阅读和书写的改善对口语具有促进作用。

3. **因人施治,循序渐进** 可从患者残存功能入手,逐步提高其语言能力。治疗内容要适合患者的文化水平和兴趣,先易后难,由浅入深,要逐步增加刺激量。

4. **适当应用反馈机制,注意调整患者的心理反应** 当治疗取得进展时,要及时适当鼓励患者,使坚定信心,患者精神饱满时,可适当增加难度,情绪低落时,应缩短治疗时间或做些患者感兴趣训练或暂停治疗。

5. **对存在多种语言障碍患者,要区分轻重缓急** 有的患者除了失语症之外,可能还伴有构音障碍,这种情况下,要注重患者的理解训练,命名、找词训练及组句训练的同时,也要适当进行构音器官的运动训练和发音清晰度的训练。

6. **家庭指导和语言环境调整** 医院的训练时间有限,要经常对患者家属进行必要指导,使之配合治疗,会取得更佳效果。另外,要让患者的家庭创造一个适当的语言环境,以利于患者语言的巩固和应用。

三、 治疗时机

原发疾病不再进展,生命体征稳定,意识清楚,应尽早开始训练。开始训练的时间越早,训练效果越好。训练前应做语言评估。当患者出现以下状况时,可考虑停止语言训练:全身状态不佳、意识障碍、重

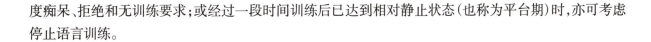

度痴呆、拒绝和无训练要求;或经过一段时间训练后已达到相对静止状态(也称为平台期)时,亦可考虑停止语言训练。

四、 主要机制

失语症主要是由于大脑的语言中枢及与语言有关的结构损伤引起,恢复的理论依据为大脑的可塑性。具体到语言治疗方面,有两种学说:功能代偿学说和功能重组学说。

(一)功能代偿学说

Luria 认为是由其他脑区来取代病损区的功能;基本脑结构功能的动员;高层脑结构功能的动员;即某些神经细胞代偿受到损伤的神经细胞功能。如代表传统法的 Schuell 刺激法就是刺激残存的功能以达到代偿。

(二)功能重组学说

利用其他神经通路,用不同的方法来完成被破坏的神经结构所承担的功能,失语症的恢复即是神经系统的重组,反复的刺激可能促进这种重组。

五、 疗效与预后

经过大量的临床对照研究,证实了语言治疗的积极作用。目前大多数学者肯定语言治疗是有效的,并认为其效果不是自发恢复的结果,而且证明由专业人员进行的语言治疗才能有效。语言训练应每周至少 3 ~ 4 次,根据患者的情况每天可安排 1 ~ 2 次训练,每次训练时间 30 ~ 60 分钟。尽管发病 3 ~ 6 个月是失语症恢复的高峰期,但对发病 2 ~ 3 年后的患者经过训练也会有不同程度的改善。当然其恢复的速度明显较早期慢。如果能接受长期和强化训练,预后比较好。

失语症的预后与以下因素有关:

1. **原发病、病灶部位和大小** 颅脑外伤比脑卒中的预后好;病灶小者预后较好;单一病灶者预后优于复发、多病灶者。

2. **病情轻重程度** 病情轻者预后好。

3. **并发症的有无** 无并发症者预后好。

4. **训练开始时间** 训练开始时间越早预后越好。

5. **发病年龄** 发病年龄越年轻预后越好。

6. **失语类型** 表达障碍型者比理解障碍型者预后好。

7. **利手关系** 左利或双利者比右利者预后好。

8. **智力** 智商高者比低者预后好。

9. **性格** 外向性格者预后好。

10. **训练的积极性和对恢复的期望** 积极训练者预后好;迫切要求恢复者预后好。

(张建斌)

第十节　Schuell 刺激疗法

Schuell 的失语症刺激疗法是多种失语症治疗方法的基础,是自 20 世纪 60 年代以来应用最广泛的失语症治疗方法之一。该治疗方法最早在美国的一些学校中进行应用,美国言语病理学家希尔德雷德·舒尔(Hildred Schuell)通过对上千例失语症患者的临床观察,对于该方法在失语症治疗临床的理论、依据、治疗原则和实践方法上作出了系统的总结和描述,使得该治疗方法成为对于失语症患者所实施的刺激疗法中最重要的理论,由于舒尔作出的突出贡献,因此该治疗方法被广泛称为"Schuell 刺激疗法"或"Schuell 失语症疗法"。

Schuell 刺激法的定义是指在受损害的语言符号系统中采用强烈的、被控制的和一定强度的听觉刺激作为首要的治疗工具去促进和扩大失语症患者语言功能的重组和恢复。该治疗方法也认识到了针对一种语言系统的通路进行刺激对于一个受损伤的系统有可能是不足以达到引导出有效反应的这一现象。由于能引起大脑复杂的认知功能变化的仅有感觉刺激这一基础理论,该方法也强调了使用多维的、可操作的、可控制的感觉刺激来达到引出患者最大的反应。但需要强调的是,尽管在治疗中会使用一定数量的不同的输入方式,但是听觉模式的建立是刺激疗法的基础,这是因为:感觉刺激可以促进大脑的活动和兴奋,反复重复的感觉刺激是大脑各种功能的获得、组织、储存以及提取的潜在动力,而人是主要依靠听觉系统(听感觉刺激)在语言的获得、语言的发展过程中进行信息的处理、控制以及最终形成听觉反馈回路的,几乎所有失语症患者都存在听觉模式的障碍,而听觉模式又是贯穿所有语言处理模式中的重要形式,也就是说,无论是语言和输入和输出都需要听觉模式的参与方可完成;因此,在刺激疗法中一定强度的听觉刺激可以被视为一条重要的规则。

一、Schuell 刺激疗法的原则

Schuell 刺激法中重要的原则可以归纳为以下六条(表 5-10)。

表 5-10　失语症 Schuell 刺激疗法的主要原则

刺激原则	说明
使用一定强度的听觉刺激	是刺激疗法的框架,因为听觉模式在语言过程中居于首位,而且听觉模式的障碍是失语症患者的关键问题,但是听觉刺激并不是唯一使用的刺激方式,要理解在治疗中一种模式的使用可以强化另一种模式,因此,在有些失语症患者治疗中联合使用听觉刺激和视觉刺激可以是正确的
适当的刺激	采用的刺激必须能输入大脑,因此,要根据失语症的类型和程度,选用适当的控制下的,一定数量甚至是多维度的刺激。刺激的难度上要使患者感到有一定难度但尚能完成为宜,有研究证明,当患者对于刺激的平均反应正确率在 60% ~ 80% 时是适当的,而当正确率达到 90% ~ 95% 时就需要及时增加刺激的难度
多途径的刺激	多途径输入,如给予听刺激的同时给予视,触嗅等刺激(如实物)可以相互促进效果
反复使用感觉刺激	一次刺激得不到反应时,一定数量的反复刺激可以提高患者的反应性
刺激应引出反应	刺激应引出一个反应,这种反应不应该是被强迫或纠正后的反应,如果刺激是适当的,就一定会引出反应,如果没引出反应,就说明刺激是不适当的。这是评价刺激是否恰当的唯一途径,它能提供重要的治疗反馈而使治疗师能调整下一步的刺激
正确反应要强化以及矫正刺激	当患者作出对刺激的有利反应也就是正确的反应时,治疗师要及时给予反馈进行鼓励和肯定(正强化)并向患者展示这个正确的过程。当患者没有作出正确反应时,可能是刺激方式不适当或不充分,治疗师要修正刺激

二、 设计治疗程序时的注意事项

治疗师在设计刺激治疗时需要注意以下的内容：

（一）刺激条件

1. **场所** 实施刺激治疗的主要在自由声场的环境中进行，研究证明，安静的场所、没有背景噪声（如电视、收音机、环境背景声）会促进失语症患者执行其语言功能，因此，Schuell 刺激法的实施场所经常会选择在一间封闭、有一定环境声音控制的治疗室内进行，为使治疗时的刺激能够顺利被患者所接受并得到患者的反应，家属一般不允许陪同治疗。

2. **标准** 使用刺激调整的标准体现在听觉刺激训练对于患者的基本反应水平的测量（基线水平），根据患者在失语症评价中的基础能力（基线）去确定选用刺激用词的长度（单音节、多音节、复合词、修饰词）、种类（名词还是动词）；干扰患者作出反应时的备选词数量，例如当患者进行听理解单词训练时，可供选择的单词的数量（3 个，6 个，9 个或更多）；采用的选择方式（单选、多选）；所选用的词的使用频度，是常用词还是非常用词等。但无论采用什么的治疗内容，都应遵循由易到难，循序渐进的原则。

3. **方式** 包括听觉、视觉和触觉刺激等，但以听觉刺激为主的刺激模式，研究证明，人的言语声音要较录音和电子合成声音更容易促进失语症患者的语言功能的恢复，因此，人的言语声音作为听觉刺激的主要声音来源。治疗师和患者采用一对一，面对面的形式，治疗师用自己的言语声音作为主要的听觉刺激工具，对于患者实施治疗。要注意到听觉刺激并不是在刺激治疗中采用的唯一形式，在重症失语症患者常采取听觉、视觉、示意动作和触觉相结合的方式，在引出患者的反应后，逐渐减少刺激的类型，最终过渡到听觉刺激的模式。

4. **强度** 是指刺激的强弱选择，如刺激的次数、声音的大小，图片的大小、颜色、内容和有无辅助刺激。一定数量的重复刺激容易引起失语症患者的反应，有研究证明，在多次重复刺激中（20 次），前 4 次的刺激对于失语症患者的反应是最重要的，在前四次的刺激中，第 1 次和第 2 次最容易引起患者的反应，而第 3、4 次刺激时患者的反应水平是基本稳定的，因此不少于 3 次的刺激是在刺激疗法中常用的频度。虽然没有研究证明，大的声音会促进患者的语言功能，但在实践中还是认为相对大声（50dB 以上）、语音清晰和语速偏慢（低于 150 词 / 分）的言语刺激对于患者的反应是有积极作用的。对于图片的选择，尺寸大、彩色以及立体的图片刺激强度要高于黑白、线条图的刺激，但在治疗中需要注意的是，避免采用卡通、幼儿用图片这些容易引起成人失语症患者反感和抗拒的治疗用具是必要的，需要使患者了解到，图片在语言治疗中的重要性，进行解释和说明在治疗中是需要的。

5. **材料选择** 进行 Schuell 刺激治疗时需要进行训练材料的选择和制备，训练材料主要包括实物模型、镶嵌板、卡片（图卡和词卡）、情景图画、阅读材料、书写材料、朗读材料等。选择和制备训练材料的原则是首先要根据患者实际的语言功能如听理解在单词水平、或是在句子和执行命令的阶段，表达主要是命名障碍等，这些都是由评价得来的结果；其次也要根据患者的日常生活交流的需要，以及个人的背景和兴趣爱好来选择训练材料；最后材料的选择原则是失语症患者熟悉的内容，以及利于进行扩展的内容，例如日常用具、生活起居这些范畴既是患者日常进行的活动，非常熟悉，又有利于在日常生活中进行应用，提高交流水平。需要知道的是，选择的材料是刺激的材料，并非教育使用，并非是失语症患者重新获取新的知识和理论，因此在治疗中要注意不要对于患者进行教学教育，这样就去违背了刺激治疗的初衷了。

（二）提示

提示指的是当患者对于刺激后出现的反应缓慢、困难以及错误时，治疗师为了引出正确有利的反应所进行的帮助行为，提示的种类很多，治疗师需要根据患者的反应来调整提示的形式、方法、时间以及强度。

在提示时要注意以下几点：

1. 提示的前提 要依据治疗课题的方式而定，如听理解训练时，当书写中有构字障碍时或阅读理解中有错答时，规定在多少秒后患者无反应才给予等，这方面也常常需要依据患者的障碍程度和运动功能来控制。如右利患者患右偏瘫而用左手书写时，刺激后等待出现反应的时间可以延长。

2. 提示的数量和项目 在提示的项目上常有所不同，重症患者提示的项目较多，如呼名时要用的提示包括描述、手势、词头音和文字等，而轻度患者常常只需要单一的方式如词头音或描述即可引出正确的回答。

3. 提示的接受性 治疗师用来进行提示的方式和内容需要根据患者的个人背景、情绪和提示后反应作出调整，提示应以患者能够接受为适合，而不会引起患者的负面情绪，使其乐于接受提示进行反应。

4. 避免过度的依赖提示 提示是用来帮助患者进行刺激治疗中的出现有利反应的，但不应该是患者依赖提示去完成刺激治疗的内容，因此治疗师的提示应注意在治疗中避免留下过于明显的痕迹，是患者注意到提示而不去对刺激进行反应，结果造成患者在治疗中去等待提示的帮助，这样反倒会影响了刺激治疗的进行。

（三）治疗中的评价

这是指在具体治疗课题进行时，治疗人员对患者反应进行评价。要遵循设定的刺激标准和条件做客观的记录，举例表5-11，该表中记录了常见的刺激治疗内容，又称为课题，因失语症的类型和严重程度不同，患者可能会在完成不同课题时作出各种反应，正确反应除了按设定时间作出的正确回答外，还包括延迟反应和自我更正，均以（+）表示；不符合设定标准的反应为误答，以（－）表示。无反应时要按规定的方法提示，连续无反应或误答要考虑预先设定的课题难度是否适合患者的水平，应下降一个等级进行治疗。经过治疗，患者的正答率逐渐增加，提示减少，当连续3次正答率大于80%以上时，即可进行下一课题的治疗，当某一方向（模式）的正答率达到了90% ~ 95%，该训练就可以认为达到了治疗目标而考虑进行其他模式的治疗了。

表5-11 训练评价记录表

	听理解（SP：P）	称呼（P：SP）	读解（P：W/W：P）	书写（P：WR/SP：W）
西红柿				
豆角				
茄子				
黄瓜				
白菜				
菠菜				
芹菜				
南瓜				
土豆				
辣椒				

注：SP（Speech）：言语；P（Picture）：图；W（Word）：词；WR（Write）：书写；":"代表对应关系

(1)(2)(3)　(1)(2)(3)　(1)(2)(3)　(1)(2)(3)

采用1/10选择方式

（四）反馈

反馈可巩固患者的正确反应,减少错误反应。正确地应用反馈对加速失语症的康复很重要。当患者正答时采取肯定患者的反应,向患者重复正答的反应过程,并将答案与其他相关概念或动作比较,以扩展患者的正确反应,以上这些方法称正强化。当患者错误回答时要对此反应进行否定,但因部分失语症患者的情绪常不稳定,连续生硬的语言可能会使患者失去信心而不能配合治疗,因此在治疗中治疗师要注意进行否定时对于患者的刺激强度影响,避免过度刺激患者,此外治疗师还可以采用不去回应患者错误反应的弱化方式进行反馈,避免引起患者对于错误的愤怒和羞愧反应,这些对于患者错误的反应方式采用的反馈方法称为负强化。其他改善错误反应的方法还包括让患者保持注意,对答案进行说明性描述和改变控制刺激条件等。总之,反馈的目的在于鼓励和激励患者在刺激治疗中保持有利的反应,摒弃和消除不利的、错误的反应,并能扩展这些正确的反应,达到正性刺激的目的。

三、 治疗程序的选择

（一）按语言损伤模式和失语程度选择治疗程序

失语症绝大多数涉及听、说、读、写四种语言模式的障碍以及计算障碍,但这些障碍程度可能不是同等的,某种失语症以听觉理解障碍为突出表现,某种失语症以口语表达障碍为主要表现,还可能某种失语症其他语言模式基本保留只是命名障碍。在一些类型失语症可能存在两种以上语言模式障碍为突出表现,而且随着治疗的进程障碍的程度和模式会发生变化。因此,可以按语言模式和严重程度设计治疗程序以及选择课题内容(表 5-12)。原则上是轻度和中度失语症者可以直接改善其功能和日常生活交流能力为目标,而重症者则重点放在活化其残存功能,用其他方式进行语言功能的代偿或进行实验性治疗。

表 5-12   不同语言模式和严重程度的训练课题

语言模式	程度	训练课题
听理解	重度	单词与画、文字匹配,是或非反应
	中度	听短文做是或非反应,正误判断,口头命令
	轻度	在中度基础上,选用的句子和文章更长,内容更复杂(新闻理解等)
读解	重度	画和文字匹配(日常物品,简单动作)
	中度	情景画、动作、句子、文章配合,执行简单书写命令,读短文回答问题
	轻度	执行较长文字命令,读长篇文章(故事等)回答问题
口语	重度	复述(音节、单词、系列语、问候语),常用词命名,动作描述,读单音节词
	中度	复述(短文),读短文,称呼,动作描述(动词的表现,情景画及漫画说明)
	轻度	事物描述,日常生活话题的交谈
书写	重度	姓名、听写(日常生活物品单词)
	中度	听写(单词 - 短文),动作描写
	轻度	听写(长文章),描述性书写,日记
其他		计算练习、钱的计算、写字、绘画、写信、查字典、写作、利用、趣味活动等,均应按程度进行

（二）按失语症类型设计治疗程序,选择治疗课题

下表是依不同失语症类型而设计的治疗程序和选择的治疗课题内容(表5-13)。

表5-13　不同类型失语症训练重点

失语症类型	训练重点
Broca 失语	构音训练、口语和文字表达
Wernicke 失语	听理解、复述、会话
命名性失语	执行口头指令、口语命名、文字称呼
传导性失语	听写、复述
经皮质感觉性失语	听理解（以 Wernicke 失语为基础）
经皮质运动性失语	以 Broca 失语课题为基础
完全性失语	视觉理解、听觉理解、手势、交流板应用

（三）失语症计算机训练系统的应用

随着计算机应用的普及和发展,目前语言治疗师已经开始在失语症的刺激治疗中使用计算机系统中的已有程序对失语症患者进行训练,计算机训练系统训练有以下优点:①减轻治疗师的劳动强度;②提高训练效率;③特殊语音识别软件对患者发声进行识别并进行视觉反馈;④可以利用语言交流替代系统软件辅助患者进行语言交流;⑤一些与语音训练结合的软件可以增加训练中的趣味性;⑥便携式平板电脑的出现使得患者在家中也可以接受语言治疗;⑦智能云技术的使用使得未来的语言治疗可以远程进行。

尽管计算机训练系统可以用来对失语症进行语言训练,但是,作为语言治疗师要认识到失语症的发生机理非常复杂,语言异常变化极为多样,是人类最复杂的语言障碍,失语症训练过程中个体的差异性尚不能有相关的程序进行智能选择和应对,此外,对于训练材料的丰富性、组合变化、可选择性和扩展性方面,计算机训练系统还存在很大的局限,不能完全替代传统的一对一的训练形式,也不能用于失语症治疗的全过程,在失语症的治疗过程中人工的训练仍是最主要的途径,所以,计算机训练和评价系统仍然属于辅助治疗的地位,需要有经验的治疗师利用这种形式或指导患者利用这种形式进行治疗。

(张庆苏)

第十一节　针对功能障碍的失语症治疗

一、表达障碍的治疗

口语表达的生成是将头脑中要传达的意义转变为声音,能让听话者听到,这些声音由具有句法结构的语音序列构成。口语表达生成的过程包括:表达者在说出话语之前先形成思想(即要表达的意义);然后经过言语编码,将思想转换成一种具有言语结果的信息;再通过声波的传导将这一信息"传送"到听

话者那里,由听话者进行译码,使其成为和相同的、或极其相似的思想。

(一)口语表达的过程

1. 构思阶段 表达者根据自己的目的在头脑中产生要表达的思想,确定说话的内容。表达者的说话内容(即思想和意义)在说出之前必须在头脑中加以表征(至少有一部分被表征)。表征的这些信息的心理代码必须囊括将要出现在言语中的全部信息。

2. 转换阶段 运用句法规则将所要表达的思想转换成语言信息。为了表达思想,必须选择适当的言语形式要对内部的抽象命题表征进行言语编码,使它转换成语言信息。对每一个成分选择适当的词汇项目,规定语法范畴,分配相对位置,引入词缀和功能词,给出语调形态。

3. 执行阶段 将头脑中的语言信息变成口头言语的过程。语言生成系统输出的是一系列连续的声音,特别是发音器官(喉头、声带、口腔、鼻腔、肺部)的活动,发出每个音素的声音。在语言生成的最后阶段,系统要通过各个发音器官的运动,产生句子的语音。

(二)口语表达障碍的临床表现

失语症患者大都在言语产生上发生障碍,不同阶段出现的障碍,具有不同的临床表现。主要表现为找词困难或语句构成困难;发出动作指令有损害,不能对语言进行正确排序,表现为言语失用症。从临床上看,失语症患者的言语产生障碍的性质、类型以及严重度有很大差异。这种差异反映了语言产生过程中不同环节受损,以及有关感觉反馈系统的任一部分损伤或受到干扰,都会发生不同特点的语言障碍。语言障碍可表现为发音、词汇、语法及语用的不同方面的障碍。

失语患者的词汇障碍可以认为是语义表象获取障碍。很多语言相关任务中都表现出语义障碍,在单个词的命名中很明显。语义性错语是由于患者不能用确切的语义表达而做的补偿。如果患者不能够提取目标词的语义,就表达一个近义词,在意义上与目标词相近或相联系。如用一般词代替具体词。不能正确提取对象的意义,是由于加工某一阶段受损,包括联系语义机制的前路段。语义机制外的成分受损,将会阻止视觉或听觉词形的提取。有关这种障碍需要强调的是不同的刺激变量可以诱导患者产生的正确命名任务。

(三)口语表达障碍的康复治疗

1. 语音训练 让患者听语言障碍诊治仪中录好的各种声音如动物叫声,汽车鸣笛声,雷声等并说出所听到的声音是什么。

2. 复述系列语

(1)与治疗师复述,大声读(例如:数字、星期一至星期日、月份、拼音)。

(2)跟着治疗师或自己唱歌:如东方红、生日歌。

(3)与治疗师一起或独立吟唐诗:如,"锄禾日当午,汗滴禾下土,谁知盘中餐,粒粒皆辛苦"。

(4)随着治疗师复述词,词组和句子。

3. 治疗师说出大部分词组,患者补充完整

(1)完成相关意义词组(例如:美丽又_____)。

(2)用反义词完成(例如:前进_____)。

(3)词头音提示完成句子(例如:用筷子夹_____)。

(4)完成常用祝愿(例如:祝生活_____)。

(5)完成绕口令歌或诗词(吃葡萄不吐_____,不吃葡萄倒吐_____)。

(6)完成儿歌韵律(例如:小白兔_____,两只耳朵_____)。

4. 辅助完成句子

(1)用名词完成句子(例如我们开门的时候要用_____)。

(2)用形容词完成句子(例如:成熟的稻谷是_____)。

(3)用动词完成句子(例如:口渴了的时候,你应_____)。

(4)用介词完成句子,治疗师出示图片或物体(例如:衣服是_____柜子里)。

(5)用反义词完成句子(例如:他不高,他很_____)。

(6)用成语完成句子(_____三_____四,一个巴掌_____)。

5. 命名训练

(1)命名图片,物体或身体部位。

(2)应用相似的刺激完成句子(例如:蜜蜂酿造_____)。

(3)应用(不同的,分类的)刺激完成句子(例如:我想吃_____)治疗师要出示图片或实物。

(4)通过功能介绍进行命名。(例如:说出用来吃饭的用具)。

(5)分类命名(例如:说出水果的名称)。

(6)按相近语义命名(例如:尽可能多的说出你知道的白色的物品)。

6. 思维理解训练

(1)给看到或听到的刺激下定义。

(2)解释某物的功能或介绍人物(如:钢笔、刮脸刀或人物邓小平、梅西)。

(3)描述图片上发生的事(4 ~ 6 幅图表达出故事情节)。

(4)描述治疗师移动物品的情况。

(5)解释在某种情况下应说什么。(如:你困了,因此你应该_____)。

7. 解释表达训练

(1)解释词然后用词造句(如:冬天)。

(2)解释词组的意思。

(3)解释事物的不同点(铅笔—蜡笔)。

(4)回答普通问题(如:为什么人们要上学)。

8. 逻辑性表达训练

(1)说明一些活动的步骤(如:早餐如何你煎鸡蛋)。

(2)按照图片或事物描述可能的事情(如物体的性质,应用)。

(3)关于选择题目的普通会话(如:喜欢的电视节目、电影)。

(4)给长篇或短篇文章编说摘要(听到或看到)。

二、 听理解障碍

(一) 听觉信息的传递过程

听理解的解剖径路:声音→ cotti 器→听神经→耳蜗核→双侧外侧纵束→下丘核→下丘臂→内侧膝状体→听辐射→颞横回听觉皮层→次级语言区。次级语言中枢,即听觉联合区,进行语言高级信息处理,位于颞上回后部(22 区),此区受损,患者虽然听觉正常,但听不懂别人讲话的意思,也不能理解自己讲话的意义,称为感觉性失语或 Wernicke 失语,Wernicke 区则是语言理解中枢,颞顶枕部是理解的三级皮质区。

（二）听理解障碍的定义

听理解障碍是虽然可以听到声音,但是却不能理解听到的语音所表示的意思。例如:不知道听到的"苹果"是什么意思,但是,如果有人在说话,可以转向说话人,有开门的声音也会头转向门的方向,表示他听到了声音。传统上讲它的解剖部位在颞上回后部(22 区),称之为感觉性失语。

（三）听理解障碍的临床表现特点

对失语症听觉理解的各个语言水平进行了大量的研究后将听理解障碍分为:

1. **音位识别障碍** 颞叶的听皮质在接收到听觉神经冲动的信号后要进行语音分辨,即对这些信号进行精确的分辨使语音信号在大脑左半球颞横回得到强化,并使非语音信号受到抑制而减弱。这样就使语音信号处于最突出地位,为下一步音位识别打下基础。

左侧颞叶皮质大面积损伤时,患者就无法从听觉神经冲动中分辨出语音信号,一切语音都被感知为不成语流的嘈杂声,如流水的潺潺声,树叶的哗哗声等(卢地亚,1983:148)

2. **词汇识别障碍** 词汇识别就是将已经识别出来的音位组合与心理词汇相对照,通过对照检索到跟音位组合相匹配的词项,由此获得该项的意义。所谓的心理词汇实际上是一定的音位组合跟一定的概念意义间的相互联系。

颞叶损伤患者虽然难以从词的音位组合和意义联系中去实现词的理解,但还能从话语的韵律特征和总体结构方面去推测话语的大致意思,以此来补偿词汇识别障碍造成的损失。

3. **语句理解障碍** 语音感知和词汇识别是言语理解的两个基本环节。然而理解词语的整体意思,还要确定词与词之间的语法关系,否则,经识别获得的词只是相互之间没有联系的单位。语法关系的确定与左颞叶后部下方皮质的活动密切相关。该部位的损伤会导致理解词之间的句法关系的困难。

4. **句法理解障碍** 左半球运动前区下部(Broca 区)损伤造成的传出性运动性失语症仅表现言语表达上的障碍,它并不影响言语理解。然而,由于在理解语句的句法关系的过程中同样需要进行内部语言的积极活动,对于复杂句法关系需要中间转换,言语理解必须同样具有言语组合加工的能力,但由于Broca 区损伤使组合加工能力受到损害,对句法关系理解势必造成伤害。

患者对语法错误,语义正确的句子,主谓一致关系或动宾支配关系上搭配错误的句子,往往不能作出正确回答:例如,"男孩跑步在操场上""有个人乘车在路上行走(主谓关系不一致)",又如,"妈妈吃了红红的苹果(动宾关系不一致)"。对于这些句子,患者难以发觉其中的错误而认为是正确的。

5. **多维语义的理解障碍** 在记忆中的知识、经验等的支持下形成,借助视觉信号、触觉信号、听觉信号等方面的形象记忆,听话人形成感知觉的表象,并使多维语义图式与相应的表象整合为一体。这一过程的神经信息处理属于整合性加工,它与大脑后部三级皮质区(即顶颞枕部或顶枕部)相联系。

例如,患者不能区分出"妈妈的弟弟"和"弟弟的妈妈"之间的差别,认为两者的意思一样。他也不知道"红下面的圆"和"圆下面的方"有什么不同,也无法判断"上午在下午之前"和"下午在上午之前"的正确与否。

（四）听理解障碍的治疗

1. **声音辨别** 如听辨声音,治疗师模仿一种声音,治疗师模仿一种声音也可以用听理解训练计算机辅助系统播放一种声音(如狗叫声),然后向患者出示 4 张图片,猫,狗,鸟,狮子,让患者指出目标图(狗)。

2. 名词听理解

(1) 名词相同图形匹配:治疗师先给患者看一张图片(杯子),然后再桌上摆出两张图片(钥匙和杯子),杯子为目标图,钥匙为干扰图,请患者指出哪一张和事先看过的一样,即指出目标图。当患者能正确完成之后,逐渐增加干扰图片至 6 选 1。

(2) 名词同类图匹配:治疗师先给患者看一张图片(三角形),然后在桌上摆出两张图片,其中一张图片为目标图(三角形),另一张为干扰图(圆形),请患者指出目标图。当患者能够正确完成后,逐步增加干扰图至 6 选 1。

(3) 缺损图形匹配:治疗师先给患者看看一张人脸的图片。这张人脸的五官中缺少一个鼻子,然后在桌上摆出两张图片,一张为目标图(鼻子),一张为干扰图(嘴巴),让患者选出目标图(鼻子)。当患者能够正确选出完成后,逐渐增加干扰图至 6 选 1。

(4) 听名词学习:治疗师向患者出示一张钥匙的图片或者实物,然后手指着图片说"钥匙""指钥匙""把钥匙递给我",并示意患者指出图片或物体作出反应。

(5) 名词听辨认:治疗师摆出两个物体的实物或者图片(如苹果和杯子)治疗师说出其中的一个名称,患者指出相应的图片或物体。当患者能够正确完成后,逐渐增加口头指令的难度,即从物体的名称(请指出杯子)→物品的功能(你用什么喝水)→物品的属性特征(什么是玻璃的,可以摔碎吗?)→当患者达到 80% ~ 90% 的正确,将干扰图片或实物逐渐增加 3 ~ 6 个,干扰图片或实物可由不同类物品逐渐增加至同类物品。

3. 动词听理解

①相同动作图形匹配。治疗师给患者看一张动作图片(一个人在踢球),然后在桌面上摆出两张动作图片,其中一张和事先看过一样(一个人在踢球),另一张为干扰图(一个人在画画),请患者指出目标图。当患者能正确完成后,逐渐增加干扰图片至 6 选 1。②同类动作图形匹配。治疗师先给患者看一张动作图片(一个人在淋浴),然后在桌面上摆出两张动作图片,其中一张为目标图(一个人在澡盆里洗澡),另一张为干扰图(一个人在扫地),请患者指出目标图。当患者能正确完成后,增加干扰图片数量至 6 选 1。③听动词学习。治疗师指着一张一个人在写字的图片说"写字",或拿着笔一边做写字的动作,一边说"写字",并示意患者指出图片或作出相应的动作。④动词听辨认。治疗师摆出两张图片或作出两个动作(如吃饭和跑步),治疗师说出其中的一个动作,患者指出相应图片或作出相应动作。当患者能够正确完成后,逐渐增加干扰图片至 6 选 1。⑤执行动作指令。治疗师向患者发出一个动作指令。让患者作出相应的动作如向上看,向下看,坐下,闭上眼睛,睁开眼睛,伸出舌头,笑一笑,摘下眼镜,戴上眼镜等。然后逐渐增加信息量,使指令复杂,如将一步指令增加到两步指令(指一下门,然后再指窗户),或将动作指令与方位词结合(治疗师在桌上摆放 3 ~ 4 个物品,交代患者"按我说的做",然后对患者说"把钥匙放在盒子里面",患者则按照治疗师的指令作出相关动作)。

4. 短语听理解

(1) 名词性短语听辨认:治疗师在桌子上摆出 4 张名词性短语图片,分别为"红色的辣椒""红色的苹果""青色的苹果""青色的辣椒",然后对患者说:"请指出红色的辣椒(目标图)",患者则指出目标图。又如 4 张图片分别为"杯子在桌子上面""杯子在桌子下面""杯子在凳子上面""杯子在凳子下面",然后对患者说:"请指出杯子在桌子下面(目标图)",患者则指出目标图。

(2) 动词性短语听辨认:治疗师在桌子上摆出 4 张动词性短语图片,如"跳得很高""跑得很快""跑得很慢""跳得很矮",然后对患者说请指出"跳得很高(目标图)"患者则指出目标图。又如 4 张图分别为"放风筝""放航模""做航模""做风筝",然后对患者说:"请指出放风筝(目标图)。"患者则指出目标图。

(3) 形容词性词组听辨认:治疗师在桌子上摆出 4 张形容词性短语图片,如"很伤心""很可爱""很高兴",然后对患者说"请指出很高兴(目标图)",患者则指出目标图。

5. 句子听理解

(1)听句子指图:治疗师在桌子上摆出4张图片,分别为"妹妹被狗追""弟弟被狗追""弟弟追狗""妹妹追狗"然后对患者说:"请指出弟弟追狗(目标图)。"患者则指出目标图。又如4张图分别为"姐姐把苹果吃掉了""妈妈把衣服洗干净了""妈妈把袜子洗干净了""姐姐把冰激凌吃掉了"然后让患者指出"姐姐把苹果吃掉了(目标图)"。

(2)听是否:治疗师向患者提出一些有关生活常识的问题,请患者回答是或不是,也可用摇头或点头等示意。例如,"您的名字是张小红吗?""一斤面比两斤面重,是吗?""您吃香蕉前先剥皮吗?"

6. 听语记忆广度扩展

(1)多项听选择,即治疗师向患者出示5～6张不同的图片,然后连续说出其中2～3张图片的内容,请患者一次性一一指出。如治疗师说出其中2～3个物体的名称,请患者指出,如尺子、椅子、窗户;或向患者出示5～6张不同的动作图片,治疗师说出其中2～3个动作,请患者指出。如走、读、睡觉;也可向患者出示5～6张情景图片,治疗师说出描述其中2～3张图片内容的句子,请患者指出相对应的图片。如"指出人们在海边散步以及孩子们在大树下玩游戏"。然后逐渐增加图片数量至12选6。

(2)复杂指令听执行,治疗师在桌子上摆放3～5个实物,然后发出两步以上指令,患者执行。如"指一下书,拿起铅笔"。然后逐渐增加指令难度。

(3)回答涉及听广度的问题,治疗师说出含有2～6个记忆组块的问题,患者回答。如"梨、桃、鸡全是水果吗。"

(4)让患者按顺序回忆有关的事和物,如"昨天早上吃什么早餐?"又如"这张相片在哪里照的?"如果回答正确,增加难度,反复练习,以增强记忆力。

7. 短文听理解
治疗师朗读一篇短文或故事,然后提出相关问题,让患者对相关问题一一回答。

例如短文:北京故宫是中国明清两代的皇宫。传说紫微星由众星围绕,是天帝住的地方,称为紫宫。而皇帝被称为"天子",所住的地方当然要称为紫宫。又因为皇宫戒备森严,所以明清时称为紫禁城。1925年才开始叫做故宫。

读后请回答如下问题:①故宫是哪些朝代的皇宫?②天帝住在哪里?称为什么?③皇帝又被称为什么?皇帝住的地方称为什么?④皇宫又称为什么?为什么?从何时开始皇宫被称为故宫?

三、 复述障碍

复述是一个重要的言语功能:婴儿咿呀学语、儿童学习说话、我们学习外语或某种方言,常从复述开始。复述(repetition)是在正常人交谈中,确切地重复他人说的数、词、短语和句子的能力。复述障碍是失语症中的重要症状之一。失语患者有无复述障碍也是失语症分类的重要依据之一。如外侧裂周失语综合征患者有复述障碍;而分水岭失语综合征患者的复述则相对保留。复述也是语言康复训练中一个重要手段。复述看上去很简单,不过是语音模仿,但也需经过接收听信息、译码、再编码、口语表达的复杂过程才能完成。

近代失语症学认为复述为听语言音转换系统(audiophonatory transposition system),包括听言语中枢、口语表达中枢及两中枢间连接径路。此系统位于左大脑半球外侧裂周区。此加工过程中包括听和表达两中枢以及其间连接径路的任一点受损均可产生复述障碍。复述材料的听觉信息由听觉系统传导,并进行音位分析。上述分析结果可储存在记忆中,作为形成靶声系列选择和组合的基础。当复述词和句子时,词汇、句法和(或)韵律也可辅助复述反应。因此,当因脑损害而产生复述障碍或复述仍然保留时,很难把复述行为的形式与可能受损的加工过程直接联系。

失语患者的复述障碍因素包括:①音位组成;②词汇状态;③词的长度;④句法形式;⑤可预见性和语法种类影响失语患者的复述能力。尽管不同临床类型的失语症患者复述能力不同,却都同样受词长度和刺激材料意义的影响。

(一) 不同型失语患者复述障碍机制

根据失语征患者复述受损还是相对保留,将失语症分为两大类,即复述相对保留的经皮质性失语和复述明显的外侧裂周失语综合征。

1. 经皮质性失语 经皮质性失语包括三种复述相对保留的失语症,即伴有严重听理解障碍的经皮质感觉性失语(trans cortical sensory aphasia)、以自发言语障碍为主的经皮质性失语(trans cortical motor aphasia)和听理解和自发言语都有障碍的经皮质混合性失语(mixed trans cortical aphasia)。Wernicke 和 Lichteim 认为这些失语症是由于感觉言语中枢(词感知区)或运动言语中枢(词产生区)或两者与分布弥散的概念中枢的分离,病变则位于外侧裂周区以外的分水岭区。因此,在复述行为中,言语感知及其产生可基本正常或相对正常,但与意义和意向分离。

2. 传导性失语 传导性失语患者的复述障碍有两个特点:其一是复述中有大量音素(位)错语,包括音素代替、简化、添加和同化。此外,尚有词义错语(包括以英语代替汉语)和新语。其二是听懂的词和句复述不出。即复述与听理解相对保留不成比例地差,这是传导性失语的基本特征。其病变部位在语言优势侧外侧裂后部,主要累及缘上回皮质和(或)皮质下。

高素荣报道传导性失语患者的复述障碍以音素错语为主,包括韵母错误、声母错误及调位错误,此外还有词义错语和新语。随刺激句延长,复述困难加重,对无意义词组的复述更困难。关于传导性失语患者复述障碍研究是失语症研究中学者们感兴趣和有价值的课题之一。虽然有大量报道,仍有很大争议。

(二) 复述障碍的检查

设计 8 组常用单字词。每组 4 个近音词,并将其图画在 1 张卡片上。如"花"(huā)、"瓜"(guā)、"抓"(zhuā)、"刷"(shuā);"炮"(pào)、"瓶"(píng)、"盆"(pén)、"拍"(pāi)。检查时先复述(录音),无论复述正确与否,要求从同组词的画中选出复述词的画。

(三) 复述障碍的治疗

根据患者复述障碍的程度选择复述的方法。

1. 直接复述
(1)单音节:如跟着治疗师复述数字 1 ~ 10,或者汉语拼音。
(2)单词:先名词如治疗师说:"面包"患者跟着说"面包",之后治疗师发"面包"的唇音患者说出"面包"。
(3)词组:治疗师说:"一张名片"患者接着复述"一张名片"治疗师说:"美丽又大方"患者跟着复述:"美丽又大方"。
(4)短句:治疗师说"我喜欢跑步运动",接着让患者说一遍。
(5)长句:治疗师说:"中国地大物博,人口众多,但是人均可耕地少"。长句让患者复述。
(6)绕口令。

2. 看图或实物复述 治疗师与患者共同看香蕉图片或者实物模具,治疗师:"香蕉"患者也跟着说

"香蕉"。

3. **重复复述** 治疗师说："香蕉"，患者也跟着说"香蕉"。然后治疗师再让患者说一遍："香蕉"。

4. **延迟复述** 治疗师说："香蕉"，患者也跟着说"香蕉"。继续其他治疗间隔 5 分钟后再让患者复述"香蕉"这个词。

四、命名障碍的治疗

(一) 命名障碍的定义

命名障碍（anomia）也称找词困难或词回忆障碍，不能随意提取已熟知的词，对已熟记的物品或事物再次感知时不能正确说其名称，但是了解该物品或事物的用途或含义。所有失语症患者均有不同程度的命名障碍。

(二) 命名障碍临床表现

1. **命名反应时延长** 这是命名障碍的直接表象。早期，学者们即用命名反应时的研究来探索语言的产生机制。1885 年，Cattell 发现命名图形所用的时间是命名图形所对应字词的两倍。2 名障碍患者从视觉加工到发音过程，必有一个或几个环节受损，命名反应的时间必然显著延长。

2. **错语** 包括音素性错语（phonological paraphasia）、语义性错语（semantic paraphasia）、音调性错语（tonic paraphasia）、新语或语词新作（neologism）。国外学者发现语义性错语在所有失语症亚型中最为显著，占全部错语的 36%。

3. **虚词替代** 患者说不出靶词，而用"那个、它们、它"等来代替靶词。迂回语分为以下几种语法形式：①以形容词或副词替代靶词，如把"标枪"说成"危险"；②以动词替代靶词，如把"摇篮"说成"睡觉"；③名词短语或其他多词反应，如把靶词"鸭脚板"，说成"游泳用的""你在水里穿的"。

(三) 命名障碍的类型

根据其临床特点和病灶部位，将命名障碍分为三个类型。

1. **产词性命名障碍**（word production anomia） 此类失语症患者知道靶词的名称，但不能正确说出，因启动发音困难所致。启动发音困难分为原发性和继发性两种情况。原发性发音困难病变部位多在左半球前部，即 Broca 区及（或）其周边区；继发性发音困难病变多在优势半球外侧裂后端的缘上回及（或）其皮质下区，或岛叶皮质下弓状纤维。

2. **选词性命名障碍**（word selection anomia）。

3. **语义性命名障碍**（semantic anomia）。

(四) 命名障碍的检查

命名障碍是失语症患者必不可少的表现之一，任何一种失语症的检查方法都必须涉及命名的检查。目前，在 BDAE、WAB、ABC 等经典的失语症检查量表中，命名障碍的检查多分为三大模块：反应性命名（responsive naming）、视觉呈现命名（visual confrontation naming）、列名（fluency in controlled association）。

1. **反应命名** 即让患者以一个单词回答提问，本检查要求患者有一定程度的听理解能力，且与指物命名有密切相关性（0.87）。若此检查的成绩显著低于指物命名的成绩，通常是因损伤了听觉理解能力。另外，应当注意的是提问的问题常常包含一个与正确反应最接近的关键词，对于有极强的词汇联想能力的患者,其成绩则会高于指物命名的成绩,如表5-14。

2. 列名 即控制条件的联想命名,是限定范畴的找词流畅性的检查。BDAE、WAB 中采用的是动物列名,ABC 中采用的是蔬菜列名,中康版的失语症检查采用的则是水果列名。

3. 视觉呈现命名 又称为指物命名,是命名检查中应用最为普遍的方法。可简单的描述其为视觉输入 / 经口输出的任务。命名中,患者的错误反应形式可以对命名加工是如何出错的提供一些线索。命名障碍的一个共性是对各语义范畴的影响并不平行,名词或物品的命名最易损伤,字母和数字的命名则易于保留。因此,BDAE 中指物命名设定了许多范畴,包括物品、动作、字母、数字、颜色、几何图形、身体部位。

表 5-14 常见命名障碍的评定量表

汉语标准失语症检查中命名的检查:

说明:"这个是什么"

问题	得分	问题	得分
1. 月亮		6. 牙刷	
2. 电灯		7. 楼房	
3. 鱼		8. 自行车	
4. 火		9. 钟表	
5. 椅子		10. 西瓜	

6分:3秒内回答正确;5分:15秒内回答正确;4分:15秒内回答,不完全反应;3分:提示后回答正确;2分:提示后不完全反应;1分:提示后答错;中止 A:4 分以下,连续错 3 题;中止 B:全检

(五) 命名障碍治疗

1. 复述

(1)随着治疗师复述,大声读(例如:数字、星期一至星期日、月份等)。

(2)随着治疗师复数词、词组、句子。

(3)随着治疗师和自己唱歌(如东方红、生日歌)。

(4)随着治疗师或独立吟诵唐诗等。

2. 命名

(1)命名图片、物品和身体部位。

(2)分类命名(例如:说出水果、动物家具等名称)。

(3)通过功能介绍进行命名(例如:说出用来吃饭的用具)。

(4)通过比较命名(例如:命名比蚂蚁大的动物)。

(5)应用相似的刺激完成句子(例如:蜜蜂酿造蜂蜜)。

(6)按相近语义命名(例如:尽可能多说出红色的物品)。

3. 完成词组

(1)词头音提示完成句子(例如:用刀子切_____)。

(2)完成常用祝愿语(例如:祝工作_____)。

(3)完成绕口令歌或诗词(北风那个_____,雪花那个_____)。

(4)完成儿歌韵律(例如:小白兔_____,两只_____竖起来)。

4. 完成句子

(1)用名词完成句子(例如:我们睡在_____)。

(2)用动词完成句子(例如:饿了的时候,应该_____)。

(3)用形容词完成句子(例如:天空是_____)。

(4)用成语完成句子(例如:__红__绿,七__八__)。

5. **段落表达**

(1)根据定义说出对应的名称。

(2)描述图片上发生的事。

6. 听检查者描述某物的功能或人物介绍说出相应的物品和人物。

7. **提供命名的不完全分类**　如说出动物园里的动物、玩具、学校用品、颜色、形状、数字、衣物、运动用具和运动项目等。

五、 不同失语症的分类治疗

(一) Broca 失语的治疗

Broca 失语患者口语常费力,语量减少,构音不清晰,常常一个字一个字地说出,因此,言语旋律很差或丧失,语句长度变短,言语常由单词组成。经常出现词的替代,失语法结构或类似电报式语言,不同类型的错语,听觉理解较轻。Broca 失语患者有时会有很好的构音并反复说出一些字词,一些是有具体意义的词。当一些患者的言语恢复到词句水平时,言语中的韵律障碍和构音费力便表现得比较突出。Broca 失语的治疗可在以下几方面加强训练。

1. **教会语言表达技能**　可以通过教患者一个一个的韵母、声母,再把声母和韵母成单词,最后组成句子。在训练时,可以先教患者最易看见的声母如 b、p、m,和张口元音 "a",有时可以用压舌板帮助患者将音发准确,常常是面对着镜子进行训练。也可以利用患者随机产生的声音协助发出更多的音,比如患者会说"鼻",我们便利用让患者看鼻子的图片和用夸张并减慢发音速度的口型引导患者发出了"鼻子"这个词。

2. **自动性言语**　让患者由 1 ~ 21 数数,逐日增加,每日必须掌握规定的数字,否则不宜过快过多增加,每日只宜增加 3 ~ 5 个数字。

3. **命名训练**　命名障碍是非流利型失语一种主要的症状,这是由于物品的视觉形象与对物品的知识,语言之间的连续中断。有时给患者出示的图片或实物不能命名,比如患者不能命名电话,就对他说:"张先生,您如果下班后有其他事情要办,不能及时回家,必须要先给您太太通个……",经过几次的提示,最终患者说出了"电话",这个词。

4. **描述训练**　可以给患者出示有情景的图片,让患者描述,这种方法适合较轻的患者。另外,还可以利用手势表达的方法进行训练。因为言语活动是整体的反应,这些活动可以与言语、模仿结合在一起,在适当的时间从记忆中诱发口语反应,已证明了对严重的失语症患者是有效的。在训练中先教会患者手势,然后训练发音,最后使患者掌握完整的词和短句。

(二) Wernicke 失语的治疗

许多失语患者都有不同程度形式的理解障碍。治疗人员应注意两个问题。①听觉理解并不是单独存在,而是作为所有失语表现的一部分;②失语患者所表现出的听觉理解障碍与言语表达障碍程度并不完全一致。Schuell(1953)研究了 130 名不同类型的失语患者发现在理解测验都有理解错误,但他们的基本机制不同,运动性患者表现为口语的思维和内部言语的丧失,语义性失语,没有能力抓住完整的语法结构。

虽然听觉理解障碍可能是许多失语症的一部分,但 Wernicke 失语是最常见的类型,Hecaen 等曾描述了三类不同的感觉性失语:①语音译码(decoding);②语义理解;③非语言学注意。Wernicke 首先描述了这类失语,这种障碍是言语理解丧失,而且阅读和书写也严重损害,听力和发音是完整的。

方法是从最简单声音到最复杂的信息,此方法类似 Broca 失语再建口语表达的途径,主要不同点在于 Broca 失语是试图使患者发出简单声音,然后是词最后连成句子。对 Wernicke 失语,治疗人员则是试图再教患者由易到难建立对所听到词语的理解。

1. Wernicke 失语患者必须通过听觉再学习辨认、记忆语音和词,训练开始时治疗师可以与患者面对镜子而坐或者面对镜子而坐,这是听觉和视觉通路相结合的治疗方式,重症的患者在治疗的初期可以采用这种方式。

2. 当患者具有一定的听理解能力时和比较轻的患者时,则是治疗师尽量训练患者的听语复述的能力,在发音时治疗师可以用手挡住嘴也可以站在患者的背后,让他重复发音,词,然后连成句子,顺序是先教单韵母,然后是双韵母,声母、单词。

3. 还可应用去阻滞技术,其理论基础是言语理解知识是完整的,只是怎样得到这种知识的途径受到了阻滞。应用印刷体文字可以增强训练效果和作为提示,这种训练分为三项:复述词、单独读词和按顺序把词排列在句子中。

4. 对口语理解困难的患者,有些人采用唱歌的形式,患者很快地可以理解词语的意思。听觉理解训练举例:

(1)标记训练:"指红匙""指小红匙和绿杯子"。

对 / 错问题回答训练:"下雨了吗?""你喜欢鱼吗?""你脚上穿着鞋吗?"

(2)系列指点:"指杯子和房子""指杯子、房子和树""指房子、杯子和汽车。"

(3)系列指令:"指天花板,再站起来,站起来转过身,坐下""过来,关上窗,坐下,递给我笔"。

(三) 完全性失语的治疗

完全性失语是指全部语言模式受到了严重损害,因此他们没有能力通过言语和书写进行交际并且几乎没有能力理解口语和书面语,他们所面临的是最大的康复挑战。虽然完全性失语是一种严重的失语,但是有人对完全性失语的患者进行了研究,观察到他们表现出不同程度的视觉交流能力①执行指令;②回答问题;③描述事情;④表达感情;⑤表达即刻需要;⑥表达要求。这些发现表明在完全性失语一些自然语言所需要的认知活动是存在的。临床治疗已证实了只要使用适当的暗示、提词和刺激,甚至最严重的失语患者也可以理解和产生语言。虽然他们不能明显改善回忆能力,但可以临时帮助患者理解和表达。

近些年来,波士顿治疗中心应用 VAT 保留下来这种方法训练患者把专门的物体与活动和概念形式联系起来。并执行一系列与这些图画有关的训练,VAT 应用 8 个实物例如刮脸刀和杯子,所有这些物品都很容易用一只手操作,并可以用一种手势所表示,这些过程按难易程度分成不同的步骤和水平,目的是使患者逐渐认识线条画和手势所代表的意思,然后产生有代表意义的手势。12 名完全性失语患者接受了 VAT 治疗,治疗前后的标准测试分装比较表明所有患者在听觉理解部分和手势表意有明显的改善,命名和书写也存在不同程度的改善。尽管 VAT 过程是在无声形下进行的,可收到了以上的效果,这个发现也支持失语患者有可能没完全损害的观点。

除了以上的方法,还可以利用人工语言,如使用交流板,利用形状和线条画来代替语言和概念,我们对一些完全性失语的患者利用交流板进行训练,使患者在理解和表达方面都有不同的改善。还可以应用带有符号标志剪纸来表达不同的关系,包括相同 / 不同,肯定 / 否定等动作的状态。尽管完全丧失使用语言,完全性失语仍有能力学习人工语言。

(四) 命名性失语的治疗

应该知道实际上所有的失语症都有不同程度的找词和命名困难,可以通过命名测验了解其程度。然而,由于失语的类型和损伤的部位与范围不同,命名困难也有所不同。命名性失语可以视为词汇量的减少,也就是说不能命名事物。治疗师要帮助患者学习命名。选用不同的刺激方法有助于对此的回忆,常用的音素性(词头音)、手势、描述、上下文、书写、描图及让患者重复的方法,引出目的词。

方法:用图片和实物进行训练,每次 8 ~ 10 个实物或图片,这些图片所表示词很多可以用手势可以表达使用。如训练说木梳,可以做梳头的动作;训练说牙刷,可以张开口做刷牙的动作。

例 1 :选词"牙刷",途径:图片命名。

1. **联合刺激** 治疗师说"看着我和听我说"然后治疗师说"牙刷",患者复述。

2. **提示** 治疗师的口型作出"y"音的构音形状,治疗师提供一个刷牙的手势。

3. **联想** 治疗师说:"早上起床后,你要先穿衣服、洗脸,然后……"。

4. **完形填空** 治疗师说:"我要把牙膏挤在_____"。

5. **多种模式** 看图片说和写出牙膏这个词。

6. **复述** 患者复述正确的回答。

例 2 :要求患者提供最后一个词来完成一个密切联系没有结尾的句子(或用一些方法使之转化到命名课题)。

提示:利用单词的初始音、句子完形填空、语义联系和印刷。

程序:用以上全部 4 种提示,当患者超过 3 次正确成功率达到 80%,提示按以下顺序去做。

提示:首先是文字,随后是初始音,最后是语义联系;

程序:分为 4 个阶段,当患者不能达到规定的水平,治疗师应返回前一个水平,用较简单的句子进行。

阶段 1 :把一张"门"的图片放在患者面前约 5 秒钟,然后对患者说:"有一个人正在敲这个 m____"(用类似的拼音提示),"用肥皂 sh____洗手。"

阶段 2 :像阶段 1 一样说句子,但去除图片提示。

阶段 3 :像阶段 2 一样说句子,但去除词头音提示。

阶段 4 :说没有语义联系和没有句尾的句子,例如"我不喜欢____","我看见一个____,有一个____"。

虽然这些方法源于纠正口语命名障碍,其中的许多内容也可以用于命名书写障碍患者的训练。

(陈慧娟)

第十二节　促进实用交流能力的训练

一、训练目的

使语言障碍的患者最大限度地利用其残存的能力（语言的或非语言的），以确定最有效的交流方法，使其能有效地与周围人发生有意义的联系，尤其是促进日常生活中所必备的交流能力。

二、训练原则

（一）重视常用的原则

采用日常交流活动的内容作为训练课题，选用接近现实生活的训练材料，如实物、图片、照片、新闻报道等，根据患者不同的交流水平，采取适当、对应的方式，调动患者的兴趣及训练动机，并同时在日常生活中复习和体会训练的成绩，使其逐渐参与到日常交流活动中来。

（二）重视传递性的原则

不仅仅用口语，还应会利用书面语、手势语、图画等代偿手段传递信息，以达到综合交流能力的提高。

（三）调整交流策略的原则

治疗计划中应包括促进运用交流策略的训练，使患者学会选择适合不同场合及自身水平的交流方法，丰富交流策略的类型和内容。让患者体验在人际往来的交流的过程中运用不同策略的成功和失败。

（四）重视交流的原则

设定更接近于实际生活的语境变化，引出患者的自发交流反应，并在交流过程中得到自然、较好的反馈。

三、交流效果促进法

交流效果促进法（Promoting Aphasics Communication Effectiveness，PACE）这是促进实用交流能力的训练的主要方法，是由 Davis 和 Wilcox 创立的，是目前国际上最得到公认的促进实用交流的训练方法之一。

（一）理论依据

在传统的语言治疗中，一般都要求患者对训练教材（刺激物）作出固定的反应，当有正确的语言表达时进行反馈或强化，从日常生活中的交流情况来看，显然是不符合自然的，而 PACE 则是在训练中利用接近实用交流的对话结构，信息在语言治疗师和患者之间交互传递，使患者尽量调动自己的残存的语言能力,以获得较为实用的交流技能。

(二) 适应证

适合于各种类型和程度的语言障碍者,应考虑患者对训练方法的理解。亦可应用在小组训练中,例如:有一定语言功能,但实用性差者,还可以将方法教会患者的家属进行家庭训练,但要清楚停止训练的标准。

(三) 治疗原则

1. **交换新的未知信息** 表达者将对方不知的信息传递给对方,而传统的治疗方法是在进行语言治疗时,已知单词或语句的情况下,对患者单方面提出要求。

2. **自由选择交往手段** 治疗时可以利用患者口头表达的残存能力,如书面语、手势、画片,指点等代偿手段来进行交往,语言治疗师在传达信息时可向患者示范,应用患者能理解的适宜的表达手段。

3. **平等交换会话责任** 表达者与接收者在交流时处于同等地位,会话任务应当是交替进行。

4. **根据信息传递的成功度进行反馈** 当患者作为表达者时,语言治疗师作为接收者,根据患者对表达内容的理解程度给予适当的反馈,以促进其表达方法的修正和发展。

(四) 训练方法

将一叠图片正面向下扣置于桌上,治疗师与患者交替摸取,不让对方看见自己手中图片的内容。然后运用各种表达方式(如呼名、描述语、手势语、指物、绘画等)将信息传递给对方,接收者通过重复确认、猜测、反复质问等方式进行适当反馈,治疗师可根据患者的能力提供适当的示范。

(五) 具体的代偿手段

重度失语症患者的口语及书面语障碍,严重影响了语言交流活动,使得他们不得不将非语言交流方式作为最主要的代偿手段,因此非语言交流技能的训练就显得更为迫切。他们也可以采取上述加强非语言交流的训练步骤,以达到促进实用交流能力的目的。但应注意,较多失语患者的非语言功能也同样受到不同程度的损害,代偿手段的获得并非易事。

1. **手势语的训练** 手势语不单指手的动作,还应包括有头及四肢的动作,与姿势相比较,它更强调的是动态。手势语在交流活动中,具有标志、说明和强调等功能。对于经过训练已经希望恢复实用性口语能力的失语症,可考虑进行手势语的训练。训练可以从常用手势(点头、摇头表示是或不是;指物表示等)入手,强化手势的应用;然后治疗师示范手势语,令患者模仿,再进行图与物的对应练习;进而让患者用手势语对提问进行应答,以求手势语的确立。

2. **图画训练** 此方法对重度语言障碍而保留一定的绘画能力的患者可能有效,训练前可以先画人体的器官、主要部位、漫画理解等检查。与手势语训练比较,图画训练的优点在于画的图不会瞬间消失,可以让他人有充足的时间推敲领悟,并保留可以供参照,用图画表示时,还可随时添加和变更。训练中应鼓励并用其他的传递手段,如图画加手势、加单字词的口语、加文字等。

3. **交流板 / 交流册的训练** 适用于口语及书面表达进行实用交流很困难的患者,但应有文字及图画的认识能力。一个简单的交流板可以包括日常生活用品与动作的图画(图 5-11),也可以由一些照片或从刊物上剪裁的照片组成。应根据患者的需要与不同的交流环境设计交流板。在设计交流板之前,应考虑:①患者能否辨认常见物品图画;②患者能否辨认常用词;③患者能否阅读简单语句;④患者潜在的语言技能是什么。对有阅读能力的患者,可以在交流板上补充一些文字。

4. 电脑及仪器辅助训练 应用高科技辅助交流代偿仪器,如触按说话器,环境控制系统等。

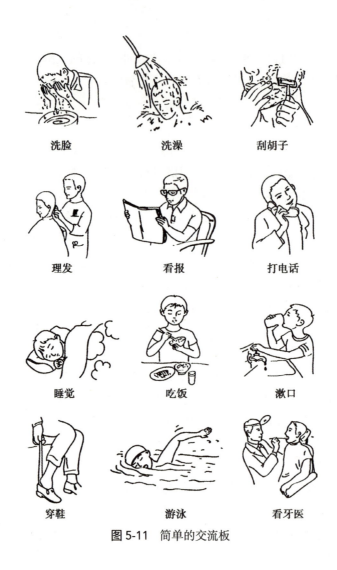

洗脸	洗澡	刮胡子
理发	看报	打电话
睡觉	吃饭	漱口
穿鞋	游泳	看牙医

图 5-11 简单的交流板

(六) 评定

可采用交流效果促进法评分法(表 5-15)。

表 5-15 交流效果促进法评分法

内容	评价分
首次尝试即将信息传递成功	5
首次尝试信息未能令接收者理解,再次传递即获成功	4
通过语言治疗师的多次询问,或借助手势、书写等代偿手段将信息传递成功	3
通过语言治疗师的多次询问等方法,可将不完整的信息传递出来	2
虽经多次努力,但信息传递仍完全错误	1
不能传递信息	0
评价不能	u

1. 注意事项 选材应适合患者的水平,对较为严重的语言障碍患者应该限制图片的数量,对于需

要示范代偿方法者,可同时进行手语、绘图等代偿手段的训练。在交流策略的训练时,要考虑患者的哪些交流策略可以强化利用,哪些需要调整和训练。在进行各种语言训练的过程中,可与交流策略相结合,进行统一训练。还要注意家属指导及环境调整,做好心理疏导工作。

2. 停止训练的标准　在传统的训练法中,当患者传递不成功时,可等待治疗师提示和引导。而在PACE法中治疗师也同样不知道刺激物的内容,只能依靠患者自己自身的能力,这种情况下患者可能感到压力过大。如:患者已经习惯于传统的语言训练方法,而对PACE不理解,甚至反感或抗拒时,不应强制实施。

经过一段时间的训练(包括其他训练法),患者的语言功能已经超过应用此方法训练的水平,就应停止PACE训练。

第十三节　阅读障碍的治疗

阅读是指从文字系统中提取信息的过程。阅读理解是通过视觉器官接收文字符号的信息,再经过大脑编码加工,从而理解文章的意义。

一、影响阅读理解的因素

在许多方面,书面语的理解类似于听理解。治疗师在设计训练活动时应考虑影响患者操作的因素。

(一)词汇的使用频率

罕用词较常用词更难阅读理解,但也有例外,连词、代词等虚词虽然使用频繁,但也比较难理解,尤其是语法缺失的患者。相比之下常用词更容易为患者所理解。

(二)词汇的熟悉程度

尽管有些词在语言中不常使用,但对某些患者来说,这些词汇可能更容易理解。因为职业或业余爱好,患者会对某些少用词汇更为熟悉。

(三)词汇的形象化

一个词如果能够激发出患者的思维想象(mental image),这个词就具有形象化的特征。词汇的形象化水平越高,患者阅读理解成功的可能性越大。

(四)词序与语义

词序是表达词的语法意义的手段。汉语的基本词序为主语—谓语—宾语。一般情况下,其顺序为"施动者"—"行动"—"对象"。这种比较固定的词序提供了理解语言的线索。当词序颠倒时,人们常常借用某些句法手段来帮助理解语言。例如:把句子"我吃了苹果",替换为"苹果被我吃了"。尽管所说的是一件事,由于词序的变化,失语症患者就会很难理解后面的句子。在语言的阅读理解中,语义知识起着更大的作用。在理解"猫追老鼠""狗啃骨头"时,不仅应用到词序的知识,而且也会应用到语义的知识。

（五）语境

语境是指语言交际的环境。在语言交际时，语境提供了各种时代背景知识，因而帮助人们迅速、准确地理解语言。对于阅读理解障碍的患者，在阅读文章前先看与阅读有关的画册，有助于理解。

（六）句子的结构

句子结构对语言理解有一定影响。研究发现，对否定句的理解比对肯定句的理解需要较多的时间。例如：对肯定句"他想今天会有朋友来探望他"理解起来较为容易，而对否定句"他不想今天不会有朋友来探望他"理解起来就有一定困难。

二、阅读理解的训练方法

对失读症患者，可通过阅读理解训练进行康复治疗。治疗师在选择治疗活动前必须分析检测结果，以此决定患者的语言功能水平，更好的制定患者的治疗方案。功能水平测定主要分为：视觉匹配水平、单词水平、词组水平、语句水平、段落水平；还包括：在该水平的刺激长度、词汇使用频率、抽象水平、语境提示等是否促进阅读理解。

（一）促进词的辨认和理解

对于严重阅读理解障碍的患者，应从词的辨认开始训练。词辨认要求患者从一系列词中选出与字卡上相同的词。患者做这种作业并不需要理解词义，只需要辨认相似图案的能力。但如果进行词—图匹配作业就需要阅读理解能力。

1. **匹配作业**　要求患者将手写体字与印刷体字、文字与听词（听刺激）、词与图画相匹配。判断患者是否有视觉辨认障碍，字与字匹配是非常重要的。一般要求字与字匹配达到100%正确率，才能进行其他匹配作业。匹配作业中使用的词应尽可能与实际应用相关。经常用一些日常生活环境中的用语，如："出口""入口""洗手间""人行道""商店""拉""推"等。在多项选择中，供选择的词由2个开始，逐步增加到8个或10个左右。

2. **贴标签**　可用于词汇练习。家庭成员在物品和家具上贴上写有物品名称的标签，患者每天多次看到这些词汇，可以增强患者对词与物的联系。

3. **分类作业**　阅读理解有赖于患者对名词语义的相似性进行辨别的能力，分类作业有助于训练患者这种辨别力。可要求患者对家具、饮料、食品等的词汇表进行归纳分类，也可对抽象词汇，如表示情感、颜色、疾病的词汇进行分类。例如表5-16。

表5-16　分类作业示例表

分类	词汇							
选出水果类词汇	香蕉	水稻	苹果	桌子	桃子	排骨	雪糕	芒果	橘子
选出蔬菜类词汇	菠菜	电视	芹菜	电话	椅子	土豆	白菜	肥皂	橙子
将词汇分为三类	芹菜	香蕉	菠菜	苹果	空调	橙子	电视	冰箱	白菜

4. **词义联系**　同义词、反义词以及语义相关词的联系也可用于阅读理解作业中。
语义联系作业示例：

146

(1)将反义词画上边线　　　　　　　　(2)将语义有联系的词画上边线

到达　　偶尔　　　　　　　　　　　　高尔夫　　车轮

经常　　答案　　　　　　　　　　　　汽车　　　球场

问题　　年老　　　　　　　　　　　　茶壶　　　抽屉

年轻　　离开　　　　　　　　　　　　书桌　　　茶杯

（二）促进词与语句的辨认和理解

1. **词－短语匹配**　当患者能够理解常用词后,就可进行词－短语匹配。这类作业是由词到句的过渡阶段的训练。要求患者读完短语后,找出一个合适的词,使它符合短语的意义。

词－短语匹配作业示例:

(1)在家里招待客人的女性_____　　　(2)省政府最高领导人_____

(3)鸟的家_____　　　　　　　　　　(4)用来放信的纸袋_____

　　　　　女主人　　　省长　　　鸟窝　　　信封

2. **执行文字指令**　执行文字指令从简单的作业开始,如躯体动作、操作桌上的实物。治疗师应系统地应用词汇、长度、句法复杂性等影响因素,增加作业的难度水平。真正理解运动指令中介词是完成指令的关键。如果患者错误理解了介词所表示的各种空间关系,执行指令作业将会使这些错误暴露出来。

执行文字指令作业示例:

(1)把杯子盖盖上。

(2)把茶杯放在桌上,把勺子放在茶杯的右边。

(3)用你的左手把书翻到第30页,再拿出一张纸放在书的下面。

(4)在纸上画一座小房子,房子的前面有池塘,房子的后面有一棵树。

3. **找错**　这项非常有用的治疗作业是根据 Cardner 等人关于失语症患者阅读语义、句法错误的语句的研究得出的。在他们的研究中,要求患者找出语句中的语义和句法错误,结果发现失语症患者更容易发现语义错误。这类作业是比较有价值的治疗作业,因为它可使患者在寻找错误时认真阅读和分析语句。

找错作业示例:

(1)我要吃茶水。

(2)他到邮局买水果。

(3)中国是一个多民族的西方国家。

(4)我要给朋友发一个长途电话。

4. **问句的理解**　对失语症患者来说问句的理解也是比较难的阅读作业。关于个人情况的是非问题比较容易理解,如"你结婚了吗?""你是住在本市吗?",需要回答时间、地点、人物的问题比较难理解。如果患者不能回答或写出答案,可让他指出图画的相关部分,表示他是否理解了问句。

5. **双重否定句的理解**　对双重否定句的理解要求比理解被动句更为复杂的转换。在语义上由肯定句到否定句是一次逆转,而从否定句到双重否定句是再次逆转的反演过程。对双重否定句的理解训练,可以使治疗师首先确定一下患者是否存在双重否定句的理解困难。如果患者在下面的作业中作出错误选择,说明他不能辨别否定句和双重否定句,只能根据句子中个别词语作出反应,把双重否定句当作否定句处理。如果患者在肯定句和否定句之间摇摆不定,不知如何作出反应,表明他已模糊意识到双重否定句不同于否定句,此时可看作是从不理解到理解的过渡阶段。

双重否定句的理解作业示例:

在第一个句子的下面有两个句子,患者根据第一个句子的意思作出选择。

(1)他不是不能去。

　　他能去。

　　他不能去。

(2)他不会不整洁。

　　他很整洁。

　　他不整洁。

6. 给语句加标点符号　促进患者阅读理解语句的一种方法是为患者提供一个句子,由患者阅读后加上标点符号。这类作业有助于提高患者分析句子的能力。

语句加标点符号作业示例:

(1)我在菜园里种了豆角胡萝卜黄瓜和蒜头

(2)年轻人喜欢摇滚乐老年人喜欢古典音乐

7. 语句构成　语句构成的练习是将一个完整的句子以词为单位分割开,顺序打乱,患者根据这些词,重新组成一个句子。这种训练对语法结构有困难的患者有帮助,可提高他们的语句构成和词序排列的能力,同时也改善阅读理解力。

语法构成作业示例:

将下列词重新排列顺序,组成语句。如:

(1)　去　　　小李　今年　海边　　夏天

(2)　音乐会　听　　我们　去　　今晚

(三)语段的理解

当患者对一般的语句理解较为准确,不感到困难时,则可进行语段阅读训练。有些患者阅读语段较阅读语句更容易,因为语段中有更多的语境提示,有助于理解。

1. 语句的连接　理解语段的训练方法之一是要求患者将语句连接成一个语段或一个小故事。如果患者失败,可将语段拆开,对每个语句进行分析。在阅读语段或短文前,可先提出几个有关的问题,如人物、时间、地点、情节、结果等,患者会对语段中有关的信息加以注意,有助于理解和记忆。

2. 增加信息的复杂性　信息的复杂性包括两个方面,材料中细节的数量和材料的语义、句法水平。一般讲,难理解的句子有被动句、复合句、事物顺序相反的句子(句子中词的顺序不同于事件发生的自然顺序)和语义结构复杂的句子(如双重否定句)。当需要增加信息的复杂性时,每次试用其中一个因素。如果一种因素好于另一种因素,在阅读材料中可增加该因素,这样也就增加了材料的复杂性。如两种因素平行,治疗师可试用较长的文字材料,既增加了细节的数量,又扩大了语义、句法的复杂性。

(四)篇章的理解

当患者对单一语段的理解达到 80% 的水平,就可将阅读材料增至两三个语段,再逐步增至篇章的理解。训练方法是让患者逐段分析阅读材料。如果患者有口语表达或书写能力,在阅读每个语段后,可让他用自己的话总结语段,然后再阅读下一个语段。

有的患者从头到尾阅读长的材料较分段阅读容易。如果患者不能分析语段,可让他试读篇章。当患者能够阅读篇章,要求他用自己的话总结阅读材料。

（五）轻度阅读障碍的训练

有些患者经过训练或自发恢复，阅读能力达到轻度障碍的水平。他们如果慢慢阅读，可以接近患病前的水平，能理解较短的材料。这类患者常有短时记忆障碍、高水平的书写困难和注意力不集中。

训练时应教会患者找到主要思想，开始时用某些方法使段落的主要思想突出，如在表示主要思想的句子下划线。患者应尽可能将自己阅读的文字变成自己的话口述出来。

（六）补偿方法

许多患者由于各种不同的原因，不能恢复到患病前的水平。有些人在生活中、工作中不需要阅读，阅读障碍对他们的日常生活影响不大，但对确实以阅读作为消遣的人，有些方法对他们有帮助。一种方法是听广播，另一种方法是请朋友、亲属给他们朗读报纸、小说，或他们阅读时有不理解的地方向身旁的人请教。

（郭艳芹）

第十四节　书写障碍的治疗

书写行为是一种书面语言的输出过程，需要记忆、语言、视觉、知觉和运动等多种能力协同作用，正常书写运动是由脑、眼、肩、臂、肘、手等器官的联合运作完成的。其中大脑病变所致的书写能力丧失或减退，称为失写症。

书写训练的目的，力求使失写患者逐渐将书写字的字形、语音、语义与手的书写运动联系起来，要达到有意义地书写和自发书写的目的，需要很长的时间，并要付出很大的努力。由于病变损害的程度不同及其他因素，有些患者始终不能达到自发书写的水平。

书写训练分三个阶段。第一阶段是临摹与抄写阶段，第二阶段是提示书写阶段，第三阶段是自发书写阶段，这三个阶段的适合对象及训练目标见表5-17。

表 5-17　各阶段书写训练主要对象及目标

书写训练阶段	主要对象	训练目标
临摹与抄写阶段	重度书写障碍，非利手书写者，视空间性失写，中、重度智力障碍，失用症	促进视文字→复制式书写表达的过程 重点在字的辨认和理解，书写中各器官的联合动作
提示书写阶段	轻、中度书写障碍者，中度智力障碍	促进视文字→按提示要求组织文字→书写表达的过程 重点提示的形式（文字、图片或语音）、提示性质（直接提示、间接提示）提示的量
自发书写阶段	轻度书写障碍者，轻度智力障碍者	促进自发书写意愿→自发书写表达 重点形成合乎逻辑的书写意愿，组织出完整的句子及章节，表达完整的故事情节

一、 临摹和抄写

（一）临摹

因脑损伤造成的失语症患者常伴有右侧偏瘫,临摹的目的是改善左手的书写运动技巧。方法是临摹圆形、方形等形状及简单笔画的字。为了改善自动语序的书写能力,可让患者临摹系列数字。为了改善患者书写个人基本情况的能力,可抄写患者的姓名、地址、电话号码、家庭成员的姓名等。

（二）看图抄写

当患者存在书面语的理解困难时,应首先训练患者对语词的理解,在活动中利用视觉提示、图－图匹配达到这一目的。在做作业前,向患者解释如何完成作业。先让患者看几幅图,然后把给患者看的这几幅图的字分别抄在横线上。

该作业提供了大量的视觉提示,如果患者在该阶段反复失败,可对患者进一步解释作业涉及哪些问题。作业中的词汇要尽可能有意义。

下一步的作业活动是在减少视觉暗示的条件下抄写。要求患者理解书面语。治疗师对每个错字、错词记分,这对患者是一有利的反馈,使患者感到任何努力都是可接受并得到重视的。

（三）分类抄写与短语完形

1. 在训练中逐步减少视觉提示量,提高患者理解文字的能力。这一水平的作业要注意增加阅读理解的难度,同时帮助患者积累常用词汇。

作业示例:

动物:马_____

植物:树_____

猪、草、花、驴、鸟、麦子

2. 在一些作业中使用配对词和反义词,可以加强对词的语义理解,因此该作业的抄写具有一定难度。

作业示例:

男孩和_____　　美丽和_____　　黑暗和_____　　高和_____

光明、矮、女孩、丑恶

3. 增加词语的抽象水平,使匹配作业的难度加大。

作业示例:

医院_____　　学校_____　　工厂_____　　公园_____　　下雨_____

机器、干部、雨伞、花草、医生

4. 与分类作业水平相似的活动有词组和语句完形。

作业示例:

(1)一块_____　　一条_____　　一匹_____　　一杯_____　　一瓶_____

马、肥皂、鱼、牛奶、茶

(2)母亲在_____(做饭、挖沟、跳高)

(3)邮递员_____　　农民_____　　秘书_____　　会计师_____

看病、记账、送信、犁地、打字

(4)老婆婆_____ 女青年_____ 生气的男人_____ 婴儿_____

大声吼叫、吸吮手指、用手杖走路、有许多羡慕者

(四) 回答问题

当阅读理解为中度或轻度受损时,抄写和选择书写的作业水平可以更高一些。下列短文可作为回答不同难度问题的练习。

作业示例:

阅读短文:"我的邻居李钢买了一辆摩托车,车太大,几乎不能放进小屋。每个星期天,他要花费一两个小时保养、清洗它。下午他带着孩子骑摩托车到郊外去。"

对下列问题写出"是"或"不是"作为回答:

(1)李钢生活富裕吗?

(2)他是刚买了一辆自行车吗?

(3)把车放进小屋容易吗?

(4)他用很多时间保养、清洗它吗?

(5)星期日下午他们全家郊游去吗?

对下列问题写出简单的回答:

(1)我的邻居叫什么?

(2)他买了什么车?

(3)他什么时候清洗车?

(4)他清洗、维护车用多长时间?

(5)星期日下午他和孩子上哪儿去?

二、 指示书写阶段

由于抄写到自发书写是一个很大的进步。当患者抄写作业达到 65% ~ 70% 正确时,可考虑进行自发书写训练。在由抄写到自发书写过渡的阶段可进行如下训练:

(一) 随意书写

要求患者按偏旁或部首随意书写。如木字旁,可以随意书写出:树、林、枉、楠、椿、村、权等。在这类练习中,可加强正确字形的构成,使患者建立起信心,逐步达到正确字形的形成阶段。

(二) 字形构成

要求患者根据图画将字形的各偏旁部首组合成一个完整的字。

(三) 字形完成

字形完成作业要求患者阅读语句后,写出一个字或一个词作为回答。在回答前,呈现该字(词)的偏旁部首作为提示。如果有困难,可以给予更多的提示。

作业示例:

(1)用来开锁的是_____。

(2)吃饭用_____子。

(3)坏的反义词_____。

（四）视觉记忆书写

视觉记忆书写与其他过渡阶段的活动完全不同,其目的是训练患者字(词)的视觉记忆能力。将字(词)呈现数秒,然后移开,患者根据记忆写出字(词)。开始时,字词的笔画要简单,用常用字,以后逐渐增加字词的笔画和长度,并缩短呈现时间。

另一个与视觉记忆有关的是治疗师呈现两个辅音相似的两个字,如"攀"和"搬",治疗师说:"搬",移开两张字卡,患者根据记忆书写"搬"。

三、 自发书写阶段

（一）句法构成

语法缺失的患者词提取的困难不突出,但形成完整的语句出现困难。建立简单句法结构的方法与语言表达训练的方法近似。

作业示例:

给患者呈现 3 张图片和 3 张字卡。

(1)患者根据图片,将字卡排列整齐。

(2)治疗师移去字卡,患者根据记忆写出语句。

(3)治疗师呈现 3 张图片,其中 2 张与上面呈现的图片不同。患者在无提示的条件下书写短句。

（二）语句完成

在没有任何提示的情况下,将未完成的语句书写完整。

作业示例:

(1)我把衣服晾在_____。

(2)我一进家门先换_____。

(3)我把食品放在_____里保鲜。

（三）动词短语的产生

失语症患者一个主要的书写特点是名词或动词占优势,缺少语句的其他部分。多数简单指示是由动词短语组成的,可以传递一定的信息量。

作业示例:

(1)书写简单动词,如吃、喂、来、听、喝、看、走、跑、去。

(2)给患者呈现宾语字卡,如茶、狗、饭、水、电视、歌曲等,患者从动词中选出相应的动词,写出恰当的动宾结构,如喝茶、看电视。

（四）语句构成

患者可以应用简单的句法结构,书写自己、朋友、邻居的情况,也可由治疗师提供一些词汇,患者根据这些词汇构成语句。

作业示例：

(1)地点，如北京、青岛、上海。

(2)地理方位，如西、南、北、东。

(3)地区特点，如古城、工业区、海滩。

(4)人口。

患者根据上述词汇写出语句。如"北京在北方，北京是古城，有一千多万人口。"

（五）信息的顺序

有些患者可以达到书写短小的正确的语句水平，但对信息量较多的事件则难以书写。这种情况可见于口语表达困难的患者。Luria 提议，鼓励患者任意将想法写在卡上，然后根据重要性或时间的顺序，把卡片排列好。

作业示例：

列出一天要做的事情的日程表（表 5-18）。

表 5-18　日程表

时间	人物	活动
7：20	我、女儿	我在女儿帮助下刷牙、洗脸
7：30	我	吃早餐
8：00	我	作业治疗
10：00	我	语言治疗
12：00	女儿	送饭

另一种方法是与患者讨论要书写的主题，然后帮助患者理好事件的头绪。如讨论旅游，涉及的内容有人员、时间、气候、旅馆、交通、活动、费用等，可让患者逐一写出。

四、 失写症的治疗

失写是对文字意义的表达障碍，失读是对文字接受的障碍，两者是输出与输入的关系，具体患者康复设计时有许多共通之处。失写症的康复除了进行以上书写训练，还要考虑汉语的特点设计康复，对汉字的书写康复要考虑音、形、义等多方面，特别是书写汉字的字形，通过字形的解释诱导字形的回忆及书写，通过手写动作也可辅助字词阅读理解的改善。

书写的康复设计要在全面评估的基础上，可选择多种设计方案，例如：选好练习的单词-抄写单词-康复师出示及复述单词多次；听单词后写出；听后将单词归类或排序-写出；在有偏旁诱导的前提下-听写（或看图写）；看图写-写出应当回答的问题，如"你口渴时应当写个什么字？"；"写这个人（或东西）的名字"等。康复设计中应该灵活配以口语、阅读、图片及动作、手势等。左右手均可选择来进行训练，抓笔书写困难者可训练电脑操作，运用语言障碍诊治仪的语音平台实现语音输入，图像或书写文字的提示，利用计算机的声控功能替代实现书写表达，键盘输入屏幕文字输出协助失写症患者的文字交流。流利性失写康复重点在提示并规范写字空间，练习笔画，多写含实质词、句或篇章。非流利性失写康复重点在练习笔画，多写含语法词的词、句或篇章。

由于失读伴失写者较多见，常需与失读康复方案同时设计。失用性失写者可参考失用的康复。

（陈卓铭）

第十五节 小组治疗

　　一对一(图 5-12)的治疗形式是语言治疗的主要形式,一般为每日一次,每次半小时至一小时。另一种治疗形式为小组治疗,小组治疗起源于第二次世界大战后,大量的颅脑损伤的患者从战场返回,由于缺少职业人员,从而建立了小组治疗。目前,美国、加拿大和一些国家仍把小组治疗作为一种治疗形式,因为这种治疗形式可使患者在语言和言语技能发生更广的改变,并可增加失语患者的心理调节,有利于回归社会。

图 5-12　一对一治疗

一、　言语 - 语言团体治疗小组

　　言语 - 语言团体治疗小组已存在了近 70 多年。过去对它的作用有争议,近些年来,许多报道指出言语 - 语言团体治疗小组(有的称为"言语班")对语言障碍患者的治疗有效。这些团体治疗小组(图 5-13)的成员每天进行语言交流,内容包括打招呼,辞行,人物辨别,信息,钱、日历的应用,左右辨别,身体部位

治疗师

图 5-13　小组治疗

辨认……。这些治疗活动的意义是强调功能性的、现实生活中的治疗活动。根据情况来决定治疗时间，强化治疗小组可以每天 3 小时，每周 5 次，也可以每周 1 ~ 2 次，每次 1 ~ 2 小时，与个人治疗相配合。这种团体治疗小组与个人治疗的最大区别在于参与者对自己问题的认识和解决都是在团体中通过成员间的交流、相互影响、相互作用来实现的。

二、 家庭咨询和支持小组

帮助家庭成员或配偶了解失语和解决语言问题，了解并帮助患者和家庭成员解决情感问题，常常需要社会和心理工作者的合作。

三、 心理治疗小组

心理治疗小组可以为失语患者宣泄情感和学习处理心理冲突提供支持气氛，增进个人之间的了解，改善患者的观察能力，并且帮助成员适应离院后的社会情绪，减少孤独感，社会接纳的证实和增加自我意识。心理治疗小组为患者创设适当的情境，团体成员在共同的活动中彼此交往、互相作用，并由此产生了一系列人际关系、暗示、模仿、氛围、感染等社会心理现象，使患者通过一系列的心理互动，探讨自我，改善行为模式，解决生活中的各种问题。内容包括讨论，现实生活中的发挥，专题演讲，艺术展览。还可以采取：①手势表达；②本人观察生活中角色发挥；③其他人的角色发挥；④心理剧。

（刘晓明）

第六章
构音障碍

第一节　构音障碍的定义和分类

一、定义

　　构音障碍是指由于构音器官先天性和后天性的结构异常，神经、肌肉功能障碍所致的发音障碍以及虽不存在任何结构、神经、肌肉、听力障碍所致的言语障碍，主要表现可能为完全不能说话、发声异常、构音异常、音调和音量异常和吐字不清，不包括由于失语症、儿童语言发育迟缓、听力障碍所致的发音异常。

二、分类

（一）运动性构音障碍

　　是指由于神经病变、与言语有关肌肉的麻痹、收缩力减弱或运动不协调所致的言语障碍。

（二）器官结构异常所致的构音障碍

　　是指由于先天和后天原因的结构异常所致的构音障碍。临床上最常见的是由于唇腭裂所致的构音障碍，其次为舌系带的短缩，先天的颌面部缺陷，后天的颌面部损伤的后遗症。

（三）功能性构音障碍

　　是指发音错误表现为固定状态，但找不到明显原因的发音不清，临床多见于儿童。特别是学龄前的儿童。

第二节　运动性构音障碍的评定与治疗

一、运动性构音障碍的定义和分类

　　运动性构音障碍（dysarthria）是由于神经病变、与言语有关肌肉的麻痹、收缩力减弱或运动不协调所致的言语障碍。此定义强调呼吸运动、共鸣、发音和韵律方面的变化,从大脑到肌肉本身的病变都可引起言语症状。病因常见于脑血管意外、脑肿瘤、脑瘫、肌萎缩侧索硬化、重症肌无力、小脑损伤、帕金森病、多发性硬化等。此种障碍可以单独发生也可以与其他语言障碍同时存在,如失语症合并运动性构音障碍。

根据神经解剖和言语声学特点分为以下七种类型,见表6-1。

表6-1 运动性构音障碍的分类及主要言语表现

名称、损伤部位、病因	运动障碍的性质	言语症状
痉挛型构音障碍(中枢性运动障碍):脑血管病、假性延髓麻痹,脑瘫、脑外伤、脑肿瘤、多发性硬化	自主运动出现异常模式,伴有其他异常运动,肌张力增强,反射亢进,无肌萎缩或失用性萎缩,病理反射阳性	说话费力,音拖长,不自然中断,音量急剧变化,粗糙音、费力音、元音和辅音歪曲,鼻音过重
弛缓型构音障碍(周围性构音障碍):颅神经麻痹,延髓麻痹、肌肉本身障碍,进行性肌营养不良、外伤、感染、循环障碍、代谢和变性性疾病	肌肉运动障碍,肌力低下,肌张力降低,腱反射降低,肌萎缩	不适宜的停顿,气息音,辅音错误,鼻音减弱
失调型构音障碍(小脑系统障碍)肿瘤、多发性硬化,酒精中毒,外伤	运动不协调(力、范围、方向、时机),肌张力低下,运动速度减慢,震颤	元音辅音歪曲较轻,主要以韵律失常为主,声音的高低强弱呆板震颤,初始发音困难,声音大,重音和语调异常,发音中断明显
运动过强型构音障碍(锥体外系障碍):舞蹈病,肌震挛、手足徐动	异常的不随意运动	构音器官的不随意运动破坏了有目的运动而造成元音和辅音的歪曲,失重音,不适宜的停顿,费力音,发音强弱急剧变化,鼻音过重
运动过弱型构音障碍(锥体外系障碍):帕金森病	运动范围和速度受限,僵硬	由于运动范围和速度受限。发音为单一音量,单一音调,重音减少,有呼吸音或失声现象
单侧上运动神经元损伤型(UUMN,unilateral upper motor neuron)大脑单侧上运动神经元损伤,特别是额叶	下列表现可能长期或短暂存在:病灶对侧颜面下部肌肉无力,面部下垂和病灶对侧唇舌无力。病灶对侧肢体远端无力	在严重程度上倾向于表现为较轻,主要为辅音发音不清,不规则的发音停顿,语速慢,粗糙或费力音,轻度鼻音化,部分语速快,过度重音或缺少重音变化,音量变低。(一些严重病例可能合并失语症,失用症)
混合型构音障碍(运动系统多重障碍):	多种运动障碍的混合或合并	各种症状的混合
1. 肌萎缩性侧索硬化症(ALS)	上下运动神经元的退行性变化。言语表现特征为痉挛型和麻痹型变化。是一种比较常见的混合型构音障碍	主要言语表现为鼻音化构音、气息音、言语速度减慢、舌的力量降低、音节的重复速度减慢
2. 多发性硬化(MS)	运动方面显示出共济失调和痉挛性变化	其言语特征为音量控制失常、嗓音嘶哑费力、不适宜的音量控制、发音歪曲、不同程度的鼻音化构音、重音过强或语调发平

运动性构音障碍的预后取决于神经病学状态和进展情况,双侧皮质下和脑干损伤、退行性疾病,如肌萎缩侧索硬化症和多发性硬化等预后最差。脑瘫患儿如伴有频繁的吞咽困难和发音很差预后亦较差。儿童患者比成人有更多的康复机会,随着他们的成长而症状常有所减轻。单纯构音障碍的患者预后比构音障碍合并失语症、听力障碍或智力障碍的患者好。

二、构音障碍评定

下面介绍汉语构音障碍评定法,此次评定法是李胜利等依据日本构音障碍检查法和其他发达国家构音障碍评定方法的理论,按照汉语普通话语音的发音的特点和我国的文化特点在1991年研制。评定法包括两大项目:构音器官检查和构音检查。通过此方法的评定不仅可以检查出患者是否患有运动性构音障碍和程度,也可用于器质性构音障碍和机能性构音障碍的评定。对治疗计划的制订具有明显的指导作用。

(一) 评定的目的和内容

1. 构音障碍的有无、种类和程度判定。
2. 原发疾病及损伤部位的推定。可作为制订治疗计划的依据。

(二) 构音器官评定

1. **目的** 通过构音器官的形态和粗大运动检查来确定构音器官是否存在器官异常和运动障碍。常常需要结合医学、实验室检查、言语评价才能作出诊断。另外,病史、交往史、听觉和整个运动机能的检查促进诊断的成立。

2. **范围** 包括肺(呼吸情况)、喉、面部、口部肌肉、硬腭、腭咽机制、下颌、反射。

3. **用具** 压舌板、笔式手电筒、长棉棒、指套、秒表、叩诊槌、鼻息镜等。

4. **方法** 在观察安静状态下构音器官的同时,通过指示和模仿,使其做粗大运动并对以下方面作出评价。

(1) 部位:构音器官哪个部位存在运动障碍。

(2) 形态:确认各器官的形态是否异常。

(3) 程度:判定异常程度。

(4) 性质:确认的异常,判定是中枢性、周围性或失调性。

(5) 运动速度:确认单纯运动,反复运动,是否速度低下或节律变化。

(6) 运动范围:确认运动范围是否受限,协调运动控制是否低下。

(7) 运动的力:确认肌力是否低下。

(8) 运动的精确性、圆滑性:可通过协调运动和连续运动判断。

5. **检查说明** 做每项检查前应向患者解释检查目的,按检查表和构音器官检查方法的要求记录(表6-2,表6-3)。

表6-2 构音器官检查记录表

Ⅰ 呼吸
1. 呼吸类型:胸腹_____ 胸_____ 腹_____ 2. 呼吸次数_____/分 3. 最长呼气时间_____秒
4. 快呼气:能_____ 不能_____

Ⅱ 喉机能
1. 最长发音时间_____秒
2. 音质、音调、音量
a. 音质异常_____ b. 正常音调_____ c. 正常音量_____ d. 总体程度 0 1 2 3
嘶 哑 异常高调 异常音量 气息声 0 1 2 3

II 喉机能

震　颤＿＿＿	异常低调＿＿＿	异常过低＿＿＿	无 力 声 0　1　2　3
			费 力 声 0　1　2　3
e. 吸气时发声			粗 糙 声 0　1　2　3

3. 音调、音量匹配
　a. 正常音调＿＿＿　　b. 正常音量＿＿＿
　单一音调＿＿＿　　　单一音量＿＿＿

III 面部

a. 对　称＿＿＿　　不对称＿＿＿　　b. 麻痹(R/L)＿＿＿　　　　c. 痉挛(R/L)＿＿＿
d. 眼睑下垂(L/R)＿＿＿　e. 口角下垂(L/R)＿＿＿　f. 流涎＿＿＿
g. 怪相:扭曲＿＿＿　　抽搐＿＿＿　　h. 面具脸＿＿＿　　i. 口式呼吸＿＿＿

IV 口部肌肉

1. 噘嘴	2. 咂唇	3. 示齿	4. 唇力度
a. 缩拢范围正常＿＿＿	a. 力量正常＿＿＿	a. 范围正常＿＿＿	a. 正常＿＿＿
缩拢范围异常＿＿＿	力量减低＿＿＿	范围缩小＿＿＿	减弱＿＿＿
b. 对称缩拢＿＿＿	b. 口角对称＿＿＿		
不对称缩拢＿＿＿	口角不对称＿＿＿		

V 硬腭

a. 腭弓正常＿＿＿　　高窄腭弓＿＿＿　　b. 新生物＿＿＿　　c. 黏膜下腭裂＿＿＿

VI 腭咽机制

1. 大体观察
　a. 正常软腭高度＿＿＿
　　软腭下垂(L/R)＿＿＿
　b. 分叉悬雍垂(L/R)＿＿＿
　c. 正常扁桃体＿＿＿
　　肥大扁桃体＿＿＿
　d. 节律性波动或痉挛＿＿＿

2. 软腭运动
　a. 中线对称＿＿＿
　b. 正常范围＿＿＿
　　范围受限＿＿＿
　c. 鼻漏气＿＿＿
　d. 高鼻腔共鸣＿＿＿
　　低鼻腔共鸣＿＿＿
　　鼻喷气声＿＿＿

3. 鼓颊
　a. 鼻漏气＿＿＿
　　口漏气＿＿＿

4. 吹
　a. 鼻漏气＿＿＿
　　口漏气＿＿＿

VII 舌

1. 外伸	2. 舌灵活度		3. 舔唇左右侧
a. 正常外伸＿＿＿	a. 正常速度＿＿＿	c. 灵活＿＿＿	a. 充分＿＿＿
偏移(L/R)＿＿＿	速度减慢＿＿＿	笨拙＿＿＿	不充分＿＿＿
b. 长度正常＿＿＿	b. 正常范围＿＿＿	扭曲＿＿＿	
外伸减少＿＿＿	范围减小＿＿＿		

VIII 下颌

1. 颌张开闭合
　a. 正常下拉＿＿＿　　b. 正常上抬＿＿＿　　c. 不平稳扭曲或张力障碍性运动＿＿＿
　　异常下拉＿＿＿　　　异常上抬＿＿＿
　d. 下颌关节杂音＿＿＿
　　膨出运动＿＿＿

续表

Ⅷ下颌

2. 咀嚼范围

  正常范围_____

  减少_____

Ⅸ反射

1. 角膜反射_____   2. 下颌反射_____   3. 眼轮匝肌反射_____

4. 呕吐反射_____   5. 缩舌反射_____   6. 口轮匝肌反射_____

表6-3　构音器官检查方法

Ⅰ.呼吸(肺)

用具	说明	方法及观察要点
无	1."坐正两眼往前看"	患者的衣服不要过厚,较易观察呼吸的类型。观察是胸式、腹式、胸腹式。如出现笨拙、费力、肩上抬,应做描述
无	2."请你平静呼吸"	检查者坐在患者后面,双手放在胸和上腹两 侧感觉呼吸次数。正常热人 16 ~ 20 次
无	3."请你深吸气后,以最慢的速度呼气"	用放在胸腹的手,感觉患者是否可慢呼气及最长呼气时间,注意同时看表记录时间,呼气是发 [f][s]
无	4."请用最快的速度吸一口气"	仍用双手放在胸腹部感觉

Ⅱ.喉功能

用具	说明	方法及观察要点
无	1."深吸一口气然后发'啊'尽量平稳发出,尽量长"	不要暗示出专门的音调音量,按评价表上的项目评价,同时记录时间,注意软腭上提、中线位置 2. a. 正常或嘶哑,气息声、急促、费力声、粗糙声及震颤 　　b. 正常或异常音调,低调 　　c. 正常或异常音量 　　d. 吸气时发声
无	2."请合上我唱的每一个音"	随着不同强度变化发出高音和低音,评价患者是否可以合上,按表上所列项目标记

Ⅲ.面部

用具	说明	方法及观察要点
无	"请看着我"	这里指的是整个脸的外观,脸的绝对对称很可能不存在,不同的神经肌肉损伤,可具有不同的面部特征 a. 正常或不对称,b. 单侧或双侧麻痹,c. 单侧或双侧痉挛,d. 单侧或双侧眼睑下垂,e. 单侧或双侧口角下垂,f. 流涎,g. 扭曲,抽搐,鬼脸,h. 面具脸,i. 口式呼吸

Ⅳ. 口部肌肉检查

用具	说明	方法及观察要点
无	1. "看着我,像我这样做",(同时示范缩拢嘴唇的动作)	评价嘴唇 a. 正常或范围缩小 b. 正常或不对称
无	2. "闭紧嘴唇,像我这样(示范5次)准备、开始"	评价咂唇 正常或接触力量降低(上下唇之间)
无	3. "像我这样龇牙"示范两次	观察:a. 正常范围或范围减小 　　　b. 口角对称或偏移
带绒绳的纽扣	4. "请张开口,把这个纽扣含在唇后,闭紧嘴唇看我是不是很容易的把它拉出来"	把指套放在纽扣上,把它放在唇后,门牙之前,患者用嘴唇含紧纽扣后,拉紧线绳,逐渐增加力量,直到纽扣被拉出或显出满意的阻力 正常唇力减弱

Ⅴ. 硬腭

用具	说明	方法及观察要点
指套 手电筒	"头后仰,张口"	把指套戴在一只手的食指上,用另一只手打开手电筒照在硬腭上,从前到后,侧面及四周进行评价,用食指沿中线轻摸硬腭,先由前到后,再由左到右 观察指征: 正常腭弓或高窄腭弓 异常生长物 皱褶是否正常 黏膜下腭裂

Ⅵ. 腭咽机制

用具	说明	方法及观察要点
1. 手电筒	"张开口"	照在软腭上,在静态下评价软腭的外观及对称性观察要点: 正常软腭高度,或异常的软腭下垂 分叉悬雍垂 正常大小,扁桃体肥大或无腭扁桃体 节律性波动或痉挛
2. 手电筒和小镜子或鼻息镜	"再张开你的嘴,尽量平稳和尽量长的发'啊',示范至少10秒,准备,开始"	照在软腭上,评价肌肉的活动,并把镜子或鼻息镜放在鼻孔下 观察要点: 正常中线无偏移,单侧偏移 正常或运动受限 鼻漏气 高鼻腔共鸣 低鼻腔共鸣,鼻喷气声
3. 镜子或鼻息镜	"鼓起腮,当我压迫时不让气体从口或鼻子漏出"	把拇指放在一侧面颊上,把中指放在另一侧面颊,然后两侧同时轻轻施压力,把鼻息镜放在鼻孔下观察要点: 鼻或口漏气
4. 气球和小镜子	"努力去吹这个气球"	当患者企图吹气球时,把镜子放在鼻孔下 观察要点: 鼻或口漏气

Ⅶ.舌

用具	说明	方法及观察要点
无	1."请伸出你的舌头"	评价舌外伸活动 正常外伸或偏移 正常或外伸缩短,如有舌肌萎缩,肿物或其他异常要作记录
无	2."伸出舌,尽量快地从一侧向另一侧摆动(示范至少三秒钟)开始"	评价速度,运动状态和范围 正常或速度减慢 正常或范围受限 灵活笨拙,扭曲或张力障碍性运动
无	3."伸出舌,舔嘴唇外侧及上下唇"(示范至少三次)	观察要点: 活动充分,困难或受限

Ⅷ.下颌(咀嚼肌)

用具	说明	方法及观察要点
无	"面对着我,慢慢地尽量大张开嘴,然后像这样慢慢地闭上(示范三次)准备好,开始"	把一只手的食指,中指和无名指放在颞颌关节区(TMJ),评价下颌的运动是否沿中线运动或异常的下颌运动观察指征: 正常或异常的下颌下拉 正常或偏移的下颌上抬以及不自由的张力障碍性运动(TMJ)弹响或异常突起

Ⅸ.反射

用具	说明	方法及观察要点
细棉絮	1.患者睁眼,被检测眼球向内上方注视	用细棉絮从旁边轻触侧角膜,则引起眼睑急速闭合,刺激闭合为直接角膜反射,同时引起对侧眼睑闭合为间接反射。 被检测消失,直接反射(+) 对侧消失间接反射(+) 反射类型:一侧三叉 N 疾患 　　　　　患侧直接反射(+) 　　　　　间接反射(−) 反射类型:一侧面 N 麻痹
叩诊槌	2."下颌放松,面向前方"	将左手拇指轻放于下颌齿裂上,右手持叩诊槌轻叩拇指,观察其反射有无及强弱程度,轻度咬肌收缩或明显收缩为阳性 无咬肌收缩为阴性
叩诊槌	3."双眼睁开向前看"	用叩诊槌轻叩眼眶,两眼轻闭或紧闭为阳性;无闭眼为阴性,左右有差异要记录
长棉棒	4."仰起头,大张开口"	用长棉棒轻触咽弓周围,呕吐反应为阳性,无呕吐反应为阴性
纱布块	5."伸出舌"	用纱布握住舌体突然向前拉舌突然后缩为阳性,无后缩为阴性
叩诊槌	6."口部放松"	轻叩唇周,向同侧收缩为阳性,不收缩为阴性,需注明左(L),右(R)

(三) 构音检查

构音检查是以普通话语音为标准音结合构音类似运动对患者的各个言语水平极其异常的运动障碍进行系统评价。

1. **房间及设施要求**　房间内应安静,没有玩具和可能分散患者注意力的物品。光线充足、通风良好、两把无扶手椅和一张训练台。椅子的高度以检查者与患者处于同一水平为准。检查时,检查者与患者可以隔着训练台相对而坐,也可让患者坐在训练台的正面,检查者坐在侧面,为避免患者注意力分散,除非是年幼儿童,患者的亲属或护理人员不要在室内陪伴。

2. **检查用具** 单词检查用图卡 50 张、记录表、压舌板、卫生纸、消毒纱布、吸管、录音机、鼻息镜。上述检查物品应放在一清洁小手提箱内。

3. **检查范围及方法**

(1)会话:可以通过询问患者的姓名、年龄、职业等。观察是否可以说、音量、音调变化是否清晰、气息音、粗糙声、鼻音化、震颤等。一般 5 分钟即可,需录音。

(2)单词检查:此项由 50 个单词组成,根据单词的意思制成 50 张图片,将图片按记录表中词的顺序排好或在背面注上单词的号码,检查时可以节省时间。

表中的所有单词和文章等检查项目均用国际音标,记录也采用国际音标,除应用国际音标记录以外,无法记录的要尽量描述。检查时首先向患者出示图片,患者根据图片的意思命名,不能自述采取复述引出。50 个词检查结束后,将查出的各种异常标记在下一页以音节形式出现的表上,音节下面的第一行数字表示处于前页第一音节的单词号码,第二行(在虚线之下)为处于第二音节的单词号,依次类推,记录方法参考表 6-4。

表 6-4 构音障碍的记录方法

表达方式	判断类型	标 记
自述引出、无构音错误	正确	○(画在正确单词上)
自述、由其他音替代	置换	—(画在错误音标之下)
自述、省略、漏掉音	省略	/(画在省略的音标上)
自述、与目的音相似	歪曲	△(画在歪曲的音标上)
说出是哪个音	歪曲严重、很难判定、无法判断	×(画在无法分辨的音标下)
复述引出		( )(画在患者复述出的词上)

注:如有其他异常要加相应标记,四声错误要在单词上面或角上注明

(3)音节复述检查:此表是按照普通话发音方法设计,共 140 个音节,均为常用和比较常用的音节,目的是在患者复述时,在观察发音点的同时并注意患者的异常构音运动,发现患者的构音特点及规律,方法为检查者说一个音节,患者复述,标记方法同单词检查,同时把患者异常的构音运动记入构音操作栏,确定发生机制,以利制订训练计划。

(4)文章水平检查:通过在限定连续的言语活动中,观察患者的音调、音量、韵律、呼吸运用,选用的是一首儿歌,患者有阅读能力自己朗读,不能读,由复述引出,记录方法同前。

(5)构音类型运动检查:依据普通话的特点,选用代表性的 15 个音的构音类似运动如:[f](f),[p](b),[p'](p),[m](m),[s](s),[t](d),[t'](t),[n](n),[L](L),[k](g),[k'](k),[x](h)等。

方法是检查者示范,患者模仿,观察者是否可以作出,在结果栏的能与不能项标出,此检查可发现患者构音异常的运动基础,对指导今后训练有重要意义。

(6)结果分析:将前面单词、音节、文章、构音运动检查发现的异常分别记录此表加以分析,确定类型,共 10 个栏目,下面分别说明。

错音:是指发什么音时出现错误,如 [P][P'],[K]。

错音条件:在什么条件下发成错音,如词头以外或某些音结合时。

错误方式:所发成的错音方式异常。举例参考表 6-5。

表 6-5　错音、错音条件、错音方式举例

错音	条件	错误方式
[k]	[a][o] 结合时	[t]
[t]	词头以外	歪曲

一贯性:包括发声方法和错法

发声方法:发音错误为一贯性的以"+"表示,非一贯性也就是有时正确以"−"表示。

错法:错音与错误方式是一致的,以"+"表示,各种各样以"−"表示。

举例:[ts][ts'] 发成 [t'][t],如发声方式标记"+"说明 [ts] 和 [ts'] 发音错误是一贯性的,错法标记"−"说明患者将 [ts][ts'] 有时发成 [t'],[t] 有时发成其他的音。

被刺激性:以音节或音素形式进行提示,能纠正构音错误的为有刺激性,以"+"表示,反之为无被刺激性,以"−"表示。

构音类似运动:可以完成以"+"表示,不能完成为"−"。

举例:2(−)说明项目 2 的总体运动虽不能完成,但项目中的分项 2-1 的运动可以完成。

错误类型:根据目前所了解的构音异常,共总结出 26 种类型集中在方框内,经前面检查分析,依异常特点从中选一项或几项相符类型填入结果分析表的错误类型栏内。

举例:[k] 发成 [t],[k'] 发成 [t'],为齿龈化,置换

[s] 发成 [k] 为软腭化,置换

(7)总结:把患者的构音障碍特点归纳分析,结合构音运动和训练计划观点进行总结。见表 6-6。

表 6-6　常见的构音异常

错误类型	举例		说明
省略	布鞋(buxie)	物鞋(wuxie)	
置换	背心(beixin)	费心(feixin)	
歪曲	大蒜(dasuan)	类似"大"中"d"的声音,并不能确定为置换的发音	
口唇化		普遍将辅音发成 b,p,f 的音	
舌口唇化		普遍将辅音发成 d,t,b,p,f 的音	
齿背化		普遍将辅音发成 z,c,s 的音	
硬腭化		普遍将辅音发成类似 zh,ch,sh 和 j,q,x 的音	
上齿龈化		普遍将辅音发成 d,t,n 的音	
送气音化	大蒜(dasuan)	踏蒜(tasuan)普遍将不送气音发成送气音	
不送气音化	踏(ta)	大(da)将普遍将送气音发成不送气音	
边音化		普遍见辅音发成"l"	
鼻音化	怕(pa)	那(na),普遍将非鼻音声母和韵母发成鼻音	
非鼻音化		把 m,n 的音发成其他非鼻音的声母或韵母	
无声音化		发音时部分或全部音只有构音器官的运动但无声音	
摩擦不充分	发(fa)	摩擦不充分而不能形成清晰的摩擦音	
软腭化		齿背音,前硬腭音等发成类似"g,k"的音	
卷舌音化		将辅音普遍发成 zh,ch,sh,r 的音	
腭化构音		发音时舌在硬腭和软腭前部形成卷曲气流从舌腭之间的空隙通过,发 g,k,c 音较常见	
声门破裂音		发某些辅音时,声音似从咽喉部强挤出,重症可能会完全省略掉摩擦和爆破的动作	

续表

错误类型	举例	说明
破裂不充分	b,p,d,t 等音爆破减弱	
破裂音化	普遍发音表现为爆破现象,类似于 b,p 的爆破表现	
不卷舌音化	常见将 zh,ch,sh,r 发成 z,c,s 或者 d,t 的音	
侧音化构音	发音时气流与颊黏膜之间产生共振,常把 ki 发成 gi,并能听到气流的杂音	
有声音化	可发声或有嗓音,几乎形不成具体的构音,含糊不清	
鼻腔构音	发音时软腭振动形成软腭摩擦音,气流逸出鼻腔,常见把 gu 发成 ku	
齿间音化	发音时,舌尖位于上下切牙(前牙之间),多发生于 z、c、s、zh、ch、sh,听起来像咬着舌头说话的感觉	

(四)语音清晰度测试

采用残疾人分类分级标准(国标)中的语音清晰度测试方法,可以评价患者的语音清晰程度,适用于构音障碍的初次评价以及语言治疗和训练的效果。简单省时,易于操作。

1. 测试用图单词

(1)第一组:白菜 菠萝 拍球 飞机 毛巾 头发 太阳 电话 脸盆 萝卜 牛奶 公鸡 火车 黄瓜 气球 西瓜 浇花 树叶 唱歌 照相机 手绢 自行车 扫地 碗 月亮。

(2)第二组:苹果 拍球 冰糕 沙发 门 太阳 弹琴 电视 女孩 绿色 脸盆 蝴蝶 喝水 看书 汽车 熊猫 浇花 茶杯 唱歌 照相机 手绢 擦桌子 扫地 牙刷 碗。

2. 测试方法 受试者面对主试者,主试者从两组图片中任意取一组图片,依次出示(25 张图片),让受试者认读,同时录音。为使测试结果更近实际,本测试采用三级人员测试方法,即依测试人员与被测试者接触密切程度分为三个级别,一级 1 名,二级 1 名,三级 2 名。一级测试人员为直接接触:测试对象的父母、兄弟或者语言治疗师或语训教师;二级测试人员为间接接触:测试对象的亲属或者本地残疾人工作干部;三级测试人员为无接触:其他专业的人员。要求测试人员的听力正常。由以上 4 名人员听测试者的录音并记录下测试者说的词。然后与主试者对照正确答案,最后将 4 名测试人员记录的正确数累积,即可算出受试者的语音清晰度。

注:可以认字的测试对象可以直接读图片背面的文字。

(五)仪器检测

1. 发声空气力学检测 常用于检测嗓音障碍和运动性构音障碍的发声功能,指标主要有:最长发声时间(maximum phonation time,MPT)、音调(pitch,P)、音量(intensity,I)、平均气流率(mean airflow rate,MAR)。

(1)最长发声时间(MPT):简称声时(phonation time,PT),是在深吸气后舒适发元音(a 音、i 音或 u 音)的最长持续时间。发音时间长短与年龄、性别、职业和肺活量有关。运动性构音障碍 MPT 不同程度的缩短。

(2)音调(P):声音高低叫做音调,表示人的听觉分辨一个声音的调子高低的程度,又称音的高度。该设备可以检测运动型构音障碍的音调变化。

(3)音量(I):即声音的响度,是人耳对声音的强弱的主观评价尺度。其客观评价尺度是声音的振幅大小。单位为分贝(dB)。该设备可以检测出患者语音音量的大小值。

(4)平均气流率(MAR):即发声时每秒通过声门的气流量。是喉功能空气动力学检查的主要方法之一,嗓音学中主要用于判断声门闭合程度,闭合程度越差,流量就越高。运动性构音障碍患者发声功能异常主要表现为最长发声时间显著缩短至不足 10 秒;音调显著降低;平均气流率显著降低。有报道证实短期康复治疗后,患者的最长发声时间延长,但音调、音量及平均气流率改善不明显。

2. **鼻流量检测** 共鸣是物体或含气腔对施加影响于其上的频率的振动性响应。共鸣障碍就是指在言语形成过程中,由于舌的位置、口腔的大小以及明腔的开放程度异常使得言语聚焦点出现了偏差,影响了咽腔、口腔以及鼻腔的共鸣效应以及言语的音色效果。鼻腔共鸣障碍是言语障碍的一种。它影响患者的发音清晰度,在运动性构音障碍中,鼻腔共鸣障碍患者占很大比例,因此,对鼻腔共鸣障碍进行准确评估与矫治显得非常重要。鼻腔共鸣障碍的测量指标目前常用的是鼻流量。鼻流量(nasalance)是鼻腔声压级(n)占输出声压级[口腔声压级(o)和鼻腔声压级(n)之和]的百分比,可用下列公式表示:$[n/(n+o)] \times 100\%$,其主要作用是反映鼻腔共鸣功能是否异常。研究表明汉语普通话正常人鼻流量值性别、年龄间差异均无统计学意义。运动性构音障碍患者的鼻流量显著高于正常人,元音 /i/ 及非鼻音句子鼻流量测定与鼻音化主观判定之间有一定的一致性,鼻流量测定可作为判定运动性构音障碍患者鼻音化情况的客观指标。

3. **多维嗓音发声分析系统(MDVP)** MDVP 是一种计算机为基础的多参数嗓音发声分析系统。被应用于理论研究及构音障碍患者的临床评价及治疗中,它可以对嗓音进行迅速而标准的评价,特别是可能作为嗓音障碍特征的评价工具。它可以分析持续发音或任一言语样本基频(f0)、平均基频(MFF)平均调长、持续时间、jitter 值、shimmer 值、频率微扰商(PPQ)、平滑频率微扰商(sPPQ)、振幅微扰商(APQ)、振幅峰值变异、谐振比(H/N)等大量参数。这些参数亦为国内计算机语音频谱分析嗓音的常用参数。这样可以把患者的音声特点、发音部位、发音方法视觉化、客观化,以便及时为临床诊治及康复提供有效客观指标,从而进一步提高言语治疗的效果。在利用 MDVP 对构音障碍的声学分析中:

(1)首先要选用适宜的言语样本,一般要求持续发音时间能在 3 秒或以上,重度患者不能达到 3 秒的,也要尽量保证发音能代表整个言语特征。

(2)所分析的样本可以用与电脑连接的高品质麦克风装置直接录到电脑硬盘上,也可以用高品质数字录音装置入数码录音笔(DAT)记录。

(3)选取足够的规范化数据时,需要仔细考虑多种影响因素,如受试者的性别、年龄等,有时甚至需要此领域多个专家共同讨论并取得一致意见。当然,对 MDVP 的可靠性及敏感性还需要进行更完全的研究,以更好地应用于理论或临床。

(李胜利)

三、 运动性构音障碍的治疗

运动性构音障碍治疗的目的是促进患者发声说话,使构音器官重新获得运动功能。治疗要在安静的场所进行,急性期可以在床边进行,如果能够在轮椅上坚持 30 分钟,可在治疗室内进行治疗。治疗多采用一对一方法,也可以配合进行集体治疗。

(一)治疗原则

1. **针对言语表现进行治疗** 构音障碍的治疗可以按照类型不同设计不同的方案,也可以针对不同的言语表现设计治疗计划。从目前言语治疗学的观点来看,治疗的侧重往往针对的是异常的言语表现,而不是按构音障碍的类型进行治疗。因此,治疗计划的设计应以言语表现为治疗中心,兼顾各种不同类型构音障碍的特点进行设计。言语的发生受神经和肌肉控制,身体姿势、肌张力、肌力和运动协调的异常都会影响到言语的质量。言语治疗应以改变这些状态开始,这些状态的纠正会促进言语的改善。

2. **按评定结果选择治疗顺序**　一般情况下,按呼吸、喉、腭和腭咽区、舌体、舌尖、唇、下颌运动逐个的进行训练。要分析这些结构与言语产生的关系,治疗从哪一环节开始和先后的顺序,要根据构音器官和构音评定的结果。构音器官评定所发现的异常部位,便是构音运动训练的出发点,多个部位的运动障碍要从有利于言语产生,选择几个部位同时开始;随着构音运动的改善,可以开始构音的训练。一般来说,均应遵循由易到难的原则。对于轻中度患者,训练主要是以自身主动练习为主,对于重度患者而言,由于患者自己无法进行自主运动或自主运动很差,更多的需要治疗师采用手法辅助治疗。

3. **选择适当的治疗方法和强度**　恰当的治疗方法对提高疗效非常重要,不恰当的治疗会减低患者的训练欲望,使患者习得错误的构音动作模式。治疗的次数和时间原则上越多越好,但要根据患者的具体情况进行调整,避免过度疲劳,一般情况下一次治疗 30 分钟为宜。

（二）运动性构音障碍治疗的具体方法

1. **放松训练**　痉挛型构音障碍的患者,往往有咽喉肌群紧张,同时肢体肌肉张力也增高,通过放松肢体的肌紧张可以使咽喉部肌群也相应地放松。要进行放松训练的部位包括:①足、腿、臀;②腹、胸和背部;③肩、颈、头。训练时取放松体位,闭目,精力集中于放松的部位,设计一些运动使患者先紧张肌肉,然后再放松,并且体会紧张后的松弛感,如可以做双肩上耸,保持 3 秒,然后放松,重复 3 次以放松肩关节,图 6-1。这些运动不必严格遵循顺序,可根据患者的情况,把更多的时间花在某一部位的训练上。

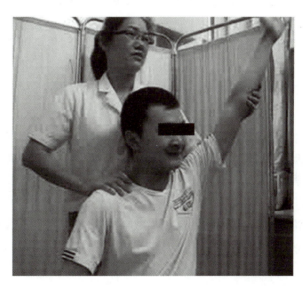

图 6-1　肩部放松练习

2. **呼吸训练**　呼吸气流的量和呼吸气流的控制是正确发声的基础,呼吸是构音的动力,必须在声门下形成一定的压力才能产生理想的发声和构音,因此进行呼吸控制训练是改善发声的基础。重度构音障碍患者往往呼吸很差,特别是呼气相短而弱,很难在声门下和口腔形成一定压力,呼吸应视为首要训练项目。

(1)体位:首先应调整坐姿,如果患者可以坐稳,应做到躯干要直,双肩水平,头保持正中位。

(2)手法辅助训练:如果患者呼气时间短而且弱,可采取辅助呼吸训练方法,治疗师将双手放在患者两侧肋弓稍上方的位置,然后让患者自然呼吸,在呼气终末时给胸部以压力,使患者呼气时增加,这种训练也可以结合发声,发音一起训练。

(3)口、鼻呼吸分离训练:患者平稳地由鼻吸气,然后从口缓慢呼出。

（4）主动控制呼气：呼气时尽可能长时间的发"s""f"等摩擦音，但是不出声音，经数周训练，呼气时进行同步发音，坚持10秒。

（5）增加呼吸气流训练：应用哨子、汽笛、蜡烛、呼吸训练三球仪等物品引导呼气，呼气过程结合口鼻呼吸分离训练，图6-2。

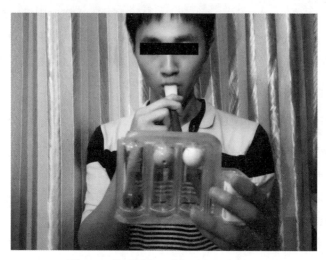

图6-2　呼吸训练三球仪进行吸气练习

3. 构音运动训练　当出现下颌的下垂或偏移而使口不能闭合时，可以用手拍打下颌中央部位和颞颌关节附近的皮肤，不仅可以促进口的闭合还可以防止下颌的前伸。也可利用下颌反射的方法帮助下颌的上抬，做法是把左手放在患者的颌下，右手持叩诊锤轻轻敲击下颌，左手随反射的出现用力协助下颌的上举，逐步使双唇闭合。多数患者都有不同程度的口唇运动障碍而致发音歪曲或置换成其他音，所以要训练唇的展开、闭合、前突、后缩运动。另外，也要训练舌的前伸、后缩、上举和侧方运动等。重度患者舌的运动严重受限，无法完成前伸、后缩、上举等运动。治疗师可以戴上指套或用压舌板协助患者做运动。迟缓型构音障碍患者，舌表现为软瘫并存在舌肌的萎缩，此类患者主要应进行舌肌力量训练。冰块摩擦面部、口唇和舌可以促进口唇的闭合和舌的运动，一次1～2分钟，一天3～4次。双唇的训练不仅可以为发双唇音做好准备，而且流涎也可以逐步减轻或消失。唇颊部无力者，可鼓腮快速轻拍使此部位的肌力增加，促进感觉恢复，图6-3。

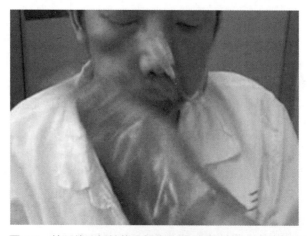

图6-3　鼓腮快速轻拍使此部位的肌力增加，促进感觉恢复

也可以应用本体感觉刺激技术改善构音器官的运动,如用长冰棉签依次刺激唇、牙龈、上齿龈背侧、硬腭、软腭、舌、口底、颊黏膜。如果软腭软瘫至鼻音过重,可在患者发短元音"a"的同时使用冰棉签快速直接刺激软腭,每次数秒,同时想象软腭抬高。

4. 发音训练

(1)引导发音训练:患者可以做唇、舌、下颌的动作后,要其尽量长时间保持这些动作,随后做无声的发音动作,最后轻声引出目的音。原则为先发元音,如"a""u"然后发辅音,先由双唇音开始如"b""p""m",能发这些音后,将已学会的辅音与元音结合,如"ba""pa""ma""fa",熟练掌握以后,然后采取元音+辅音+元音的形式继续训练,最后过渡到训练单词和句子。对伴有口颜面失用和言语失用患者,在语音训练时需做下述两方面的练习:①构音器官的自发运动引发自主运动,言语治疗师画出口形图,告诉患者舌、唇、齿的位置以及气流的方向和大小,以纠正口颜面失用;②模仿治疗师发音,包括汉语拼音的声母、韵母和四声。纠正言语失用,亦可应用 Rosenbeke 成人言语失用八步法。

(2)减慢言语速度:构音障碍的患者可能表现为绝大多数音可以发,但由于痉挛或运动的不协调而使多数音发成歪曲音或韵律失常,这时可以利用节拍器控制速度,由慢开始逐渐变快,患者随节拍器发音可以明显增加言语清晰度。节拍的速度根据患者的具体情况决定,见图6-4。如果没有节拍器,也可以由治疗师轻拍桌子,患者随着节律进行训练。

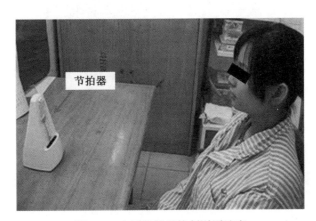

图6-4 应用节拍器控制说话速度

(3)音辨别训练:患者对音的分辨能力对准确发音非常重要,所以要训练患者对音的分辨,首先要能分辨出错音,可以通过口述或放录音,也可以采取小组训练形式,由患者说一段话,让其他患者评议,最后由治疗师纠正,效果很好。

5. 克服鼻化音的训练化

鼻音构音是由于软腭运动减弱,腭咽部不能适当闭合而将非鼻音发成鼻音,这种情况会明显降低音的清晰度而难以使对方理解。可采用引导气流通过口腔的方法,如吹蜡烛、喇叭、哨子等可以用来集中和引导气流。另外也可采用"推撑"疗法,做法是让患者把两手放在桌面上向下推或两手掌放在桌面下向上推,在用力的同时发"啊"音,可以促进腭肌收缩和上抬功能,另外发舌根音"卡"也可用来加强软腭肌力促进腭咽闭合。

6. 克服费力音的训练

这种音是由于声带过分内收所致,听起来喉部充满力量,声音好像从其中挤出来似的,因此,主要的治疗目的是让患者获得容易的发生方式。可以用打哈欠的方式诱导发音,方法是让患者处在一种很放松的打哈欠状态时发声,理论是打哈欠时可以完全打开声带而停止声带的过分内收。起初让患者打哈欠并伴随呼气,当成功时,在打哈欠的呼气相教患者发出词和短句。另一种方法是训练患者发"喝"音的发音,由于此音是由声带的外展产生,因此,也可以用来克服费力音。除了上述方法以外,头颈部为中心的放松训练也可以应用,头部从前到后慢慢旋转同时发声,这种头颈部放松可以产生较容易的发声方式。咀嚼训练可以使声带放松和产生适当的肌肉张力,训练患者咀嚼时不发声到逐渐发声,利用这些运动使患者说出单词、短句和进行会话。另外,喉部放松训练也可以使声带及周围结构放松,降低说话的费力程度。

7. **克服气息音的训练** 气息音的产生是由于声带闭合不充分引起,因此,主要训练途径是在发声时关闭声门,上述所述的“推撑”方法可以促进声门闭合。另一种方法是用一个元音或双元音结合辅音和另一个元音发音,如“ama”“eima”等。用这种方法可以诱导产生词、词组和句子,图6-5。

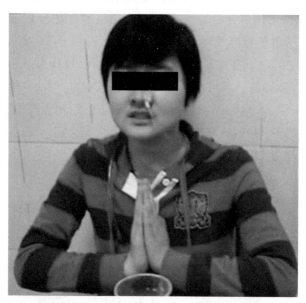

图6-5 两手合掌用力推发音“i”促进声带闭合

8. **韵律训练** 由于运动障碍,很多患者的言语缺乏抑扬顿挫和重音变化,而表现出音调单一,音量单一以及节律的异常。可用电子琴等乐器让患者随音的变化训练音调和音量。对节律的训练,可以使用节拍器,设定不同的节律和速度,患者随节奏发音纠正节律。

9. **交流辅助系统的应用** 部分重度患者,通过各种手段治疗仍不能讲话或虽能讲话但清晰度极低,这种情况就是应用交流辅助系统的适应证。此交流系统的种类很多,最简单的有用图片或文字构成的交流板,通过板上的内容来表达各种意愿。随着电子科技技术的高速发展和广泛应用,许多发达国家已研制出了多种体积小便于携带和操作的交流仪器,具有专门软件系统的计算机也逐步用于构音障碍患者的交流,这些在我国还有待于开发。但是,就我国目前的状况为患者设计交流图板和词板是可行的,这种形式不但可以发挥促进交流的作用,而且简单易行。为患者设计交流板并不是一件简单的工作,因此治疗人员要有多方面的知识,有必要时还要请其他专业人员参加设计和制作,图6-6。一般设计交流要注意以下几点:

(1)内容:要使交流板上的内容适合患者的水平。

(2)操作:是如何使用,也就是利用身体的哪一部分操作,常常首先需要与其他专业人员一起对患者的运动功能、智力、语言进行全面评定。尽量充分利用残余功能。例如一患者是四肢瘫痪并重度构音障碍,只是头和眼睛可以活动,便可以用“眼球指示”或“头棒”来选择交流板上的内容。

(3)训练和调整:要对患者如何使用交流系统进行训练,而且随着患者交流水平的提高,调整和增加交流板上的内容。

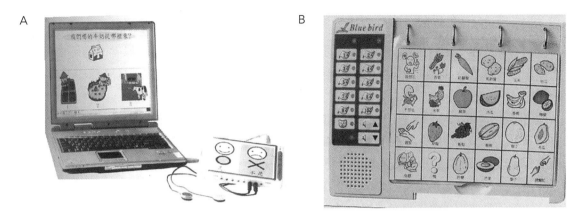

中山大学第三附属医院交流画板

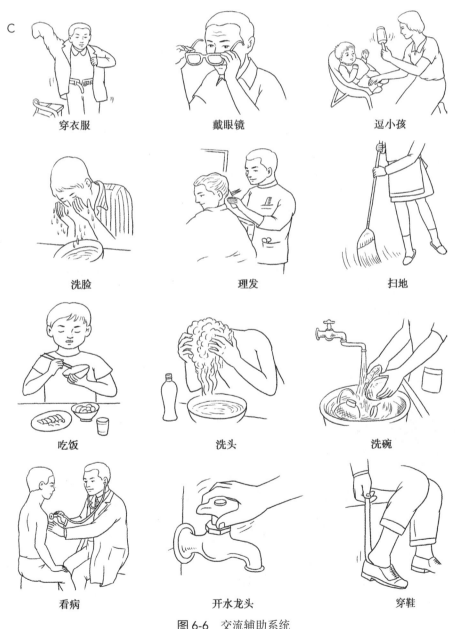

穿衣服　　　　戴眼镜　　　　逗小孩

洗脸　　　　理发　　　　扫地

吃饭　　　　洗头　　　　洗碗

看病　　　　开水龙头　　　　穿鞋

图 6-6　交流辅助系统

A. 计算机专门软件交流系统；B. 可操作的录音交流仪；C. 为患者设计交流图板

（三）现代技术在构音障碍的运用

随着现代治疗技术的不断发展,越来越多的新技术、新手段可以运用在构音障碍的训练之中,一方面可以增加训练的有效性和针对性,另一方面可以大大提高治疗的趣味性,拓展了构音障碍的治疗手段和治疗范围。

1.口部训练 口部肌肉训练疗法在构音障碍中的应用:口部肌肉训练疗法即通过借助触觉及本体感觉的方法,以口腔运动技能发育原理为根本,促进构音障碍患者口部感知觉恢复正常,达到抑制患者异常的口腔运动模式,帮助患者建立正常的口腔运动模式的目的。目前口部肌肉训练疗法主要包括口腔感知觉障碍治疗和口腔运动障碍治疗。

口腔感知觉障碍治疗主要将患者根据口腔触感程度不同分为三类,一类为感知觉超敏的患者,一类为感知觉弱敏的患者,最后一类为感知觉敏感性混合的患者。针对这三类患者,一般感知觉刺激技术主要是通过对患者视觉、听觉、嗅觉、味觉、触觉等方面进行刺激,常运动刺激方式包括冷刺激、热刺激、触摸刺激、食物刺激法、视觉反馈刺激以及异物刺激等。通过这些方法的使用,可以达到促进患者口腔感知觉正常化的目的,并且帮助患者建立起对于各类刺激时的正常反应。从而使患者超敏的部分降低敏感度,弱敏的部分提高敏感度,最终使其敏感性达到正常水平。另外对于儿童构音障碍的患者,采用口部探索游戏的训练方法也有助于口部触觉敏感性的正常化,同时还能帮助患者重新建立婴幼儿期的口部运动模式,帮助患者习得新的口部运动技能。

口腔运动障碍治疗主要包括下颌运动治疗、唇运动治疗和舌运动治疗。口部肌肉训练疗法中针对口腔运动的治疗与传统治疗最大的区别就在于专门制作的针对唇、舌、下颌、软腭等构音器官的训练工具,在训练时更加详细的区分不同的难易度与患者的口腔运动功能。常用的训练方法主要有以下这些:①下颌运动治疗:主要针对下颌运动受限、下颌运动过度、下颌分级控制和下颌转换运动障碍等进行的治疗,常采用下颌抵抗法、下颌控制法、下颌分级控制和下颌自主运动治疗法来解决下颌的运动障碍问题,图 6-7A;②唇运动治疗:主要针对唇肌张力过高和唇肌张力过低造成圆唇运动、展唇运动、圆展交替、唇齿接触等运动出现运动不足或缺乏导致双唇音或唇齿音构音不清而进行的治疗,主要采用肌张力过高治疗法、肌张力过低治疗法、促进唇运动的自主控制、自主训练治疗法,图 6-7B;③舌运动的治疗:主要针对舌前后运动范围受限、舌精细分化运动发育迟缓、舌尖运动发育不良、舌两侧运动发育不良、舌肌张力低下、舌肌张力过高、口部触觉敏感性障碍、舌器质性问题、口部习惯问题等进行治疗,同时促进舌的感知觉正常化,扩大舌的运动范围,促进舌基本运动模式的形成,提高舌运动的灵活性和稳定性,从而为准确构音奠定较好的生理基础,图 6-7C。

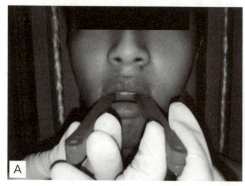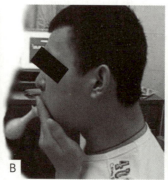

图 6-7　口部运动训练

A.下颌运动治疗:咬牙胶双侧下颌控制练习;B.唇运动治疗:手触碰唇周圆唇吹气球训练轮匝肌的力量;

C.舌运动的治疗:压舌板刷舌尖,使舌头上翘分离运动

2. 声学反馈训练系统在构音障碍中的应用 声学反馈训练系统是基于生物反馈训练系统所开发的一套训练系统,通过声学采集和分析仪器,对患者的音调、音量、最长发声时间、平均气流率、发音的平均基频等方面对患者的发音进行客观的评价,并通过视觉反馈的方式对患者进行反馈,让患者能够清晰地认识到每一次发音的变化,提高患者主动参与的积极性。声学反馈训练系统,其最重要的作用是为患者的声音提供了一个可视化的指标,提高了患者进行构音训练时的有效性和可靠性,使得整个训练过程的可重复性及可操作性都得到了显著的提高。

在目前的临床工作中常用的评估、治疗设备主要有以下几种:

(1)实时言语测量仪器:主要用于构音障碍的诊断和对患者的治疗过程进行监测。这类仪器不但可以帮助治疗师评估患者发音的声音、声调、最长声时等客观指标,更可以在平时的训练过程中给患者以反馈,显著提高训练过程的有效性与趣味性。同时,这些仪器操作通常比较简便,方便治疗师进行多次评估,在治疗过程中不断调整治疗方案,提高治疗的有效性和针对性。目前临床工作中较常使用的实时言语测量仪器有:构音障碍康复训练仪,语言、认知评估训练系统等。

(2)发声诱导装置:主要用来针对儿童构音障碍的治疗,内置多种诱导发音的声控游戏,鼓励患儿发音,并在患儿正确发音后给予正向反馈,提高患儿的参与度与兴趣。同时在患儿进行游戏治疗的过程中,治疗师可以通过分数、难易度等数据的变化获得相对应的统计报告,对患儿的治疗过程与治疗效果进行客观记录与分析。

(3)电子纤维喉镜检查:主要是通过带有摄录功能的纤维喉镜中获得图像、声学及电声门图信号。治疗师可以通过处理之后的数据对患者的喉部功能进行定量的分析,有助于明确疾病诊断,判断患者的病变部位与病变程度。此外,目前较为先进的频闪电子纤维喉镜可以以图像的形式,将患者声带在发音、呼吸时的细小变化直观反映出来,为进一步分析患者的基频、开放率、基础率等其他病例分析提供了客观依据。

3. 辅助沟通治疗手段的应用(AAC 辅助与代替沟通系统) 辅助沟通手段通常用于较为严重的构音障碍患者的治疗中,如果患者因为某些原因导致构音器官损伤,从而不能通过正常的交流方式进行交流,因此必须借助一定的辅助沟通工具或者特定的表达形式进行交流。辅助沟通增强与代替(augmentative&alternative communication systems,AAC)的主要目的就是在给暂时或永久性语言障碍的患者提供有效便利的沟通方式。从大的方面来讲,在日常生活中谁都有可能使用到 AAC。当你患重感冒的时候,因为嗓音嘶哑难以说话,一张纸和一支笔就是你的 AAC;而对于一个喉切除术后的患者,在还没有习得新的语言能力的时候,与家人、医生沟通时的一个眼神、一个手势,都可以说是他的 AAC;著名的天体物理学家霍金教授,也是使用自己轮椅上所附带的 AAC 系统在各大高等学府进行演讲。

在使用 AAC 系统前,言语治疗师必须要考虑到患者的年龄、性别、受教育程度、宗教背景等个人因素,还有患者的认知功能、肢体功能等客观因素,选择合适患者,并且最方便患者操作的辅助沟通替代系统。另外,值得注意的是 AAC 系统是辅助替代交流系统,他只能帮助有沟通能力的患者,对于沟通能力存在障碍的患者 AAC 系统的辅助能力有限。

(万桂芳)

四、 脑瘫儿童构音障碍的康复治疗

脑性瘫痪儿童常伴有的全身、躯干或肢体粗大运动及精细运动的障碍,这种障碍会直接影响到发音器官的运动功能即形成运动性构音障碍。其会直接影响到患儿言语的清晰度及可懂度,造成信息交流上的困难。脑性瘫痪儿童的口唇、舌、下颌、软腭、硬腭、鼻咽腔等构音器官运动障碍,其异常表现为:

1. 不随意的下颌上抬运动、口唇运动、张口、伸舌等所致的言语清晰度低下。

2. 不能进行口唇开合、噘嘴、龇牙等交替的协调运动或运动范围受限,速度低下等所致言语清晰度低下。

3. 舌运动功能低下,如舌外伸、舌上抬困难或有不随意运动及精细构音运动的准确性障碍所致的言语清晰度低下。

4. 下颌开合困难,协调运动速度降低所致言语速度缓慢,清晰度低下。

5. 可见鼻咽腔闭锁功能不全所致鼻音过重。

脑性瘫痪患儿的构音治疗,只注意其构音器官的运动功能、构音训练等方面,还是不够全面的。语言治疗师必须重视患儿的全身状况,例如,患儿的意识状况,认知能力,语言发育状况,构音器官的结构、智力及听力有无异常。因为构音器官运动大多需要在口腔内完成,脑瘫儿童构音训练除手法帮助外,还需要大脑对信息(指令)的加工来完成口腔内的构音运动,这样才能完成系列的构音运动训练来提高语音的清晰度。为此,脑瘫儿童的构音训练主要可分为基础性运动训练、粗大构音运动训练和精细构音运动训练。

(一)基础运动训练

1. **抑制异常姿势反射训练** 脑性瘫痪患儿对反射抑制姿势适应后,肌张力会渐渐地接近正常,为此,语言治疗师首先必须将与构音密切相关的异常反射姿势予以抑制。为了有效地抑制异常反射姿势,必须从头、颈、肩等大运动开始训练逐渐向下颌、口唇、舌等精细运动过渡。

方法一:让患儿躺在床上,语言治疗师协助患儿将髋关节、膝部、脊柱、肩屈曲,头后仰(图6-8A)。

方法二:让患儿躺在床上,语言治疗师协助患儿将膝关节屈曲下垂于床边,髋关节与脊柱伸展,头向前屈曲,肩放平(图6-8B)。

方法三:在患儿的后面将患儿抱起,令患儿坐在语言治疗师(跪姿)的腿上,然后轻轻地转动患儿的躯干、骨盆,以缓解患儿躯干、骨盆的紧张度,然后将患儿双手放到前面桌面或训练台上,双脚在地上放平(图6-8C)。

方法四:(辅助用具)能抑制异常反射姿势、能降低肌张力的轮椅。此轮椅适合于训练用,轮椅上有活动头颈靠背,能根据患儿的需要调整头颈姿位;轮椅两边没有躯干垫,根据患儿需要可调松紧以固定躯干;椅面中间有一防止下滑垫,其作用一方面防止下滑,另一方面将患儿两腿分开,对降低肌张力有一定好处;脚下设有踏板,此踏板可升可降,可根据患儿需要上下移动,以利脚面能自然平稳地放在踏板上,以降低全身肌张力;在轮椅上设有一活动的桌面板,患儿可将双上肢放到上面,可以在降低肌张力及抑制异常姿势的情况下进行训练、操作、进食等。

方法五:(辅助用具)便携式儿童坐姿矫正带,可以将独坐有困难的儿童固定于训练椅上,然后治疗师进行训练(图6-8D)。

2. **口腔知觉训练** 脑性瘫痪患儿多数都有颜面及口腔内触觉异常敏感,因此特别反感接触这些部位。有的患儿甚至会出现全身性紧张、痉挛性反应。正常儿童发育阶段,特别喜欢将手里的东西放在口内来感知物体形状等,促进口腔的知觉,而脑性瘫痪患儿由于敏感及运动障碍,缺乏这种经验。口腔知觉训练与构音能力关系密切,因此语言治疗师在训练时,要尽量使用各种各样形状的较硬物体等对其口腔及舌进行刺激,以改善口腔内的知觉促进后期构音运动的完成。

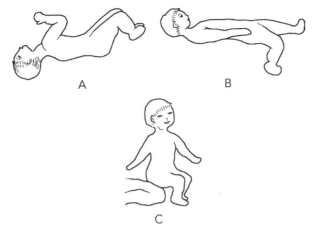

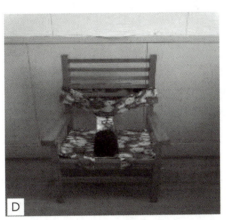

图 6-8　抑制异常姿势反射训练方法

A. 抑制异常姿势反射训练方法一；B. 抑制异常姿势反射训练方法二；

C. 抑制异常姿势反射训练方法三；D. 便携式儿童坐姿矫正

（二）粗大构音运动训练

1. **深呼吸及吸气的控制训练**　①将口鼻同时堵住,屏住呼吸,在一定时间后急速放开,从而促进深呼吸；②让患儿取仰卧位,膝关节和髋关节同时屈曲,用大腿的前部压迫腹部,然后迅速伸展下肢,使腹部的压迫迅速解除,从而促进深呼吸；③对有一定理解能力年龄偏大的患儿,可以给予口头指令"深吸一口气,然后慢慢地呼出去"；④如果患儿呼气时间短且弱,可采取卧位,帮助进行双臂外展和扩胸运动的训练,也可在呼吸末向前下方轻轻按压腹部来延长呼气的时间以增加呼气的力量。同时,可采用吹喇叭、吹口琴、吹泡泡等游戏来进行训练,还可以锻炼用吸管喝水。

2. **改善下颌及口唇的控制**　下颌控制不良口唇就难以闭合,这就是我们常常看到脑性瘫痪患儿流涎的原因,以致无法进行构音训练。①用冰块对口唇及舌进行冷刺激；用刷子快速地(5次/秒)进行刺激,刷的部位是口周、口唇、下颌内侧。诱发下颌反射,促进下颌上抬,口唇闭合。②颌抬高:尽可能大的张嘴,使下颌下降,然后再闭口。以后加快速度,但需要保持上下颌最大的运动范围；下颌前伸,缓慢地由一侧向另一侧移动。③唇闭合、唇角外展:双唇尽量向前噘起(发 u 音位置),然后尽量向后收拢(发 i 音位置)。逐渐增加交替运动的速度,保持最大的运动范围。双唇闭紧夹住压舌板,增加唇闭合力量,治疗师可向外拉压舌板。鼓腮数秒,然后突然吹气,有助于爆破音的形成。

3. **改善舌的控制**　如果孩子下颌的随意运动得到控制,就可以说已进入了神经肌肉的发育阶段,虽然这时还需要对舌的控制训练,对于脑性瘫痪患儿能够正确掌握舌的运动功能是非常难的,有很多是完全不可能,但对于有很大潜力的比较轻的脑性瘫痪患儿来说,这种促进运动是非常必要的,舌的控制可以分为以下几个阶段。

第1阶段:舌和下颌的协调,也就是咀嚼运动,以及舌和口唇的协调性。可以利用吸管来加以促进。

第2阶段:治疗师让患儿的口稍稍张开,并保持下颌的这一位置,让舌尖向前齿方向运动,当出现所希望的动作时,治疗师可以逐渐减少对下颌的支持,向能够自我控制方向过渡。

第3阶段:将海绵、软木塞等放入患者口中,让其舌按前后左右等指定方向移动,为防止误咽,可在后面用线系上,也可以用棉签和糖等放在口内或口边,用舌来舔等。

另还可以利用抵抗运动法,让其舌进行随意运动,并令其抵抗,这样可以促进中枢神经系统的兴奋和最大限度活化神经肌肉功能。如舌尖上抬时,治疗师可以用压舌板向下压其舌尖,命令其舌尖抵抗,以达到上抬的目的;除此以外还可以利用此法促进下颌的开闭,努嘴等运动。

(三)精细构音运动训练

构音训练是按照构音检查的结果,对患者进行正确的构音训练。原则是先由容易的音(可视音)开始如双唇音,然后向较难的音(软腭音、齿音、舌齿音等)方向进展。顺序是先由单音节→单词→句子→短文进行的,在完成各种音时构音的精细运动是非常重要。

1. 双唇音 [P]、[b]、[m]、[w] 采取的姿势是仰卧位的反射抑制姿势,治疗师用手指轻轻地闭合其口唇,并鼓励患儿模仿其发音。

2. 软腭音 [k]、[g]、[h] 可以采取仰卧位,两腿向胸部屈曲,头向后仰的姿势或坐在台子上躯干后倾,双手放在躯干的两侧,头向后倾的姿势。在这种姿势下,将手指轻轻压迫其下颌(相当于舌根部),在手指离开的同时发声。治疗时,让患儿认真听以增强其听觉记忆。

3. 齿音、舌齿音 [t]、[d]、[s]、[n]、[z] 采取双腿下垂,两手臂支持躯干,头向前屈的姿势,或是在仰卧位的情况下双腿垂下,治疗师支持患者的头向前屈的姿势,可以在俯卧位的情况,双肘支撑躯干,使头向前屈或保持平直的姿势。在保持以上姿势的同时使头前屈,被动地使其下颌由下向上推压,让患者模仿治疗师发 t、d 的音。最终患者能够按自己方式发出目的音。

(四)韵律训练

由于运动障碍,很多患儿的语音表达缺乏抑扬顿挫及重音变化,而表现出音调单一、音量单一以及节律的异常。可采用电子琴等乐器让患儿随音的变化训练音韵、音调和音量,也可以用可视语音训练器(Visi-Pitch)来训练,现国内已生产类似产品并配有软件,使患儿在玩的过程中进行韵律的训练。带有音量控制开关的声控玩具用做训练也很有效,特别适合年龄较小的儿童。对节律的训练,可以用节拍器,设定不同的节律和速度,患儿可随节奏纠正节律异常。

(五)其他相关训练

1. **摄食训练** 摄食功能与说话的关系十分密切。下颌、口唇、舌、软腭等发音器官,本身又担负着维持生命的进食功能。为进食而出现的下颌,口唇、舌、软腭的协调运动是发音所必需的,且是完成构音更复杂的协调运动的基础。也可以说,如果进食功能发育不完善,那么完成复杂的发音及敏捷的精细构音运动功能是不可能的。因此,脑瘫患儿建立早期正确的进食习惯是非常重要的。

脑性瘫痪儿童的进食功能发育较正常儿童要延迟,并常常伴有下颌口唇、舌、软腭等异常,其主要表现为:

(1)突然、不自主地伸出、回缩舌头及不自主地做侧向运动。

(2)下颌运动稳定性低下。

(3)颈部过度后伸,前屈或侧伸;甚至有扭转。

(4)咬肌强力收缩,牙关紧闭;少数患儿有磨牙症。

(5)口腔敏感,觅食反射、呕吐反射残存。

(6)可有无效的、不协调的吞咽和缺乏口唇关闭的同步动作。

(7)软腭运动功能低下等。

　　脑性瘫痪患儿的进食障碍,一方面是由于口腔诸器官的协调运动功能障碍而导致咀嚼、吞咽等困难;而另一方面,由于脑性瘫痪患儿残留的原始反射妨碍患儿的随意运动,使头颈部,躯干运动控制不良,其稳定性较差,手眼协调性差等多种原因所致。因此,为使进食训练能顺利地进行,必须让患儿采取抑制原始反射的姿势。抑制原始反射的姿势是让患儿髋关节屈曲90°,骨盆与脊柱的位置保持正常状态。缓慢活动头部,降低颈部的紧张性,从而使头部能稳定在身体正中位置。进食训练时,根据摄食功能障碍的程度选择食物。为了抑制原始反射运动的随意性,食物的内容必须适合口腔器官的发育,顺序从糊状→软食→固体食物→正常食物。在训练进食糊状食物和软食时,最好采取抱姿。脑性瘫痪患儿的进食训练,要在口、鼻呼吸分离的情况下进行。另外脑性瘫痪儿童还存在口腔器官的原始反射,如咬合反射、吸吮反射、呕吐反射等,即口腔和口腔周围存在敏感性。因此,在进食训练之前必须对口腔器官进行"脱敏"训练。

　　2. 交流板　对于严重的脑瘫构音运动障碍,语音清晰度及可懂度极差者,可采用交流板辅助。

(冯兰云)

第三节　功能性构音障碍

一、功能性构音障碍的定义与原因

(一)定义

　　功能性构音障碍是指发音错误表现为固定状态,但找不到明显原因的构音障碍。

(二)原因

　　目前还不十分清楚功能性构音障碍的原因,一般认为是幼儿在学习发音的过程中因某种原因学会了错误的构音动作,而且这种构音动作已养成了习惯,近些年以来在城市中很多家庭都有来自不同地区的保姆,在大量就诊的儿童当中发现构音异常与频繁更换保姆有关,特别是2～4岁的孩子,因为这些孩子正处于语言的发展时期容易造成发音的异常,而且在这阶段,大多数幼儿不会注意到自己的发音错误。有些研究资料显示功能性构音障碍主要与儿童语音的听觉接受、辨别、认知因素有关。

（三）常见的构音错误

1. g、k 发成 d、t,如把"哥哥"说成"的的"或者相反的发音方式。
2. zh、ch、sh 发成 z、c、s,如把"知"发成"滋","吃"发成"次","是"发成"四"。
3. 把 l 发成 n(除外地方语音的发音地点,比如我国的部分地区 n、l 不加区分)。
4. 把部分非鼻音发成鼻音。

二、 功能性构音障碍的诊断

1. 构音器官形态无异常(无腭裂、错位咬合、严重的舌系带短缩)。
2. 构音器官运动功能无异常(无脑瘫、先天性软腭麻痹等)。
3. 听力正常,但要注意在轻度至中度听力障碍,高频突发性聋、如高频区辅音的听力障碍,往往会出现发音异常。要注意除外这些原因。
4. 如果有构音错误,但语言发育大致达到 4 岁以上,构音错误已经固定化。如儿童未达到 4 岁出现构音错误,也可以看作是发育过程中未成熟的发音。

三、 构音评价

主要依靠检查者的听觉判断是否存在发音错误,并仔细观察构音动作是否异常。

（一）情报收集及检查

1. 构音障碍发生和经过的调查
(1)口腔技能、进食动作、吸管的使用、吹气、吹的游戏等。
(2)运动功能发育。
(3)语言发育情况。
(4)目前日常会话的状况。
错误的持续性及其程度,会话时的可懂度,本人的意识,有无继发性问题,如回避谈话、书写错误、被讥讽等。
2. 构音检查(见构音障碍检查)。
3. 构音器官检查见表 6-7。
4. 语言发育检查(见语言发育迟缓检查法)。
5. 听力检查(纯音听力检查)。
6. 智力检查(必要时可做智商测定)。

表 6-7 构音器官检查

构音器官	形态	功能
口唇	对称性,闭合的状态	突出的程度和速度,开闭的程度和状态
齿	咬合的状态,牙齿缺损	咬合是否紧密,哪些牙齿缺损
舌	大小,对称性,有无不随意运动,有无萎缩	前伸后缩,上下左右活动的程度和速度
硬腭 软腭	长度充分与否,腭裂或黏膜下腭裂,悬雍垂形状	发"啊"时软腭上举的程度

续表

构音器官	形态	功能
咽喉	软腭与咽后壁的距离是否过长	
协调运动	吹气观察鼻咽腔的关闭功能,观察连续构音功能	

(二)整理评价结果

见表6-8。

表6-8　构音评价结果

主要项目	表现	意义
错误构音种类	错误和正确发音的种类	错误发音种类有哪些,以较容易发的音的错误判定轻重度
错误的一贯性	能否使其正确,发音环境的影响,单词与音节水平,检查和生活中有何不同	不稳定的错误为未成熟构音,一贯性的错误为固定、习惯化的构音,有时可成为训练的关键词
错误的类型	音节省略、替代、歪曲有无特异性错误型	距构音发育的阶段有多大
被刺激性	能否纠正为正确构音,达到此目标的方法(复述、构音动作的模仿、其他)	训练的难易程度或提示有自然治愈的可能性
听觉记忆力	语音、数字等的记忆表现	如有问题应采用专门的方法考虑
语音辨别力	能否区分正确与错误的发音	训练途径的选择不同
构音器官	形态、功能	器质性与功能性的区别
错误的内容	在错误构音中共同缺少的构音动作是什么,此动作是否在正确构音时也存在	采用何种构音训练、从哪一音开始训练等作为制订训练计划的指标

四、　训练原则

(一)改变固定化了的构音习惯

1. 改变错误的构音动作。
2. 正确构音动作的再学习。

(二)构音训练方法

1. 必须训练听辨别音。
2. 必须严格训练构音动作。
3. 要设法排除错误构音习惯的影响。如:为了矫正和巩固正确发音,需要临时挑选一些单词、句子并持续的使用。

五、　训练计划的制订

(一)训练的适应证及训练方针的制定

1. 语言发育水平大体在4岁以上,习惯化的构音异常,特别是在被别人嘲笑的情况下,应进行早期的构音训练。并且应该教会家长协助训练。

2. 在构音错误无特异性,错误方式不固定或有波动,有构音的被刺激性或伴有语言发育迟缓时,一边促进语言发育,一边观察构音发育。

(二)发音训练内容

1. 参考构音发育标准,选择一贯性低、未定型的音,尽量选择容易发的音,例如不能发 k 和 s 时,应先选择训练 k。

2. 可以根据构音点、构音方法的相似性制订训练计划。例如同类音 g、k、h 的波及效果等。

3. 训练过程中发现一个音训练效果不好,也可以实验性的训练另一个音。

(三)训练方法的选择

在训练过程中,并非只选择哪一种,而是多种方法相互补充,以求达到最佳效果。

1. 利用听觉的训练方法

(1)听音辨别训练:适应不能分辨语音或分辨能力较差的儿童,听取语言治疗师发出的正确音,辨别自己的错误发音并让其复述正确发音。也可以先教患儿正确拼音和文字,并将他们写在纸上,当治疗师发音时,让患者指出相应拼音和词。已上学的儿童可以将其错误音放在词的不同位置,治疗师说出包含该音的词时,患儿可以指出音的位置。如能分辨语音则可以训练单词。

(2)听觉刺激法:适应于错误语音具有被刺激性(未定形时),方法是复述单词和音节。一般只用此方法难以改善,可以作为配合训练方法。

2. 构音动作训练法几乎适用所有构音错误呈固定化、习惯化的儿童。必须使用避开错误构音习惯的构音动作训练方法。

(四)构音训练顺序

1. 训练过程引导构音动作→自发正确发音→熟练正确发音→向其他发音泛化。

2. 构音运动的学习

(1)诱导目的音正确动作:从构音动作较相似的音开始,在形成新的构音动作时,让其模仿动作,用语言说明和使用镜子加深理解。

(2)用单音节稳定正确音的构音动作。

(3)在说话中引用正确的发音:①使用为训练特别挑选的词汇;②单词、句子、短文的应用从音节数少,发音的组成容易的实用性词语开始,例如自己或小朋友的名字,问候语,称呼词等;③用录音机再现自己错误的发音和正确音进行比较;④促进实用化。

对儿童可以利用说儿歌,做游戏等方式逐步向训练过程以外的言语活动过渡。这种过渡存在个体差异,一般说年龄越大,难度越大。但至少应做到在训练场所能够熟练应用,并且在出现错误时能自己纠正。

(五)选择训练教材

可以选择画片、图册、向练习册上贴画等,根据不同情况选择不同的方法。

六、 构音训练

训练开始时,要带有游戏性,尽量争取使其保持对训练有兴趣,尽量不要挫伤他们讲话的愿望而能积极配合训练。

（一）g、k 的训练

1. g 被 d 代替时让患儿发 gɑ 或 kɑ，同时用压舌板或勺子把压舌尖。
2. 利用漱口的方法，逐渐减少口中水量，从"无水漱口"诱导 gɑ 音。
3. 发音时利用舌根和软腭闭锁的方法
（1）闭合双唇发 m……
（2）微张口唇发 n……
（3）张开口唇 eng……
（4）让患儿在 eng 后加上元音"ɑ"构成 eng 加 ɑ 的音。即一边让患儿持续发 eng 音，然后移行至 ɑ 音。
（5）发耳语音的 gɑ。

（二）d、t 的训练

1. 让患儿把舌放在上下齿之间，水平伸出。一天做五分钟左右，进行一个月。
2. 在伸舌状态呼气发破裂音。

（三）s 的训练

1. 让舌松弛，使舌平伸状态夹在两齿间。
2. 从舌正中发出较长时间的气流发"s"，使用吸管等向正中诱导呼气也可以辅助训练。
3. 在 s 后加元音 u 进行构音发 su，把舌从两齿间向后缩即可发成 s 音，如果 s 音泛化，并且保持下来，逐步可以把舌自然地向后移动而发出 s 音。

（李胜利）

第七章
腭裂

第一节　腭裂的概念与语音表现

（一）概述

1. **腭的解剖**　腭位于口腔上壁,前 2/3 为骨性结构,由上颌骨的腭突和颚骨组成,称为硬腭;后 1/3 由腭帆张肌、腭帆提肌、舌腭肌、咽腭肌、悬雍垂肌等肌肉组成,称为软腭;软腭的后缘中线游离缘的正中有一突起下垂的结构,称为腭垂,也称悬雍垂,如图 7-1 所示。硬腭位于口腔前部,将鼻腔与口腔分隔开来,可以避免食物以及口内分泌物进入鼻腔,同时也防止鼻腔分泌物进入口腔,有利于保持口腔和鼻腔的卫生;硬腭的顶板样形态,有利于在构音运动时舌与硬腭进行接触,调节发音时的阻力以及形成气流的摩擦,是形成辅音的重要解剖机制。软腭可以在吞咽和发声时进行相应的上抬运动,对鼻咽部进行封闭,是构音、共鸣以及吞咽运动的重要解剖结构。

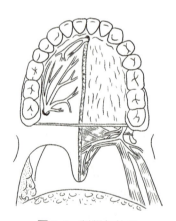

图 7-1　硬腭与软腭

2. **腭裂的概念**　唇腭裂是口腔颌面部最常见的先天性畸形,发病率在 1‰ ~ 2‰,在我国,每年新出生的唇腭裂患儿约 25 000 名,腭裂和腭裂是先天性颌面畸形常见的两种疾病,其中腭裂对于儿童在语言发展和语音形成中起主要的影响,腭裂的主要治疗方法是手术,据统计,在初期腭裂修补手术后仍会有 20% ~ 30% 的患者存在不同程度的腭咽闭合不全和代偿的发音习惯,导致腭裂病理性语音持续存在,因此关注腭裂的语音问题将是本章的阐述重点。

腭裂是因为胎儿第 6 ~ 12 周硬腭、软腭未能正常地发育融合,以至出生时遗有长裂隙的现象。腭裂可单独发生,也可与唇裂同时伴发,常有典型的面部外观(图 7-2)。同唇裂不同的是,腭裂不仅有软组织畸形,大部分腭裂患者还可伴有不同程度的骨组织缺损和畸形。他们在吮吸、进食及语言等生理功能障碍方面远比唇裂严重。由于颌骨生长发育障碍还常导致面中部塌陷,严重者呈碟形脸,咬合错乱(常呈反颌或开颌)。因此,腭裂畸形造成的多种生理功能障碍,特别是语言功能障碍和牙咬合错乱对患者的日常生活、学习、工作均带来不利影响;也容易造成患者的心理障碍。

3. **腭裂的分类** 根据硬腭和软腭部的骨质、黏膜、肌层的裂开程度和部位,多采用下列的临床分类方法。

图7-2 腭裂患者的典型外观

(1)软腭裂:仅软腭裂开,有时只限于腭垂。不分左右,一般不伴唇裂,临床上以女性比较多见。

(2)不完全性腭裂:称部分腭裂。软腭完全裂开伴有部分硬腭裂;有时伴发单侧不完全唇裂,但牙槽突常完整。本型也无左右之分。

(3)单侧完全性腭裂:隙自腭垂至切牙孔完全裂开,并斜向外侧直抵牙槽突,与牙槽裂相连;健侧裂隙缘与鼻中隔相连;牙槽突裂有时裂隙消失仅存裂缝,有时裂隙很宽;常伴发同侧唇裂。

(4)双侧完全性腭裂:双侧唇裂同时发生,裂隙在前颌骨部分,各向两侧斜裂,直达牙槽突;鼻中隔、前颌突及前唇部分孤立于中央。除上述各类型外,还可以见到少数非典型的情况:如一侧完全、一侧不完全;腭垂缺失;黏膜下裂(隐裂);硬腭部分裂孔等。

4. **腭裂的程度** 腭裂分度法,即将其分为三度。

Ⅰ度裂:只是悬雍垂裂。

Ⅱ度裂:为部分腭裂,但未裂至切牙孔。根据裂开部位又分为浅Ⅱ度裂(仅限于软腭)和深Ⅱ度裂(包括一部分硬腭裂开)。

Ⅲ度裂:即全腭裂开,由悬雍垂至切牙区,包括牙槽突裂,常与唇裂伴发。

5. **腭裂的临床问题**

(1)解剖形态的异常:腭裂形态学典型表现为软硬腭完全或部分由后向前裂开,悬腭垂一分为二,严重的患者还可伴有牙列的异常、上颌骨发育以及鼻腔内结构如鼻中隔偏曲或部分缺如的异常。

黏膜下腭裂:腭黏膜下裂又称腭隐裂,这是先天性腭裂中的一种,即腭部的口腔与鼻腔侧黏膜完整、肌肉附着异常的先天畸形。腭隐裂的三大特征,即悬雍垂裂、软腭肌肉在中线不连续及硬腭中线切迹。患者通常因发音不清晰而求治,但经常因畸形位于黏膜下而常被忽视,漏诊率较高。检查时可以通过透光实验进行鉴别,也可以用手触诊到黏膜下的空虚感,测量软腭相对长度、腭帆提肌附着位置及发音时软腭抬高角度是诊断腭隐裂的重要指标,X线检查可以见到鼻后脊分叉、软腭短,动态观察有腭咽闭合不全的表现。

(2)吸吮功能障碍:吸吮困难是腭裂给新生儿及婴儿带来的直接影响,正常婴儿的进食方式主要依靠吮吸功能从母亲那里获得母乳,由于新生儿腭部裂开是口腔和鼻腔相连通,口腔内不能形成负压,造成婴儿无力吸吮母乳,造成喂食时间增长、摄入量减少,同时由于口腔和鼻腔的交通,使得婴儿在进食时不能有效隔离呼吸与吞咽的通道,导致喂咽时母乳等流质饮食流入鼻腔引起患儿呛咳和鼻腔反流,使患儿畏惧进食,严重的可以出现营养不良以及体重过低等表现;同时由于患儿不能有效应用舌和硬腭功能,也会导致其口腔结构在出生后的进一步向成熟结构的发展,造成患儿舌运动的受限、舌体宽大后坠以及流涎的表现。

(3)中耳疾病以及听力障碍:由于腭裂引起的腭部肌肉功能异常造成耳咽管功能开放障碍,从而影响中耳内气压的平衡,患儿易出现分泌性中耳炎,造成听力下降,严重者会导致永久性听力损失;另外由于口腔和鼻腔的交通,出现的食物反流,造成局部卫生环境的恶化,更容易引起咽鼓管以及中耳的感染。因此腭裂患儿中耳炎的发病率很高,部分患儿会出现听力障碍。

(4)腭裂语音:腭裂语音是腭裂患者在发音上的一种独特的发音特征,这种语音的特点是:由于鼻腔和口腔在发音时的交通状态,导致发元音时在口腔内共鸣的气流进入到鼻腔,产生了鼻腔共鸣,使发出的元音带有过度的鼻音,又称为高鼻腔共鸣;发辅音时,又由于气流会从鼻腔内漏出,使口腔内气流不能在发音时形成并保持一定的口腔气压,影响了需要发出辅音时气流在构音器官之间进行的摩擦、破裂的操作,从而使辅音发音含糊不清并伴有明显的鼻腔气流声音,又称为鼻漏气。腭裂语音是严重影响腭裂患者在口语交流过程中言语清晰度的主要因素,腭裂语音的形成促使患者在发音过程中会过度使用补偿构音行动并形成了异常语音的发音习惯,进一步造成患者形成顽固的发音方式,其结果是即使在手术矫正了腭裂的结构形态后患者也不能获得正常的发音习惯,从而使得异常的发音持续存在,影响了临床治疗的效果。

(5)构音障碍:是指由于患儿的硬腭形态异常造成在发声时舌与硬腭不能有效进行接触,患者对于舌运动的过度调节而产生的替代性语音和构音运动方式,这包括了舌面的异常上抬、舌根的异常后下活动、舌根运动被舌面运动替代或舌前部运动被舌根运动所替代,以及喉咽部因代偿活动出现的异常肌紧张等出现的结构语音过程异常,其结果为一种音被另一种不正确的音所替代或出现正确目的音被歪曲化的错误表现。

(6)语言发育迟缓:受以上因素的影响,腭裂患儿在语言发育上会落后于正常儿童,突出表现在口语表达能力的发展上。患儿在喃语期较正常儿童时间延长,模仿家长的发音行为难以出现,早期开始说话较正常儿童为晚,说话时语句简单,说话量少,对说话的构音动作感到迷惑,表现出同龄儿童在言语交流方面的明显困难等。当合并其他脑发育障碍时,患儿也会出现对语言理解能力的障碍,智力发育的障碍等。

(7)其他:由于患儿硬腭发育障碍会引起牙槽骨形态的异常,导致以后牙列错乱,有相当数量的患儿可能出现上颌骨的发育不良,随年龄的增长而越来越明显,导致牙的反颌或开颌以及面中部的凹陷畸形。此外,患儿由于颌面部形态和语音的异常,在日常交流中会出现异常的心理问题,患儿表现出焦虑、易激惹、猜忌心理以及畏惧社会生活,这也是腭裂患儿发育过程中常见的一些特点。

6. 腭咽功能与腭咽闭合功能不全(velopharyngeal insufficiency,VPI) 腭咽功能是指在语音活动以及吞咽运动时,由软腭、悬雍垂、咽侧壁和咽后壁的相互运动,正常人在发音以及吞咽活动时通过腭咽功能调节腭咽部的关闭与开放来影响口腔和鼻腔的关系,举例来讲,呼吸时腭咽部处于开放状态,使鼻腔气流进入咽腔,完成鼻吸气、鼻呼气的生理过程;当发音进行口腔共鸣时需要腭咽部在发音过程进行闭合,从而使气流不会从鼻腔后部进入鼻部,当值口腔共鸣因口内气流不足而不能有效完成;吞咽时食物向咽部递送时,腭咽部也会执行关闭的功能,从而避免了食物的反流以及进食时口咽的压力。腭裂患者由于腭部的缺损导致腭部诸结构的共同关闭鼻咽腔过程不能完成,称为腭咽闭合功能不全。腭咽关闭不全时仅仅遗留 10 ~ 20mm 的缺口就会影响正常言语的产生,腭咽功能不全的原因可以是腭咽口结构异常(包括腭裂、深鼻咽腔、短软腭等),也可以是神经功能障碍和学习发音方法不当。是影响腭裂患儿语言清晰度的一个主要原因。

先天性腭咽闭合功能不全(congenital velopharyngeal insufficiency,CVPI):先天性腭咽闭合功能不全是一种常染色体显性遗传性疾病,发病率约为 1/8000 ~ 1/5000。其主要临床症状是没有明显的解剖异常,但在口腔检查中,可发现此类患者有软腭过短过薄,或咽腔深于正常,或软腭、咽侧壁没有动度,以至于发音时,不能达到足够的腭咽闭合,气流自鼻腔逸出,形成以严重鼻音为主的语音障碍,影响其言语清晰度。由于 CVPI 患者的口腔和颌面部无明显的解剖异常(可伴黏膜下隐裂或悬雍垂裂),常常延误了最佳治疗时机。由于 CVPI 的临床表现较复杂,又常伴全身的先天性畸形,最常见先天性心血管疾患,有些患者常伴有智力发育低下,他们的 IQ 值一般在 55 ~ 87 之间。患者可以既有严重的过度鼻音,又有典型的 CVPI 面容,即:眼细小,内眦间距过宽,眶下扁平。头颅侧位片能较客观地评价腭咽部的形态,同时能观测和评价发音时软腭和咽后壁的间隙,是较好的检查先天性腭咽闭合功能不全的方法。目前将 CVPI 主要分为两类。第一类,可见黏膜下裂的三联征,硬腭后切迹、悬雍垂分叉和软腭肌层不融合的一种或多种表现;第二类,视诊无腭异常,影像学检查可以发现腭咽区异常,软腭过短或过薄,由颈椎或颅板发育异常而引起咽腔过深。

7. 腭裂的诊断与治疗　腭裂的诊断可以根据解剖形态和临床表现得出,并不困难。目前比较公认的腭裂治疗是综合序列治疗原则,即通过手术首先来恢复腭部的解剖形态和生理功能,重建良好的腭咽闭合以及获得正常的语音;对面中部塌陷畸形、牙列不齐和咬合紊乱者也要予以手术纠正,以改善患者的面容和恢复正常的咀嚼功能;及早治疗因腭裂引起的鼻、耳疾患,注意预防和纠正听力损失;对患者进行系统的心理支持与辅导。从而使腭裂患者达到身心健康;此外对腭裂语音进行系统纠正,改善患者的语音清晰度,提高言语交流技巧,促使患者能够正常使用言语进行交流。

(二)腭裂的语音表现

腭裂患者的呼吸功能和发声功能均为正常,其所出现的异常语音是由于构音能力和共鸣能力出现障碍所致。腭裂语音障碍的言语病理基础主要是由于:腭部结构缺失引起鼻腔和口咽腔交通、软腭和悬雍垂发育畸形以及软腭肌肉缺陷引起的腭咽闭合功能不全、腭扁桃体和腺样体肥大、牙列发育异常、唇裂舌体位置后移、舌体体积过大或过小。常见的语音异常有:

1. 鼻共鸣异常　在正常生理状态下,发元音及非鼻音的任何辅音时,鼻口腔因腭咽闭合而完全分隔,口腔独立完成共鸣;当腭咽闭合不全时,口鼻腔交通,一部分气流进入鼻腔,产生鼻腔共鸣。按照气流进入鼻腔的程度,鼻共鸣异常也有不同的表现:

(1)开放性鼻音(hyper nasality):即鼻音过重,它是腭咽功能不全时的常见表现,例如发 /i/ 音时发成了 /eng/ 或 /en/;是主要由于过度鼻腔共鸣所引起,言语病理学上又称为"鼻音化"或"高鼻腔共鸣"。

(2)闭塞性鼻音(hyponasality):即鼻音过少,多见于鼻腔堵塞、腺样体肥大以及咽腔狭窄,发音时类似于感冒后的鼻塞音,又称为"低鼻腔共鸣"。此类音多见于发 /m/、/n/ 时出现。

(3)鼻漏气(nasal escape):是指发音时不能关闭口咽以及鼻咽之间的通道,声音由鼻孔逸出。尤其在发辅音时,由于气流大部分自鼻腔流出,口腔内气流较少,导致发音含糊不清、音调低沉和音量小,主观描述常以"鼻喷气声"来形容。如在发 /p/、/t/ 等送气音时较容易出现。

2. 构音异常　构音活动中最主要的是舌和腭的相对运动,由于舌位的变化和舌腭的接触,从而发出不同的元音和非鼻辅音。正常人在发元音时舌有固定的位置,表现在频谱上有固定的共振峰模式;发辅音时主要由三种形式完成:①爆破音:发音时双唇、舌尖或舌面与腭,舌根部与腭、软腭,紧密接触,气流在接触点之后聚集,产生一定压力,瞬时爆发引起振动发声。如 /d/、/b/、/g/ 等音。②摩擦音:舌与腭无接触但接近关闭状,口腔内气流挤压式逸出产生振动发音。如 /s/、/h/、/x/ 等音。③塞擦音:舌与腭有接触,但气流缓慢释放。如 /z/、/j/、/c/ 等音。

腭裂患者由于有或者曾经有过腭咽闭合不全,以及手术后硬腭形态高拱,没有形成硬腭的平面,舌与硬腭接触不足形成足够阻塞状态,以及伴有口腔内气流自鼻腔流出,导致发音时口腔内压力不足,患者为了获得充足的口腔内压力,经常需要使舌位后置以缩小气流腔体积,此外患者在发声时也会尽量使舌背高抬以协助闭锁咽腔,增加口腔内气流压力,这种发声习惯是患者为了补偿形态异常形成的错误构音方法,即使在手术矫形后也不易自我纠正,必须要术后进行功能锻炼。此类常见的调音异常包括:

(1)腭化构音:发音时舌在硬腭前部或软腭前部形成卷曲(舌背高抬呈卷曲状),气流从舌腭之间的空隙通过,摩擦音、鼻音和爆破音都可出现,临床上以 /k/、/g/、/c/ 等音最易发现,这类患者在发像"猜一猜"这样的语句时会出现异常语音。

(2)侧化构音:发音时舌与硬腭接触,但在牙槽脊和牙弓的一侧或双侧形成空隙,气流从空隙逸出,形成气流与颊黏膜之间的共振,比较典型的是把 /ki/ 发成 /gi/,并能听到气流的杂音,在 /i/、/sɑ/、/zɑ/、/j/ 等音的检查中容易出现。

(3)鼻咽构音:发音时舌后部后缩,舌与腭部接触良好,气流不穿过腭部的表面,而是由软腭的振动形成软腭的摩擦音,气流逸出鼻腔,似鼻后部摩擦音。临床上最常见的是把 /gu/ 发成了 /ku/。/i/ 和 /u/ 相关的音较容易出现。

3. **代偿性发音**　要是由于腭咽闭合功能不全所引起。腭裂患者发音过程中由于腭咽部闭合不全,总是试图在气流通过腭咽部进入鼻腔前利用咽部与喉部肌肉的紧张性变化阻挡住进入鼻腔的气流,此时就会形成气流在声门处的异常摩擦和舌咽部的异常摩擦,这些共同组成了腭裂患者特殊的发音。按其发音的特点又可分为以下几种:

(1)声门爆破音:其音声特点为发某些辅音时,声音似从咽喉部强挤出,辅音起声时间消失或过短,在发 /pɑ/、/tɑ/、/kɑ/ 等音时最易检出,严重的患者在发辅音时完全会省略掉摩擦和爆破的动作,并且会有面部表情的伴随。

(2)咽喉摩擦音:是腭咽闭合功能不全患者特有的一种异常语音,其表现为在发塞擦音时咽腔缩小,舌根和咽喉摩擦而形成的异常语音,在发声时几乎看不见患者的舌尖活动,语音清晰度较低。临床上以 /z/、/c/、/s/、/j/、/q/、/x/ 等音较容易检查到。

(3)咽喉爆破音:也是腭咽功能闭合不全的特有语音,患者发音的过程几乎都是靠舌根和咽后壁的闭锁和开放来完成的,在 /k/、/g/ 的音群中最容易发现。正常构音者在发 /kɑ/、/gɑ/ 时,可见舌背向上抬的运动,但在发咽喉爆破音的患者,舌背呈水平向后移动。

第二节　腭裂的评价

腭裂对于沟通交流的影响主要就是腭裂的语音异常,严重的腭裂语音使听者难以明白说话者的含义,影响言语交谈的进行。进行腭裂的评价主要的目的为:①明确腭裂术前、术后存在的语音障碍以及语音障碍的特征;②记录不同年龄阶段患儿的语音发展变化,区别哪些是暂时出现的,哪些会长期影响患儿的发音行为;③分析患儿出现的语音障碍,判断其严重程度,了解其产生的机制,制订语言训练计划。除此之外,在进行评价之前,还需要针对腭裂患儿的语言发育状况、智力因素以及听力水平进行初步的检查。腭裂的评价方法很多,包括主观评级和客观评价。

一、主观评价

1. **构音器官形态的评价**　构音器官形态和功能评定的目的是了解构音器官解剖形态、完整性、运动状态和功能的基本情况,从而指导患者进行相应的治疗。构音器官包括口面部、鼻部、唇、齿、舌、硬腭、软腭、咽喉部和下颌。①口面部:主要检查患者口面部发育情况,部分腭裂患者会并发唇裂、面裂、鼻畸形、面部发育异常、小耳畸形等口面部畸形以及治疗后瘢痕对口面部的影响,这包括瘢痕的部位、对口面部的影响等。②鼻部:腭裂并发唇裂的患者,裂侧鼻翼周基底组织缺损,导致鼻形态异常,出现两侧鼻翼的不对称、患侧鼻翼扁平、鼻尖塌陷、鼻腔狭小、鼻小柱变短、外鼻不正、鼻中隔偏曲、下鼻甲肥大、鼻腔通气功能障碍等表现。③唇:合并唇裂的患者术后患侧上唇瘢痕增生、挛缩,表现为唇两侧不对称、唇缘不齐、上唇组织缺损、上唇运动不充分。因此,需要进一步检查唇形特点,能否做圆唇动作以及进行咂唇、噘唇和展唇运动。检查双唇闭合的力量。④口腔:有无腭裂、上腭瘘、腭部瘢痕、腭高拱、软腭短小,检查软腭上抬运动是否充分,悬雍垂的形态,有无隐性腭裂等。⑤齿:硬腭裂患者,尤其是Ⅲ度完全性唇腭裂患者,其上齿弓因裂隙影响,常出现上齿弓形改变、牙齿缺失、扭转现象,亦可出现咬合形态的异常。⑥舌:舌是构音活动中最活跃的器官,需要观察舌体是否对称,有无肥厚、凹陷、萎缩现象,舌能否完成伸缩、上下舔唇、左右舔口角动作,有无舌系带过短引起的舌尖上抬及外伸受限,是否采用过舌瓣修复上腭部瘘孔的术式。⑦硬腭:检查硬腭的长度、腭穹隆的拱度、有无上腭瘢痕以及上腭瘘。⑧软腭:检查软腭的长度,有无瘢痕、瘘孔,软腭的运动能力。⑨下颌:常见的有反颌畸形、开颌畸形和错颌畸形。并要注意下颌关节运动时是否稳定,有无下颌的侧向摇摆。⑩咽喉:有无采用咽后壁复合组织瓣修复腭裂、咽瓣蒂部的位置。对于腭裂术后的患者,还要注意上腭两侧松弛的切口留下的蒂是否过于宽大、是否限制开口动作;运用颊肌黏膜瓣修复延长软腭,是否存在因蒂部过于宽厚而影响咬合。

2. **构音器官运动功能的评定** 腭裂患儿由于对于构音动作的代偿,会出现构音运动的反常、替换以及运动不充分等表现,因此需要对构音器官的运动能力进行评价,此部分的评价内容同构音障碍评定中的构音器官运动评价。

3. **语音的评价** 语音的评价通常分为两部分进行,一部分是语音清晰度的评价,另一部分是对语音错误方式的评价,通常来讲,进行评价的工具都是由图片材料和文字材料所组成。评定时需要处在安静环境下,测试者向被检查者出示文字或图片测试材料,由被检查者说出检查的内容,测试者进行记录和标记。目前常用的测试有:①汉语语音清晰度测试:是一种主观性测试,主要通过应用标准化的汉语音节和词的量表对患者的发音作出测试,记录其发音的错误,计算发音错误词数占总测试词数的百分比,从而得出量化的言语清晰比值。国内将言语清晰度分级如下:≥ 96% 为正常,70% ~ 96% 为轻度异常,35% ~ 70% 为中度异常,0 ~ 35% 为重度障碍。此外,对于语音障碍的患儿也要进行语句的测试,同样记录患者的语音错误方式和错误率,通过对腭裂患者进行音节、单词和语句测试,以判断腭咽功能不全是持续性的还是间歇性的,在发音过程中,腭咽功能不全带来影响的比例,可以评价口腔和鼻腔共鸣情况,发辅音鼻漏气情况,言语连贯性和言语清晰度,以作出对患者语音情况的全面评估。②语音错误方式评价:国内在 20 世纪 90 年代开始对于以汉语语音为基础的发音分类,并参考西方和日本的构音错误分类,将错音的方式根据临床表现进行分类,如替代错误、省略错误、歪曲错误、声门爆破音、咽喉摩擦音、咽喉爆破音、腭化构音、侧化构音、鼻音化等类型,并在患者发音错误的因素上进行标注(详见构音障碍的评价一章);有的研究者又从音韵结构和错音的位置将腭裂的错音分为声母省略、声母舌后置、声母舌前置、喉头音以及代偿音等;有的作者则是根据腭裂发音中以辅音发音错位为主的特点,以汉语发音语音学理论为依据,将腭裂语音错误分为发音部位异常、发音方式异常以及发音部位和发音方式同时异常三类。总之,希望通过不同的检查方法发现患者语音错误的机制,并制订有效的治疗计划。

二、 客观评价

1. **鼻咽纤维内窥镜的评价** 鼻咽纤维内窥镜是目前评价腭咽闭合功能最重要与最常用的工具。通过鼻咽纤维镜可直接观察腭咽是否完全闭合,闭合不全者的腭咽孔大小,观察其四壁的肌肉活动度等。

腭裂患者腭咽闭合的鼻咽纤维镜表现:①腭裂术前的腭咽部鼻咽纤维镜表现:对于腭裂患者,因软腭肌肉缺陷,已不可能有腭咽闭合功能,没有必要作鼻咽纤维镜检查。对于某些较大患儿,需同期做咽成形术者,有时鼻咽纤维镜检查可以帮助了解咽侧壁与咽后壁运动情况。鼻咽纤维镜可以帮助诊断软腭隐裂。此时软腭的形态可正常,并有一定的功能,但由于软腭肌肉的异常附着,使腭咽闭合不能达到完全,典型的鼻咽纤维镜表现为腭咽闭合时软腭鼻腔面中线的 V 形缺损。②腭裂术后鼻咽纤维镜下腭咽部表现:腭裂术后腭咽闭合完全的患者,其鼻咽纤维镜表现同正常人;腭咽闭合不全的患者,其鼻咽纤维镜的表现不同患者有所不同。腭咽闭合不全所形成的腭咽孔大小不等、形状不一。小者如绿豆或仅为一缝隙,大者咽后壁、咽侧壁、软腭动度很小,从发音时腭咽孔可窥见舌背运动、会厌及声带。腭咽孔形状可为圆形、椭圆形或长圆形。

软腭及咽壁运动:在正常发音的情况下(除鼻辅音外),软腭及咽壁肌肉持续收缩,保持腭咽腔的完全闭合,将口鼻腔分开,但有些患者腭咽闭合可以出现:元音及辅音的闭合不全,辅音有闭合元音无闭合或元音有闭合辅音无闭合,有时还可以看到代偿性发音而出现的咽、喉、声门、软腭的异常运动。

鼻咽纤维镜的主要优点有两方面:①它与头颅侧位片结合进行检查,可将腭部运动的两维平面变为三维空间,这样可找出确切的腭咽闭合不全的原因,进而选择最佳手术方案。②可同时进行录音和录像,还可利用人的反馈系统进行语音训练。当患者在荧光屏上看到自己的软腭与咽后壁关系时,可通过视 -听反馈系统努力使自己达到良好的腭咽闭合。

鼻咽纤维镜可以直接观察患者发音时软腭及咽侧壁的运动情况,对手术设计及术后矫治方案的制订很有价值。另外,还可对腭咽闭合功能进行定量分析及同步录像、录音。因此,鼻咽纤维镜是目前检测腭咽闭合功能较为理想的手段之一。

2. 鼻息镜检查法 可以直视下检查鼻漏气的程度。操作时用一块带刻度金属板或玻璃板,当患者发 /ɑ/ 音时将其平放于鼻腔下方并与鼻唇部紧贴,观察在板上哈气处所形成的雾来评价鼻漏气的程度。

3. 语图仪—计算机语音频谱分析与评价 语图仪能把声音信号转变为可见图谱即语音频谱图。从图谱上观察声音信号的频率、幅度和时间等物理参量以及这三者之间的动态关系,从而了解被测信号的声学本质。使用语图仪不仅能阐明异常语音部分的构造、强弱,还能观察到其瞬间变化,使异常语音"视觉化"。声音图像与临床检查相结合,可为明确诊断、客观评价腭裂语音和语音训练提供有意义的理论依据。

语音频谱谱纹清晰、着色深、频带宽,腭裂患者语音频谱谱纹散乱、着色浅、频带窄,出现高频区谱纹加深,使元音音色改变;腭裂异常语音的共振峰除 F1 与正常人接近外,F2、F3 值均低于正常,F2 甚至阙如;腭咽闭合不全者其共振峰明显低于正常人,由于存在高鼻音,使谱纹较浅、散乱、频带窄。如果腭裂术后进行正确的语音矫治,其共振峰则能接近正常,谱纹清晰,着色深。

在图谱上,辅音一般都表现为横杠、冲直条、噪声乱纹三种。横杠表示辅音声带颤动的嗓音段,冲直条为短暂的爆发段,乱纹为延续的噪音段。塞擦音是冲直条之后接上乱纹。例如辅音 [t] 为舌尖中、不送气清塞音,除阻段很短,强度也弱,但中心频率较集中。对于单个音节来说,从频谱图上不能看出塞音、塞擦音之前的空白区与别的声母之前的空白区有何不同,但如果一个双音节词里的后一个音节以塞音或塞擦音为声母,那么这个无声段就是必不可少了,而其他的声母则不会有这一段出现。如正常人发 [tɑ] 时,在语图上有一段无声的间隙,此期间声道中某处完全阻塞,频谱上为一段空白区,间隙之后为爆破段,此时声道中的堵塞突然打开,压力陡然释放,产生一个或多个脉冲,在频谱上表现为频域宽、时域窄的冲直条。它的异常代表着不同程度的腭咽闭合不全(VPI)。

4. 鼻音计 鼻音化率的计算是将受试者发音时口、鼻腔辐射出的声音能量分别收集,再通过电子声音转换器的滤波和数字化,转变成鼻腔与口腔加鼻腔声能比率,再将其百分化,以鼻音化率来表示。即:从而反映发音时鼻腔声能所占比例,即过高鼻音的情况。国内学者提出以鼻音化率平均值的 35%

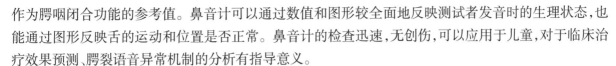

作为腭咽闭合功能的参考值。鼻音计可以通过数值和图形较全面地反映测试者发音时的生理状态,也能通过图形反映舌的运动和位置是否正常。鼻音计的检查迅速,无创伤,可以应用于儿童,对于临床治疗效果预测、腭裂语音异常机制的分析有指导意义。

5. X线检查 应用X线技术检查腭咽形态始于20世纪30年代,此后又出现了动态X线技术和多角度X线动态录像,对连续说话状态进行评价。临床上较常使用的检查技术如下。

(1)头颅侧位片:一种简单而且应用较长时间的检查方法。可用于观测矢状面腭咽闭合时的软腭抬举高度、伸长度、咽腔深度、软腭与咽腔的比例情况,检查时也可以在软腭或需测量部位涂以造影剂,以增强显影的清晰度。有学者提出利用腭咽闭合冠状收缩不全率来对腭咽闭合冠状收缩进行评价。对于咽后壁瓣的患者可以用此方法观察咽后壁瓣的位置、厚度和长度。

(2)多角度X线动态录像:主要分为侧位、正位、颅底位和Town氏位四种测量体位。该方法提供了三维图像,有较大的实用价值。侧位是最常用的体位。头颅正位可以提供软腭抬高水平、咽后壁瓣垂直高度以及咽侧壁在发声时向内运动水平的关系等信息。颅底位和Town氏位显示的图像和鼻咽纤维镜的观察结果十分相似。对于腺样体肥大者Town氏位更能真实反映咽侧壁的活动。这种检查方法的优点是可以从三维动态角度对腭咽闭合和舌运动进行观察,为非侵入性定量观察,可用于儿童。

6. 电子腭图检查(electropalatography,EPG) EPG是一种提供言语活动中舌腭接触情况的同步视觉反馈系统。其中电子腭类似于口腔常见的腭假体,其内部有一定数量的感受电极(不同的厂家电子腭内的感受电极数量并不一定),外部通过导线与电子计算机分析系统连接。患者在检查时通过牙托佩戴在硬腭上,检查者通过要求被试者发出一系列测试音,感受电极记录舌与硬腭的接触位点,通过电子计算机进行采集分析,可以得到舌与硬腭的接触数据以及舌在发声时的运动状态,从而对患者在腭咽闭合不全的情况下的构音操作作出直观的评价,具有积极的评价和指导训练的意义。缺点是电子假腭造价昂贵,制作需要个体化,推广使用困难。

7. 计算机断层扫描(CT)和磁共振检查 计算机断层扫描可以对静止下的腭咽腔进行三维的观察,并能精确测量出腭咽腔的宽度和长度,所得到的图像清晰,腭咽腔的边界明确,图像容易处理。属于非侵入性的定量检查,对于腭裂患者的术前和术后评估有指导意义。但是不足的是,CT只能对静态图像进行判断,不是动态过程,而且有一定的放射性危害。

磁共振(MRI)对于腭咽功能的评价在近期得到了发展,MRI可以对腭咽闭合的静态和发音位置时腭咽形态进行多个角度的观察,并能够进行测量,重建三维立体结构,能够提供清晰的软组织成像,了解局部的血管形态,为手术治疗提供依据,而且不存在放射性危害。但不足的是检查造价昂贵、不能对于发音的动态过程进行连续观察,另外,口内的金属修补物会造成成像的干扰,因此,MRI还不能广泛应用于临床评价治疗中。

8. 肌电图的检查 通过将电极插入到所测的肌肉内,分别记录静止和运动时神经肌肉的生物电活动,依次来分析肌肉运动的异常。能够定量分析肌肉收缩功能的强弱,尤其对于神经肌肉运动障碍导致的腭咽闭合功能异常,其是一种可靠的辅助评价手段。但由于软腭和咽部的肌肉难以确定具体位置,因此肌电图的检查需要较高的技术经验,并且由于是侵入性检查也限制了在临床上的发展。

(张庆苏)

第三节 腭裂的构音训练

一、语音训练的时间与方式

1. **语音训练的时间** 腭裂语音训练一般从术后 2～3 个月开始,此时术后肿胀已基本消退,缝线大部分已脱落,上腭知觉已开始慢慢恢复。在腭裂修复术后,一些小年龄的儿童在某些语音上可自行得到纠正,但多数构音动作仍存在障碍,为此大多数患者仍需进行构音训练。

有研究表明,腭裂儿童 4 岁以后手术,90% 以上的儿童会存有不正常的发音习惯,且已经形成的不良发音习惯是很难矫正的。为此,对于各种原因不能早期手术的儿童应在学习发音阶段教会儿童发音的正确的发音习惯,防止产生较难矫正的不良发音习惯。

2. **语音训练的方式** 应采用以一对一训练为佳,每周 1～2 次,每次 30～60 分钟,训练过程中应适当调整儿童的情绪,同时并采用休息和游戏交替方式进行。也可选择家长陪伴儿童训练,同时并指导家长在家中训练的策略。

二、腭裂术后语音训练的原则与注意事项

1. 腭裂术后语音训练原则上,应在伤口恢复良好的基础上越早进行越好。年龄越小,代偿性发音的习惯形成时间就较短,治疗效果理想。

2. 对腭裂儿童的父母要给予很好的心理安慰。并增强腭裂儿童对改善言语能力的信心,做好心理辅导。

3. 腭裂儿童手术后解剖条件得到改善,应早期获得良好的腭咽闭合功能,使儿童口语交流得到很好的改善。

4. 腭裂术后语音训练一般训练过程应遵循从"音素—音节—词汇—短句—短文、会话",由易到难的进行。构音训练最好备有系统的语音设备和隔音功能的录音室,录音条件的参数要进行校正,并保持一致,可采用语音频谱分析。

5. 部分腭裂儿童可能会伴有听力、智力、心理等方面异常,要及时添加相关的语言和认知心理的干预训练。

6. 年龄相对较大的腭裂术后患者,要尊重他们,使他们产生信任感,树立治疗的信心,才能提高康复治疗的效果。

7. 对年龄小的儿童,训练可用形象化的可视仪器、图片、玩具、图书、相册等,更好地发挥他们的观察能力和模仿能力。

8. 语音训练的患者家属的作用也相当重要。帮助患者提高构音错误的自我认识,和错误构音的自我矫正,才能收到满意的临床效果。

三、腭咽闭合不全的训练

正常人在发辅音时(除鼻音外),软腭上升,腭咽闭合阻塞鼻腔通道,舌不同部位在口腔内形成不同

的阻碍,气流冲破阻碍,迸裂而出,爆发形成,除爆破音和摩擦音外,正确发其他辅音时并不需要腭咽闭合。为此,可以理解腭裂患者发音障碍主要在 16 个爆破音和摩擦音上。

唇腭裂患者会由于接受腭裂手术较晚或手术做的不理想,使患者长期处于腭咽闭合不全的状态,并使气流分流口腔和鼻腔;或存于齿间缝隙,或牙槽嵴裂,导致口腔不能维持正常的压力,或有受唇瘢痕的影响,双唇、唇齿不能形成良好阻碍方式,所以不能正确发音。为此,在矫正异常语音前,应先做腭咽闭合功能训练。

1. 唇肌运动功能的训练

(1)唇向前突出(噘嘴),后向两侧展开(呲牙),后恢复正常状态,反复练习。

(2)上唇盖住下唇,下唇盖住上唇,反复练习。且可做 a—i—a 的变音练习,体会每组音的转换发音技巧。且感觉软腭抬高及腭咽闭合,逐步增强音高及音长,必要时可将鼻孔堵住,增强口腔共鸣能力。

(3)唇力度训练,双唇间夹一硬纸片或其他轻薄的物体,双唇用力夹住硬纸片,屏气,用手用力抽取纸片或物体,反复练习。

(4)紧闭双唇,气流留在口腔内蓄积,双唇阻住气流,猛然间打开双唇,反复练习。

2. 吸气将气流分别从口腔、鼻腔中缓缓释放出来,仔细地体会细微感觉差异。鼓腮使口腔内充满较强的气压,然后缓缓前伸舌体注意尽量不让气流从颊侧逸出。如果腭咽闭合不全,在舌前伸时颊部就会立即塌陷,或表现为根本就不能鼓腮。前伸舌是为避免舌的后部抬起后以阻塞口鼻腔瘘或紧贴软腭,以造成腭闭合良好的假象。憋气并保持颊部呈 S 形状态,这时会有一股较强气流顶在腭咽闭合处,然后尝试有意识的打开腭咽闭合,但不要通过鼻腔放气。腭咽闭合较好的患者可渐渐感觉软腭、悬雍垂的升降运动,较差的患者可在憋气过程中吞咽唾液来感觉软腭的运动,且反复练习。

3. 捏住鼻子通过口腔向外呼气,然后突然松开鼻子,向外呼气,再捏住鼻子,通过口腔向外呼气。且反复练习,来体会软腭的运动及腭咽闭合,反复练习。

4. 患者自己或治疗师用中指由硬腭后缘向腭垂肌方向轻柔按摩,以软化术后伤口瘢痕。按摩前要剪短指甲、洗干净手且戴上指套,反复练习。同时鼓气,凭空做漱口动作和吞咽动作。来改善腭部肌肉的知觉和运动功能。手术后 2 ~ 3 个月还可用软毛笔轻触刺激软腭部位,且可依靠舌根反射压迫致使软腭活动。

四、语音训练的顺序与内容

1. **音素训练** 音素是最小的语音单位。

2. **音节训练** 音节是由声母(主要是辅音)和韵母组成。根据腭裂患者的异常发音情况,制定一套以辅音为声母的音节训练表。同时要加入四声(阴平、阳平、上声、去声)的训练。

3. **词汇训练** 可采用双音节词训练,根据不同声母组成相关词组,注意词组训练必须在能准确、熟练地掌握每个音节(包括四声)的基础上进行。

4. **句子训练** 根据词汇内容,组成相关短句。在短句编排中,应力求每句短句中尽可能编排所能说清楚的词语。

5. **短文、会话训练** 等患者基本已能熟练准确地读出每个声母,即可进入短文和会话训练,内容可选用儿歌、课本、绕口令、看图说话等形式进行。

五、 腭裂术后常用的语音训练方法

1. 双唇音（p、b）

（1）p 为送气塞音，发音时双唇紧闭，气流到达双唇后，屏气（软腭上升）并保持压力，较强气流冲开双唇而形成。

（2）b 为不送气塞音，持阻过程同上，较弱气流从双唇迸发而出。

2. 唇齿音（f） f 为送气擦音，发音时上牙放于下唇上形成缝隙，使气流从唇齿间摩擦而形成。

3. 舌尖中音（t、d）

（1）t 为送气塞音，舌尖抵上牙龈，屏气并保持压力，较强气流从阻塞的部位冲出而形成。腭化构音是由于舌前部或中部向硬腭拱起产生，所以对舌尖音影响最多。训练时首先让病人放平舌体，为了便于观察，不妨先让其舌体平展于齿、唇外，例如练习"d""t"将舌尖伸出齿列外，上下齿轻轻咬舌尖，先采用后接元音开口小的音"i"后向"di、ti"发展，再逐渐扩展"ta、da、tu、du、tuo、duo"。

（2）d 为不送气塞音，阻塞部位破裂，较弱气流从阻塞部位迸发形成。

4. 舌根音（k、g）

（1）k 为送气塞音，舌根部隆起，抵住软腭，气流到达阻塞部位后积蓄，屏气并保持压力，较强气流冲出阻塞部位而构成。

（2）g 为不送气塞音，舌根部隆起，抵住软腭，较弱气流从阻塞部位迸发形成。

5. 舌尖前音（s、c、z）

（1）s 为送气擦音，上下前牙对齐且闭合，舌尖和下前牙形成缝隙，气流在阻塞部位蓄积气流经缝隙摩擦形成。

（2）c 为送气塞擦音，上下牙对齐且闭合，舌尖抵住下前牙，气流在阻塞部位蓄积屏气并保持压力，较强气流从缝隙摩擦而成声。

（3）z 为不送气塞擦音，上下牙对齐且闭合，舌尖抵住下前牙，较弱气流从缝隙摩擦而成声。

6. 舌尖后音（sh、ch、zh） sh 为送气擦音，ch 为送气塞擦音，zh 为不送气塞擦音。三者发音部位基本相同，舌尖上举，抵住硬腭前部，不要接触，中间留一条缝，放开时发出声音。

7. 舌面前音（x、q、j） x 为送气擦音，q 为送气塞擦音，j 为不送气塞擦音。三者发音部位基本相同，舌面前部隆起，舌尖与硬腭前部留有缝隙，放开时发出声音。

8. 舌边音（l） l 为舌边音，其是由舌边与上齿龈或前硬腭接触协调声带振动，做法舌尖抵住上牙龈，放开时发出声音。注意气流是从舌头两边逸出来的。

六、 腭裂术后异常语音的生物反馈治疗

生物反馈治疗是恢复语音功能较为常用的方法之一，它是利用患者的视、听、触觉等感觉，借助灵敏的电子仪器或设备将测到的患者生理和形态变化信息显示给患者，指导患者学会在某种程度上自我调节控制这些功能，以达治疗的目的。

1. 视觉反馈治疗 视觉反馈治疗（镜子实验）：这是最早采用的反馈治疗方法之一，患者在发 a 音时通过镜子看到自己软腭上抬运动情况来调节控制软腭上抬运动能力。

2. 听觉反馈治疗 听觉反馈治疗最常用的方法是将患者所发语音录音后反复重放，并以标准普通话录音带作为对照播放，让患者自己判听以了解其语音异常处，并进行自身对比调节练习，也可录下不

同训练时期的语音内容进行纵向对比练习。此法可用于腭咽闭合功能的改善,矫正错误发音及语音清晰度。

3. 触觉反馈治疗 在发音活动中,舌起着十分重要的作用,它通过对发音气流在口腔内不同位置进行阻挡、摩擦、爆破等方式来参与发音过程。

七、 练话教材例句

1. 哥哥喝咖啡。

2. 爸爸和妹妹一起爬坡。

3. 思思骑自己的自行车。

4. 小兔子,住木屋,有个邻居叫小猪,兔子天天睡不好,它怪小猪打呼噜。小猪作客姥姥家,兔子急得呜呜哭,你猜兔子哭什么,想听小猪打呼噜。

(冯兰云)

第八章
嗓音障碍

第一节　发音的基础与生理

一、 基本概念

1. **发音**　正常人的发音(phonation)是由呼吸运动产生的吸气呼气动作为动力来源,由声带的振动产生了基本的声音,由声带以上的结构产生共鸣,以及由神经中枢系统对声音的韵律和音调进行控制调节,最后形成声音的过程,是人说话和唱歌时的生理基础,人所发出的声音称为嗓音(voice)。

2. **嗓音与言语**　发音产生了嗓音,嗓音经过构音器官的调音作用形成了言语,嗓音(voice)是言语的组成部分,言语除了有嗓音的基本特征以外,还是由一系列的音节、词、句按照语法的规则来组成,具有语言的特征,可以传递思想和信息,是沟通交流中最有效的工具。

二、 应用解剖与生理

1. **发音器官**　人体的发音器官是喉和声带。喉位于颈前正中,舌骨的下方,上与喉咽部相连,下接气管,是由多块软骨、黏膜、肌肉组织、韧带以及纤维结缔组织组成的锥形管腔结构。喉的上端为会厌上缘,下端为环状软骨下缘,前面为舌骨下肌群,后面为咽后壁和颈椎的椎体,两侧与颈部的大血管神经组织以及甲状腺侧叶相邻。在成年男性约相当于第 3 ~ 6 颈椎平面,高约 8cm。女性及小儿喉体位置高于男性。组成喉体的最大软骨为甲状软骨,因其左右两部分在颈前会合而成,形成角度,可以在正常人颈前触摸到,在男性此角度近似直角,上端向颈前突出明显,称为"喉结",为成年男性的特征,在女性则为钝角。

喉的内侧由喉软骨支架围成管腔,上与喉咽腔相同,下连气管。以声带为界,将喉腔分为声门上区、声门区及声门下区三部分。声带(vocal fold)位于甲状软骨内侧,喉腔的最狭窄处,该位置称为声门区,是正常发音的主要振动部位,声带由声韧带、肌肉和黏膜组成,左右各一,上方为室带(俗称假声带),正常状态时间接喉镜直视下声带呈现瓷白色带状,具有一定光泽,声带随呼吸和发音进行相应的开放和关闭的运动,平静呼吸时,声带处在开放状态,这时形成了顶端向前的三角形裂隙,称为声门裂,简称声门。呼吸时,空气通过声门是不产生声音的,发音时,声带向内侧闭合使得来自呼气的气流中断,呼气流在声门下形成对声带的压力,当呼气压力超过声带闭合的张力时,气流就会使声带向两侧分开并使声带振动,产生了声音。

声带的长度和厚度在儿童期是随着年龄的增长而发育增长,一般到 20 岁时声带发育基本停止,男性比女性的声带变化更为显著,因此,在生活中常可以明显的观察到男性的变声期。成年男性的声带长度为 17 ~ 21mm,厚度为 2.2 ~ 6.0mm,成年女性声带长度为 11 ~ 15mm,厚度为 2.0 ~ 4.5mm。

发音时声带的振动主要是呈横向振动,纵向振动并不明显。说话和唱歌声带振动明显不同,即说话时声带的振动是周期连续性的变化,而唱歌时在一定的时间内,声带的振动周期可以保持相对不变。声带的形态又决定了声音的频率特征,发高频声时,声带张力增加,声带边缘变薄,发低频音时,声带较松弛,两侧声带接触时接触面相对较厚。由于人的声带长短和厚薄均不相同,声带短、薄而且紧张者,振动的频率快,音调高,例如女性的声音,声带长、厚而且松弛的,振动的频率慢,音调就低,例如男性的声音,因此个体之间的发音频率也不相同。

2. **声道与共鸣腔** 声道(sound track)是指声门上方到口腔外界的腔管状结构,其外形状如倒"L"形,由声门上区,喉咽部,口咽部,鼻腔以及鼻窦腔共同构成(图 8-1)。声道可以将声带振动产生的声音传导至口腔,从而使声音可以在口腔内进行调音形成言语,也就是构音的完成;声道在声音的美化过程也发挥着主要作用,通过喉腔,口咽腔以及鼻腔内的相对封闭的空腔结构,对振动产生的声音进行共鸣,从而使言语声音的频率显得丰富,悦耳,使倾听者更易于集中注意力,更乐于倾听,这部分声音美化的结果,使言语具有了音色的特点。

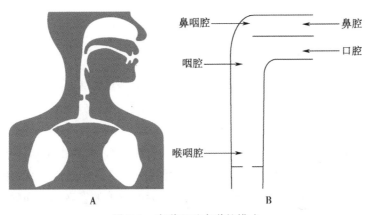

图 8-1 声道以及声道的模式

3. **气流与声门下压力** 声音的产生需要声带的振动,而声带的振动则需要足够强的气流量对声带下缘区域形成一定的压力才可以产生,这是声带振动起始及维持的重要作用力,称为声门下压。正常人在安静呼吸时呼气所产生呼气流约为 500 ~ 600ml,由此形成的声门下压力约为 49Pa,而发声时呼吸流达到 1000 ~ 1500ml,产生的声门下压力为 294 ~ 981Pa,同时这样高的声门下压力还需要进行一定时间的维持,并且声带能够维持一定时间的向中线靠拢的形态,以满足持续说话时对口语长度的需求。

4. **对声音特征的描述** 人的声音非常复杂,不同于日常所听到的自然声。对于声音的描述可以分为客观和主观两个方面,物理意义上的声音主要包括声强和频率,主观对声音的感受则是响度,音调以及音色。声强指声音的强弱,又叫音量,单位是分贝,声强的大小主要反映了声带振动的幅度,振动幅度越大,声强越大,振动幅度越小,声强就越小。声带振动的幅度又是由声门下压力决定,声门下压力由呼气流产生。声强是一个物理量,在人的听觉感受中,则用响度来描述,在正常情况下,响度和声强呈正相关关系,可以用来评价发声时声音的大小。

音调是指声音的高低,物理学上又称为音高,决定于音调的是声带每秒的振动频率,单位是赫兹(Hz)。而声带的振动频率又和声带的长短、厚薄以及紧张性有关,也同呼气时声门下压力大小有关,声带短、紧张、较薄、呼气量大,音调会较高,声带长、松弛、较厚、呼气量小,音调会较低。正常人耳听到的声音频率范围在 16 ~ 20 000Hz 之间,人声带则可以发出 64 ~ 1300Hz 的声音,经过了喉发声通道的作用后言语声的最佳频率是在 500 ~ 2000Hz 之间。音调是反映发声功能的一个重要指标,音调不同,嗓音的特点也不同,在正常情况下,音调具有独特性,性别不同、年龄不同的个体具有不同的音调,而且在发声的过程中,每个人的音调也在发生着变化,正确评价音调对于了解嗓音的特点具有意义。

音色是指一种听觉现象。听者可凭此判断两个在音高、响度和音长上都相同的音有什么区别。音色的不同依赖于声音的频谱,频谱是由若干频率和振幅不同的纯音组成,其中,频率最低而振幅最大的称为基音,它决定着一个人的音调,其他的频率成分称为泛音,按频率由高到低的顺序称为第一泛音、第二泛音等。泛音的频率与基音频率成整倍数关系。泛音的分布和多少影响着音质,因此泛音的频率与强度和丰富程度决定着嗓音的音色。不同的声带病变可以引起不同类型的异常嗓音。

第二节　嗓音障碍的种类与表现

一、概念

嗓音障碍(voice disorder),也称为发声障碍(dysphonia),是日常生活中常见的发音异常,嗓音障碍的分类方法较多,目前并没有统一,一般来讲,根据其病变性质,可以分为器质性嗓音障碍和功能性嗓音障碍。器质性嗓音障碍主要指各种疾病、外伤或先天发育原因导致的声带和与声带相关的肌肉组织出现形态和组织病理结构的改变,导致了发音异常,常见的有声带水肿、声带小结、声带息肉、声带麻痹、喉癌等。器质性发声障碍需要进行临床药物治疗和手术治疗,经过临床的治疗其中的一些疾病可以得到改善或治愈,从而使嗓音障碍的情况好转,但也有因治疗后遗留下的发音不可逆的永久损伤例如喉癌中的声带部分切除或全部切除。功能性嗓音障碍主要是由于声带和声道的任何部分在发音活动中应用不当或过度应用所致例如声音疲劳和声音嘶哑,按照发病机理功能性嗓音障碍又可分为功能不良性嗓音障碍和精神性(心因性)嗓音障碍,这类疾病早期发病时并没有声带的形态改变而只是运动上的异常,但如果这种不良的发音行为不能得到及时纠正,将引起声带的形态和振动形式的变化,进一步会形成声带的器质性病变如声带息肉、声带小结等。

二、常见病因

引起嗓音障碍的因素很多,主要包括:

1. **过度用声**　此类因素是引起嗓音障碍的最常见病因,主要发生在以嗓音为职业的人群,如歌唱家、主持人、戏剧演员以及教师等职业人群中,此类人群常会因为工作关系或所处环境的影响,过度用嗓,即使在声音疲劳、嘶哑时也强行使用嗓音,导致出现后续的器质性嗓音障碍如声带小结等问题。

2. **炎症**　常见于喉部炎症或喉部相邻组织的炎症扩展,例如上呼吸道感染不伴喉炎、鼻窦炎、气管炎剧烈咳嗽、扁桃体炎、急慢性喉炎以及其他的非特异性炎症影响如喉部过敏性肿胀等。

3. **声带结构异常**　常见于声带形态出现变化后如声带小结、息肉、慢性水肿、变声期声带形态异常、肿瘤等。

4. **神经损伤**　声带的运动受周围神经和中枢神经系统的控制,当神经系统受损时会出现声带运动

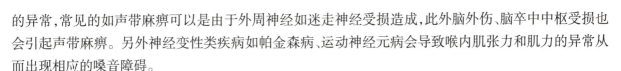

的异常,常见的如声带麻痹可以是由于外周神经如迷走神经受损造成,此外脑外伤、脑卒中中枢受损也会引起声带麻痹。另外神经变性类疾病如帕金森病、运动神经元病会导致喉内肌张力和肌力的异常从而出现相应的嗓音障碍。

5. 其他 ①听力障碍:听力障碍会影响患者的对自己嗓音的听觉反馈,听觉反馈是大脑对嗓音的音调、韵律进行自我反馈调节的重要基础,丧失了听觉功能的患者会出现嗓音音调、韵律及共鸣的改变。例如丧失重音的变化以及音调变高、共鸣异常等表现。②内分泌功能异常:常见的如在变声期以及妇女闭经前后音体内性激素水平的变化出现的嗓音障碍,此外甲状腺、肾上腺、垂体等器官疾病引发的体内激素水平的变化也会导致嗓音障碍的出现。③心因性或精神创伤性常发生于年轻个体,受到心理创伤后打击后出现。

三、 常见嗓音障碍

现将常见嗓音障碍分述如下。

1. 功能性不良性嗓音障碍 又可以分为功能过强性和功能减弱性嗓音障碍,主要病因为用声过度以及滥用、声带炎症时不当的用声、心因性失声等,另外老年体弱、长期卧床、病后及大手术后也是可能发生的原因。常见人群有一定职业特点,如教师、叫卖者和歌唱者。临床表现主要是发声低哑甚至失声、音质改变不稳定、咽喉部异物感、发声时自觉喉部疲劳,形体表现为面部发声过度用力的表情、挤压式发声以及伴有颈部血管的扩张、肌肉隆起等。在喉镜下检查可见声带黏膜正常或呈黯红色充血状,发声时声带闭合不良,伴有室带的代偿性内收,严重者可以遮挡声带影响对声带的观察。在动态喉镜下观察可以见到声带振动的黏膜波减弱或声带部分振动。

2. 慢性喉炎 是喉部的慢性非特异性炎症,常见病因有用声过度、长期吸入有害气体或粉尘、邻近器官的炎症侵袭以及急性喉炎长期反复发作迁延不愈等。主要表现是声音嘶哑,多在用声一段时间后出现,伴有咽部不适、咽部黏性分泌物增多。喉镜检查可见声带颜色变为暗红色,边缘增厚,有时轻度肿胀,表面经常有黏液附着,或有小血管增生,室带肥厚,发声时声带闭合不全,中间有裂隙呈鱼口样,有时后联合呈三角形裂隙。

3. 声带小结 又称歌唱家小结,多与职业用声有关,如歌唱演员和教师等,在歌唱演员中,常在高音歌手多见。临床表现为一定时期(一两个月)存在的声音嘶哑,常在大声说话或唱高音时明显,间断性的发音疲劳,有时伴有咽喉痛。喉镜检查可见双侧声带游离缘前中 1/3 交界处黏膜增厚,颜色发白或呈淡红色的小结节状突起,常为双侧性,也可单侧发声,小结和声带表面常附有黏液丝或小片状的分泌物,当声带闭合时会影响声门的关闭。

4. 声带息肉 是一种良性增生性疾病,好发于一侧声带的前中 1/3 交界的边缘,多为单侧也可双侧发病。声带息肉多因慢性喉炎用声不当、过度发音以及强烈发声使声带表面受损造成。临床表现是持续存在的长时间声音嘶哑,说话低沉、费力、粗糙,喉部的疲劳感,随时间增长症状缓慢加重,严重者可以失声。喉镜下观察可见声带一侧边缘的白色半透明或粉红色新生物,带蒂或基底部很广,表面光滑,发声时带蒂的息肉可随呼吸上下活动,息肉侧声带呈慢性炎症样变。

5. 声带慢性水肿(或 Reinke 间隙水肿) 是指发声的声带固有层浅层 Reinke 间隙水肿,可能是由于长期吸烟或在异常粉尘环境下工作对声带黏膜的损害造成。临床表现为早期出现说话疲劳、声质粗糙、音调降低、难以发高音,随病情发展逐渐出现声音嘶哑、低沉。喉镜下观察可见明显的声带水肿,累及单侧或双侧,声带变得高低不平坦,边缘饱满,肿胀的范围可以累及声带的全长。频闪喉镜下可以观察到双侧声带表现为大幅度、不对称的黏膜振动波,就像水肿组织的运动一样。

6. **喉麻痹** 是指支配喉肌的运动神经受损,引起的声带运动障碍,又称声带麻痹。累及的运动神经多为喉返神经和喉上神经。引起声带麻痹的原因很多,按照病变部位可以分为中枢性和周围性两种,按照运动神经损伤可分为喉返神经麻痹和喉上神经麻痹,按照声带运动的特点又可分为完全性麻痹和不全性麻痹等。临床上常引起中枢性喉麻痹的原因有脑外伤、脑梗死、脑肿瘤、脑出血以及帕金森病、重症肌无力、进行性肌萎缩症等;周围性喉麻痹多见于外伤(如甲状腺手术的喉返神经损伤)、肿瘤(如纵隔肿瘤)及神经炎等原因。临床表现分为:①喉上神经麻痹:表现为发声无力、易疲劳、高音不能、声调单一、声质不良、声时缩短,有时伴有误吸和呛咳。喉镜观察当一侧麻痹时出现声门偏斜、双侧声带闭合是不在一个平面,健侧高于患侧,声带松弛,边缘呈波浪形,但声带的内收和外展运动正常。②喉返神经麻痹:以单侧和左侧麻痹多见,临床表现为声音嘶哑无力、气息声、发声费力、音量小,严重的仅有耳语声,不能发高音。当双侧麻痹时会出现呼吸困难和喘鸣声。喉镜检查麻痹侧的声带固定,不能随呼吸发声进行内收和外展的运动,双侧声带不对称。一般来讲,单侧声带麻痹随发声时间的延长可以出现健侧声带的代偿运动,即健侧声带在发声时有向患侧声带运动的表现。

7. **痉挛性发声障碍** 是指由于中枢运动神经系统障碍导致的喉肌肌张力异常产生的发声障碍,目前病因仍不明确,多在成年期发病,按累及部位分为内收肌性,外展肌性和混合性,其中以内收肌性最为常见。其临床特点是只有在说话发声时出现喉部肌肉肌张力的异常,而在歌唱、笑、咳嗽等其他发声动作中无明显喉部肌肉肌张力异常。痉挛性发声障碍患者表现为发声紧张、震颤、声音低哑、语音会异常中断发声。严重者会出现间歇性失声和气息样声音。可以伴有颈部肌肉的紧张及颈静脉怒张。喉镜检查内收肌性发声时喉前庭呈痉挛状,前后径缩小,声带形态和色泽正常,运动无规律,呈过度闭合并伴有室带的过度内收。喉肌电图可以进行辅助诊断。

8. **精神性失声** 又叫癔症性失声,是由于心理因素导致的发声障碍。精神性失声多发生于女性,可发生于各种年龄,男性少见。发病的患者常具有较强的自我暗示能力,情绪不稳,心理脆弱,承受能力差。发病多有诱发因素,可能是一次强烈刺激后患者出现突然失声,说话仅有口形变化,严重者仅有气流变化。但患者在哭、笑、咳嗽时却能正常发声。患者同时伴有焦虑等精神紧张的表现。喉镜检查双侧声带外形均正常,发声时声带不能闭合,声带仅有微小振动,喉前庭呈现内收表现,有时会出现声带飘动不定、声门裂忽大忽小的变化。

第三节　嗓音障碍的评价

一、主观感知评价

嗓音的主观感知评价指的是听评价者对于嗓音障碍患者嗓音特征的主观听觉评价,因为在很多情况下,嗓音的问题都是首先由患者或者其他听者感受到后促使其去医院就诊的,因此主观听觉感受是嗓音障碍评价中的重要内容,根据测试对象可分为他觉性主观评价及患者自我评价。临床上发展了多种以标准尺度为测量标准的主观评价法,本书将常用的评价法介绍如下:

1. **他觉性主观评价** ① GRBAS 评价法:GRBAS 评价法是由日本音声语言医学会 1979 年制定,该方法测量对象是嗓音障碍患者发出的连续元音样本,测量内容包括 5 个描述参数,分别是:声音嘶哑总分度 G(overall grade degree,G)、粗糙声 R(rough,R)、气息声 B(breath,B)、无力声 A(asthenia,A)、紧张声 S(strained,S)。每个参数分为四个测量等级,正常为 0 级,轻度为 1 级,中度为 2 级,重度为 3 级。GRBAS 测量参数的意义如下:气息声是指发音时声带不完全闭合导致振动周期中不断有气流逸出,发声时便伴有周期性的呼吸音,将这种声质称为是气息声。严重的气息声可以导致无声化,如声带麻痹的早期。粗糙声是指声带表面形态的改变如声带肿胀、小结、息肉或附着黏液时,声带振动的周期变的不规则,声带不能正常闭合或出现代偿性改变时,声音呈粗糙性的一种主观感知表现称为粗糙声。无力声是指音强弱的一种表现,声带此时的振动表现微小而且不规则,发出的声音显得虚弱无力,临床上常见于一些弛缓性瘫痪和长期卧床患者的说话声音。费力声又称紧张声,是由于发声时声带过分紧张,喉肌张力过高而引起声带振动周期的改变所致,此时的发声中夹杂了很多不应该出现的噪声。常见于痉挛性瘫痪以及假声的患者。一般来讲,紧张声和粗糙声可以伴随存在,无力声和气息声可以伴随存在,而紧张声、粗糙声和无力声、气息声则不会同时存在。由于 GRBAS 评价是主观评价方法,各个检查者之间难免会出现不一致的地方,因此在临床应用中一定要由有经验的嗓音医学专业人员、言语病理学家和语言治疗师来进行评估,可以由三或五名检查者共同评价计分最后取平均值即可。② VPAS 评价法:VPAS 评价法在英国及澳大利亚被广泛应用,它是一个含有 17 个参数的评估系统。这 17 个参数从 3 方面来描述嗓音的质量,分别为:嗓音质量,包括唇、下颌以及舌的位置,软腭和咽的功能状况,喉的位置,发声类型,喉上或喉部肌肉张力;韵律特点,音调和强度;时间特点,呼吸节律,连续性,气流量,节奏。这 17 个参数采用 6 级测量,1 级代表刚好能听出来的异常,6 级表示障碍程度达到极限。测试样本为朗读声和自然说话声。③ CAPE-V 评价法:CAPE-V 评价法是美国言语和听觉协会提出的一种新的嗓音音质评价方法,该评价法对 GRBAS 进行了修改和增加,共包括六个测量参数,分别是嗓音异常的严重程度,粗糙声,气息声,紧张音,音调和响度,每一个参数均标出一条长 100mm 的直线,作为可视的模拟标尺,用来指示异常的程度。该检查法对于 GRBAS 的修改是有益的,尚处于临床试用阶段。

2. 自我评价 患者对于嗓音异常的自我评价,经常是就诊和治疗的起始,更重要的也是评判治疗的效果和是否结束治疗的关键。嗓音障碍指数(voice handicap index,VHI)首先由 Jacobson 等于 1971 年提出,该项调查是以交谈的方式让患者自己对存在的障碍或嗓音缺陷进行评价。嗓音障碍指数由情感、功能和生理 3 个方面共 30 个子问题组成,每个方面包含 10 个问题。①情感方面:了解嗓音障碍带给患者哪些不良的情绪反应;例如:"由于嗓音问题,我和别人说话时感到紧张。"②功能方面:了解嗓音障碍给患者日常生活和工作带来的影响;例如:"由于我的嗓音,人们很难听清我讲话的声音。"③生理方面:了解嗓音障碍给患者带来的各种喉部不适,例如:"我感到必须用力才能发出声音。"对每一个问题,采用 5 级评估标准:0 级:从来没有;1 级:几乎没有;2 级:有时出现;3 级:几乎经常出现;4 级:总是出现。该表格在临床应用中由于有的问题重复以及费时的缺点,因此 Rosen 等人又提出了一个简化的问卷调查 VHI-10。国内目前李红艳,徐文等学者参照上述量表以及汉语用语和生活习惯制订了嗓音障碍指数量表简化中文版用于临床嗓音障碍患者的自我评价,请参看表 8-1。以调查问卷的形式作为患者初诊时的诊断依据,在发达国家非常常见,这反映了医学的治疗目的是以患者为中心,了解患者的主观感受,既能对病史作出更清晰的理解,又能对今后的治疗重点作出针对性的计划和目的,更有利于医生去评价患者的障碍问题和迫切需求,也为今后的康复训练以及临床治疗打下了基础。

表 8-1 嗓音障碍指数量表简化中文版(李红艳、徐文等,2010)

为评估发声问题对您生活的影响程度,请在认为符合自己情况的数字上画圈						
0= 无 1= 很少 2= 有时 3= 经常 4= 总是						
F2	在嘈杂环境中别人难以听明白我说的话	0	1	2	3	4

为评估发声问题对您生活的影响程度,请在认为符合自己情况的数字上画圈 0= 无　1= 很少　2= 有时　3= 经常　4= 总是						
F9	我感到交谈中话跟不上	0	1	2	3	4
P1	说话时我会感觉气短	0	1	2	3	4
P2	一天中我的嗓音听起来不稳定,会有变化	0	1	2	3	4
P3	人们会问我"你的声音出了什么问题?"	0	1	2	3	4
P6	我的声音清晰度变化无常	0	1	2	3	4
E4	我感到苦恼	0	1	2	3	4
F6	我减少与朋友、邻居或家人说话	0	1	2	3	4
P10	我说话时会出现失声的情况	0	1	2	3	4
E2	别人听到我的声音会觉得难受	0	1	2	3	4
P7	我会尝试改变我的声音以便听起来有所不同	0	1	2	3	4
P9	我的声音晚上会更差	0	1	2	3	4
E5	我变得不如以前外向	0	1	2	3	4

二、客观检查及评价

对喉功能的客观检测主要包含四个部分:嗓音声学分析、声带形态及运动检查、喉空气动力学检查、喉肌电图分析。

1. **嗓音声学分析**　是利用仪器设备对嗓音样本的声学特征进行定量检测和分析的方法。常用检测的指标包括:

(1)基频(F0):基频是声带振动的固有频率(频谱中第一个谐波的频率),它反映的是听感知中音调的高低。基频通常用赫兹(Hz)表示,即声带每秒振动的次数。正常男性的基频在110～130Hz之间,女性在220～250Hz之间,儿童在340Hz左右。

(2)声音强度(声强):声音强度与声带振动幅度有关,是反映嗓音动力学的测试指标,用声压级或声强级表示(单位dB)。

(3)共振峰与声谱图:嗓音共振峰是由声带与口唇之间的共振腔产生的,唇齿舌的位置可以控制共振腔的大小,共振峰包络所在的频率位置及共振峰包络中的泛音决定嗓音的音质和音色,包含有共振峰以及基频曲线的连续图形称为声谱图。

(4)微扰:是指发声过程中声音出现的微小变化,微扰既存在于声音频率中(频率微扰),也存在于声音的振幅中(振幅微扰),当声带的形态和运动发声改变时,微扰就会敏感的被探及,从而发现发声异常的存在。

发声时声带的运动是一种复杂精细的运动,这种运动是在极短时间内多方向运动的综合,既包括了声带的开张和闭合,也包括了声带自身的振动和声带表面黏膜波的运动,发声时声带运动时的频率与振幅,共振峰的频率以及声带产生的细小变化均可以影响到嗓音的质量,而嗓音的变化又可以通过这些参数的改变而测得,这些参数不受人主观的控制,是客观实际存在,能比较真实地反映被测试者在发声过程中的各种变化,从而达到诊断和预后评价的目的。

2. **声带的形态与振动检查**

(1)声带的形态:声带是发声的主要器官,因此观察声带的形态以及运动时的变化也就能够反映出发声是声音产生的变化。平静呼吸时,声带处在开放状态,这时声门形成了三角形的裂隙,空气通过声门是不产生声音的。发声时,声带向内侧闭合使得来自呼气的气流中断,呼气流在声门下形成对声带的压力,当呼气压力超过声带闭合的张力时,气流就会使声带向两侧分开并使声带振动,产生了声音,声门及声带的解剖示意图可参考图 8-2。

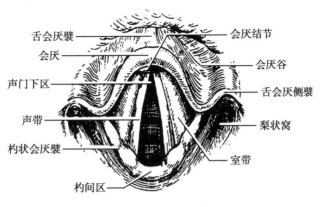

图 8-2　声门与声带

　　声带的形态又决定了声音的频率特征,发高频声时,声带张力增加,声带边缘变薄,发低频音时,声带较松弛,两侧声带接触时接触面相对较厚。由于人的声带长短和厚薄均不相同,因此,个体之间的发音频率也不相同。但是声带位于喉部声门区,位置深在,无法用常规方法直视检查,因此临床上需要借助特殊器械进行声带视诊。临床常用的声带视诊方法包括:①间接喉镜检查:是利用间接喉镜的反光作用,检查时将间接喉镜放入咽部,肉眼通过在镜面中反射出声带的形态进行检查,同时也能观察在发生过程中声带的运动表现。多数患者可以耐受这项检查,少数患者咽反射敏感可以用 1% 丁卡因溶液或 1% 达罗卡因溶液进行口咽部表面麻醉,待咽反射消失后再进行检查。有的患者在检查中会厌上举不满意,无法窥清声门区,可以选择进行纤维喉镜或电子喉镜的检查。②纤维电子喉镜(图 8-3)检查:这是目前较为常用的检查方法,喉镜的镜体可以进行弯曲,镜头处采用 CCD 成像,将数字图像信号通过光导纤维传输到监视设备上,从而可以实时直观的观察声带的运动。它的优点是:图像清晰,色彩还原逼真;可以瞬时抓取影像,通过数码照相机结果;可以动态摄录检查过程;可以和电脑同步连接,有利于对检查资料的保存对比;同频闪喉镜相连可以在电脑上对声带运动进行分析;同嗓音设备相连接对患者嗓音进行分析提出治疗解决方案(图 8-4)。

　　声带的振动每一周期分为渐开相(opening phase)、渐闭相(closing phase)和闭合相(close phase)。声带的全部振动过程类似一种波浪形的翻滚过程,即当声带的上缘处在开放时,下缘黏膜已开始关闭,并逐渐移至上缘;当上缘接触封闭时,下缘又已经分开,再移至上缘,如此往复进行,形成一个类似椭圆形轨迹的波浪运动。按声带振动的方向又分为纵向振动和横向振动。发声时声带的振动主要是呈横向振动,纵向振动并不明显。说话和唱歌声带振动明显不同,即说话时声带的振动是周期连续性的变化,而唱歌时在一定的时间内,声带的振动周期可以保持相对不变。

　　(2)声带振动的检查:以下介绍常用的几种检查方法。①动态喉镜检查:动态喉镜是利用一定频率的闪光照到声带上,用于观察声带的振动。动态喉镜系统主要包括:镜面角度 70° 和 90° 硬质内镜或软性内镜、频闪光源、摄录和显示系统。检查时检查者先将硬质内镜放入患者咽部,选择内镜的角度使声带暴露良好,然后嘱患者发"依"声,检查者通过控制频闪光源的闪动频率来观察声带的振动情况。动态喉镜有利于观察声带表面的微小病变并能对声带振动状况作出分析,是嗓音医学上较常用的一种检查方法。②电声门图检查:电声门图是监测声带振动时电阻抗的变化,从而将声带的运动描记成特殊

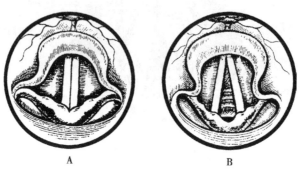

图 8-3　纤维电子喉镜

图 8-4　纤维电子喉镜下的声带

A. 内收状态；B. 外展状态

的声门波谱,通过观察分析声门波谱的图形来间接判断声带的振动特点和变化规律,是一种非侵入性的检查方法。该系统主要由皮肤电极、声频发生器、放大器和测量仪组成。检查时,把皮肤电极贴附在甲状软骨的两侧皮肤上,通过测试微电流通过声门不同状态时电阻的大小,然后把结果放大并由记录仪记录并转化成电声门图。正常的电声门图为一随时间变化、光滑有规律的类似正弦的弧形曲线,声带振动或运动的异常会导致电声门图的波幅、波形和频率周期的改变,以此来判断声带的病变。③超高速电影检查:超高速电影摄影是利用特殊电影仪器对声带振动进行超高速摄影,可以细微观察到声带振动的每一周期微细变化。此项技术是利用高速摄影照相设备,以每秒 1000 ~ 8000 帧画面的速度对声带的振动周期进行摄影,当观看时以每秒24 ~ 30帧的速度放映,这样声带的振动便以慢镜头的形式得以观察,有助于捕捉声带振动的细微改变。但显然,这项技术设备过于昂贵,操作复杂,不适合用于临床的一般检查,但它能提供声带振动周期中声门开启次数,并能定量评价每一侧声带的振动情况,对于理解声带的振动特征和振动机制有一定的价值。

3. 发声空气动力学检查　发声空气动力学检查也是客观评价发声功能的主要方法,它是通过对发声时通过喉以及声道的气流运动进行检测,常见的检测方法有:①最大发声时间(maximum phonation time,MPT):是指一次深吸气后所能发出元音的最长时间,正常情况下,成年男性 MPT 平均值为 20 秒,成年女性平均值为 15 秒,儿童平均值为 10 秒。②声门下压力:是指经肺产生的气流到达声门时对声门产生的压力,呼吸的深度和潮气量决定了声门下的压力,呼气时呼吸肌的张力维持着一定的声门下压,从而声音的产生非常稳定。声门下压力的大小决定了音量的大小,音量反映了声音基本音质的特点,因此是一个重要的临床发声参数。③平均气流率:是指发声时每秒通过声门气流量的一个指标。呼气流是喉发声的动力,通过测定单位时间内流经声门的气体量可反映声门关闭功能的状态。是评价噪音的主要参数。④鼻流量:是指在发音时单位时间内通过鼻腔逸出气流的百分率,它反映了发声时鼻腔共鸣状态的变化,对于评价鼻音化带来的问题具有重要价值。鼻流量也可以通过鼻流量计进行单项检查。患者在发"a"音和"u"音时的鼻流量检查结果图可参考图 8-5,可以分别用图形和数字的形式进行标示。

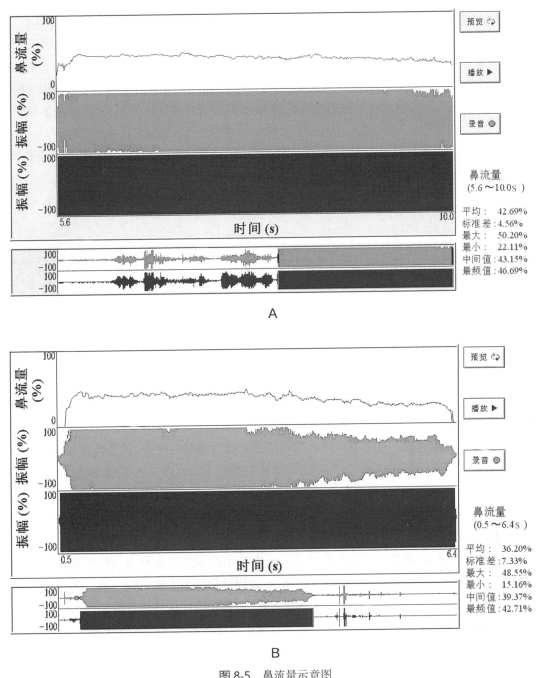

A

B

图 8-5 鼻流量示意图

A. 发"a"音;B. 发"u"音

4. **喉肌电图分析** 喉肌电图检查(electromyography,EMG)是一种电生理检查技术,可以用来研究喉部在发声、呼吸、吞咽时喉肌的生物电活动,借以判断喉神经肌肉系统功能状态,又称喉肌电图检查。喉的发声动作是由喉部肌群的整体协调运动产生,外周神经对运动的支配主要是由喉上神经和喉返神经完成,通过对局部肌肉肌电活动的记录,观察动作电位的波形、波的数量等指标来判断喉部肌肉和神经在发声时的功能状态可用于神经性喉疾患、吞咽障碍、痉挛性发声障碍以及喉部的肌肉神经损伤的诊断。

肌电图仪主要由电极、放大器和记录仪等组成,检查用的电极有针状电极、表面电极和钩状电极,针状电极和钩状电极一般要求将电极经皮插入所要检查的喉肌,记录的喉肌运动范围窄,精确性高,但有一定的痛苦,对操作者有技术要求;表面电极只需将电极贴附在皮肤表面,记录的生物电活动范围广,精确性差,但属于无损伤操作,患者更容易接受。

喉肌的动作电位经放大器放大后由记录仪以图形方式记录,正常情况下肌肉轻度收缩时喉肌的动作电位呈单相或双相的单个波,波幅为 100 ~ 300μV,波宽为 3 ~ 6ms;中度收缩时,可记录到较多运动单位电位;重度收缩时,呈现密集重叠的大量运动单位电位,此时波幅可达到 500 ~ 3000μV;在神经麻痹时,正常的动作电位消失,仅可看见喉肌的纤维颤动电位,当神经功能恢复后,又可出现正常幅度的多相动作电位。

喉肌电图检查在临床上主要用于:①鉴别声带运动障碍性质;②判断喉返神经损伤的部位;③判断喉返神经的损伤程度;④对治疗和预后进行评估。

第四节　嗓音障碍的预防与康复

一、原则

嗓音障碍的康复是指通过功能锻炼的方法系统纠正患者错误的发音模式及异常的音质、音调和音量的过程。对于患者进行康复训练要遵循以下的基本原则:

1. **选择合理的训练时机**　对于发声障碍的训练要选择合适的时机介入,急性期炎症、声带小结及器质性发声障碍,可以先进行病因的治疗,使发声器官在形态上基本恢复正常后,此时再进行功能恢复锻炼会十分必要,在早期病变时,并不要急于进行系统训练,可以先进行指导嗓音的正常使用以及适当休声,待病因得到纠正后再进行系统训练。对于慢性病变引起的发声障碍,由于长期病理状态下形成的错误发声状态,依靠临床治疗并不能得到有效的恢复,因此需要进行系统的功能锻炼。

2. **重新建立正常的运动模式**　发声障碍常常是由于用声不当和嗓音的"滥用"造成,患者形成了错误的呼吸以及发声动作,与正常的生理性动作相违背,因此训练的主要原则是重新获得正常的呼吸和发声动作,并要在此目的下进行一系列的系统功能锻炼,使得正确的运动模式固定下来。

3. **进行有针对性的训练**　发声训练主要要针对发声障碍的主要问题来进行,常见的发声障碍主要在呼吸、发声的音量、音质和音调以及共鸣方面出现异常,因此治疗方案的制订要围绕患者的具体障碍来进行,只有从直接症状出发,才可以系统的纠正发声的异常。

4. **确定适合的训练量**　功能锻炼是要求患者重新获得正常或接近正常的发音模式并把它固定下来,正确的发声方法需要一定的重复锻炼才能够重新确立并在生活中得以应用。但运动量必须是适合的,过强的运动量会带来喉肌及声带的疲劳和劳损,反而会加重发声障碍,因此,建立一定的功能锻炼量必须使患者能够承受并不至于产生运动疲劳反应。

5. **补偿和接受**　对于部分器质性病变如喉麻痹以及慢性发声障碍的患者经过专业功能锻炼并不能完全恢复至病前的状态,不能要求得到完全的恢复,因此在训练中需要确立起能够充分发挥现有发声器官功能的方法,并要使患者接受现有的发声状态并应用于日常交流中。

6. **指导和训练相结合**　功能锻炼要和指导发声相结合,患者在经过康复锻炼获得正常发声功能后,在日常生活中仍会遇到导致发声不正确的易发因素,因此指导患者进行嗓音疾病的自我预防保健也是非常重要的。要使患者在日常说话中有意识地保护用嗓,用声疲劳后适当休声,预防嗓音疾病的发生。

二、 嗓音障碍的预防

1. 避免长时间、高强度的用嗓,尤其对于用嗓职业如教师、戏剧演员、营业员、讲解员和单位的领导等人群,避免因为嗓音的"滥用"而导致发声障碍。

2. 使用适当的音量、音调说话,避免使用过大的音量如叫喊、吼叫,也要避免使用较小的音量来交谈如耳语声,另外长时间使用不正常的音调如假声来说话对发声也是有害的。

3. 注意适当休声,在咽喉炎症或长时间用声感觉喉部疲劳时应该及时休声或禁声,让声带充分"休息",减轻声带发声时的运动,有利于避免声带小结和息肉的产生。

4. 避免刺激性的食物,避免吸烟,食用过热、过冷或辛辣的食物,长时间的吸烟,这些因素都可以导致声带组织学上的变化,诱导声带疾病的产生。

5. 保持心理、情绪的稳定,避免用声音来发泄心中郁闷,在这样的情况下,声带被不适当的硬性振动发声,更容易造成损伤,此外也增加了心因性发声障碍的可能。

6. 适当饮水,保持声带表面湿润,避免采用硬起声如咳嗽、清嗓的方式,都是对声带的有效保护。

三、 嗓音障碍的康复

嗓音康复训练主要是针对发音过程的治疗,目的是解决嗓音中的音调、音强、音色、呼吸与发声的调节以及呼吸控制与调整问题,此外还包括对共鸣器官位置的调节,即调整在发声过程中咽、喉、口腔、软腭、唇以及舌的位置。语言治疗师进行康复训练的目标既要纠正患者异常的发音模式,也要使患者意识到错误发音的方式以及如何调整,同时对于患者心理的支持以及正确用嗓的宣教也是非常重要的。在治疗过程中治疗师还需要将发声训练融入到整体的言语活动中,创造出轻松融洽的交谈环境,使患者在发声各个器官之间重新建立起平衡协调的关系来。

训练常分为两个基本阶段,基础发声功能的训练阶段和有针对性的训练阶段。现分述如下:

1. 基础发声功能的训练

(1) 体位与呼吸功能的改善:患者需要首先建立正常的体位,正常的体位可以使呼吸运动更容易进行。正确的体位是坐位挺胸,两肩下坠,收腹;站位时需要挺胸收腹,两肩放松;保证呼气通畅。呼吸运动要分别练习胸腹式呼吸;慢吸气、慢呼气;快吸气、慢呼气;慢吸气、屏气、慢呼气等不同形式的呼吸方法。

(2) 放松训练:①患者需要进行颈部的放松训练,以便于使喉部肌群在发声前得到放松,以纠正喉肌张力过高的现象,训练时要求患者进行头部的低、抬,左右侧头以及左右转头的动作,每个动作完成10次,运动时平静呼吸使颈部放松;②咀嚼动作,让患者使用夸张的方式进行咀嚼,强调口腔的张开和舌的持续运动,夸张的咀嚼动作可以使患者忽略喉部的紧张而无意中放松下来。

(3) 持续发声训练:嘱患者深吸气后发尽可能长的元音"a"和"u",音量保持平稳,发声时治疗师可以利用手掌接触患者腹部,使患者能注意到腹部肌群的持续用力,治疗师也可以同时给予患者参照声,使患者能参照发声。

(4) 发音的放松练习:此训练重点在于减弱患者在发音的启动、保持时的声带过度紧张状态,使发音是颈部减轻协同用力的表现,这包括:①呼吸样发音:患者在平静呼吸的条件下,保持呼吸的均匀,在呼气的状态下发出轻声,类似于悄悄话语,让患者忽略在发声中刻意强调声音的音量这样一个错误的习惯,而理解发声和呼吸之间的关联。②叹息样发音:叹息样发声实际上是训练患者在呼气时发声,轻松发声或叫软起声,从而减少喉部和嗓音的紧张感,减少声带接触的力量。③打呵欠与发声:指导患者练习打个真正的呵欠,呵欠后用一个叹息音结束,让气体以一种放松的状态送出。本练习的目的是减少嗓音的误用和放松喉部肌肉,减少发声时喉部力量过强的现象,经常会应用于痉挛性发声障碍患者训练中。④颤音:颤音是舌尖接触齿槽边缘并迅速进行颤动而产生的声音,俗称"打嘟噜",很多演员在表演前经常作为热身的练习。颤音可以有效地改善声带的振动幅度,增加声带振动的幅度。⑤吟唱法:利用吟唱的方式对发音进行引导,可以促进气流的连续并减少声带的连续碰撞动作,减轻声带和喉部肌肉组织的紧张。

2. 有针对性的训练

(1)音量异常的训练:常见的音量异常有音量过弱、音量过强和单一音量。音量过弱的训练可以要求患者先进行屏气、咳嗽等提高声门下压力的训练,进行呼吸力量的训练如吹气等,然后进行元音的发音练习,提高音量;音量过强的训练可以先使患者进行放松,减少喉部呼气流强度,软起声,无声化,训练耳语发声,减低音量;单一音量的训练可以使患者先进行喉部气流的变化训练如吹气球、吹口琴等,使患者有参照的进行小声到大声的转换。

(2)音调异常的训练:主要针对音调单一和音调变化障碍进行训练,训练的内容有叹气样发声训练、四声音调的辨别和发音训练,音调的变化训练可以进行哼唱训练,即利用一小段歌曲曲调,由患者参照音调变化进行哼唱。在音调的练习过程中注意患者发音的连贯性以及喉部的放松。从单音的音调变化逐渐过渡到词和句子的音调变化。

(3)痉挛性发声的训练:针对性的训练有放松训练、软起声的训练。有效的放松可以采用深呼吸以及咀嚼活动引导完成,软起声的常见训练内容有叹息样发声、慢呼气起声和耳语声等方式,自发叹气时的出声是一种非常自然的软起声,要求患者以放松呼吸的方式发声,在呼气后发声,发声时注意声门区的气流通过不能断续,可以先从发"h"音开始。

(4)音质异常的训练:主要针对共鸣异常的训练,包括纠正鼻漏气的训练、纠正鼻音化的训练等。纠正鼻漏气的训练可以采用引导气流法,如吹的训练、屏气的训练、鼓腮的训练等;纠正鼻音化的训练分为主动训练和被动训练,主动训练可以使患者通过发舌根音送气和非送气化来交替运动软腭,如连续发"ka、ka、ka"及发"ka、ga、ka、ga"的音;被动训练可以进行抬举软腭发音法和捏鼻发音法等。

四、 嗓音障碍的临床治疗

1. **炎症早期或急性期的治疗** ①休声或禁声,使声带得以充分休息;②针对声道的炎症进行抗感染治疗,合理应用抗菌药物;③局部采用雾化吸入治疗,选择皮质类固醇如布地奈德混悬液进行雾化吸入,促进声带炎症和肿胀的消退;也可以口含片减轻喉部疲劳感以及局部抗炎;④可以在急性期口服泼尼松或地塞米松,对局部有持久的抗炎和消肿作用;⑤止咳、化痰等对症治疗,减轻对声带的损伤。

2. **慢性炎症的治疗** ①适当地休声;②中医中药的治疗,如口服黄氏响声丸、清音丸、润喉汤等药物;③局部进行理疗;④适当进行发声训练;⑤对于声带慢性水肿可以考虑手术治疗。

3. **声带的良性增生性病变** 如声带小结、声带息肉等:①休声或禁声;②局部雾化吸入抗炎消肿;③如短期内不见好转则首选手术切除增生物;④术后禁声、雾化吸入以及进行发声康复训练。

4. **痉挛性发生障碍的治疗** ①进行发声训练;②局部进行肉毒毒素的注射治疗;③嗓音外科治疗如喉返神经切断术等。

5. **功能性发声障碍的治疗** ①祛除病因的治疗;②发声训练;③针灸以及声带注射治疗。

6. **精神性失声的治疗** ①暗示治疗;②发声训练。

第五节 无喉者语言训练

一、 无喉者的概念

无喉者是指由于喉部肿瘤或在喉外伤的情况下,为了挽救生命而不得不接受全喉切除术的人。这类人群由于术后失去了喉部的正常结构,无法正常通过喉部进行呼吸和发声。全喉切除术不同于部分喉切除术,后者由于保留了一侧或部分声带,因此手术后患侧组织瘢痕化后,残留的组织仍然可以替代部分声带的振动,与健侧声带完成代偿性的发声,不至于影响患者的言语交流能力。无喉者由于丧失了正常的发声交流能力,其以后的生活将发生极大的变化,包括心理、社会、经济、就业等,因此对无喉者进行言语能力的康复训练具有十分重要的意义。

无喉者仍然可以进行言语发声训练是因为言语功能是一个复杂的生理活动,喉只是言语形成过程中的一部分。无喉者具有正常的呼吸器官如肺和呼吸肌群,也有正常的调音器官如唇和舌,只是由于手术切除了喉,失去了声带这一声音的振动体,并且由于呼吸的改道,使得气流不再经过口腔进行,使得调音过程也被中断,所以不能正常发声并经过调音产生言语。而相邻的食管常被认为是最好的代替声道发声的器官,食管内可以储存气体,并且可以通过胸腹腔的压力使气流流动,环咽肌收缩可以使食管入口变窄,并且由于食管入口的黏膜皱襞可以产生振动而发音,这就类似于平常人的"打嗝"过程。因此无喉者进行的发声活动可以通过食管内的空气振动食管上段肌肉组织来代替,这称为食管发声法,是目前无喉者的一种主要发声方式。

但由于食管入口的振动不能像声带振动一样形成连续的黏膜波,且需要不断在食管内积存气体以供发声,因此食管发声较正常发声语速慢、发声需要停顿、并且发声的气流量小,音量单一,发声清晰度较差。因此临床上也有利用人工造成气管食管瘘,在气管食管瘘口安装发音管或发音钮,使得肺内气流在说话时经发音管改道于食管,提高发声的音量和连续性,获得清晰的语音。这称为发声重建术。发声重建术较好地解决了食管发声的不足,但由于食管气道形成瘘管,发音管不合适时易发生误吸,而且发音管不易清洗,易引起感染等问题。

二、 食管发声训练方法

一小部分的无喉者未经过特殊训练就可以运用食管发声,但对大多数患者来讲,还是需要系统的训练才能掌握食管发声的技巧。目前在一些综合医院里以及无喉者成立的协会组织都有专门的食管发声训练班,对无喉者进行食管发声的训练,同样康复机构的言语治疗部门也对无喉者提供术后言语训练的帮助。常用的食管发声的训练步骤有:

1. **打嗝的练习** 提醒患者以往的打嗝经历,指导患者向下吞咽空气后腹部收缩使食管内气流反向流出时,做屏气咽部收缩动作完成打嗝过程。要求患者能利用咽部收缩的力量发出声音。反复重复直至能够自如完成。

2. **空咽的练习** 要求患者利用舌的前伸、后缩运动将口腔内气体经咽部咽下,类似于进食的动作,同时收缩咽部发出"咕噜"的声音,进一步要求患者利用下咽部的收缩发出以上的声音,并且能保持口形和舌的位置。

3. **元音的加入**　患者在能利用食管发出随意声音后,使患者能够固定口形,能够进行发声,例如圆口形发类似于"a"的声音,将口缩拢发类似于"o"的声音,气流冲出时发类似于"u"的声音。

4. **辅音的加入**　利用食管的发声进行鼻腔共鸣如"m",要求患者在双唇活动时进行食管发声引导发双唇音"b",发舌根音"k",逐渐发其他的辅音。

5. **加快速度**　逐渐缩短下咽空气的速度,要求患者很快利用胸腹部收缩使食管内气流逸出;练习咽部收缩动作,加快速度。

6. **延长气流时间**　练习保持咽部收缩动作一定时间,使得食管发声时间尽可能延长,为下一步说词和句子做准备。

7. **词和句子的联系**　进行食管发声时发出两到三个音节,逐步加入短句,要求能够在不断地下咽口气时随意发声,增强患者去交谈的信心,增加患者交流的机会。

8. **进行音调和语气的训练**　在句子中标出音调变化和重音变化,要求患者进行练习,试着进一步延长发声时间。

在训练中可以引导患者发笑打哈欠,利用发笑和打哈欠的声音来使患者理解怎样延长发声时间。训练时间每次不超过1小时,训练完成后做颈部放松活动和呼吸运动进行调整以及松弛。

(张庆苏)

第九章
口吃

第一节　口吃的定义、原因和症状

一、　口吃的定义

　　口吃是一种言语的流畅性障碍,俗称"结巴"。世界卫生组织对口吃的定义为:口吃是一种言语节奏的紊乱,即口吃者因为不自主的声音的重复、延长或中断无法表达清楚自己所想表达的内容。人们认识口吃已有很长的时间。口吃的流行率在各种语言和文化中十分相似,在 1% 左右。据估计,在中国大约有 10 000 000 人口吃。因此,口吃是一种重要的言语障碍。正常人偶尔也会出现以上的情况或因想不起恰当的词汇而说话中断,重说一遍或自我修正等等所致的非流畅性言语不属于口吃,大多数真正的口吃多表现为慢性的状态。

二、　口吃的原因

　　传统的观点认为口吃是一些儿童语言的发展过程中学习口吃着说话学习所致,即口吃的习得理论。近年来,口吃的研究者开始从医学的角度寻找口吃的原因。一种研究是探索口吃的遗传起源。有一些重要的现象表明遗传因素参与发展性口吃的发生:口吃集中于某些家庭中;口吃者一级亲属口吃的发生率是普通人群的 3 倍以上;单合子双胎比杂合子双胎易同时发生口吃;领养儿童口吃与他的实际父母口吃密切相关而非养父母。

　　另一种研究是探询口吃的神经学起源,研究口吃的脑功能影像。这种研究可以追溯到 20 世纪 30 年代,两位美国学者,Samuel Orton 和 L.E.Travis 提出了口吃的大脑优势理论。他们认为正常人的双侧半球在言语的产生中须互相协作,一侧半球起主导作用,一般是左半球,而口吃者缺乏这种大脑优势造成激活言语肌肉的双侧神经冲动的不合拍。近年来两大重要技术 PET(阳离子发射断层摄影术)和 FMRI(功能性磁共振)被用来研究:口吃者的脑功能在流利言语和不流利言语时是否存在差异;在从事一些言语或语言活动时口吃者的脑功能和正常人脑功能的差别。这些研究总的表明:口吃的确存在神经因素。

　　容易出现口吃的情况如下:

(一) 成人

在以下几种场合较多见:

1. 必须给对方一个好的印象。

2. 听者的反应(事先预感)。

3. 表达内容的重要程度。

4. 发觉自己口吃。

5. 全身性紧张。

(二) 儿童

一般来说,孩子们在下列情况时,说话会欠流利:

1. 在他们非常激动时。

2. 急于表达和与他人抢话时。

3. 在严厉的束缚下说话时。

4. 与不喜欢自己的人说话时。

5. 使用较难的词汇或使用尚不习惯的词句时。

6. 在吃惊、害羞、恐惧、窘迫、失望等情绪下谈话。

三、 口吃症状和类型

是指说话困难或预感说话困难时所引起的一系列的反应。从言语方面,运动,情绪方面来考虑,又分别以"言语症状""伴随症状""情绪性反应""努力性"等亚项来进行具体总结。这些症状根据具体病例不同,有的是同时出现有的是先后出现,根据症状的不同性质也不同,因此必须在检查和评价时予以全面分析为好。

1. **言语症状** 口吃症状可分为五群:

A 群:①音、音节的重复;②词的部分重复;③辅音延长;④元音延长;⑤在不自然的位置当中出现重音或爆发式发音;⑥歪曲或紧张(努力发声结果出现歪曲音,或由于器官的过紧张而出现的紧张性发音);⑦中断(构音运动停止)。

B 群:①准备(在说话前构音器官的准备性运动);②异常呼吸(在说话前的急速呼吸)。

C 群:①词句的重复;②说错话(言语上的失误,也包括朗读错误);③自我修正(包括语法,句子成分等的修正,反复);④插入(在整个句子中插入意义上不需要的语音,词,短句等);⑤中止(在词,词组或句子未完时停止);⑥暂停(词句中不自然的停顿)。

D 群:①速度变化(说话速度突然变化);②声音大小,高低,音质的变化(由于紧张在说话途中突然变化);③用残留的呼气说话(用残留的呼气继续发音)。

E 群:其他(A ~ D 均不属的症状)。

2. **伴随症状** 为了克服口吃而产生的身体某一部位或全身的紧张,不必要的运动(表 9-1)。

表 9-1 口吃的伴随症状

部位	表现
构音器官、呼吸系统	喘气,嘴歪,张嘴,下颌开合、伸舌、弹舌
颜面部位	鼓腮、张大眼睛、眨眼、闭眼、抽噎、张着鼻孔
头颈	颈部向前、后、侧面等乱动
四肢	四肢僵硬、手舞足蹈、用手拍打脸或身体、用脚踢地,握拳
躯干	前屈、后仰、坐不稳

3. **努力性表现** 努力避免口吃或从口吃状态中解脱出来,口吃者常有以下表现。①解除反应:出现口吃时努力从口吃中解脱出来,用力、加进拍子、再试试等;②助跑现象:为了不口吃,想办法用助跑的方式:在插入、速度、韵律方面出现问题时有目的使用,重复开始的语句;③延长:想办法将困难发的音延长,最终目的是将目的音发出来,前面有婉转表现,或貌似思考,空出间隔;④回避:尽量避开该发的音,尽量不发目的音,放弃说话或用别的词代替,或用不知道回答,使用言语以外的方法如手势语等。

4. **情绪性反应** 可在预感口吃,口吃时或口吃后出现(表9-2)。

表 9-2　情绪方面的表现

表现方面	态度	表情	视线	说话方式	行为
具体表现	故作镇静 虚张声势 攻击态度 作怪相 害羞样 心神不定	脸红 表情紧张 表情为难	视线转移 视线不定 偷看对方 睁大眼睛 盯着对方	开始很急 语量急剧变化 语言单调 声音变小 欲言又止	羞涩的笑 手脚乱动 焦躁 假咳嗽 抽动样

5. **波动** 口吃初期流畅期与非流畅期常常交替出现,在此称为“波动”。多种原因都可能造成口吃的波动,尤其在儿童的生活明显不规律,如在假期、环境明显改变后、生病时等原因会出现此种情况,但随着年龄的增长及口吃的进展,其流畅期越来越短。

6. **适应性、一贯性** 适应性效果是指在同一篇文章中反复朗读时口吃频率会降低,口吃越重这种适应性就越低。

一致性效果是指在同一篇文章反复朗读时,在同一位置,同一音节中出现口吃表现,这种表现在谈话中也常可见到。重度口吃患者一致性都很高。

第二节　口吃的评价

由于每个口吃者对容易引起口吃的语音不同,所以在设定检查课题时,要考虑语言学方面的要素。这些要素包括:语音的种类,词类,词汇的使用频率,抽象度,音的组合,词、句的长度及语法复杂程度等。除此之外,也要评价口吃者口吃所伴随的表现。

一、 问诊

要了解从开始口吃到现在的发展经过,还必须详细了解居住环境,家族史,语言环境,家庭环境及其变迁情况。另外,随着口吃的进展,会出现心理方面的问题,比如在自己觉察到有口吃的情况下和由此所造成的问题和不愉快自己是如何看待的。而且要了解患者如何自我评价。

二、 无阅读能力儿童口吃的评价

在口吃的评价方法中,一般儿童,如果他的阅读能力低于小学三年级,被视为没有阅读能力。以下项目适合这些儿童。

1. **向口吃儿童的父母询问**　适用于年龄较小的儿童和不配合检查的孩子,有时也适合怀疑自己孩子口吃的父母而又非常紧张很担心孩子到医院来心理方面会受到影响的家长。

2. **会话**　可以由检查者和孩子进行会话,也可观察口吃孩子和其父母的会话。目的是了解口吃孩子在实际生活当中的说话情况,还可了解口吃孩子是否有回避现象。幼儿园的孩子可以问孩子喜欢什么小动物,幼儿园的情况及上学的孩子可以询问学校的情况等,最好选用能让孩子多说话的问题来交谈。

3. **图片单词命名**　可以根据孩子的年龄选用 10 ~ 20 张名词和动词图片,可以在命名和动作描述中了解在词头音出现口吃的情况和特征。

4. **句子描述**　选用简单和较复杂的情景画图片,可以了解在不同句子长度及不同句型当中口吃的状况。在这项检查要注意给孩子一定的时间来反映,必要时可以给一两句的引导语诱导孩子来描述。

三、 有阅读能力和成人期口吃的评价

在评价方面与无阅读能力儿童有所不同,一是在难度上增加,另外增加朗读的内容。

1. **自由会话**　以了解日常生活中说话状态。根据语音的种类了解口吃的特点。

2. **单词命名和句子描述**　用名词、动词和情景画图片了解不同层级语句中口吃的表现和数量。

3. **单词朗读**　用单词字卡,了解单词朗读时,尤其根据词头音不同口吃表现的差别,检查结果与口语命名结果相比较。

4. **朗读句子**　用句子卡片以了解句子朗读时口吃的状态,还可以了解口吃在句子内的位置及不同语法难度对口吃的影响,还可以了解口吃一致性和适应性效果。

5. **回答提问**　以了解回答问题时说话状态及口吃的状态。

四、 口吃检查、评定记录表

经过口吃的检查和评价后,应将口吃者的评价结果进行整理和记录,见表 9-3。

表 9-3　口吃检查、评定结果记录表

检查单位:

检查日期:　　年　　月　　日

检查时基本状况:

1. 患者基本情况:

　姓名:　　性别:

　出生:　　年　　月　　日　　年龄:

　职业或学校:

　幼儿园:

　住址:

　家庭成员:

　近亲中是否有类似情况:

续表

2. 主诉：

3. 口吃以外的障碍：

　　(1)发病年龄：

　　(2)发病年龄：

　　(3)发病年龄：

　　(4)发病年龄：

4. 生长史、口吃史、现病史：

　　(1)生长史(包括发育方面、既往史、环境方面)：

　　(2)口吃史：

　　(3)现在口吃状态以及对口吃的态度：

　　(4)相关专科检查结果：

　　(5)检查及观察小结：

　　　1)交流态度：

　　　2)言语行为：

　　　3)非语言行为(游戏,非言语行为中的智力发育情况,日常生活动作,其他)：

　　　4)运动发育(身体发育,粗大运动,精细运动发育,其他)：

　　　5)发音说话器官的形态及功能(发声,呼气保持,舌运动,其他)：

　　　6)口吃症状的评定及小结：

　　　7)口吃特征：

　　　　a 言语症状：

　　　　b 伴随症状：

　　　　c 努力性：

　　　　d 情绪性反应：

　　　8)引起口吃的场面：

　　　9)是否有可变性：

　　　　a 一贯性：

　　　　b 适应性：

　　　10)预感口吃发生的自我判断：

　　　11)促进口吃的原因：

　　　　a 本人方面的条件：

　　　　b 环境方面的条件：

五、 口吃的分级

口吃的分级见表9-4。

表 9-4　口吃程度分级量表

分级	表现
0级	无口吃
1级	极轻。每100单词出现口吃少于1%；无相关的紧张；口吃非流畅期持续少于1秒；非流畅模式简单；没有出现身体、手臂、大腿和头的联合运动
2级	轻度。每100单词出现口吃 1% ~ 2%；几乎无相关的紧张；非流畅期持续1秒；非流畅模式简单；没有明显的身体、手臂、大腿或头的联合运动
3级	3级:轻~中度。每100单词出现口吃 2% ~ 5%；偶尔出现注意力分散和紧张；大多数非流畅期持续不超过1整秒；非流畅模式通常简单；没有注意力分散的联合运动

分级	表现
4级	中度。每100单词出现口吃5%～8%;出现注意力分散和紧张;非流畅期平均持续1秒;非流畅模式特征为偶然出现的复杂的声音或作怪脸;偶然出现注意力分散的联合运动
5级	中～重度。每100单词出现口吃8%～12%;经常出现明显的紧张;非流畅期平均每次持续2秒;出现一些注意力分散的声音和作怪脸;出现一些注意力分散的联合运动
6级	重度。每100单词出现口吃12%～25%;出现明显的紧张;非流畅期平均每次持续3～4秒;出现明显的注意力分散的声音和作怪脸;出现明显的注意力分散的联合运动
7级	极重度。每100单词出现口吃多于25%;出现非常明显的紧张;非流畅期持续4秒以上;出现非常明显的注意力分散的声音和作怪脸;出现非常明显的注意力分散的联合运动

第三节　口吃的治疗

一、口吃治疗的标准

因为至今还没有找到造成口吃的确切原因,而且影响口吃波动和加重的因素也很多,因此,口吃治疗是一件很不容易的事,经过治疗大约有1/3的儿童能够治愈,2/3的儿童症状得到改善。当口吃完全形成后,它的治疗就变得更加困难。根据Silverman标准,一个成功的治疗需要符合以下条件:

1. 患儿言语不流利的数量在正常范围内。
2. 患儿的流利程度在正常范围内持续至少5年。
3. 患儿不再认为他/她有流利性障碍或再次发生此类问题。

二、口吃儿童父母指导

下面这些方法是指导父母如何鼓励孩子在放松的语言环境下说话,治疗人员与父母共同努力实施治疗方案,尽可能解决口吃问题。

1. **速度**　影响流畅性的因素之一是儿童及倾听者们的语速,儿童经常加快语速以紧跟成人的语言节奏。当儿童语速加快时,特别是2～4岁的小孩,他们可能出现重复和拖音现象,因为其口唇和下颌不能快速移动,同时,在快语速时很有可能出现语音形成与呼吸的不协调。一旦儿童学会快速说话,要减慢速度就较难,如果我们能减慢语速,那么儿童就有可能相应的减慢语速。我们这样说也许会有帮助"不必急,我们有相当多的时间听"。而不应该对他说:"慢慢说,放松点"之类的话。因为这些建议会使他感到说话时犯了错误,以后应该闭嘴。当他努力地从"错误"中解脱出来,它的肌肉会变得僵硬,非流畅性言语会增加。

当有些儿童语速加快时,言语尽管流利,但不清晰。当他们处在较兴奋状态时,某些言语就难以理解。语速如此之快,使单词连在一块,言语变得模糊,音节省略。但儿童说话极快时,可出现起始词重复,词部分重复或连接词重复,如:"那……,和……"从而保证他们自己充分的思考时间。

2. **提问**　当提问数量很多时,儿童非流畅性言语增多,许多成人与儿童的交流为提问式,而问题常常把儿童卡住。我们认为改变口语交流方式,减少提问次数,如减少50%问题数量,效果较佳。许多父母发现陈述句方式对减少孩子口吃非常有益。陈述技巧如当小孩玩时,父母用一些简短的句子对小孩谈论他在做什么,想什么,有什么感受,说话语气要适中,不要让孩子感到你在给他做训练,否则孩子可能会拒绝。

3. 言语表达 不要难为小孩,避免"做给我看,说说!"习惯。因为这样干扰了儿童的思维过程,需要大量记忆,过分的关注了言语的形成,如指示小孩:"告诉爸爸,你去过哪里?""告诉爸爸,刚才我们见到了什么""告诉爷爷,你生日收到了什么"等等。成人可以描述父亲、母亲、爷爷过去的某些事情,如小孩愿意插嘴发表自己的看法,是可以的;否则不要逼迫孩子说这类的话。

4. 随时随地 如能经常谈论当时发生的事情,儿童的流畅言语增加。当谈论的物体和事情摆在他们面前时,儿童发音更加流畅,获取词汇速度加快。如要儿童回忆昨天或两小时前他做了什么,看到了什么,它似乎搜寻名字或单词来表达他的想法,可能不利于他的流畅性言语的表达。实物特征可能会促进口语形成,当然,也可以用图画代替实物,与儿童一块看图书或故事书时,避免采用"合上书考试"的方式,可以问"这些是什么?"或"小狗有尾巴吗?"等等。可以给图画命名或描述图画的特征或评论图画上的行为,如小孩能自发地给图画命名或进行评论,就更容易诱导出流畅性的言语。

5. 即刻重复 对于3岁以下的儿童,如我们能重复他们刚才说过的话,非流畅性可以减轻。当儿童口吃时,简单流畅地重复刚刚说的话而不引起他对口吃的注意,这虽不是一种愉快的交流方式,但可以使儿童知道我们已经明白他的意思,这时他能放松地愉快的交流。另外,还可以使儿童感到成人认真倾听他们讲话,没有改变话题。建议只有父母亲采取这种"重复"技巧,并在2～3个月后逐渐停止。然而,一旦儿童消极抵抗"重复"技巧或认为他们在被取笑,立即中止该技巧的使用。

6. 倾听与关注 当儿童要求我们注意听他们说话时,其言语非流畅性增加。他们不善于等待说话的机会,为了引起注意,他们经常打断我们说话或干扰我们的活动。许多儿童说话时要求我们看着他们,注视他们的眼睛,不希望我们边听边做饭或看书。往往要求我们100%的注意力。如果当时我们不能集中全部注意力来听,可以让小孩稍等片刻。当父母边听边干别的事情,如集中注意力开车时,那么小孩就有可能说话更加不流畅,因为当时不可能很好地注意孩子,另外,他要求你注意的东西随着汽车的奔驰可能会消失得无影无踪。

儿童以人的名称为起始语如"妈妈"开始说话时,重复3～10次,词语的余下部分就有可能流畅,那么就得看"重复"妈妈是一种"嘿,听着"的信号还是在说话前保证足够的时间组织他的思路。

7. 语言发育 大部分2～4岁儿童非流畅性言语为语言发育的一个阶段,他们正学习新词汇并尝试用这些新的词汇连成句子,正学习不同于陈述句的疑问语序,正拓展言语的表达和理解。对在单词获取和言语形成阶段,儿童表现出的不流畅性言语。我们的目标是减轻语言发育过程中的压力,减少孩子对单词、概念、颜色和书写的教育,在2～3个月非常有用。尽管他们可能中断学习,但可以在很轻松的环境中学习,一旦流畅性语言建立,父母就可以对其继续进行教育。父母亲能很愉快地与孩子一起做一些非"指令性"或"教育性"的活动,如玩积木,拼图等等,这些活动是一种能促进自发性语言而使儿童没有觉察到他需要不断说话。尝试留一定的"暂停时间",使儿童想插话时能很轻松地插上话,表达自己的观点,"暂停时间"的尺度是在沉默的片刻双方都感到自然。有些父母实际上已使用了"静止时间"或"思考时间"技巧,但是,在等待的这一片刻,如儿童感觉到已经失去了轮到他讲话的机会,那么该技巧就失败了。当儿童急于想主导谈话的主题或急于想表现自己时应用"时间轮流"策略。

谈话时使用简短句;将长句分成几个短语,中间稍加停顿,如将电话号码分成几个部分一样。我们观察到如小孩用"3～4个单词"简单句说话,言语就流畅,那么对保持语言的流畅性来说句子长度至关重要。儿童努力尝试超出生理能力以外的呼吸、发声、说话的协调运动。许多儿童非流畅性增加;另外,信息的不确定程度越高,句子越长越复杂,决定表达语言的方式越多,协调性就越容易被打乱,非流畅言语就会增加。

三、 建立专门流畅性技巧

经过咨询和医生的指导后,有些儿童的口吃消失了,有些口吃得到了改善,但也有一些儿童严重程度改善不明显,可能是环境的干预和交往方式的改变对儿童口吃的效果不明显,那么直接改变儿童说话行为就很有必要了。对口吃儿童的干预,传统的方法是不进行直接的训练,但近年来的研究证实对一些儿童也需要进行直接的干预或训练。对下列三种口吃儿童需要直接进行干预:①说话时呼吸气流的处理不当或声音紧张;②有意识地中止口吃;③有意识地回避口吃。

医生根据两岁半至四岁半儿童运动协调、理解、构思的不成熟特点设计合适的治疗方案。治疗重点不在口吃本身,而应尽可能地应用合适的指导性技巧教口吃儿童如何发起始音或词而口唇处于放松状态。

这个年龄段的儿童对口头指令理解较少,许多儿童即使在"模仿"游戏中也难以顺从医生的指导,他们个性又较强,有时,我们可以对一些学龄前儿童示范发声技巧并教他们"看我的嘴,跟着我说",能使他们学会说单词的技巧,对一个个性强、敏感的儿童"说出这个词,容易"往往效果不好,他会拒绝你,也不与你合作。较明智的选择是"做下一个,非常容易"来达到你所要求的言语行为模式。我们的目的是教儿童"控制嘴轻松说话",对于学龄前的儿童,通常不教他们说感到"太容易"或"太难"的词。当儿童不能说出某个难词时,他会想方设法去说以至于出现"阻塞"现象、恐惧心理。对年幼儿童一个棘手的问题是如何能寻求一种通过游戏,医生能一定程度地控制儿童说话方式的技巧。当儿童意识到自己说话费力,就愿意服从医生的指导,只要口吃稍有改善,他就认为"口吃能控制了"然后就无拘无束地玩耍去了。然而,医生应该继续努力使用下面技巧确保更流畅的言语。当儿童感到交谈非常愉快,口吃的治疗也就成功了。下面每一个技巧,儿童能练习 3 ~ 5 分钟即可。

下面的治疗方法应用之前,应向其父母解释因为他们的小孩口吃持续时间较长,喉的关闭和呼吸气流已出现功能紊乱,单纯减轻压力的方法已不能减轻或消除口吃,同时解释说话的复杂行为,告诉他们的孩子流畅说话过程中,有一些方面还没有做好,需要进行必要训练。根据儿童异常情况有针对性地进行治疗。治疗的方法和原理如下:

1. **速度** 我们需要设计一种缓慢说单词或短语的游戏。如可能缓慢说上 15 ~ 25 个单词。我们认为儿童还不能察觉到医生说话很缓慢,因此我们要求儿童缓慢地说话并示范如何缓慢说话,杜绝儿童那种"波浪"(时快时慢)式的语言,减慢语速可减少单词重复的次数,使起始音容易说出。

2. **音量** 我们设计一种大家说话都柔和的训练。也许儿童能说某些特别的短语或句子但不柔和,我们要求小孩轻轻地说话时,许多时候他们只会说悄悄话(声带不震动而用呼吸声说话),这是能接受的。我们不希望大声低语的效应(loud whisper)因为这样能增加肌肉的紧张度而出现喉部和膈肌紧张现象。如喉部紧张度还没达到预期的放松状态,轻柔、缓慢地说话有可能导致轻微多次"阻塞"或"重复"现象,而没有气流中止的"阻塞"现象,那么口吃就已经有所改善。当阻塞时间短或仅有"重复"现象,临床观察发现儿童拖长音说话或重新整理句子的可能性就小,也就可能继续发出目标词或当目标词出现时对口吃的影响也比较小。要让他针对性地练习选择性的词汇,最大限度地改善喉的功能。

3. **语音** 口吃儿童说话时"元音""浊辅音""清辅音"会对口吃产生影响,也要关注词的"起始音"与"终止音"对喉功能的影响,许多儿童当遇到起始音为元音或双元音时,口吃更加严重,有时发起始词困难,出现停顿现象。国外临床经验发现,当起始词为浊辅音时,儿童言语更加流畅,一般情况下我们不需要让患儿知道哪些词会说起来比较困难,如果他似乎很在意这一点,我们就可以告诉他某些单词容易说出来,帮助他们回避难度大的单词。

4. 呼吸和呼吸气流的控制　深呼吸,喉头与口腔气流中止、喘气、说话气流不足、长句"拖延"为某些口吃患者常见的症状。对儿童来说,呼吸气流的控制可能较难,因此,我们设计一种儿童可以放松呼吸,回到正常呼吸模式的游戏。首先,我们做不需要说话的活动,如父母、小孩、医生背对背坐着,放松(不是"睡眠休息"),看着天花板,极轻松地吸入、呼出,不改变正常的呼吸模式。放松后,再以极小量轻柔地呼出气体,这是父母与小孩参与性的治疗模式,首先是医生示范,然后父母模仿,再后小孩模仿。接着我们以"微风"方式发"ooo""uuu"音,如小孩情愿的话,医生可以以同样的方式说一些数字或词,然后小孩模仿。开始时,每次呼气发一个单词,再后每次呼气发短语和短句,保持气流和发音的连续性。同样有效的技巧是儿童和父母做一种慢慢移动海龟的游戏。在牛皮纸上画一条路,一座小山,海龟轻轻地从山上滑下来,徐徐地移动。同样道理让一个音或一个字慢慢地滑下来。目的是使所有声音轻柔缓慢地说出来,仅拉长起始音或元音是不正确的。

5. 努力性和肌肉紧张　有时儿童说话时似乎在挤出某个单词,胸腹部僵硬紧张,要告诉他放松,但是他往往不知道怎么做。医生可一边轻轻按摩其腹部,一边说"保持你的肚子软软的",对某些儿童比较奏效。

6. 节律　如儿童喜欢唱歌,我们可以用一些词或音节唱歌,唱歌时可以用拍手或用木勺敲击塑料碗以获得节律效应。节拍手段多样化,我们也可以利用敲鼓来训练节律。

7. 态度　在适当的情况下,儿童应该倾听我们谈话,我们也应该学会如何与他们交谈。比如谈他们喜欢的,感兴趣的话题,使用适合的语速等。在谈话时父母或医生与儿童口语交流时尽量不用评价性单词,如"正确""错误""好""坏""非常好"、而以称赞性的语言,如"我们的想法相同"和"他画的一张漂亮的图"取而代之,让他感到说话轻松,我们也能参与他们的谈话。我们可以将这种方法与治疗口吃的其他方法结合起来使用。

在如何干预儿童的口吃问题方面,传统的干预观点是建议家长或周围人员应忽略儿童口吃的存在,避免引发心理问题,当儿童口吃出现时避免批评指责这种局面。在孩子成长的过程中,父母会关心小孩撞伤、碰伤、弄脏手、撕破衣服等,而孩子也期望父母关心他们说话困难,帮助他们说话。当遇到以上情况时父母给小孩包扎伤口,洗手,缝补衣服,为什么就不能纠正口吃问题呢? 有的孩子会哭叫、说出他们关心的问题,比如"你是不是不喜欢我说话的方式?""我发 n、t 音时很难""医生忘记问我哪些单词发音困难了"。如果孩子已经注意到言语的流畅性问题,这时就家长就不要忽略了。父母可以平心静气地说"是啊,有时说话是很困难,但不会总是这样,有人知道怎么帮你说话。"总之,口吃需要医生与父母的共同努力,减少言语流畅性的干扰因素,逐步建立流畅性言语的技巧,改变儿童口吃行为。

四、 成人口吃的治疗

成人的治疗方法也适合较大年龄又能配合治疗的儿童,在方式上可以采用强化的形式,用 1～2 周的时间口吃者集体的强化训练,也可以到医院接受语言治疗师的训练的形式,每次训练的时间为 0.5～1 小时,但后者治疗需要的时间较长。

1. 控制言语节律与速度　在一些语速非常快的口吃者可以用节拍器控制口语语速,节拍器上具有不同刻度可以按要求设定需要选定速度,开始可以从每一分钟 40 拍节开始训练,逐渐提高速度,也可以用口吃训练仪器训练。

2. 韵律训练　也可以利用韵律的方式治疗,可以选用一些单词让患者将字与字之间用韵律连起来,熟练以后可以用同样的方法训练句子。另外也可以让患者先用"哼"语的方法将词读出来,再用口语读出,句子训练的方法相同。

3. **齐读** 另一种立即减少不流利数量的技术是治疗人员与口吃者同声朗读。它起效的原因是改变了说话者的听觉反馈。这种反馈包括了不同的成分。我们从关节、肌腱和肌肉感受器中获得构音器官运动和位置的反馈,即本体感受性反馈;我们从感受触觉和空气压力改变的感受器中获得构音器官,如唇、齿槽和舌相互接触的反馈,即触觉反馈;另外,我们听自己说话,即听觉反馈。这种听觉反馈包括两个成分。我们通过气传导听他人说话,通过骨传导听自己说话。同声朗读时的听觉反馈与正常朗读不同,尤其是气传导参与其中。说话者不仅听到他自己,还同时听到别人和他一起读。也许正是这种听觉反馈的改变使它对言语流利性产生了效果。

4. **听觉反馈仪器的训练** 近年来,口吃听觉反馈的重要性,改变听觉反馈对提高口吃者言语流利性的潜在临床价值被越来越多的人认识,尤其是延迟听觉反馈的应用受到了广泛的关注。

美国新泽西州的一位工程师 Bernard S.Lee 在 1950 年首先发现和研究了延迟听觉反馈的现象。这种听觉反馈的延迟能导致正常说话者言语不流利。Lee 将这种效应描述为:"这种延迟的受控制的回声的效应是令人吃惊的。它会导致正常人的口吃,提高音调或音量的同时减慢语速或完全停顿。"许多研究表明延迟听觉反馈对正常人言语的直接效应是声音的省略、替代和添加,音节的重复。间接的效应是减慢语速和提高音响和音调,这是说话者为克服延迟听觉反馈的直接效应而产生的。为什么听觉反馈的延迟能导致言语的中断还不清楚。一种假说认为延迟听觉反馈效应是示意我们继续说话的本体感受性反馈和示意我们等待片刻的听觉反馈之间冲突的结果。

一些学者做了进一步的研究以寻找在延迟听觉反馈效应发生中哪些因素起作用。这些因素包括:年龄、延迟时间、性别、语速、语言的掌握、音响、单耳和双耳的输入、效应持续时间等。存在明显的年龄因素。越年轻,对延迟听觉反馈效应越敏感。这似乎提示随着年龄的增长,在言语的产生中对听觉反馈的依赖减少。

延迟听觉反馈对正常说话者会产生效应,那么对口吃者呢?当我们要求一个口吃者在延迟听觉反馈的情况下朗读时会发生什么呢?他们言语的流利性出现了改善。虽然这种效果很早就被一些研究者所报道,但直至近年来才有越来越多的临床医师开始相信使用延迟听觉反馈是一种可能的治疗口吃方法。但这种方法只是对部分口吃者有效,而且应该接受医生的指导应用。

(李胜利)

第十章
儿童语言发育迟缓

第一节　概述

语言发育迟缓是指发育过程中的儿童语言落后于正常儿童的状态。对这些儿童进行教育和康复已有100多年的历史，上个世纪初至中期对语言发育迟缓儿童的指导，仅限于对听觉障碍儿童的语言指导，对其他类型语言障碍儿童不进行语言指导。后来对由于轻度智力障碍及不适当的语言环境导致的语言发育迟缓儿童，采取多说话等方面的强化训练和语言环境调整，也就是进行"语言卫生指导（speech hygiene）"。在评价和诊断方面，将正常儿童语言发育的现象按其年龄顺序排列，评价语言发育迟缓儿童处于哪一阶段，以个体间的行为做比较基准并应用于临床。

自20世纪60年代，受语言学、心理学等相关学科的影响，语言发育迟缓的临床工作也开始发生变化，在语言学领域里对语言发育的关心得到增加。受Shinner的行为主义心理学的影响，从语法，语言整体方面，对其特定的语言现象进行"刺激—反应—强化"的训练方法得到推广。这个时期，有关语言行为的研究着眼点也是围绕语言构造方面，对还没有开始说话以前的阶段，研究很少。

到了20世纪70年代，认知研究又开始兴起，语言能力到底怎样发育，从这一方面对语言行为的起始进行探索和研究。对语言前期和语言功能侧面的研究也很热门，语言的应用和对象，与此相关的研究也很多。以后一般将语言行为分为语法规则（syntactics），语意学（semantics），语用论（pragmatics）等三大方面。并不是通过个体间的比较来决定以后的指导目标，而是个体内（interpersonal）的各种能力的差异来决定指导目标。

目前，在一些国家把重度智力障碍及具有自闭倾向的语言发育迟缓儿童不作为训练对象，在日本对这些儿童也开展训练和研究，并作为专业重点。近几年来，我国也开始对这些儿童进行训练和研究。

一、语言发育迟缓的定义和病因

（一）语言发育迟缓定义

语言发育迟缓是指在发育过程中的儿童其语言发育没达到与其年龄相应的水平，这些儿童的多数表现为语言方面的总体的落后，比如精神发育迟缓儿童，婴幼儿时期的重度癫痫儿童的语言常常表现为语言的理解、表达以及交流方面均落后，而部分儿童表现为语言的某些方面的落后为主，如发育性运动性失语的患儿往往只是语言表达的落后，即便是孤独症一般语言障碍都很重，但也有一些孤独症的儿童语言的理解和表达正常或大致正常，但是主要在语言的交流方面落后于正常的同龄儿童。

（二）语言发育迟缓的原因和影响因素

1. 听觉障碍 听觉对儿童的语言发育非常重要,如果在语言发育期间长期存在对口语的输入障碍,特别是新生儿和婴幼儿中度以上的听力障碍,语言的理解和表达将会受到影响,导致不同程度的语言发育困难,这种情况下其语言障碍程度与听力损失程度相平行。因其语言障碍表现在很多方面与其他原因所致的语言发育迟缓很相似,因此在此介绍。但是,由于听力障碍所致的语言发育障碍是单纯由于听力障碍所致,而且在干预方面听力补偿,包括电子耳蜗技术的应用是重要方面等原因,目前在国内外往往单独作为一种语言障碍的类型在单独的语言康复机构进行语言康复和研究。比如在我国每个省市都有聋儿听力语言康复中心,专门对这些儿童进行语言训练。

2. 儿童孤独症 又称为自闭症,是一种广泛性神经系统发育障碍,它的表现除了表现为社会交往障碍及固定的刻板行为或者兴趣以外,语言障碍的表现非常突出也非常重。在语言表现方面,语言习得很慢,甚至四五岁没有任何语言,另外还有反响语言(模仿语言 echolalia)及与场合不符的自言自语,人称代词的混乱使用,没有抑扬顿挫的单调讲话方式等。

3. 智力发育迟缓(精神发育迟缓) 精神发育迟缓在语言发育迟缓中所占的比例最大,在发育期间整体智能较正常平均水平显著降低,并伴有适应性行为障碍。

在语言表现方面,其语言的接受和表达均较实际年龄迟缓,在语言的习得过程中,语言的理解障碍导致语言的表达不能或者困难,导致不同程度的交流困难在行为方面常伴有多动,注意力不集中等异常行为。

精神发育迟缓的原因很多。如染色体异常(如 21- 三体综合征),胎儿期感染性疾病,新生儿窒息及重症黄疸等围产期障碍,脑炎及脑膜炎,先天性代谢异常,脑肿瘤等等。目前多数的精神发育迟缓还查不到明确的原因。

4. 受语言学习限定的特异性障碍(发育性运动性失语,发育性感觉性失语) 发育性运动失语,其语言的理解与年龄相符,但语言表达的障碍。这样的病例预后良好,例如在 3 周岁时完全没有自发言语在 6 岁时多能达到正常儿童的语言。

发育性感觉性失语,与成人和后天原因所致的儿童获得性失语不同,是指语言的发育过程中,语言的理解和口语表达同时重度落后,这种失语的预后往往不佳。近些年来发现局限于颞叶的颅内感染及抽搐性疾病中可产生类似的语言障碍表现。

5. 癫痫 在儿童语言的发展期的癫痫可以造成语言的理解和表达的发育困难,特别是中等程度以上的癫痫,药物控制不理想,癫痫的反复发作对语言的影响更大。

6. 脑瘫 部分脑瘫患儿由于大脑的损伤可以造成不同程度的语言发育缓慢,有些脑瘫患儿语言发育迟缓和运动型构音障碍共存,使脑瘫儿童的言语表达更加困难。

7. 构音器官的异常 构音器官异常是指以腭裂为代表的构音器官结构的异常,表现为语言发音和表达的落后。

8. 语言环境的脱离和不良 在儿童发育的早期被剥夺或脱离语言环境可以导致语言发育障碍。虽然现在长期完全被隔离的儿童脱离语言环境而致语言发育迟缓较少。但现已证实缺乏适宜的语言环境将影响正常的语言发育过程,例如幼儿时期多种国家语言的混用影响其语言发育的案例。

二、 语言发育迟缓的表现

1. **语言的输入障碍** 大多数儿童都存在听觉输入(听语理解)的困难,可以表现为字、词、语句的听语理解困难以及认知障碍。

2. **说话晚或很晚** 一般孩子在一岁左右开始有意识说话或者开始叫人如"爸爸、妈妈"等,逐步可以说一些词语,但是语言发育迟缓的儿童大多数超过了这个年龄甚至 2～3 岁还不会叫人,甚至只会"咿呀"的无意识的语言。

3. **语言发育慢或出现停滞** 一部分孩子开始说话的时间与正常儿童相似,但是与同龄的儿童语言的发育速度相比要缓慢或者明显缓慢。甚至出现相对停滞或者倒退现象。

4. **语言技能较低** 这些儿童具有一定的词汇,也会用句子表达,但是,词汇和语法应用困难,明显低于同龄儿童。

5. **词汇量少,句子简单** 一部分儿童词汇量少,不但不会用句子表达,在单词表达时还多伴有较多的手势、肢体语言,甚至象声词。一部分年龄较大的儿童只能用简单的句子表达,在语言能力方面低于同龄儿童。

6. **回答问题反应差,遵循指令困难** 这些儿童在会话的过程中回答问题反应差,有些儿童由于语言理解差或者注意力过分不集中以致执行指令困难。

第二节 儿童语言发育迟缓的评价、诊断

一、 评价目的

评价的主要目的是发现和确定患儿是否存在语言发育迟缓,这种语言发育迟缓属于哪一种类型,患儿的语言与正常儿童相比处于哪一个阶段,评价的结果将作为制订训练计划的依据。而且,还是研究语言发育迟缓的重要资料。有些儿童在初诊时由于注意力很差、不能很好地配合评价等因素,初诊时只进行初期的评价,在训练过程中进一步密切观察患儿表现,最后完成评价。在训练过程中,患儿的语言会发生变化或取得不同程度的改善,因此,必须进行再评价。为进一步的训练和调整计划提供依据。

二、 评价的程序和内容

(一)评价流程

语言发育迟缓儿童评价涉及多学科和专业的知识,基本的评价诊断、流程如图 10-1 所示。

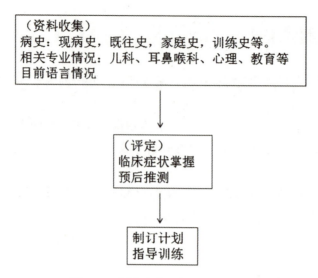

图 10-1　语言发育迟缓评价流程图

（二）评价内容

1. **病史采集**　病史采集非常重要,主要通过问诊从家长或看护人员那里获得,在内容上主要了解与儿童语言发育迟缓相关的情况,包括现病史、既往史、家族史等。

（1）现病史:要尽量详细询问患儿原发病的情况以及进展情况,病情程度,发病后对语言的影响和语言发展速度,是否接受过语言相关的检查、治疗、训练和效果等。

（2）既往史:主要记录儿童出生时的有关情况。如是否足月出生、分娩方式、胎次,产次,出生时的体重,生后有无窒息和黄疸情况等,必要时还要详细询问母亲怀孕,妊娠的情况。生长发育史方面要询问患儿的发育情况,重要发育指标包括患儿抬头、坐、爬、叫爸爸和妈妈的月龄或年龄,还要询问儿童出生后由谁抚养以及关系等。还应了解患儿的语言环境是否良好。生活习惯方面要询问儿童的生活是否规律,平时的兴趣和是否有特殊的爱好,某一阶段患儿的性格是否有较大的转变和表现等。

（3）家族史:主要询问家庭成员中是否有与患儿类似表现,父母及亲属是否有遗传病史,父母及看护者的文化程度,以及与患儿的关系和语言环境情况。

（4）康复治疗及训练史:患儿来医院以前是否接受过针对性的康复治疗和训练,什么样的治疗或训练,治疗时间和效果。

以上内容对于正确评价患儿的语言情况,推测预后以及采取哪种训练方式是很重要的,为了方便检查,可以将需要了解的主要内容制成表格,这样既省时间又不易遗漏重要资料。

另外,还要尽量了解相关专业和学科的情况,比如儿童的整体的发育情况,吞咽和咀嚼能力的发展,是否有吞咽困难;听力情况,是否曾经检测听力和结果等;另外,心理方面要注意儿童的性格特点,情绪变化,注意力,社会适应性能力发展,智力等。

2. **儿童语言发育迟缓评价**

（1）评价的理论基础和语言行为的获取:语言行为大体上存在三个观点:即语法规则,语意学,语用论等来进行,这也就是 Bruner 所说的,第一是语言的构造形式（form）,第二是辨别,记忆,产生,范畴化等的内容（content）,第三是交流关系的建立,维持、展开等使用方面（use）。在（S-S）法中这些分别被称为记号形式—指示内容关系;基础性过程;交流态度（表 10-1,图 10-2）。

表 10-1 语言行为的 3 个侧面

侧面	内容
(a)语言行为的基础	辨别、记忆、产生
(b)构造性侧面	符号形式—指示内容关系
(c)机能性侧面	交流态度

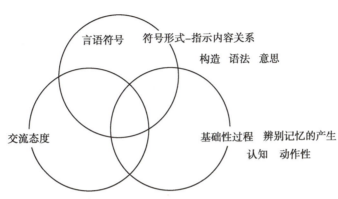

图 10-2 语言行为三方面的关系

语言行为可从三个侧面进行,语言发育迟缓患儿也可以从三个侧面进行评价。语言发育迟缓语言障碍的性质不只是言语(speech)障碍,更主要的是语言(language)的障碍。而且,很多孩子还伴有智力和人际关系障碍,另外不少儿童还具有行为障碍。所以,应该对这些儿童的语言行为和相关活动进行综合评价。

(2)汉语儿童语言发育迟缓评价法:既往临床上了解儿童的语言能力往往是通过一些儿童的智商检查来获得,国内没有专门用于儿童语言障碍的综合评价方法,所以在对儿童进行语言康复时,往往缺乏针对性。"S-S 语言发育迟缓评价法"是日本音声言语医学会语言发育迟缓小委员会以语言障碍儿童为对象,于 1977 年开始研制试用,1980 通过试案 1 并发表,于 1987 年对 238 名儿童进行测试取得了正常数据,增加了语言前阶段的检查项目,1989 年正式更名为 S-S(Sign-Significate relations)语言发育迟缓评价,简称 S-S 法。检查法由三个侧面组成,即符号形式—指示内容的关系;交流态度;基础过程。此评价法能比较全面的对各种儿童语言障碍进行评价并对引起语言障碍密切相关的交流态度和非言语功能进行评价,在日本广泛应用,效果很好。1991 年我们在日本专家的帮助下,将此方法引进中国,但由于语言和文化背景的不同,不能翻译过来照搬应用,我们按照汉语的语言特点和文化习惯研制了汉语版 S-S 评价法试用于临床。2001 年经过对 298 名正常儿童的测试取得正常儿童的数据正式应用于临床。

3. 其他相关检查

(1)听力检查:有些儿童对声音反应很差,必须鉴别是由于听力障碍还是注意力的问题,所以对于儿童语言发育迟缓儿童要进行听力检查。应该对每个孩子都要进行听力检查,要根据儿童年龄和发育情况选择检测方法,可参考表 10-2,表 10-3。进一步的听力检查详见相关章节。

表 10-2 主要听力检查的比较

检查的种类			音源		得到的情报				
检查	指标	月龄	音	输出	频率	音压	左右	骨导	结果
BOA	听觉反应	0	社会音						听力障碍的有无与大概程度
COR	音源定位反应	5	啭音	喇叭	○	○			健耳的听力

续表

检查的种类			音源		得到的情报				
检查	指标	月龄	音	输出	频率	音压	左右	骨导	结果
PS	条件形成	18	啭音	喇叭	○	○			健耳的听力
PA	条件形成	20	纯音	耳机	○	○	○	○	左右耳的听力

表 10-3　适应各种年龄的检测方法

	0	6m	1Y	2Y	3Y	4Y
BOA						
COR						
PS						
PA						
ABR						

例如:

4 个月儿童:BOA,ABR

8 个月:COR,BOA,ABR

1 岁 10 个月:COR,BOA,ABR,PS

言语发育迟缓儿童:BOA,COR

(2)皮博迪图片词汇检查(Peabody Picture Vocabulary Test,PPVT):此检查应用较普遍,共有 150 张黑白图片,每张图片有 4 个图,其中还有 150 个分别与每张图片内一个图词义相符的词,测验图片按从易到难的顺序排列。测验时测试者拿出一张图并说出一个词要求被试指出图片上的 4 个图哪一个是最和词意相符的,记录下被试的反应结果,连续 8 个词中错 6 个停止测试。每一词答对记 1 分,最后根据被试的回答成绩转化成智龄,离差智商或百分位等级,即可比较该被试与同龄正常儿之间的语言水平发育情况。该测验适用的年龄为 2.5 岁 ~ 18 岁。测验每张图片时,整个测验要求 10 ~ 15 分钟内完成。

一般情况下,因为 PPVT 只考虑到词汇的理解,对儿童语言发育的水平很难作出系统完整的评价。

(3)伊力诺斯心理语言能力测验(Illinois Test of Psycholinguitic Abilities,ITPA):美国 1968 年第一次发表,该检查以测查能力为主,并且从儿童交往活动的侧面来观察儿童的智力活动情况,整个检查由五大部分,十个分测验构成,分别是:理解能力:①言语的理解;②图画理解;综合能力;③言语推理;④图画类推;表达能力;⑤言语表达;⑥动作表达;构成能力;⑦作文;⑧构图;记忆能力;⑨数字的记忆;⑩图形记忆。应用范围为 3 岁 ~ 8 岁 11 个月。

(4)韦氏学龄儿童智力检查修订版(WISC-R):美国 1949 制定 WISC,1974 年修订 WISC 为 WISC-R,中国 1982 年引进 WISC-R。该测验是智力检查,分为语言测验和操作测验两个部分,共 12 个分测验。每个分测验完成后都可算成标准分(量表分)可以和正常儿童的水平相对照,同时各个分测验之间也可以进行对照。第一项分测验的成绩相加即为总量表分,由总量表分可以查出该儿童的离差智商,全面掌握儿童的智力发展情况。适应年龄为 6 ~ 16 岁。

(5)韦氏学龄前儿童智力量表(WPPSI):美国 1963 年制完,该测验也是分成语言测验和操作测验两部分,每部分又分成若干个分测验。结果统计和 WISC-R 基本一致,结果也用离差智商表示,同时也可评价儿童整体智力发育的情况,适用年龄为 4 ~ 6.5 岁。

(6)构音障碍检查:在部分儿童语言发育迟缓儿童中可能存在发音困难,因此,要评价患儿的哪些音不能发,发哪些音时出现歪曲音、置换音等,并要掌握其问题的基础,如运动障碍,特别是口、舌的运动机能、发声时间、音量、音调的变化,另外还要评价患儿的口腔感觉能力等。

三、 汉语儿童语言发育迟缓评价法

(一) S-S 法原理

从认知研究的角度,一般将语言行为分为语法规则、语意、语言应用三方面。S-S 法是依照此理论对语言发育迟缓儿童进行评定的,在此检查法中对"符号形式与指示内容关系";"促进学习有关的基础性过程";和"交流态度"三方面进行评定,并对其语言障碍进行诊断、评定、分类和针对性的治疗。

(二) 适应年龄和适应证

各种原因所引起的语言发育迟缓,原则上适合 1 岁半 ~ 6 岁半的语言发育迟缓儿童,有些儿童的年龄已超出此年龄段,但其语言发展的现状如不超出此年龄段水平,也可应用。另外,学龄前的儿童获得性失语症也可以参考应用。不适合听力障碍为原因的语言障碍。

(三) S-S 法的构成和优点

检查内容包括符号形式与指示内容关系;基础性过程;交流态度三个方面进行综合评价。但以言语符号与指示内容的关系评价为核心,后者的比较标准分为 5 个阶段(表 10-4)。将评价结果与正常儿童年龄水平相比较,即可发现语言发育迟缓儿童。

表 10-4　符号形式与指示内容关系的阶段

阶段	内容
第一阶段	对事物,事态理解困难
第二阶段	事物的基础概念
2—1	机能性动作
2—2	匹配
2—3	选择
第三阶段	事物的符号
3—1	手势符号(相关符号)
3—2	言语符号
	幼儿语言(相关符号)
	成人语言(任意性符号)
第四阶段	词句,主要句子成分
4—1	两词句
4—2	三词句
第五阶段	词句,语法规则
5—1	语序
5—2	被动语态

1. **阶段 1**　事物、事物状态理解困难阶段。此阶段语言尚未获得,并且对事物、事物状态的概念尚未形成,对外界的认识尚处于未分化阶段。此阶段对物品的抓握、舔咬、摇动、敲打,一般为无目的性。例如,拿起铅笔不能够做书写操作而放到嘴里舔咬。另外对于自己的要求,不能用某种手段来表现,这个阶段的儿童,常可见到身体左右摇晃、摇摆、旋转等;正在干什么突然停住、拍手或将唾液抹到地上、手

上等反复的自我刺激行为。

2. **阶段 2** 事物的基本概念。此阶段虽然也是语言未获得阶段,但是与阶段 1 不同的是能够根据常用物品的用途大致进行操作,对于事物的状况也能够理解,对事物开始概念化。

此时可以将人领到物品面前出示物品,向他人表示自己的要求。一般认为在阶段 2 又包括从初级水平到高级的水平。因此在阶段 2 中设定了 3 个亚项:①阶段 2-1:事物机能性操作;②阶段 2-2:匹配;③阶段 2-3:选择。其中匹配与选择都是利用示范项进行操作,因为检查顺序不同,对儿童来说意义也不同,因此分为 2 项。

(1)阶段 2-1:事物机能性操作,此阶段儿童能够对事物进行机能性操作。例如:拿起电话,让儿童将听筒放到耳朵上,或令其拨电话号码等基本都能操作。在生活当中,外出穿鞋、戴帽等,如反复练习,会形成习惯。检查分三项进行,即:事物,配对事物,镶嵌板。

(2)阶段 2-2 匹配:在日常生活当中不难判断是否有"匹配行为",如果能将 2 个以上物品放到合适的位置上的话,可以说"匹配行为"成立。例如:将书放到书架上(或书箱里),将积木放到玩具箱里,像这样将书和积木区别开来放到不同的地方为日常生活场面,在这样的场面中是很容易将"匹配行为"引出来的(图 10-3)。

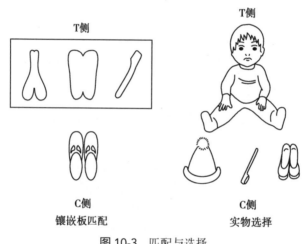

图 10-3 匹配与选择

C:患儿 T:治疗师

(3)阶段 2-3 选择:此阶段是当他人出示某种物品或出示示范项时,儿童能在几个选择项中将出示物或与示范项有关的物品适当的选择出来。与阶段 2-2 匹配不同的为匹配是儿童拿物品去匹配示范项,而选择则是他人拿着物品或出示物品作为示范项。

选择检查时,儿童与出示的示范项之间,要有一定程度的空间距离,也就是儿童用手抓不到物品的状况,如果太远出示物就起不到示范项作用。发育阶段低的儿童视线转向很困难,因此选择行为很难成立。检查用具同"匹配"(图 10-3)。

3. **阶段 3 事物的符号** 此阶段为符号形式与指示内容关系开始分化。语言符号大致分为两个阶段,即具有限定性的象征性符号,也就是手势语;幼儿语阶段及与事物的特征限定性少的任意性较高的成人语阶段。

本检查法将手势语、幼儿语包括在阶段 3 里,具体分项目为:①阶段 3-1:手势符号(象征性符号);②阶段 3-2:言语符号,即幼儿语(象征性符号)、成人语(任意性符号)。

(1)阶段 3-1 手势符号:开始学习用手势符号来理解与表现事物。此阶段可以通过他人的手势开始理解意思,还可以用手势向他人表示要求等。

手势语与幼儿语并不是同一层次的符号体系。手势符号为视觉→运动回路,而幼儿语用的是听力→言语回路,因为听力→言语回路比视觉→运动回路更难以掌握,所以将此两项分开为阶段 3-1(手势符号)及阶段 3-2(言语符号)。

(2)阶段 3-2 言语符号:此阶段是将言语符号与事物相联系的阶段。但是事物的名称并不都能用手势语、幼儿语、成人语来表达。a. 能用三种符号表达的,例如:"剪刀"用食指与中指同时伸开做剪刀剪物状(手势语);手势语和"咔嚓、咔嚓"声同时(幼儿语);"剪刀"一词(成人语),b. 无幼儿语,只能用手势语及成人语表达的(例如:眼镜),c. 只能用幼儿语及成人语表达的(例如"公鸡")。d. 仅能用成人语表达的。在理论上儿童是按 a → b → c → d 顺序来获得言语符号的。

在检查中,阶段 3-2 共选食物、动物、交通工具和生活用品方面名词 16 个,身体部位 6 个词,动词 5 个词,表示属性的 2 个种类。阶段 3-1 手势符号的检查词汇中,使用的是阶段 2(事物)的基本概念中用的词汇以及阶段 3-2 词汇中的手势语。

4. **阶段 4 组句,语言规则(非可逆态)** 本阶段能将某事物,事态用 2 ~ 3 个词组和连成句子。此阶段中又将两词句和三词句分成两个阶段。

(1)阶段 4-1 两词句:开始学习用 2 个词组合起来表现事物,事态的阶段。儿童在此阶段能够理解或表达的两个词句有各种各样,在本检查法中仅举了四种形式即:〈属性(大、小)+ 事物〉、〈属性(颜色)+ 事物〉、〈主语 + 宾语〉、〈谓语 + 宾语〉。

在日常生活中,如不设定一定的场面检查是很困难的,另外,注意选择项图片不宜太多,否则儿童进行起来很困难。

(2)阶段 4-2 三词句:此阶段与〈阶段 4-1 词句〉同样,但考虑到句子的多样化,在此仅限定两种形式。即〈属性(大小)+ 属性(颜色)+ 事物〉例如:大红帽子,小黄鞋等;〈主语 + 谓语 + 宾语〉例如:妈妈吃苹果。

另外在〈阶段 5,语法规则〉中也有三词句,但有所不同,阶段 4 的句型是非可逆句,主语与宾语不能颠倒,如:"妈妈吃苹果",而不能为"苹果吃妈妈"。

5. **阶段 5** 能够理解三词句表现的事态,但是与阶段 4-2 的三词句不同的是所表现的情况为可逆。5-1 阶段为主动语态,如:"乌龟追小鸡"。5-2 为被动态,此阶段中要求能理解事情与语法规则的关系。如:"小鸡被乌龟追"等。

(四)检查用具和检查顺序

1. 检查用具如表 10-5 所示。

表 10-5 检查用具及图片目录

检查用具及图片目录		数量
实物	A:帽子、鞋、牙刷、玩具娃娃	4
	B:电话 - 听筒、鼓 - 鼓槌、茶壶 - 茶杯、	3
镶嵌板	鞋、剪刀、牙刷	3
操作性课题用品	小毛巾、小玩具、小球、积木 3 块、装小球容器 1 个、三种图形镶嵌板、六种图形镶嵌板、十种拼图	
图片		
日常用品	鞋、帽子、眼镜、手表、剪子、电话	6
动物	象、猫、狗	3
食物	面包、香蕉、苹果、米饭	4

续表

检查用具及图片目录		数量
交通工具	飞机、火车、汽车	3
身体部位	眼、嘴、手、鼻、耳、脚	6
动词	睡觉、洗、吃、哭、切	5
大小	帽子(大、小)	2
颜色	红、黄、绿、蓝	4
词句	妈、弟 +(吃、洗)+ 香蕉、苹果	8
大小 + 颜色 + 事物	大小 + 红黄 + 鞋、帽	8
语言规则	小鸡、乌龟、猫 +(小鸡、乌龟、猫)+ 追	6

2. 检查顺序　一般较差的患儿应从头开始,为了节省时间,对年龄较大或水平较高的患儿没有必要进行全部的检查,可按以下顺序:①不可用图片检查的患儿:用实物进行检查(1) ~ (2);②可用图片检查的患儿:在 3-2 阶段以上,用图片检查单词 ~ 词句检查;③发育年龄在 3 岁以上、能进行日常会话患儿:进行阶段 4 ~ 阶段 5,以词句检查为主。

(五)儿童语言发育迟缓的评价总结、诊断和分类

1. 评定总结和诊断　检查结束后,要对检查结果和问诊情况进行分析、综合各种信息。如对磁共振、CT 结果等进行评价、诊断。S-S 法检查结果显示的阶段要与实际年龄语言水平阶段进行比较,如低于相应阶段,可诊断为语言发育迟缓,各阶段与年龄的关系(表 10-6,表 10-7)。

表 10-6　符号形式 - 指示内容的关系及年龄可通过阶段

年龄	1.5 岁 ~	2.0 岁 ~	2.5 岁 ~	3.5 岁 ~	5 ~ 6.5 岁
阶段	3-2	4-1	4-2	5-1	5-2
	言语符号	主谓 + 动宾	主谓宾	语序规则	被动语态

表 10-7　基础性过程检查结果(操作性课题)与年龄阶段对照表

年龄	镶嵌图形	积木	描画	投入小球及延续性
5 岁以上			◇	
3 岁 6 个月 ~ 4 岁 11 个月			△、□	
3 岁 ~ 3 岁 5 个月	10 种图形 10/10+		+、○	
2 岁 ~ 2 岁 5 个月	10 种图形 7/10 +	隧道		
1 岁 9 个月 ~ 1 岁 11 个月	6 种图形 3/6-4/6	排列	|、—	
1 岁 6 个月 ~ 1 岁 11 个月	3 种图形 3/3+	堆积		+
1 岁 ~ 1 岁 5 个月				部分儿童 +

2. 分类

(1)按交流态度分类:分为两群:Ⅰ群,交流态度良好;Ⅱ群,交流态度不良。

(2)按言语符号与指示内容的关系分群:原则上适用于实际年龄 3 岁以上儿童。分为 ABC 三个主群(图 10-4)。但是要注意到这种分群并不是固定不变的,随着语言的发展,有的从某一症状群向其他的症状群过渡。

根据言语符号与指示内容的相关的检查和操作性课题(基础性过程)的完成情况相比较,将以上的 A 和 C 群又分为 6 个亚群。

A群:言语符号尚未掌握,符号与指示内容关系的检查在 3-1 阶段以下,不能理解口语中的名词。

A群a:操作性课题与符号形式与指示内容的相关检查均落后于实足年龄。

A群b:操作性课题好于符号形式与指示内容的相关检查。

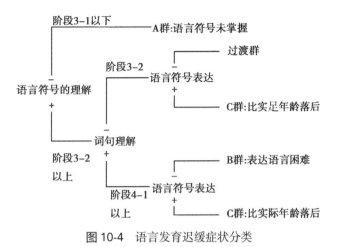

图 10-4 语言发育迟缓症状分类

B群:无亚群,但应具备以下条件和言语表达困难条件:①实足年龄在 4 岁以上;②词句理解在 4-1 阶段以上;③一般可以用数词表达;④言语模仿不可,或有波动性;⑤上述 b～d 的状态,持续 1 年以上;⑥无明显的运动机能障碍。

C群:语言发育落后于实际年龄,条件为言语符号与指示内容相关检查在 3-2 阶段以上。亚项分类:

C群a:动作性课题和言语符号与指示内容相关的理解和表达全面落后。

动作性课题 = 言语符号的理解 = 表达

C群b:动作性课题好于言语符号与指示内容的相关情况。

动作性课题 > 言语符号的理解 = 表达

C群c:言语符号的理解好于表达,操作性课题检查基本与言语符号理解相当。

动作性课题 = 言语符号的理解 > 表达

C群d:言语符号表达尚可,但理解不好,此亚群多见于孤独症或有孤独倾向的儿童。

3. 鉴别诊断 语言发育迟缓的表现多种多样,鉴别诊断很重要。语言发育迟缓基本印象是不能说话和不能理解别人说话的状态,听觉障碍、发声言语器官的运动发育障碍,自闭症和智能低下等均可引起语言发育迟缓。早期发现语言发育迟缓很重要。临床上听觉障碍患儿大多是以说话晚、不会说话等主诉来就诊,这时首先应排除是否为听觉障碍所致。中度和重度听力会造成语言发育迟缓,即便是轻度耳聋,有时也会对语言发育造成较大的影响。如果考虑是听觉障碍,首先一定要详细进行听力检查,然后佩戴助听器。另外,语言发育迟缓患儿中多数具有智能障碍和交往障碍。这时如仅仅进行语言评价,而忽略了心理等方面的评价,也不能正确进行诊断。

父母在注意到孩子语言落后大多在学龄前。1～2 岁幼儿期,不能讲话,但理解方面基本正常,这样的就诊病例也不少见。口语表达发育落后于理解发育这种现象在正常的孩子也可见到,常常见于男孩,多数没有必要训练。可向父母做一下解释或指导,随着年龄的增长,言语会逐渐增加而达到正常。但是,其中有的尽管没有必要马上进行强化训练,但是需要长时期的观察,随着年龄的增加,语言发育达到正常。一部分直到 4、5 岁都存在构音发育迟缓,有的移行为机能性构音障碍。如果是年龄比较小的孩子,如果怀疑语言发育迟缓,需要孩子有必要每隔 3 个月到半年复查一次,以便观察语言发育情况。

(李胜利)

第三节　语言发育迟缓训练概论

一、训练原则

（一）以儿童语言发育达到的阶段为训练的出发点

根据患儿语言发育迟缓评定的结果显示其语言处于哪个阶段水平,训练者就把此阶段定为开始训练的出发点,设定训练目标、方法和内容。

（二）横向扩展与纵向提高相结合

训练时要注意同时朝两个方向努力:①在同一阶段内横向扩展:如患儿可以理解事物的名称(名词理解),则在词汇训练时要进一步向动词、形容词等扩展;例如,患儿语言发育阶段在阶段 3-1,即手势符号阶段,患儿如果能对"喝"这一声音作出正确的手势,则可把其他动作如"吃、睡觉、洗"的手势表达作为新的学习内容。②向下一阶段水平纵向提高:如果横向扩展训练已达到目标,则训练以转向下一阶段水平的纵向提高为目标。例如阶段 3-1 的手势符号训练达到目标后,则提高到 3-2 阶段的内容学习,学习以幼儿语来理解和表达事物。如用"汪汪""喵喵"分别来理解表达狗和猫;把学会的"吃"这一手势提高到"吃香蕉""吃葡萄"等手势表达。使儿童语言发育由单词水平逐步向二词句、三词句乃至多词句水平提高。

（三）专业训练与家庭训练相结合

训练不能仅限在治疗室或教室内进行,只要有人际互动时,任何人、时间、地点均可进行,否则训练效果就会局限在训练场所。父母在儿童语言训练过程中是主要的参与者,应指导父母把儿童的语言训练结合到日常生活中加以应用,这样训练的效果就可以得到保持。

（四）语言训练与病因治疗相结合

目前没有一套方法都适合于所有儿童,因此,应针对不同病因的患儿,除开展言语训练之外,还要注意病因治疗。其中尤其对自闭症患儿,目前治疗方法主要集中在几个主流方向:应用行为分析、感觉统合训练、艺术治疗、音乐治疗和现代行为心理学等。

（五）治疗的适应证

根据儿童的评价结果来决定是否需要语言治疗。语言治疗的适应证有以下几个方面。

1. **发育过程**　如果儿童在发育过程中语言方面的症状成固定状态的适合语言治疗,否则不适合。

2. **个体性差别**　个体差别显著的(如 A 群)就必须进行语言治疗,如果差别不明显则不适合治疗或依具体情况而定。

3. **语言学习能力**　语言学习能力低下者(如 4 群)适合语言治疗,否则不适合。

4. **语言学习上困难程度**　语言学习困难程度高的(如 2 群)适合语言治疗或依情况而定。

5. **实际年龄与语言发育年龄差距明显时**,适合治疗训练的条件在安静、宽敞、安全的充满儿童所喜爱的训练室进行训练;训练方式以一对一训练或集体训练相结合,专业训练与家庭训练相结合的方式;训练频率越高、时间越长,效果越大,但要按照患儿的可接受能力而定。训练时间一般在儿童注意力较集中的上午,时间以 30 ～ 45 分钟为宜,训练时应详细记录下训练的经过(即患儿在训练时出现的各种正、误反应)。

二、 训练目标

训练的最佳目标是希望患儿语言发育能达到正常水平,但通常却因儿童的情况不同而目标有别,一般认为可有三种目标:

1. 改变或消除儿童的基本缺陷,使之达到正常水平。
2. 改善儿童的异常情况,根据其语言学上的基本缺陷,教会其特别的语言行为,使其尽量正常化。
3. 根据儿童的能力,提供补偿性的策略来学习语言及沟通技能。

三、 训练方式

训练方式一般包括直接训练和间接训练。

(一) 直接训练

直接训练是以治疗师为主要训练,计划并执行训练;通常也会与患儿父母或其他专业人员合作制订训练计划,选择训练场所、训练频率、个别或集体等。

1. **训练场所** 训练场所包括治疗室、户外或家中,根据训练课题选择合适的地方进行一对一的训练时,训练室要安静、宽敞、充满儿童喜爱的气氛;集体训练可在训练室和户外进行;家中的训练要注意去除不利的有关因素,例如训练场所应避免摆放太多物品或玩具,以免影响儿童的注意力。

2. **训练频率** 根据患儿的语言发育阶段水平和训练计划、训练场所的状况决定。一般来说,训练次数越多、时间长、项目少的训练效果大。时间尽量安排在上午,儿童注意力相对集中;每次以半小时至一小时为宜,每次课题设定以 2 ～ 3 个为宜。

(二) 间接训练

间接训练是指治疗师指导患儿父母或其照顾者,执行治疗工作。当治疗师通过评估认为父母或其照顾者是改变儿童行为的最佳人选时,可采用此方法。治疗师协助,与父母共同制订训练计划,并根据儿童的训练反应修订治疗计划。

一般来说,当语言发育异常儿童需建立新的行为时,直接训练最为恰当;而在横向扩展及其所学的沟通行为的形成习惯时,可采用间接训练方法,指导父母让儿童使用新近建立的行为在日常生活中活用及巩固。直接训练和间接训练可以单独或并行使用,使儿童语言学习得到最迅速、最有效的进展。

四、 治疗师对儿童反应的处理方法

治疗师运用技巧引发儿童的适当反应,对于儿童的反应,治疗师也要有适当的处理技巧,才能有效促进儿童的能力及学习动机。处理技巧包括以下几个方面。

（一）示范与提示

儿童若缺乏反应或反应不当时应予以示范，帮助其达到治疗要求。若儿童仍反应不正确，可予以口语或手势的提示，降低困难度，提高反应的正确率，维持该项训练之兴趣；若多次示范提示均不会时，治疗师应检讨自己所采用的方法是否适用于该儿童，尽早改变治疗方案，以减轻双方的挫败感，增加儿童的学习兴趣。

（二）扩展与延伸

扩展是在儿童讲话的同时，治疗师予以语言回应，保留儿童讲话的主要内容，将儿童不足的话语补充起来。如儿童说："吃饭"，治疗师可以说"对，弟弟吃饭"。儿童往往会自然而然地部分或完整地重述治疗师的话。扩展的同时，治疗师也可就儿童说话的主题延伸其内容，如前例，治疗师可说"对，弟弟累了"。也就是除了对儿童的口语给予适当的赞同外，还让他注意到两句话的关联，更有效地增进其能力。

（三）说明

当儿童正在进行一活动的同时，治疗师可时时予以相关的说明。如儿童在玩玩具，可问"你在做什么？"，儿童答"车车"，可予以扩展说"对，你在玩车车"。进而说"车车跑得很快，很好玩对不对？"，对尚无口语的儿童亦可常从旁解释他目前正进行的事情，使其理解语言的用途，因为儿童的行为若常得到他人的说明，能增进语言的表达。

（四）鼓励

鼓励可使儿童乐于学习，勤于学习，鼓励儿童的行为大致分两种方式：

1. **物质鼓励**　即对儿童的反应给予物质上的鼓励，如吃东西、玩玩具等。
2. **精神鼓励**　即对儿童的反应给予精神上的鼓励，如口头的称赞、贴星星或大人愉悦的表情等。

一般视儿童的个性喜好，选择适当的鼓励方式，两者可同时应用。但在治疗中使用过分吸引儿童的玩具或食物作为增强物，反易造成干扰而中断治疗，应避免；如能在治疗结束时才呈现，则可能有良好效果。所以增强物呈现的方式及呈现的时间均应有周全的考虑。

五、　增进互动沟通的技能

语言治疗促进儿童认知、理解与表达能力，最重要的是要使儿童成为有效的沟通者，达到学以致用的目标。一般的策略如下：

1. 详细记录分析儿童日常的作息、喜恶与能力，了解其在何时何地可能会有某些常规活动与反应，其他人有计划地说话及行动，以便影响其反应，或引出预期的行为。

2. 安排儿童在比较自然的环境中，使用已学得的语句。例如儿童在治疗中学到的词汇，可安排在家中练习，甚至自然应用出来。

3. 随时注意儿童，取得儿童的注意再说话，常与儿童保持眼神接触，并注意其开始沟通的表现。例如可将物品置于儿童不可及之处，指导儿童表达需求，当儿童出现口语或非口语的沟通行为时，立即予以回应，同时可问简单问题，例如问："你是不是要拿汽车？"或给予说明，例如说："明明拿到汽车了！"

4. 与儿童谈此时此地的事情，问儿童有意义的问题，使儿童较能意会而维系沟通行为，并容许有停顿时间，让儿童有模糊或思索的机会。

5. 时时自然地给予儿童说明、描述,并常以不同的方式示范不同的于语汇或词句,并要求其模仿练习。

6. 儿童使用新的语汇或词句时,应予以鼓励赞许,并可适当地扩展,使其能进步到较高的语言阶段。

7. 儿童以非口语行为沟通时,也要立即给予反应,并用词句来说明解释之,使其了解语言沟通并乐于沟通。

8. 多利用系统性图片看图说话、复述故事,开展故事接龙、角色扮演等活动,练习眼神接触、轮流发言、回答、说明、维持话题等技巧。

9. 以鼓励代替矫正,可以使孩子有时间自己进行修正,同时会增强孩子自尊心、自信心、成就感,对训练更加有兴趣。

六、 训练程序的定制

根据儿童的年龄、训练的频率设定 3 个月至一年间的训练目标。以评定的结果作为训练的起点、制定训练程序,选定具体的训练顺序与训练材料。各种症状类别的训练目标及训练程序如下:

(一) A 群(言语符号尚未掌握)

以获得言语符号(理解)与建立初步的交流关系为目的,先建立符号的理解后再形成基础概念,重点是首先导入手势语、幼儿语等象征性较高的符号。

(二) B 群(言语表达困难)

训练目标为掌握与理解水平相一致的言语表达能力。此时的训练并不是单一进行表达方面的训练,而是与理解性课题共同进行。重点是将手势语、言语作为有意义的符号实际性的应用,在表达基础形成的同时从手势符号向言语符号过渡。以达到拟定的目标。

(三) C 群(发育水平低于实际年龄)

训练目标是扩大理解和表达范围。在进行提高理解方面训练的同时要进行表达、基础性过程等各个侧面的平衡性训练,也要导入符合水平的文字、数量词学习、提问与回答方面的训练。

(四) 过渡群(语言符号理解但不能说话)

训练目标为获得词句水平的理解,全面扩大表达范围。在提高理解水平的同时也要提高表达方面的能力。与 C 群相同,不能单一进行表达方面的训练,而忽略其他方面的训练。首先可以导入用手势符号进行表达的训练。

(五) Ⅱ群(交流态度不良)

根据语言符号的发育阶段进行以上的训练。对于交流态度不良的儿童的训练,要进行以改善其交流态度为目的进行训练。

(万桂芳)

第四节 语言发育迟缓训练方法

一、注意力和记忆力的训练

注意力和记忆力的训练在语言发育迟缓儿童的语言训练中是必不可少的,其直接影响着儿童语言训练的效果。

注意是指心理活动或意识活动对一定对象的指向和集中。注意其不是一种心理过程,而是伴随心理活动的一种状态。因为它并不反映任何事物和事物的任何属性,其离开了心理过程注意也就不存在了。

注意的特征:①注意的广度:是指在同一时间内,意识所能清楚地把握对象的数量,又称注意的范围。注意的范围受限于刺激的特点和刺激任务的难度等多种因素,简单的任务下注意的广度大约为 7 ± 2,即 $5 \sim 9$ 个;另互不关联的外文字母的注意广度为 $4 \sim 6$ 个。②注意的稳定性:是指选择的对象注意能稳定地保持多长时间的特性,注意维持的时间越长,注意就越稳定。③注意的转移:是指由于任务的变化,注意由一种对象转移到另一种对象上去的现象。④注意的分配:是指在同一时间内,把注意指向不同的对象,且同时从事着几种不同的活动,例如边听边做笔记,自拉自唱等等。

1. **听觉注意训练** 此阶段充分利用儿童的听力感知觉,完成对外界听觉刺激的训练目标。可采用带有声音的各种玩具、教具,如带有声音的仿真水果、蔬菜、小动物等。

2. **视觉注意训练** 此训练是利用儿童的视觉敏感与视觉观察,完成对环境观察与事物变化的视觉训练目标。可使用彩色小球做视觉追踪训练,照镜子游戏,钓鱼游戏,穿珠珠游戏等。

3. **触觉注意训练** 此训练是通过儿童触摸物品或玩具完成对于事物变化的过程。例如把积木从一个容器拿到另一个容器,模仿玩儿智力箱、套环游戏,搭积木等。

4. **注意的保持与记忆训练** 记忆是过去的经验在人脑中的反映。在一定条件下,从大脑中提取出来的过程称为记忆。记忆按其内容可分为形象记忆、情景记忆、情绪记忆、语义记忆、动作记忆。认知心理学则把记忆又分为瞬时记忆、短时记忆、长时记忆三个系统。

(1)瞬时记忆:又称感觉记忆或感觉登记,是指外界刺激以极短的时间一次性呈现后,信息在感觉通道内迅速地被登记(感觉)并且保留一瞬间的记忆。一般把视觉瞬时记忆又称为图像记忆,把听觉瞬时记忆称为声像记忆。瞬时记忆容量为 $9 \sim 20$ 比特,图像记忆保持时间为 $0.25 \sim 1$ 秒。

(2)短时记忆:是指外界刺激以极短的时间一次性呈现后,保持时间在 1 分钟以内的记忆。短时记忆其容量是有限的,一般为 7 ± 2,即 $5 \sim 9$ 个项目。

(3)长时记忆:长时记忆是指外界刺激以极短的时间一次性呈现后,保持时间在 1 分钟以上的记忆。长时记忆的容量可无限大,其编码有语义编码和形象编码两大类。

根据记忆的特点,通过游戏完成记忆与记忆的转化训练,例如图形配对游戏、颜色认知游戏,找物游戏等。

二、交流态度与交流能力的训练

交流态度可分为交流态度良好与交流态度不良。对于交流态度不良的儿童,可通过游戏的方式完成训练的目标。交流能力的训练以加强语义编码理解和记忆能力训练,促进语义编码应用提高逻辑能力,完成训练目标。

1. **对视游戏训练** 可采用玩具吸引儿童,将儿童喜欢的玩具放置于治疗师的视线前,当儿童寻找喜欢的玩具时,即可与治疗师形成目光对视。

2. **交往训练与交往能力训练** 训练分为以下几种情况:

(1)语言前阶段水平的语言发育迟缓儿童,治疗师可采用快乐反应来进行抚爱行为形成的游戏训练。如举高高、团团转、逗笑、吹气等游戏导向儿童表现快乐反应的活动,在此活动中治疗师应反复和孩子发生对视接触。

(2)单词水平阶段的语言发育迟缓儿童,治疗师可用容易引起儿童兴趣的玩具,让其能很快理解操作和结果的游戏,如鼓槌敲鼓、将小球放入小孔内等。

(3)语句水平阶段的语言发育迟缓儿童,尤其要在游戏和日常生活中,能交换使用身体动作或音声符号来表达自己的要求。如利用系列性图片轮流看图说话、复述故事、词语接龙及角色扮演等活动。注意常与儿童保持视觉接触和微笑,取得儿童的注意后再说话。当儿童使用新的语句时,应及时给予鼓励,并用鼓励代替矫正,促进沟通和语言的学习。还可通过互换游戏完成交往训练,例如假扮游戏、超市购物。

3. **互动游戏训练** 利用互动游戏完成交流训练,例如假扮角色交换游戏,儿童与治疗师一起做训练或游戏时,可交换原来所处的位置,即改变发出信息者和接收信息者,或交换玩具。注意要训练儿童能够保持持续的交流状态,无论是长距离或长时间的情况下均能完成所要求的动作。

4. **口语表述与口语对话(集体训练)** 主要通过对话交流完成信息传递、思想互换。交流训练不需要特殊教材,主要是根据儿童语言发育的水平选用合适的训练项目进行训练。可利用符号与指示内容关系的各个阶段的训练内容,促进儿童发挥其理解、表达以及向他人传递信息的作用。交流训练不仅在训练室中进行,在家中、社会中应随时随地进行,充分引导儿童主动与人交流和交往。交流训练适用于全部患儿,特别是发育水平低和交流态度有障碍的语言未获得的儿童,及存在语言理解和表达发育不平衡的儿童。

三、 语言符号与指示内容关系的训练

(一)第一阶段训练

本阶段的儿童对外界的刺激感知觉反应不敏感,为此,在训练中通过儿童的视觉、听觉、触觉和动作结合玩具和教具充分吸引儿童,来完成训练目标。

事物的基础性操作:主要是刺激儿童对外界的事物进行某种操作而引起变化的过程的观察和操作。从触摸、抓握等单一的操作发展到敲、拿和放置等复杂的操作,训练可利用各种玩具,如积木、套环、小鼓、智力形状、玩具电话等。最初可用帮助的手法,逐渐让儿童对事物能作出相应适合的用途性操作。

(二)第二阶段的训练

本阶段的儿童虽还没获得语言,但对于事物状况已能理解,对事物已经有概念。例如将人领到物品前出示物品,向他人表示自己的要求。

1. **事物基础概念的训练** 通过模仿让儿童懂得身边日常用品的用途。例如:出门戴帽子、穿鞋、用杯子喝水、打电话等。训练应与家庭指导同时进行,达到训练内容在生活中的泛化。

2. 匹配训练 以形式特性为基础的操作性课题:将两个以上物品放到合适的位置,例如:把帽子戴在头上,把牙刷放到嘴里,把两个相同的图片放在一起等。

3. 选择训练 以功能特性为基础的操作性课题:即认识事物的特性和用途,建立事物类别的概念。如呈现 1 个示范项,给儿童 2 个以上选择项物品,针对示范项,让儿童在选择项中选出合适的物品,如牙刷,剪刀和帽子三套镶嵌板将其三项物品的子板给予被试,将其中一项的母板放于桌上,请被试在三项的子板中选择合适的项目放于母板中。

(三)第三阶段的训练

本阶段的儿童是事物的符号形式形成阶段。训练顺序应为:符号形式获得→语言理解→语言表达。

1. 手势符号的训练 适用于语言符号的理解与表达尚未获得的儿童,或语言符号理解尚可,但表达不能完成的儿童。对儿童来说手势符号比语言符号更容易获得和理解、掌握,其可作为媒介,逐步向语言符号过渡,完成训练目标。

(1)情景手势符号的训练:目的是培养儿童能够注意手势符号的存在。训练方法是采用日常的情景及游戏促进和强化。如在与别人分别时,挥挥手表示"再见",起初是由治疗师或家长帮助,后逐渐进入自发产生阶段完成;又如朋友见面握握手表示"你好",等等。

(2)事物和物品之间关系的手势符号训练:目的是理解手势符号在事物与物品之间的对应关系。

利用仿真娃娃训练事物与物品的对应关系:把仿真的玩具娃娃放于被训练儿童的面前,将帽子、袜子、手套放于娃娃面前;完成后治疗师拍打玩具娃娃的头部再拍打自己的头部,然后说"帽帽",帮助或诱导儿童选择帽子。训练中必须让儿童充分注意手势符号的存在,再过渡到儿童单独根据治疗师的手势符号进行选择。袜子,手套同样方法进行。完成后即将玩具娃娃拿走,若开始时困难,可用物品将玩具娃娃暂时遮住。若儿童选择正确,要及时给予仿真玩具娃娃相应部位的实际操作(戴帽子,穿袜子,戴手套等等)进行正反馈强化训练,并同时进行手势模仿;误反应时,要拍打玩具娃娃的相应部位,促使儿童修正。

本阶段一般来说可从实物训练(实物认物)→镶嵌板(视觉配对与听理解)→语言符号(行为与图片),由低水平到高水平的发展;且注意选择项的组合,开始以身体部位区别突出的组合为好,逐渐向类似或接近的组合过渡,利于儿童的视觉区分来完成言语符号的理解与记忆。

(3)手势符号促进语言符号的训练:利用日常生活中出现的场景或治疗室设置的场景,结合儿童的行为,治疗师既给予语言刺激同时给予手势符号,并让儿童模仿其手势符号,并将此手势符号固定下来作为此行为及要求的手势符号。也可利用手势符号作为媒介进行短句练习,如"扔掉废纸"治疗师拿着废纸走到纸篓前将其扔掉,然后可让儿童模仿,将此短句的顺序固定下来,又如"坐下""手放下""拍手""开门"等等。

2. 语言符号的理解训练 儿童在日常生活中会接触许多的水果、蔬菜和交通工具与小动物日常用品等等儿童感兴趣的词汇,从早期已学会的手势符号词汇开始,向语言符号扩展。开始可在儿童面前放 2～3 种物品的图片,治疗师说出物品的名称,请儿童选择,采取用手指指认或用手拿起图卡,来进行听理解训练;然后根据儿童进步的情况(注意与记忆)来增加训练图片的数目 3～4 张或 6～9 张,从而增加训练的难度;同时可采用互动游戏进行。

3. 语言符号的口语表达训练 对能模仿语的儿童,应促进其主动口语表达。

(1)口语表达要与理解水平相适应:一般来说,语言理解先行于口语表达,根据儿童语言理解阶段不同,制定相应的口语表达训练目标和选择训练课题。基本顺序是从口语模仿到主动表达,再进一步到生活使用和广泛的语句泛化。训练过程中可用手势符号及文字符号作为辅助形式,逐渐发展到单纯用语言表达;当语言符号获得困难时,可考虑使用代偿性交流手段。

(2)表达训练是与语言符号训练同时进行的:以儿童可理解的词汇为前提比较好,从易于构音或单音节词开始。练习(如妈妈 mama 等),先让其模仿单音发音(在训练早期,只要在儿童语言水平能模仿,如仅能模仿词头或词尾的音、语调等均允许),从象声词和音调词更容易训练,然后逐渐增加词汇的口语表达,注意发展同音位的发音,利用无意义的发音向有意义的发音的转化,并使儿童从被动到主动发出有意义的口语。

4. 扩大词汇量的训练

(1)名词的分化与扩大:目的促进常用词汇(水果,蔬菜、小动物和交通工具,日常用品等)的同一范畴的分化学习。如把各种青菜(白菜、油菜等)的图片放在一起,对儿童进行分化学习。

(2)动词的学习与扩大:可采用实际的动作游戏,实际生活应用和图片同时进行。如学习动词"坐":①儿童游戏时,治疗师可在旁做体态语符号(坐在椅子上)和说成人语"坐",让儿童模仿体态语并引导语言表达;②治疗师做"坐"的体态语,并把椅子放于儿童面前;③治疗师发出成人语"坐",并训练儿童用体态语来表达;④治疗师做体态语,并询问"我在干什么呀?",鼓励儿童用语言表达;⑤反复训练,鼓励儿童在日常的生活中用语言(成人语)来表达要求。

(3)形容词的训练与儿童的认知能力训练:可采用游戏和图片同时进行。如训练"红色""绿色":①在儿童面前放红色和绿色的积木,利用儿童视觉进行分辨,促进"红色""绿色"语言符号的理解,然后采用图片训练。②通过游戏来促进和强化:治疗师与儿童每人十张相同颜色的图片,进行图片跟随互动游戏,治疗师同时说出"红色""绿色"的语音,其是利用儿童的视、听、动共同参与训练来完成训练目标。同时可让儿童模仿发音。③治疗师指着卡片问"这是什么颜色?",要求儿童用语言表达。④反复练习,鼓励儿童在日常的生活中用语言表达(成人语)来形容事物的颜色。

(四) 第四阶段的训练

此阶段的儿童是在扩大词汇量的基础上,其学习内容从名词到动词、形容词、量词、代词、介词等;同时并把学过的词汇组成语句,从不完整的主谓结构、动宾结构发展到主谓宾结构及简单的修饰语句等形式的训练。

1. 两词句的语句训练
语句形式:①主语 + 谓语(主谓结构);②谓语 + 宾语(动宾结构);③大小 + 事物;④颜色 + 事物。

训练程序:确定构成两词句的各类词汇→能理解表示两词句的图卡→训练两词句的理解→两词句的表达及生活中的语句应用训练。例如:训练"大小+事物":可选用不同大小的鞋和帽子的图片各5张,①在儿童面前放同一事物同一颜色不同大小的两张图片,治疗师问"哪个是大的帽子?""哪个是小的帽子?",让儿童选择,以确定儿童理解语句的能力;②并列摆放相同颜色不同大小的鞋和帽子的四张图片作为示范图,用"大的鞋""小的帽子"等的语言刺激让儿童选择相应的图片;③互动游戏:治疗师与儿童交换位置,儿童用语言发出指令,治疗师选择相应的图片。

语句的口语表达:有些儿童早期对句子的口语表达成分不能全部用成人语表达,可用手势语 + 成人语(例如:"吃"的手势符号 + "苹果"成人语)的联合训练,逐渐过渡到用口语表达完整的句子。训练中对不足的句子成分可用提问引出,如给儿童看"吃苹果"的图卡,儿童回答"苹果"时,治疗师可提问"做什么?"来完成训练目标。

2. 三词句的语句训练
语句形式:①主语 + 谓语 + 宾语;②大小 + 颜色 + 事物。

训练程序:确定构成三词句的各类词汇是否理解→三词句图卡的理解训练→三词句的表达训练及生活中的语句应用训练。例如:"哥哥吃西瓜"训练中注意训练语法规则,不能表达成"西瓜吃哥哥"。

训练方法综上所述,词句的图卡理解训练可从 1/4 单位选择逐渐过渡至 1/8 单位选择,并注意图片放置的顺序。

(五)第五阶段的训练

此阶段的儿童主要学习语句的顺序关系与规则,语句的逻辑关系能力的训练。

语句形式:①谁追谁;②谁被谁追。

训练程序:明确显示句子的内容→排列句子成分的位置及方位关系→语句的表达训练及生活中的应用训练及泛化。

例如:句子"小兔追乌龟":①在儿童面前放一张"小兔追乌龟"的大图卡,让儿童注意观察大图卡中动物位置关系;②治疗师将小图按"小兔"+"乌龟"的顺序从左到右排列,并让儿童注意小动物各自的位置;然后让儿童练习排列顺序;③训练儿童用口语表达句子。在此基础上在训练中可多采用有连词、介词等的句子,并鼓励儿童在日常生活中应用已学会的句子,综合练习可用从易到难的看图说话图卡训练。

四、 文字训练

听、说、读、写都属于语言治疗的范畴。正常儿童的文字学习是在全面掌握了语言基础上再进行的学习,但对于语言发育迟缓的儿童在语言学习困难时,可将文字符号作为语言形成的媒介是一种非常有效的方法,另外还可以作为语言的代偿手段完成信息的交流与传递。因此,文字学习的导入可根据具体情况,具体病例进行。

文字训练程序与方法:

1. **文字字形的辨别训练** 为掌握文字符号,必须能够辨别字形,可采用图片和教具。

(1)辨别几何图形:作为基础学习,必须先能够辨别各种图形(10 种以上),用形状积木训练完成。

(2)单字字形的辨别:让儿童先学习单个文字,如从数个文字中选出制定好的某个文字。最初可选择相似性低的文字,逐渐向相似性高的文字发展。

(3)单词水平的辨别:最初选择字形及字数相似性低的单词训练,让其先看字样,然后从两个字样的单词中选出某个单词,逐渐再进行相似性高的文字辨别训练。如:小—小羊;毛—毛巾。

2. **文字符号与字意的结合训练** 当儿童能辨别 1 ~ 2 个音节词后可进行本阶段的训练,以文字符号与图片字义相结合完成文字的应用。

(1)字 - 字匹配训练:给儿童一张文字图片,桌面放数张文字图卡,要求儿童将所拿文字图片与桌面上文字图片进行匹配。

(2)字 - 图匹配训练:给儿童一张事物图片,桌面放数张文字图片,要求儿童将事物图片与文字图片进行匹配。

(3)字 - 图选择训练:给儿童数张文字图片,桌面放一张与数张文字有相应图案的图卡(示范项),进行文字的选择。

3. **文字符号与音声符号的结合训练** 用音声语言进行文字的选择:在儿童面前放数张文字图卡,治疗师用音声语言说,让儿童指出相应的字词。再进一步,让儿童指着图卡的每一个文字与治疗师一同朗读,促进音声语言的表达。注意选择词汇时,应从语言能够理解和构音正确的词汇开始,选择项的组合从音形、文字、字数、意义等容易辨别的符号开始进行组合。

4. **文字符号与意义、声音的构造性对应的结合** 可进行事物图片与相应的文字用线连接的作业

（点连线游戏），然后读出文字。

5. **文字训练文字符号的辅助作用**　已形成文字学习的儿童有时使用文字符号作为发出信号的媒介，尤其是文字符号有助于想起音节。对照事物图片，让儿童写出文字，然后一边用手势一边指着文字一边促进用语音发出信息，逐渐做到不看文字也能用语音表达。

6. **代偿性交流训练**　有明显运动障碍的儿童，最初就应考虑除语言符号外的代偿性交流的语言符号表达为第一训练目标。尤其是语言符号表达困难有交流障碍的 B 群儿童曾尝试几种措施，若所有措施均用了，仍不能形成用语言符号表达时，建议使用代偿性交流手段，如文字板、交流板等。

五、 语言环境与儿童语言发育

（一）语言环境在儿童语言发育过程中的重要性

儿童语言的发育是与语言环境和家庭环境密不可分的。儿童出生后，妈妈在养育他的同时不停地丰富自然声音，并将这些自然声音变成有意义的刺激；妈妈不断用视觉、听觉、触觉等去刺激他；儿童也会用自己的方式来向妈妈传达信息。因此，儿童在语言未发育之前，很多语言运用的基础已在家庭的环境中得以实现和发展。如果儿童脱离了后天的语言环境，其语言的发育就会受到很大的影响，这种影响可能会影响其一生，甚至终生无法像正常人一样获得语言，典型的例子如猪孩。

（二）语言发育迟缓儿童对语言环境的特殊需要

语言发育迟缓儿童其语言的发展，单纯依靠语言训练是达不到预期效果的，语言训练的内容必须在语言环境中实践，因此家庭的养育环境也是非常重要的。如在训练中儿童学会将物品给予他人、表示要求等，在家庭环境中要充分利用所有人来强化此内容，要求家庭成员全员参与。并鼓励儿童参与到社会中，多与同龄儿童一起交流。

（三）改善和调整语言发育迟缓儿童家庭语言环境的必要性

1. 建立良好的家庭人际关系，让儿童生活在和谐、温暖、健康的家庭环境中。
2. 培养儿童良好的兴趣，养成儿童良好习惯，而不是用哭闹等手段来达到一定的目的。
3. 采用适当的教育方法，发现儿童语言有问题时，应早诊断，早治疗。谨防儿童出现相关的心理问题。

（冯兰云）

第十一章

吞咽障碍

第一节 正常吞咽的应用解剖学基础

一、吞咽相关的正常解剖

　　熟练掌握吞咽运动相关解剖及生理机制的知识是成功处理吞咽障碍的先决条件,与吞咽有关的正常解剖结构有以下结构。

　　1. **口腔** 口腔是吞咽器官的起始部分,口腔前部为口唇,唇部以口裂为界与外界相通,后部经咽颊与咽部相通,侧面为脸颊,上壁为上齿列、硬腭、软腭,下壁为下齿列、舌头、口腔底(图 11-1,图 11-2)。

　　2. **咽部** 咽部上方通鼻腔,前上方通口腔,下方通喉部、食管,是呼吸道和消化道的组成部分,分为上中下三部分图(图 11-2)。上咽:鼻后孔上端至腭垂根部间的区域。中咽:上接上咽,下在舌骨高度接下咽,前在咽峡处通口腔。下咽:从会厌前段向下渐细,在环状软骨后部通食管。会厌与舌根间的缝隙称会厌谷。从正面看,位于喉部两侧、食管通道处的会厌与甲状软骨间的浅沟为梨状隐窝。

　　3. **食管** 食管是与咽部相连的管腔,上端与环状软骨后部持平,由食管入口开始,下端位于食管裂口下部,为贲门,与胃部相连。可分为颈部食管、胸部食管、腹部管道三个部分,并有各自狭窄的部分。

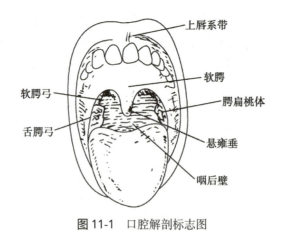

图 11-1　口腔解剖标志图

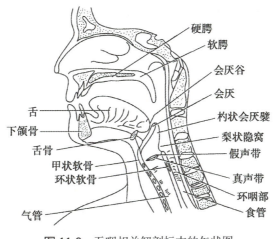

图 11-2　吞咽相关解剖标志的矢状图

（图中标注：硬腭、软腭、会厌谷、会厌、杓状会厌襞、梨状隐窝、假声带、真声带、环咽部、食管；舌、下颌骨、舌骨、甲状软骨、环状软骨、气管）

二、 正常人的吞咽过程

正常人的吞咽运动可分为五个阶段：口腔前期、口腔准备期、口腔期、咽期和食管期。

1. **口腔前期**　在口腔前期，患者通过视觉和嗅觉感知食物，用餐具、杯子或手指将食物送至口中。

2. **口腔准备期**　在口腔准备期，患者要充分张口，接受食团并将其保持在口腔内，在口腔感知食物，品评食团的味道与质地。如果是固体食物，需要咀嚼肌、下颌及面颊运动操作、准备食团使其适于吞咽。在这个阶段，软腭位于舌后部以阻止食物或流质流入咽部。

3. **口腔期**　在吞咽的口腔期，预备好的食团经口腔向咽推动。唇及颊肌收缩向后传递食团，同时舌与硬腭接触向后推动食团，驱动食团通过口腔到舌根部。

4. **咽期**　在吞咽的这个阶段，后续的运动快速、顺序发生，产生吞咽反应，软腭上抬、关闭鼻腔、声门关闭，气道关闭防止误吸、喉穿透。会厌襞在咽部开口之上（喉前庭），也防止食团穿透入喉，直接进入梨状窝。喉向上、向前倾斜运动，咽蠕动挤压食团通过咽下移向环咽肌。环咽肌位于食管上部，放松时食团可通过，进入食管。

5. **食管期**　食管期开始于食团通过环咽肌。食管产生顺序蠕动波推动食团通过食管，位于食管下端的下食管括约肌随之放松，使食团进入胃。

三、 吞咽过程的神经支配

（一）吞咽反射

吞咽是一种典型的、复杂的反射运动。吞咽反射的传入神经包括来自软腭（第 V，IX 对脑神经）、咽后壁（第 IX 对脑神经）、会厌（第 X 对脑神经）和食管（第 X 对脑神经）等处的脑神经的传入纤维；基本中枢位于延髓内；支配舌、喉、咽肌肉动作的传出神经在第 V，IX，XI 和 XII 对脑神经，支配食管的传出神经是第 X 对脑神经。

吞咽的神经学结构相当复杂，就如它所调节的过程一样。吞咽过程的调节需要以下几个要素：①来自周围神经系统的感觉传入；②一个或几个中枢性协调中心；③相互协调的运动反应。一般的调节过程如下。

味觉、温度觉和压力觉刺激周围感受器(分布在舌、口腔、咽喉),感觉传入冲动主要通过第 V,Ⅶ,Ⅸ 和 X 对脑神经传入中枢。舌根与下颌骨下缘相交的吞咽启动点、咽峡、咽和喉后壁是引起最有效的吞咽刺激的关键部位。脑皮质和皮质下通路调节着吞咽反射的阈值。脑干吞咽中枢接受传入冲动,并把它转化为一个能被执行的反应,并传导这种反应。来自吞咽中枢的传出神经冲动经过第 V,Ⅶ,Ⅸ 和 X 对脑神经的神经核后传出,到达它们所支配的肌肉,产生反射性的功能活动。

(二)吞咽不同分期的神经支配

皮质、皮质下中枢控制吞咽运动的随意运动,尤其是口腔前期、口腔准备期、口腔期的吞咽运动。吞咽反应可由位于延髓的脑神经及其核团有意识的启动或反射性启动,这些脑神经及其核团的神经传入来自皮质、皮质下中枢。有 6 对脑神经参与吞咽运动的过程见表 11-1。

表 11-1 吞咽运动中脑神经的功能

时期	神经
口腔期	第五对脑神经(三叉神经):触觉及本体感觉,运动。
	第七对脑神经(面神经):味觉及运动。
咽期	第九对脑神经(舌咽神经):味觉,咽蠕动,唾液分泌。
	第十对脑神经(迷走神经):味觉及运动,咽固有肌,咽蠕动及吞咽启动。
	第十一对脑神经(副神经):咽蠕动及头颈的稳定性。
口腔期及咽期	第十二对脑神经(舌下神经):舌,喉及舌骨运动。

(三)不同解剖结构的神经支配

1. 口腔的肌肉的作用及其神经支配　面部及口腔内肌肉有面肌、咀嚼肌、腭肌、舌肌、舌骨肌。其在吞咽中的作用及其神经支配见表 11-2 所示。

表 11-2　面部及口腔内肌肉在吞咽中的作用及神经支配

面部及口腔内肌肉在吞咽中的作用及神经支配		
肌肉名称	功能作用	神经支配
口轮匝肌	闭合口唇	
颊肌	闭合口唇,向外拉口角	面神经
笑肌	笑时向外拉口角	
咀嚼肌(咀嚼、搅拌、形成食团)		
咬肌	上提下颌	
颞肌	下颌前后运动	
翼内肌	双侧同时运动时上提下颌,一侧运动时下颌偏向对侧	三叉神经
翼外肌	双侧同时运动时上提和前突下颌,一侧运动时下颌偏向对侧	
腭肌(在口腔内保持并向咽部移送食团、闭锁鼻咽腔)		
腭帆张肌	收紧软腭,扩张口峡	三叉神经
腭帆提肌	抬高软腭,扩张口峡	
腭垂肌	抬高并收紧软腭,扩张口峡	
腭咽肌	降低腭帆,收缩口峡	舌咽迷走神经
腭舌肌		

面部及口腔内肌肉在吞咽中的作用及神经支配		
舌肌(搅拌、形成并吞送食团)		
舌内肌	改变舌的形态	舌下神经
舌外肌	改变舌的位置	
舌骨肌(上下移动喉部,参与吞咽反射)		
舌骨上肌	提高舌骨	三叉神经、面神经、舌下神经
舌骨下肌	降低舌骨	舌下神经、下颌神经

口腔内感觉神经中,硬腭、上腭齿、牙龈、上唇的知觉由上腭神经支配,舌、下腭齿、牙龈、口腔下面及脸颊黏膜由下腭神经支配,这些神经均由三叉神经组成。舌前部 2/3 的味觉由面神经支配,后部 1/3 的味觉由舌咽神经支配。舌咽神经同时支配咽后壁的感觉。

2. **咽部肌肉的作用及其神经支配**　发挥咽部功能的肌肉分纵行肌与环状肌,其作用和神经支配由表 11-3 所示。

咽部的感觉神经主要是舌咽神经,它分布于咽鼓管咽口平面以下大部分的咽腔壁。此平面以上的鼻咽部由上颌神经蝶腭节的分支供给,咽的下部有迷走神经的喉上分支分布。

表 11-3　咽部肌肉的作用和神经支配

缩咽肌组		
咽上缩肌	1. 依次收缩,挤压食团进入食管	
咽中缩肌	2. 咽下缩肌的环咽肌平时处于收缩状态,食团到达时开	迷走神经
咽下缩肌	放,进入后则关闭,避免食团进入气管,起保护作用	
提咽肌组		
腭咽肌	3. 上提咽以及喉	
咽鼓管咽肌	4. 舌根后压使会咽封闭喉口	除了茎突咽肌由舌咽神经支配外,其余肌肉均由迷走神经支配
茎突咽肌	5. 开放梨状隐窝	

3. **食管肌肉的作用及其神经支配**　上部食管壁的肌肉由横纹肌构成,下部则由平滑肌组成。起主要作用是自上而下的蠕动以向下输送食团。食管的神经支配由迷走神经和交感神经支配。

(张建斌)

第二节　吞咽障碍的神经病学原因与临床表现

吞咽障碍是一个总的症状名称,指口腔、咽、食管等吞咽器官发生病变时,患者的饮食出现障碍或不便而引起的症状。吞咽障碍的症状因病变发生的部位、性质和程度不同而有很大的差别。轻者仅感吞咽不畅,重者滴水难进。

一、概述

吞咽过程是由位于髓质的吞咽中枢以及中远段食管壁中的肠神经系统共同协调产生的,主要由自主性反射控制。

通过患者对吞咽障碍的描述确定其位置。病变部位可以是患者描述的部位或在其以下。确定吞咽障碍发生于进食固体、液体时还是两者兼有,是进行性的还是间歇性的,以及症状持续时间。虽然吞咽疼痛和吞咽困难常同时发生,在诊断时要根据症状鉴别。

在病史中注意几点:①部位;②食物和(或)液体的种类;③进行性或间歇性;④症状持续时间。关键要判断:吞咽障碍发生于口咽部还是食管。通过仔细询问病史可以获得准确的信息(对 80% ~ 85% 的患者可直接作出判断)。表 11-4 详细说明吞咽器官病变部位与相应症状的病史资料。

表 11-4 吞咽器官病变的部位与相应表现的病史资料

机制	口腔、咽	食管
发生时间	吞咽前、吞咽时	吞咽后数秒内
类型	咀嚼,食物团块聚合,吞咽起始等的困难、鼻反溢咳嗽,噎呛	胸骨后堵塞感
起病和进行过程	长期持续(脑瘫、肌营养不良等)	罕见的长期持续(蹼、先天性狭窄)逐渐起病,进展缓慢(消化性狭窄、GERD、失弛缓、癌肿)
频繁发生可能性	经常性	间断性(食管上括约肌痉挛、食管弥散性痉挛)
食物团块硬度	硬化液体多于固体(中枢神经病:脑血管意外、肌性侧索硬化;脊髓灰质炎、神经源性病变;重症肌无力。肌肉病变:肌营养不良多发性肌炎,红斑狼疮等)	固体多于液体(局部结构病变:炎症,头颈部外伤,肿瘤;上食管括约肌动力病变)仅能吃固体食物(下食管环,消化性溃疡,癌肿)固体或液体(食管痉挛,失弛缓,硬皮症)
合并症状	说话或声音有变化,衰弱或缺乏运动控制力,咳嗽,呛咳。反复吞咽"清理嗓子",鼻反溢,流涎	胸部饱满感,堵塞感,胸痛,延迟的呕吐胃内容物,慢性胃灼热感
次要症状	体重减少,脱水,胃口和食欲变化,唾液分泌变化,肺炎,声音嘶哑,睡眠障碍(呼吸暂停,呕吐所导致)	体重减轻,呼吸问题(慢性咳嗽,痰量增加,慢性阻塞性肺病变,气短,哮喘)

二、 吞咽障碍的病因

吞咽障碍病因可分为器质性吞咽障碍、神经性吞咽障碍及功能性吞咽障碍。

1. 器质性吞咽障碍　是指口腔、咽、喉部的恶性肿瘤手术后,由解剖构造异常引起的吞咽障碍。常见疾病为肿瘤、吞咽通道及邻近器官炎症性疾病(多为急性的)、颈椎骨刺引起的压迫、甲状腺肿引起的压迫、食管裂孔疝、放射治疗、气管插管等均可引起此型吞咽障碍。患者常主诉吞咽时疼痛、很难吞咽,或食物卡在某处,一般可进流食。

2. 神经性吞咽障碍　是由中枢神经系统及末梢神经系统障碍、肌病引起,在解剖构造上没有问题,为运动异常引起的吞咽相关肌肉无力或运动不协调引起的吞咽障碍。常见疾病包括脑血管意外、脑外伤、脑肿瘤、吉兰 - 巴雷综合征、重症肌无力、多发性硬化、帕金森病、多发性肌炎、脑炎等。

3. 功能性吞咽障碍　是指解剖结构及神经系统均无异常,吞咽生理机制正常,而患者害怕吞咽,对吞咽表现出一种癔症性反应,或拒绝进食。常由于心理障碍引起,诊断此类型时必须做全面的吞咽功能评估,慎重诊断。

三、 吞咽障碍的临床表现

1. 口咽部吞咽障碍 口咽部吞咽障碍又称"高位"吞咽障碍。患者引发吞咽动作时较费力,通常认为颈部是存在问题的部位。

常见的伴随症状有:①引发吞咽动作困难;②鼻内容物反流;③咳嗽;④鼻音重;⑤咳嗽反射减弱;⑥噎塞(应注意在不发生噎塞或咳嗽时,咽下物也有可能进入喉部发生吸入);⑦构语障碍和复视(也可伴有其他导致口咽部吞咽困难的神经症状)。

2. 食管吞咽障碍 食管吞咽障碍可能的发生部位在远端食管,又称"低位"吞咽障碍。但是需要注意,有些患者如贲门失弛缓症的病人,可能描述其不适部位在颈部,从而与口咽部吞咽困难混淆。

(1)固体和液体如都发生吞咽障碍,通常存在食管运动障碍。尤其当固体和液体的间歇性吞咽障碍伴发胸痛的时候,食管运动障碍的可能性增加。

(2)如果吞咽障碍仅限于固体,则提示管腔狭窄和机械性阻塞的可能,如果呈进行性,则考虑溃疡性狭窄或肿瘤。值得注意的是,溃疡性狭窄的患者通常有长期胃灼热和反流的病史,但无体重减少。相反,食管癌患者通常年龄较大,且有明显的体重下降。虽然食管癌患者的颈/锁骨上淋巴结病也许可以触及,但是对食管部吞咽障碍患者进行体格检查意义有限。有些硬皮病和继发性溃疡性狭窄的患者会呈现 CREST 综合征(钙质沉着-指/趾,雷诺病,指/趾硬皮病,毛细血管扩张)。

四、 引起吞咽障碍的代表性疾病

1. 脑血管疾病 脑血管疾病引起的吞咽障碍,在急性期并发率高占脑血管疾病患者的 40% 左右。这一时期,摄食不当,很容易导致吸入性肺炎,因此,有必要及早对吞咽障碍加以注意和处理。随着疾病的自然恢复,多数情况下吞咽障碍会逐渐好转,但如果到慢性期吞咽障碍还有残留 10% 以下的话,这表明恢复情况不好,需要专门治疗的参与。根据障碍部位可分为大脑半球病变和以延髓为中心的脑干部病变。

大脑半球病变中,一侧性病变在数周内自然恢复的病例较多。若存在两侧性病变的则呈假性延髓麻痹状态,假性延髓麻痹在口腔准备期、口腔期障碍严重,咀嚼、食块形成、食块移送困难。但吞咽反射仍有一定程度的残留。

延髓麻痹由殃及脑干部延髓吞咽中枢的病灶引起,障碍主要发生在咽部期,特征是吞咽反射的诱发极其软弱甚至消失。在口腔前期、口腔准备期、甚至口腔期没有障碍,即使有也很轻微。因此,延髓麻痹往往误咽情况突出,多数病例治疗困难。表 11-5 将延髓麻痹与假性延髓麻痹所导致吞咽障碍作出鉴别。

表 11-5 延髓麻痹与假性延髓麻痹导致吞咽障碍的鉴别

延髓麻痹	假性延髓麻痹
下运动神经元损害	双侧上运动神经元损害
不影响一般精神状态	影响精神状态,包括精神错乱,痴呆,定向、定位力差
软弱性失语	痉挛性失语
咽反射消失	咽反射存在
发音困难有鼻音	构音障碍无鼻音
情绪易变罕见	情绪易变常见

续表

延髓麻痹	假性延髓麻痹
一般无病理反射	有病理反射
咽喉期	口腔期

此外,还有并发高级脑功能障碍的患者,其症状有:不知进食顺序,重复相同动作,进食中说话时误咽危险加大,容易忽略餐桌一侧的食物。这种病例常在口腔前期、口腔准备期出现问题。

2. 神经、肌肉疾病 神经、肌肉等疾病导致吞咽障碍的原因,大致可分为迟缓性肌力低下和不随意动作等运动过多两种。此外,中枢神经的变性疾病等可能使大脑功能障碍导致的口腔前期问题和肌肉紧张亢进并发。

(1)弛缓性肌力低下:主要的疾病是肌萎缩侧索硬化症、延髓空洞等神经性疾病等。吞咽运动有关的肌肉中,除舌肌、软腭等口腔肌肉外,咽缩肌、食管入口处括约肌(环咽肌)、喉闭锁肌的麻痹、弛缓会发生问题。咽缩肌和喉闭锁肌的障碍尤其容易引起误咽,导致呼吸器官感染。口腔期的障碍可通过半流食等在一定程度上得到缓解。即使环咽肌低度紧张,随着其他吞咽肌障碍的发生,使相互之间变得不能协调,达不到吞咽功能的改善。

(2)运动过多、异常紧张:主要的疾病是亨廷顿病、张力障碍等神经变性疾病、肌强制性营养不良等肌病、硬皮病等引发软组织病变的疾病等。其病态主要有:

1)不随意运动:一般来说,颈部、躯干、四肢的不随意运动在即将开始摄食运动时会恶化,因而口腔前期至口腔期障碍严重。咽部期大多不受影响,但由于口腔期障碍,食块会不小心掉入咽部,颈部伸展运动也会使喉闭锁受影响,这些都会引起误吸。

2)环状咽肌迟缓不全等:肌强制性营养不良和眼咽肌型肌萎缩症被认定为环状咽肌迟缓不全。

3)食管平滑肌的纤维化:硬皮病患者,由于食管平滑肌纤维化可引起蠕动障碍。

(3)帕金森病:帕金森病是一种进行性变性疾病,肌肉硬缩、震颤、动作缓慢是其三大特征。口腔准备期、口腔期、咽部期均受障碍,但未见在初期发生误咽的病例。基于运动不能和肌肉僵硬的口腔准备期、口腔期障碍居多,它们使舌部和咀嚼肌运动受阻。因为食块形成和移送情况不良,会并发脱水和低营养。咽部期障碍,有环咽肌通过障碍和咽部通过延长。另外,许多时候患者即使有吞咽障碍也很少诉说,直到导致吸入性肺炎才意识到问题严重。

(陈慧娟)

第三节　吞咽障碍的评估

一、筛查

在首次接诊患者时,医师应了解患者的主诉、询问病史,从主观上发现患者是否存在吞咽障碍,并可应用吞咽筛查表作患者吞咽筛查,了解患者是否存在吞咽障碍。筛查(screening)多应用患者在门诊患者或入院时护士给予患者做测验。可以间接了解到患者是否有吞咽障碍,以及障碍所导致的症状和体征,如咳嗽、肺炎病史、食物是否由气管套溢出等症状,筛查的主要目的是找出吞咽障碍的高危人群,是否需要作进一步诊断性的检查。多以问卷和筛查试验两种方式。

1. 问卷筛查 常用的问卷筛查有进食评估问卷调查工具-10。

进食评估问卷调查工具-10（Eating Assessment Tool，10，EAT-10）是由 Belafsky 等于 2008 年研发的吞咽障碍筛查工具，其目的为识别吞咽障碍高风险人群，EAT-10 由 10 个问题组成，包括各种吞咽障碍症状、临床特点、心理感受、社交影响，每个问题分为 5 个等级：没有（0 分）、轻度（1 分）、中度（2 分）、重度（3 分）、严重（4 分）。EAT-10 总分≥3 为异常。EAT-10 中文版仅适用于已有饮水和进食经历的患者，EAT-10 中文版对评估急性期脑卒中患者有良好的信度和效标效度，当分界值为 1，EAT-10 总分≥1 时灵敏度和阴性预测值最佳，能够较好地预测急性期脑卒中患者吞咽障碍、吞咽能力受损、渗透和误吸，见表 11-6。

表 11-6 进食评估问卷调查工具-10（EAT-10）

1. 我的吞咽问题已经使我的体质量减轻
2. 我的吞咽问题影响到我在外就餐
3. 吞咽液体费力
4. 吞咽固体食物费力
5. 吞咽药片（丸）费力
6. 吞咽时有疼痛
7. 我的吞咽问题影响我享用食物时的感觉
8. 我吞咽时有食物卡在喉咙里的感觉
9. 我吃东西时会咳嗽
10. 我吞咽时感到紧张

2. 筛查试验 吞咽障碍的筛查试验有多种方法，所有筛查方法都是由一组临床特征构成的，这些临床特征都是吞咽功能异常的重要表现。常用的筛查有：①洼田饮水试验；②反复唾液吞咽试验。

（1）洼田饮水试验：本评估方法由洼田俊夫在 1982 年提出，观察过程为：先让患者像平常一样喝下 30ml 水，然后观察和记录饮水时间、有无呛咳、饮水状况等，并记录患者是否会出现下列情况，如啜饮、含饮、水从嘴唇流出、边吃边要勉强接着喝、小心翼翼地喝等，并对其进行分级及判断（表 11-7）。

表 11-7 饮水试验分级及判断标准

分级	判断
Ⅰ.可一次喝完，无噎呛	正常：Ⅰ级，5 秒内完成
Ⅱ.分两次以上喝完，无噎呛	可疑：Ⅰ级，5 秒以上完成；Ⅱ级
Ⅲ.能一次喝完，但有噎呛	异常：Ⅲ、Ⅳ、Ⅴ级
Ⅳ.分两次以上喝完，且有噎呛	
Ⅴ.常常呛住，难以全部喝完	

如饮用一茶匙水就呛住时，可休息后再进行，两次均呛住属异常。饮水试验不但可以观察到患者饮水的情况，而且可以作为能否进行吞咽造影检查的筛选标准。

（2）反复唾液吞咽试验：反复唾液吞咽测试（Repetitive Saliva Swallowing Test，PSST）是观察引发随意性吞咽反射的一种简单方法，具体操作步骤是：①患者取坐位，卧床患者应采取放松体位。②检查者将食指横置于患者甲状软骨上缘，嘱做吞咽动作。当确认喉头随吞咽动作上举、越过食指后复位，即判定完成一次吞咽反射。当患者诉口干难以吞咽时，可在其舌上滴注少许水，以利吞咽。③嘱尽快反复吞咽，并记录完成吞咽次数。

评定标准:老年患者在 30 秒内能达到 3 次吞咽即可。一般有吞咽困难的患者,即使第 1 次吞咽动作能顺利完成,但接下来的吞咽动作会变得困难,或者喉头尚未充分上举就已下降。

二、临床评估

临床评估也叫床旁评估,包括问诊的主观评估、吞咽相关器官的功能检查、吞咽功能检查以及摄食评估。

(一)主观评估

主观评估(subjective assessment,S)是指由患者本人、照顾者、家属及其重要的他人所提供的病历资料,包括患者主述、管道情况、进食途径、使用的餐具、进食所需时间、需要帮助的程度、呛咳频率、呛咳发生的时间、反流情况、痰液的多少、近期是否有发热、体重是否减轻以及与吞咽相关的既往病史及其医疗处理,营养状态以及应用何种方式摄取营养,心理问题,是否服用了影响吞咽的药物等主诉,医生及治疗师、护士每次与患者面谈所涉及的有关症状及功能异常的描述都被视为主观资料,应做好相应的记录。

(二)吞咽相关器官的功能检查

1. **检查基础情况**　包括评估的体位是自然体位还是坐轮椅或半坐卧位、意识程度是清醒还是昏迷、颈部相关的活动与控制等。

2. **呼吸功能检查**　主要是对患者的呼吸频率每分钟多少次;呼吸模式是胸式呼吸还是胸腹呼吸;最长呼气时间的检查,让患者平静吸气,并保持缓慢均匀呼气,保持的时间越长越好。

3. **口颜面功能检查**　观察患者的颜面部是否有异常;口腔内是否有异常的分泌物、黏膜的是否有溃疡及牙齿的情况;口腔器官检查:①唇、颊部的运动　静止状态唇的位置,有无流涎,露齿时口角收缩的运动、闭唇鼓腮、交替重复发"u"和"i"音、观察会话时唇的动作。咬肌是否有萎缩,是否有力。②颌的运动　静止状态下颌的位置,言语和咀嚼时颌的位置,张口时颞颌关节活动度是否正常,是否能抗阻力运动。③舌的运动　静止状态下舌的位置,伸舌运动、舌抬高运动、舌向双侧的运动、舌的交替运动、言语时舌的运动及抗阻运动。舌的敏感程度,是否过度敏感及感觉消失,舌肌是否有萎缩,是否有震颤。④软腭运动　发"a"音观察软腭的抬升、言语时是否有鼻腔漏气,刺激腭弓是否有呕吐反射出现。

4. **喉功能检查**　最长发音的时长、音质是否正常,咳嗽及清嗓是立刻反应还是延迟反应;吞咽相关的反射检查,包括检查咽反射、咳嗽反射及呕吐反射;做空吞咽或吞 1ml 水检查喉上抬运动,检查方法是:治疗师将手放于患者下颏下方,手指张开,食指轻放于下颌骨下方的前部,中指放在舌骨,无名指放于甲状软骨的上缘,小指放于甲状软骨下缘,嘱患者吞咽时,无名指的甲状软骨上缘能否接触到中指来判断喉上抬的能力。正常吞咽时,甲状软骨能碰及中指(2cm)。

5. **吞咽功能检查**　包括反复唾液吞咽测试、饮水测试、简易吞咽诱发测试、吞咽染色测试、颈部听诊测试、简易快速按压咳嗽反射试验等。

(1)反复唾液吞咽测试(Repetitive Saliva Swallowing Test,RSST):见本章详述。

(2)洼田饮水试验:见本章筛查试验。

(3)简易吞咽诱发测试:让患者安静卧位 5 分钟,从鼻腔将导管插入中咽部,注入 0.4ml 温水(盐水),观察患者产生吞咽动作,并记录时间(产生吞咽反射的时间)间隔 3 分钟之后,反复再做两次。如果在滴注温水(盐水)后 3 秒钟内能够诱发吞咽反射,则判定为吞咽正常。评定标准:如果超过 3 秒,则为不正常。由于该试验无需患者任何主动配合和主观努力,因而尤其适用于卧床不起者,见图 11-3。

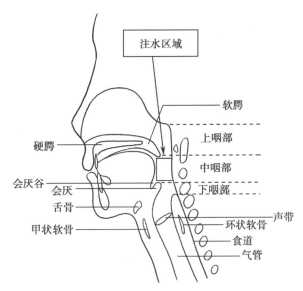

图 11-3　吞咽诱发试验插管头部到达的位置及注水区域

（4）吞咽染色测试：对于气管切开或有误吸风险的患者，给患者进食一定量的染色混合食物，吞咽后，观察或用吸痰器或在气管套中抽的痰吸，观察是否有染色食物。评定标准：若患者有咳出或从气管套吸出有染色食物，证明有误吸，应作吞咽造影检查。见图 11-4。

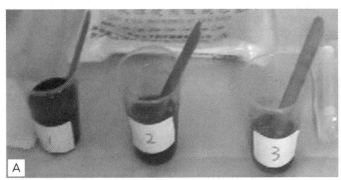

图 11-4　吞咽染色测试

A. 染色食物；B. 气管套管咳出染色食物

（5）颈部听诊测试：把听诊器放置在喉的外侧缘（舌骨下、甲状软骨旁），进食食物前用听诊器听呼吸、吞咽和发声时气流的声音，嘱被检查者吞咽准备好的食物，此时在听诊有无呼吸水泡音、发声浑浊音，吞咽动作是否清晰，见图 11-5。

（6）简易快速按压咳嗽反射试验：万桂芳根据临床实践总结了用大拇指快速按压环状软下敏感区，观察咳嗽反射的强弱，若咳嗽反射的减弱或消失则意味着误吸的风险可能性大大增加，见图 11-6。

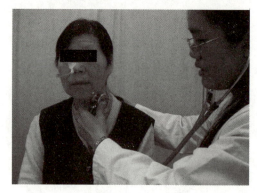

图 11-5　听诊器听诊,听诊器所放的位置

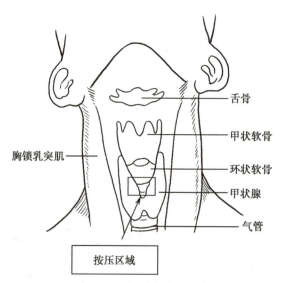

图 11-6　简易快速按压咳嗽反射试验大拇指按压区域

（三）摄食评估

1. **观察时使用的食物有**　①流质:如水、清汤、茶等;②半流质:如稀粥、麦片饮料、加入加稠剂的水等;③糊状食物:如米糊、浓粥等,平滑而柔软,最容易吃;④半固体:如烂饭,需要中等咀嚼能力;⑤固体,如正常的米饭、面包等,需要较好的咀嚼力。开始时使用糊状食物,逐步使用流质、半流质,然后过渡到半固体、固体。数量开始为 1/4 茶匙,约 2.5ml,再逐步增至半茶匙(约 5ml)、一茶匙(约 10ml),最后至一匙半(15ml),进食液体顺序为使用匙、杯到使用吸管。整个评估时间约 20～30 分钟。从下列几个方面进行评估。

2. **是否对食物认识障碍**　给患者看食物,观察其有无反应。将食物触及其口唇,观察是否张口或有张口的意图。意识障碍的患者常有这方面的困难。

3. **是否入口障碍**　三叉神经受损导致患者舌骨肌、二腹肌失去支配引起张口困难;食物不能送入口中。面神经受损时口轮匝肌失去支配,不能闭唇,食物往口腔外流;鼻腔反流是腭咽功能不全或无力的伴随症状。

4. **进食所需时间及吞咽时间**　正常的吞咽包括了一些要求肌肉精确控制的复杂的运动程序,这些运动快速产生,仅需要 2～3 秒把食物或液体从口腔送到胃中,吞咽困难时吞咽时间延长。

5. **送入咽部障碍**　主要表现为流涎、食物在患侧面颊堆积或嵌塞于硬腭、舌搅拌运动减弱或失调致使食物运送至咽部困难或不能。

6. 经咽部至食管障碍 主要表现为哽噎和呛咳,尤其是试图吞咽时尤为明显。由环咽肌不能及时松弛所致。其他症状包括鼻腔反流、误吸、气喘、每口食物需吞咽数次、吞咽反射启动延迟、咽喉感觉减退或丧失、食物残留在梨状窝、声音嘶哑或"湿音"、构音障碍、呕吐反射减退或消失、痰增多。声音嘶哑、"湿音"常提示误吸的可能性。

7. 与吞咽有关的其他功能 ①进食的姿势:当患者不能对称地坐直时,常躯干前屈,不得不向后伸颈,颈前部肌肉被牵拉,舌头与咽喉的运动就更为困难。偏瘫患者躯干和头屈向偏瘫侧,难以将食物置于口腔中,在口腔内控制食物更几乎不可能。因此,应评价用哪种姿势进食较容易,使误吸症状减轻或消失。体力较佳者,应尽量采取自然的坐位姿势;体力较弱者,可采取卧位,头部准保维持在30°以上。在以上体位下,可加以选择低头、头旋转、侧头、仰头等姿势进食。选用姿势的原则是能使误吸症状减轻或消失。②呼吸状况:呼吸和吞咽是维持生命的主要功能,但呼吸和吞咽两者之间协调有着重要的联系。正常吞咽需要暂停呼吸一瞬间(会厌关闭呼吸道0.3~0.5秒),让食物通过咽部;咀嚼时,用鼻子呼吸。如果患者在进食过程中呼吸急速,咀嚼时用口呼吸或吞咽瞬间呼吸,均容易引起误吸。主要观察呼吸节律、用口呼吸还是用鼻呼吸、咀嚼和吞咽时呼吸的情况等。

8. 吞咽失用评估 吞咽失用的主要表现为:没有给患者任何有关进食和吞咽的语言提示,给予患者盛着食物的碗筷,患者能正常的拿起进食,吞咽也没问题,但给予患者口头指示进食吞咽时,患者意识到需要吞咽的动作,却无法启动,却无法完成整个进食过程。有些患者,给予其食物,会自行拿勺子舀食物张口送入口中,但不会闭唇、咀嚼,或舌头不会搅拌运送食物,不能启动吞咽,而无意识或检查中,可观察到患者唇舌各种运动功能都正常。吞咽失用可能与认知功能有关。

通过完善以上各项检查,可对患者"摄食-吞咽障碍等级"进行评定(表11-8),检查者可获得以下第一手资料:①患者采取何种姿势吞咽最适合;②食物放于口中的最佳位置;③最容易吞咽的是哪种食物;④患者吞咽异常的可能原因;⑤需要进一步完善哪些检查。

具体检查评估表见附录。

表11-8 摄食-吞咽功能等级评定

(藤岛一郎,1993)

程度	内容
I.重度 无法经口腔进食,完全辅助进食	1. 吞咽困难或无法进行,不适合吞咽训练 2. 误咽严重,吞咽困难或无法进行,只适合基础性吞咽训练 3. 条件具备时误咽减少,可进行摄食训练
II.中度 经口腔和辅助混合进食	4. 可以少量、乐趣性地进食 5. 一部分(1~2餐)营养摄取可经口腔进行 6. 三餐均可经口腔摄取营养
III.轻度 完全口腔进食,需辅以代偿和适应等方法	7. 三餐均可经口腔摄取吞咽食品 8. 除特别难吞咽的食物外,三餐均可经口腔摄取 9. 可以吞咽普通食物,但需要临床观察和指导
IV.正常 完全口腔进食,无需代偿和适应等方法	10. 摄食-吞咽能力正常

目前吞咽障碍实验室检查有影像学检查与非影像学检查,影像学检查包括:吞咽X线荧光透视检查、吞咽电视内窥镜检查、超声检查、放射性核素扫描检查;非影像学检查包括:测压检查、表面肌电图检查、脉冲血氧定量法等。每一种检查程序都可以提供有关吞咽的部分信息,包括口咽腔的解剖结构、吞咽生理功能、或患者吞咽的食物性质等。因此,对于临床工作中,重要的是,要熟悉每项检查方法能提供的吞咽相关信息,并了解每种检查原理。在临床应用上,医生和吞咽治疗师要根据患者病情需要作相应的检查。

(一)电视荧光吞咽造影检查(videofluoroscopic swallowing study,VFSS)

电视荧光吞咽造影检查是在X线透视下,针对口、咽、喉、食管的吞咽运动所进行的造影检查,是目前公认最全面、可靠、有价值的吞咽功能检查方法。被认为是吞咽障碍检查的"理想方法"和诊断的"金标准"。

此方法可对整个吞咽过程进行详细的评估和分析,如观察患者吞咽不同黏稠度的由造影剂调制的食物和不同容积的食团的情况。通过观察侧位及正位成像对吞咽的不同阶段(包括口腔准备期、口腔期、咽部期、食管期)的情况进行评估,同时对舌、软腭、咽喉的解剖结构和食团的运送过程进行观察。在检查过程中,吞咽治疗师可以指导患者在不同姿势下进食,以观察何种姿势更适合患者;当患者出现吞咽障碍,则随时给予辅助手段或指导患者使用合适的代偿性手段以帮助其完成吞咽。这种检查不仅可以显示咽部快速活动的动态细节,对研究吞咽障碍的机理和原因具有重要价值。它是临床诊断所必需,可以发现吞咽障碍的结构性或功能性异常的病因及其部位、程度和代偿情况、有无误吸等,为选择有效治疗措施和观察治疗效果提供依据。

1. **检查设备** 一般用带有录像功能的、具备800mA以上功率的X线机,它可记录吞咽时从口腔准备期到食物进入胃的动态变化情况。

2. **所需材料** 录像吞咽造影检查必备的材料包括:造影剂、米粉、饼干、水、杯、匙羹、吸管、量杯、压舌板、吸痰器、餐巾纸等。以往造影剂一般选用20%或76%泛影蒲胺溶液,但因其味道苦,且易产生腹泻、腹痛等胃肠不适,现已不用。目前一般用可吸收的水溶性硫酸钡混悬液,常用浓度为20% ~ 60%,用其加入果汁、蜂蜜、果酱,加上增稠剂,可调配出各种不同性状、美味的含造影剂的食物。一般调制成4种不同性状的造影食物备用:①液体(纯造影剂,不加米粉,像水一样);②稀糊状;③浓稠糊状;④固体(饼干)。见图11-7。

图 11-7   不同性状的造影食物

3. 检查程序

(1)准备工作:①清洁口腔、排痰、适当的口腔内按摩、颈部旋转运动、发声、空吞咽等吞咽准备运动;特殊情况外,最好把鼻饲管拔去进行检查。因为鼻饲管会影响食物运送速度,沾黏食物,影响观察。②调制造影食物备用。③将患者置于X线机床上,摆放适当体位。体位一般取决于患者当时的身体状况。如果患者可以配合,一般取侧坐位和前后坐位,如不能站立,也可采用半坐卧位,如图 11-8;如患者无力,不能坐站,则可以将患者用固定带固定在 X 线机检查台上。

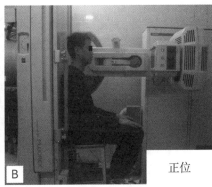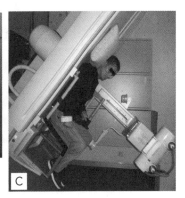

侧位　　正位

图 11-8　吞咽造影患者体位

A.B. 坐位;C. 半坐卧位

(2)进食显影食物:每口的食物量一般由 1ml 起,逐渐加量,原则上先液体,后糊状和固体,从一匙开始,如无问题逐渐加量。

(3)观察并录像:一般选择正位和侧位观察,其中左前或右前 30° 直立侧位,颈部较短者此位可更清晰地显示造影剂通过环咽肌时的开放情况。观察不同性状食物是否产生异常症状,发现障碍后,用哪种补偿方法有效。补偿方法包括调节体位、改变食物性态、清除残留物等。

4. 主要观察的信息

(1)正位像:主要观察会厌谷和单侧或双侧梨状窝是否有残留,见图 11-9,以及辨别咽壁和声带功能是否对称。

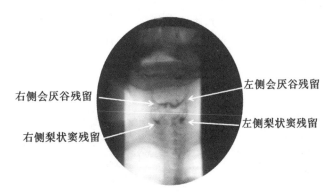

图 11-9　吞咽 X 线荧光透视下梨状窝和会厌谷残留

(2)侧位像:主要确定吞咽各期的器官结构与生理异常的变化。包括咀嚼食物、舌头搅拌和运送食物的情况、食物通过口腔的时间、舌骨和甲状软骨上抬的幅度、腭咽和喉部关闭情况、时序性、协调性、肌肉收缩力、会厌软骨放置、环咽肌开放情况、食物通过咽腔的时间和食管蠕动运送食团的情况等。还要观察有否下列异常表现,包括滞留、残留、反流、溢出、渗漏、误吸等,见图 11-10。

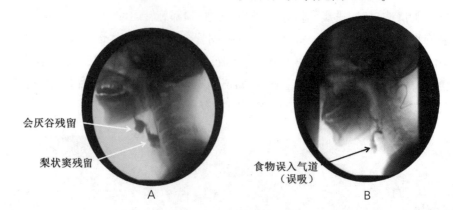

会厌谷残留
梨状窦残留
食物误入气道
(误吸)
A
B

图 11-10　吞咽 X 线荧光透视侧位像异常表现

A. 梨状窦和会厌谷残留;B. 食物误吸入气道

5. 吞咽障碍 VFSS 表现

(1)滞留(pooling):吞咽前,内容物积聚在会厌谷或梨状窦时的状况。

(2)残留(residuals):吞咽完成后内容物仍留在会厌谷或梨状窦的状况,见图 11-9 ~ 图 11-10A。

(3)溢出(spillage):在会厌谷或梨状窝的内容物积聚超过其容积,溢出来的状况,通常情况下会溢入喉前庭,也称之为渗透(penetration)。

(4)误吸(aspiration):食物或液体通过喉前庭进入气道、肺的状况,见图 11-10B。以声门为界,若食物或液体停留在喉前庭,称之为渗透。

(5)时序及协调性(timing & coordination):吞咽过程中,口、咽、食管三者之间的相互关系及吞咽时间不协调,严重者出现反流。

(6)环咽肌功能障碍(cricopharyngeus dysfunction,CPD):通常指环咽肌不能及时松弛或发生肌肉痉挛,临床典型症状是进食后出现食物反流,不能下咽,或咽下后剧烈呛咳,为食物流入气管所致。包括三种状态:①松弛/开放缺乏。吞咽造影可见会厌谷和梨状窦有食物滞留和残留,咽腔底部有大量食物聚集,食团不能通过食管上段入口进入食管中(未见食物流线)。食物溢入喉前庭,经气管流入肺中。②松弛/开放不完全。吞咽造影除可见会厌谷和梨状窦有食物滞留和残留外,患者经反复多次吞咽后,少许食物才能通过食管上段入口进入食管中,食物进入食管入口后的流线变细,并有中断,咽腔底部食物积聚过多(图 11-11)。③松弛/开放时间不当。表现为吞咽动作触发后,环咽肌能开放,但开放时间不协调。

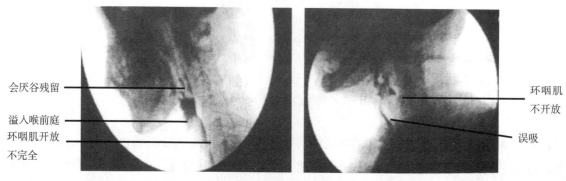

会厌谷残留
溢入喉前庭
环咽肌开放
不完全
环咽肌
不开放
误吸

图 11-11　吞咽 X 线荧光透视侧位像异常表现

6. 数据记录,见表 11-9。

表 11-9 吞咽造影的主要评价项目

部位	侧面像	正面像
口腔	吞入 口腔内保持 残留部位 咀嚼 食块形成 往舌后部、咽部吞送 口腔通过时间	左右对称 残留部位
咽部	吞咽反射 软腭运动 舌根运动 舌骨运动 喉部上抬 咽部蠕动 环咽肌开放 残留:梨状窝 　　　会厌谷 误吸 咽部通过时间	声门、声门前庭闭锁 食团通过的左右差异 环咽肌开放 残留:梨状窝 　　　会厌谷
食管	蠕动 食管残留 通过时间	蠕动 食管残留 通过时间

(二) 电视内窥镜吞咽功能检查(videoendoscopy swallowing study,VESS)

电视内窥镜吞咽功能检查,是使用喉镜,经过咽腔或鼻腔观察下咽部和喉部,直接在直视下观察会厌软骨、勺状软骨、声带等咽及喉的解剖结构和功能状况,如梨状窝的泡沫状唾液潴留、唾液流入喉部的状况、声门闭锁功能的程度、食管入口处的状态、有无器质性异常等。还可以让患者吞咽经亚甲蓝染色技术染成蓝色的液体、浓汤或固体等不同黏稠度的食物,可更好地观察吞咽启动的速度、吞咽后咽腔(尤其在会厌谷和梨状窝)残留,以及是否出现会厌下气道染色,由此评估吞咽能力及估计吸入的程度。

联合应用电视内窥镜对吞咽的解剖结构、运动功能和咽喉感觉功能进行测定,能对吞咽的运动和感觉功能进行较全面的评估;VESS 能提供高效和可靠的吞咽障碍处理策略,包括对患者最初摄食状态的建议、确定何时恢复经口腔摄食以及使用何种性质的食物以达到最佳的吞咽;VESS 能在床边、甚至 ICU 中进行,不接触放射线辐射。但 VESS 着重于对局部的观察,对吞咽的全过程、解剖结构和食团的关系以及环咽肌和食管的功能等方面得到的信息不多,需要 VFSS 及其他检查的补充,见图 11-12。

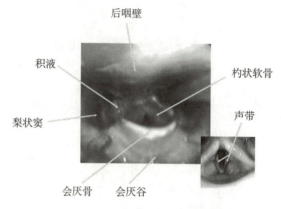

后咽壁

积液

杓状软骨

梨状窦

声带

会厌骨　会厌谷

图 11-12　电视内窥镜吞咽功能检查

直视下观察会厌软骨、勺状软骨、声带等咽及喉的解剖结构和唾液潴留、唾液流入喉、声门闭锁部等功能状况

（三）其他辅助检查

1. **测压检查**（manometry）　测压技术是目前唯一能定量分析咽部和食管力量的检查手段。由于吞咽过程中咽部期和食管期压力变化迅速，使用带有环周压力感应器的固态测压导管进行检查。每次吞咽过程，压力传感器将感受到的信息传导到电子计算机进行整合及分析，得到咽收缩峰值压及时间、食管上段括约肌（upper esophageal sphincter，UES）静息压、松弛率及松弛时间。根据数据，分析有无异常的括约肌开放、括约肌的阻力和咽推进力。

2. **放射性核素扫描检查**（bolus scintigraphy）　通过在食团中加入半衰期短的放射性核素如：^{99m}锝胶态硫，用伽玛照相机获得放射性核素浓集图像，从而对食团的平均转运时间及清除率即吞咽的有效性和吸入量作定量分析，并且可以观察到不同病因所致吞咽障碍的吞咽模式。

3. **超声检查**（ultrasonography）　超声检查是通过放置在颏下的超声波探头（换能器）对口腔期、咽部期吞咽时口咽软组织的结构和动力、舌的运动功能及舌骨与喉的提升、食团的转运情况及咽腔的食物残留情况进行定性分析。超声检查是一种无射线辐射的无创性检查，能在床边进行检查，并能为患者提供生物反馈治疗。与其他检查比较，超声检查对发现舌的异常运动有明显的优越性，尤其在儿童患者中。但是，超声检查只能观察到吞咽过程的某一阶段，而且由于咽喉中气体的影响对食管上括约肌的观察不理想。

4. **肌电图检查**　用于咽喉部的肌电图检查一般使用表面肌电图（surface electromyography，SEMG），即用电极贴于吞咽活动肌群（上收缩肌、腭咽肌、腭舌肌、舌后方肌群、舌骨肌、颏舌肌等）表面，检测吞咽时肌群活动的生物电信号。口咽部神经肌肉功能障碍是吞咽障碍的主要病因，SEMG 可以提供一种直接评估口咽部肌肉在放松和收缩引起的生物电活动的无创性检查方法，并且能鉴别肌源性或神经源性损害，判定咀嚼肌和吞咽肌的功能，同时可以利用肌电反馈技术进行吞咽训练。

5. **脉冲血氧定量法**（pulse oximetry）　吞咽障碍患者大约有 1/3 会将水和食物误吸入呼吸道，其中 40% 的患者吸入是无症状的。近年来，除了使用内窥镜及 X 线检查患者有无发生误吸外，越来越多研究人员提倡应用脉冲血氧定量法。脉冲血氧定量法无创伤、可重复操作，是一种较可靠的评估吞咽障碍患者吞咽时是否发生误吸的方法。但是由于血氧饱和度受多种因素影响，因此当用于检测老年人、吸烟者、慢性肺部疾病患者时需要谨慎、综合地考虑其结果。

四、 吞咽障碍评价流程

临床医生通过询问病史和临床评估,筛选患者是否有吞咽障碍;无吞咽障碍者可作临床观察,有吞咽障碍者可作饮水试验和反复唾液吞咽试验,如上述评价无异常则基本排除。如上述评价有异常者则根据患者病情需要作进一步实验室评价,包括 VFSS、VESS、测压检查、放射性核素扫描、超声检查、SEMG 及脉冲血氧定量法。中山大学附属第三医院康复科根据临床实践总结了一套吞咽障碍的康复评价流程和康治疗流程,评价流程里首先是筛查,如果怀疑有吞咽障碍患者需做临床评价,确定有吞咽障碍者作进一步的仪器检查,以得更准确、更客观的诊断,制定更详细、针对性化的治疗方案。详细见流程见图 11-13。

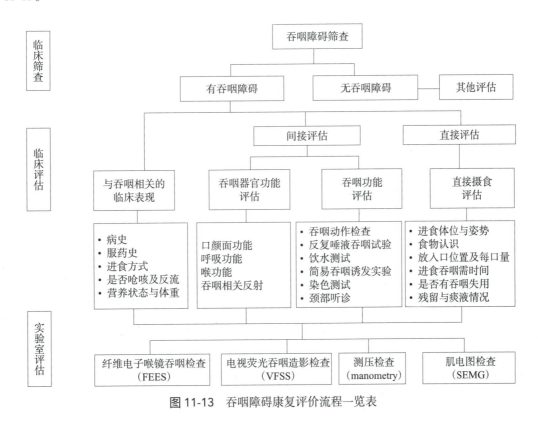

图 11-13 吞咽障碍康复评价流程一览表

（万桂芳）

第四节 吞咽障碍的治疗

吞咽障碍治疗的目的是使吞咽器官重新获得运动功能,促进患者吞咽功能最大的恢复。临床上,神经性疾病导致的吞咽障碍是常见疾病之一。治疗方法主要包括口腔器官运动训练、口腔器官感觉训练、特殊治疗、电刺激治疗、针灸治疗、药物治疗、采取辅助具进行口内纠治、手术治疗等。治疗要在通风安静的场所进行,体力耐力差的开始时可以在床边进行,如果能够在轮椅上坚持 30 分钟,可在治疗室内进行治疗。治疗多采用一对一方式。

一、 对吞咽障碍患者及其家属的健康教育及指导

当患者有吞咽障碍时,会让患者发生很多改变,在这一时期,应对吞咽障碍患者及其家属进行健康教育及指导,接受有关预防吞咽障碍并发症的教育,并指导家属如何协助医护人员帮助患者,对患者渡过难关和恢复会有所帮助。家属能做的事情包括以下几方面:

1. 仔细熟悉患者的吞咽治疗项目和吞咽指导。
2. 和工作人员沟通。
3. 在患者进行吞咽治疗过程中给予患者支持和鼓励。
4. 为患者提供治疗师要求的性状的食物和液体。
5. 注意一般情况下患者进食时需要坐起,除非治疗师有特别的要求。
6. 鼓励患者小口进食。
7. 允许患者有足够的进食时间。
8. 在进食更多食物时要确信患者前一口食物已经吞咽完全。
9. 如果患者出现窒息立即停止喂食。
10. 一般进餐后让患者坐位休息 20 ~ 30 分钟。

二、 吞咽障碍治疗的具体方法

(一)口腔器官运动训练

1. 口腔体操

(1)下颌、面部及腮部练习:加强上下颌的运动控制、力量及协调,从而提高进食咀嚼的功能。

1)把口张开至最大,维持 5 秒,然后放松。

2)将下颌向左右两边移动,维持 5 秒,然后放松,重复做 10 次。

3)把下颌移至左 / 右边,维持 5 秒,然后放松,或夸张地做咀嚼动作,重复做 10 次。

4)张开口说"呀",动作要夸张,然后迅速合上。重复做 10 次。

5)紧闭嘴唇,鼓腮,维持 5 秒,放松,再作将空气快速地在左右面颊内转移,重复做 5 到 10 次。

(2)唇部练习:目的是加强唇的运动控制、力量及协调,从而提高进食吞咽的功能。

1)咬紧牙齿,说"衣"声,维持 5 秒,做 5 次。

2)拢起嘴唇,说"乌"声,维持 5 秒,做 5 次。

3)说"衣"声,随即说"乌"声,然后放松。快速重复 5 到 10 次。

4)闭紧双唇,维持 5 秒,放松。重复做 5 到 10 次。

5)重复说"爸"音 10 次。

6)重复说"妈"音 10 次。

7)闭紧嘴唇,然后发"拍"一声。重复做 10 次。

8)吹气练习:吹气 / 吹风车 / 吹肥皂泡 / 吹哨子等。

(3)舌训练:加强舌的运动控制、力量及协调,从而提高进食及吞咽的功能。包括训练做舌肌的侧方运动、练习舌尖和舌体向口腔背部升起、面颊吸入、舌体卷起、抗阻等动作。具体方法如下:

1)把舌头尽量伸出口外,维持 5 秒,然后缩回,放松,重复做 5 到 10 次。

2)使舌头尽量贴近硬腭向后回缩口腔内,维持 5 秒,然后放松,重复做 5 到 10 次。

3)快速地伸缩舌运动,重复做 5 到 10 次。

4)张开口,舌尖抬起到门牙背面并伸出,维持 5 秒,然后放松,重复做 5 到 10 次。

5)张开口,舌尖抬起到门牙背面,贴硬腭向后卷,即卷舌。连续做 5 到 10 次。

6)舌尖伸向左唇角,再转向右唇角,各维持 5 秒,然后放松。连续做 5 到 10 次。

7)用舌尖舔唇一圈,重复做 5 到 10 次。

8)伸出舌头,用压舌板压向舌尖,与舌尖抗力,维持 5 秒,重复做 5 到 10 次。(抗力时尽量不用牙齿夹着舌尖来借力),见图 11-14A。

9)把舌头伸出,舌尖向上,用压舌板压着舌尖,对抗力,维持 5 秒,重复做 5 到 10 次,见图 11-14B。

10)把舌尖伸向左唇角,与压舌板抗力,维持 5 秒,随即把舌头转向右唇角,与压舌板抗力,维持 5 秒,然后放松,重复连续做 5 到 10 次,图 11-14C。

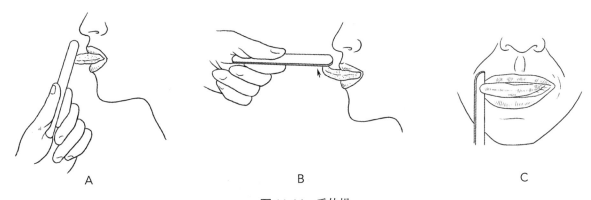

图 11-14　舌体操

A. 舌尖伸出抗阻练习;B. 舌尖向上抗阻练习;C. 舌侧偏抗阻练习

11)重复说"da"音 10 次。

12)重复说"ga"音 10 次。

13)重复说"la"音 10 次。

14)重复说"da,ga,la"音 10 次。

(4)腭咽闭合训练

1)口含住一根吸管(封闭另一端)作吸吮动作,感觉腭弓有上提运动为佳。

2)两手在胸前交叉用力推压,同时发"ka"或"a"音。或按住墙壁或桌子同时发声,感觉腭弓有上提运动。

2. 主动抗阻运动

(1)下颌、面部及鼓腮阻力运动训练

1)下颌肌痉挛的训练方法:①牵张方法:将自做楔形开口器置于患者上下大牙齿间,逐渐牵张下颌关节使其张口幅度增大,可持续数分钟至数十分钟不等,图 11-15;②轻柔按摩颊部或咬肌,放松并降低肌紧张。

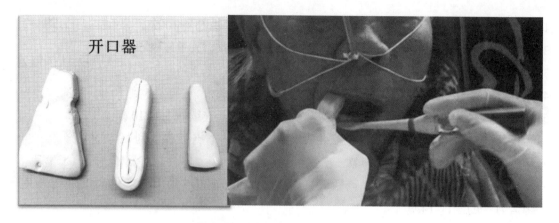

图 11-15 楔形开口器牵张下颌

2）咬牙胶训练：这是为吞咽障碍患者专门设计的一套下颌肌肉训练方法。应用不同厚度的咀嚼器，进行咬合运动训练，根据患者的情况进行单侧、双侧、横咬合，以增加下颌骨稳定性及张口的能力，增强咬肌的力量，详述见运动性构音障碍评定与治疗章节。

（2）唇部阻力运动训练

1）让患者闭唇，当你用手轻轻地试图分开闭合的双唇时，嘱咐患者保持双唇紧闭。

2）在进行吞咽前，患者用唇部夹紧勺子，把食物保留在口中。

3）将一个拴线的纽扣放置于嘴唇与牙齿之间，检查者手轻轻拉线，让嘴唇进行抗阻运动，以增强双唇力量，图 11-16。

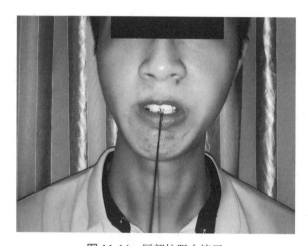

图 11-16 唇部抗阻力练习

（3）舌抗阻运动训练

1）开始可以通过咀嚼纱布来练习舌搅拌运动范围，当这一动作安全时，再增加用少量食物做训练。

2）将一冰冻勺放置于舌尖、舌体和舌根上，轻轻下压，嘱患者将勺抬起。

3）吸管的分级训练：运用不同管径、不同长度的吸管吸不同黏稠度的液体，使舌作不同部位的运动及软腭不同程度的上抬，图 11-17。同样管径大小的吸管由短到长，不同管径的吸管由大到小，液体的黏稠度由稀到浓，作分级训练。

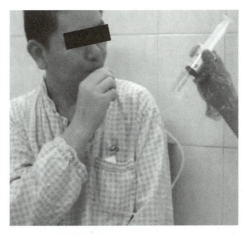

图 11-17　不同长度的吸管吸不同黏稠度的液体,使舌作不同部位的运动作不同程度的上抬

4)舌压抗阻练习:根据患者舌的功能水平将选择球囊内注水量,导管球囊内注入适量水后接于舌压抗阻反馈仪接口处,将球囊放于患者的舌中部,患者舌部放松,此时记录显示屏的压力值(基数线)后,嘱患者舌中部用力抵硬腭,舌体上抬挤压注水球囊后通过舌压抗阻反馈训练仪上的显示屏可显示瞬间压力值,嘱患者眼睛看显示屏的数值,舌持续上抬用力给球囊加压并保持在目标值以上,同时治疗师记录舌压抗阻反馈显示屏的数据变化,每次训练以保持 5 秒以上为宜,并尽量延长抗阻训练时间,图 11-18。

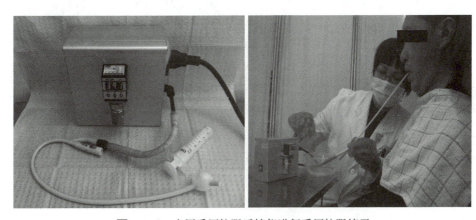

图 11-18　应用舌压抗阻反馈仪进行舌压抗阻练习

(4)软腭运动训练

1)冷刺激:用冰棉棒刺激腭咽弓,同时发"a"音,可起到提高对食物知觉的敏感度;减少口腔过多的唾液分泌;通过刺激,给予脑皮质和脑干一个警戒性的感知刺激,提高对进食吞咽的注意力。

2)嘱患者尽量用腭与舌面相接触。

(二)口腔器官感觉训练

1. **深层咽肌神经和肌肉刺激**　深层咽肌神经刺激疗法(deep pharyngeal neuromuscular stimulation,DPNS)是由美国语言治疗师 Karlene H.Stefanakos 发明,该方法是利用一系列的冰冻柠檬棒刺激咽喉的反射功能,着重强调三个反射区:舌根部、软腭、上咽缩肌和中咽缩肌,达到强化口腔肌肉功能与咽喉反射,改善吞咽功能的目的。

准备工具:冷冻柠檬棒(可以自己制作,将纱布包在筷子上,沾上柠檬汁后外包塑料膜,在冰箱中冷冻,等纱布球变硬后可以拿出使用),纱布。

操作方法:治疗师戴上手套,使用稳定的压力,以湿的纱布包住患者前三分之一的舌面,将舌轻拉出来,分别刺激八个不同的位置,如图 11-19。

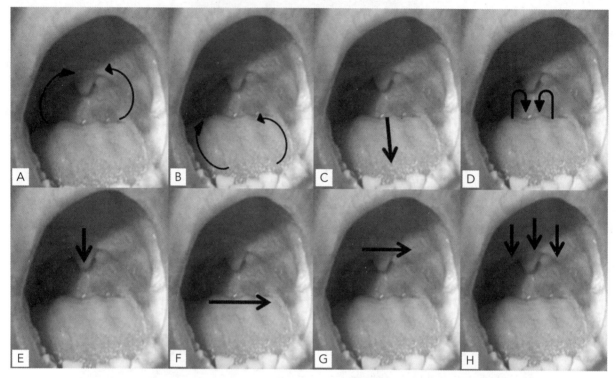

图 11-19 DPNS 刺激部位

A. 双边软腭平滑刺激,增加软腭的反射功能;B. 三边软腭平滑刺激,增加软腭的反射功能;

C. 舌后平滑刺激,增加舌根后缩反射;D. 舌旁侧刺激,增加舌旁边感觉度和舌旁移动的运动力;

E. 舌中间刺激,增加舌头形成汤匙状的刺激运动;F. 双边咽喉壁刺激,增加咽喉壁紧缩反射功能;

G. 舌后根后缩反射力量刺激,增加舌后根回缩反射的速度和力量;H. 悬雍垂刺激,增加舌后根回缩反射力量

2. 深浅感觉刺激 利用改良振动棒、手指、冰棉签刺激唇、颊、舌、咽喉壁、软腭等部位。

3. K 点刺激 K 点位于磨牙后三角的高度,在腭舌弓和翼突下颌帆的凹陷处。

(1)K 点开口:对于严重张口困难的患者,可用小岛勺或棉签直接刺激 K 点,也可戴上手套,用示指从牙齿和颊黏膜缝隙进入 K 点处直接刺激,通常按压后患者可以反射性地张口,图 11-20。

(2)K 点刺激吞咽启动:对于吞咽启动延迟而又无张口困难患者,按压 K 点,继而可见吞咽动作产生。

(3)K 勺喂食:K 勺匙面小、柄长,边缘钝,便于准确放置食物及控制每勺食物量,不会损伤口腔黏膜。

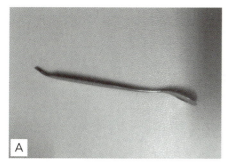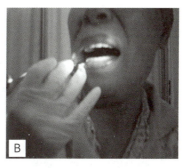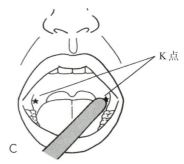

图 11-20　用小岛勺或棉签直接刺激 K 点,帮助开口
A. 小岛勺;B. 小岛勺按压开口;C.K 点位置

(三)咽喉部功能训练

1. 咽部功能练习

(1)Maseko 吞咽训练法:又称为舌制动(tongue holding)吞咽法。目的是在吞咽时,通过对舌的制动,使咽后壁向前突运动与舌根部相贴近,增加咽部的压力,使食团推进加快。具体训练方法是吞咽时,将舌尖稍后的小部分舌体固定于牙齿之间或治疗师用手拉出一小部分舌体,然后让患者做吞咽运动,使患者咽壁向前收缩。此方法主要运用于咽后壁向前运动较弱的吞咽障碍患者。但此方法因会增加渗漏或误吸的危险,不能运用于直接进食食物过程中,图 11-21。

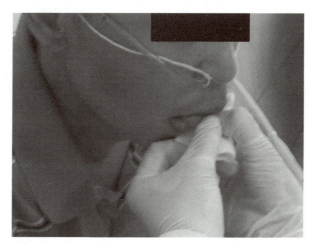

图 11-21　用纱布包裹患者舌前部并固定于齿外,嘱患者做吞咽动作

(2)shaker 训练法:即头抬升训练(head lift exercise,HLE)也称等长 / 等张吞咽训练。目的是:①增强有助于上食管括约肌(USE)开放的肌肉力量,通过强化口舌及舌根的运动范围,增加 USE 的开放;②减少下咽腔食团内的压力,使食团通过 USE 入口时阻力较小,改善吞咽后食物残留和误吸。具体方法是让患者仰卧于床上,尽量抬高头使眼睛看自己的足趾,但肩不能离开床面,重复数次。此动作可使舌骨上肌以及其他肌肉如颏舌肌、甲状舌骨肌、二腹肌使舌骨、喉联合向上向下运动,对咽食管段施以向上向前的牵拉力,使食管上括约肌开放,从而减少因食管上括约肌开放不良导致吞咽后的食物残留和误吸的发生,图 11-22。

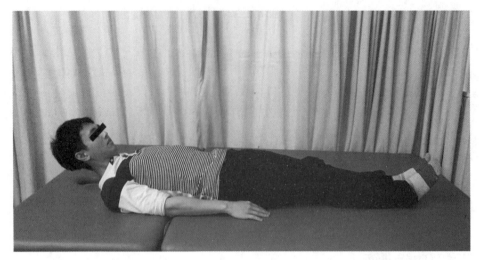

图 11-22　患者仰卧于床上,尽量抬高头使眼睛看自己的足趾,但肩不能离开床面

2. 喉部功能练习

(1)发声笛:属于半阻塞气道发声训练法的一种,通过使用发声笛减少发声时气流流出的管道半径,增大声门处的压力,从而改善患者的声带的感觉与运动功能,图 11-23。

1)操作步骤及指导语:①用嘴唇包住发声笛,尽量不要留空隙;②用鼻子深吸气;③尽可能长的发"wu"音;④完成一次之后需要将发声笛从口中取出。

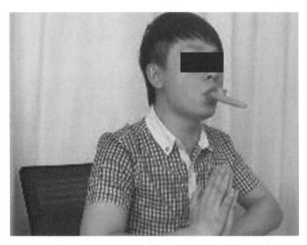

图 11-23　含着发声笛发音练习

2)注意事项:对于存在呼吸功能障碍(如 COPD 患者),需要预防患者过度通气,训练时需要严密监测患者的心率、血氧、血压及面部表情的变化情况,如出现异常需要立刻停止治疗。

(2)嗓音训练:属于共鸣嗓音训练法的一种,通过让患者进行放松状态下的发声及完成一些规定的声调变化,增强患者对声带运动的控制能力。

1)应用范围:声门闭合不良,音调异常的患者。

2)操作步骤及指导语:①让患者先进行放松,放松包括肢体和精神;②尝试用正常音调发"wu"音,并维持超过 8 秒以上,共完成 8 次;③尝试用最低的音调发"wu"音,并逐渐过渡到最高的音调并进行维持,共完成 8 次;④尝试用最高的音调发"wu"音,并逐渐过渡到最低的音调并进行维持,共完成 8 次;⑤尝试用最低的音调发"wu"音,并逐渐过渡到最高的音调再逐步过渡回最低的音调,共完成 8 次;⑥训练完成后再次让患者放松。

3)注意事项:对于音调异常非常严重的患者(如放疗引起的单侧声带麻痹),可以降低目标,将变化的音调范围缩小;对于声带小结的患者,需要根据患者声带的水肿或炎症程度,评估此方法是否适用。

(3)舌骨 - 喉复合体训练:让患者通过完成一些可以促进喉上抬的动作,帮助患者易化喉上抬动作的完成,达到改善会厌翻转能力及环咽肌开放能力。

1)应用范围:喉上抬不足、会厌翻转不够、舌骨运动能力差和环咽肌开放不良的患者。

2)操作步骤及指导语:吸管训练法:

A. 取一根长吸管,封闭一端;

B. 将吸管未封闭的一端放入患者口中,吸管口放于患者舌面上;

C. 让患者尽力吮吸吸管,尽可能将吸管吸扁。

(四)味觉和嗅觉训练

1. **嗅觉刺激** 又称"芳香疗法",嗅觉刺激可改善感觉和反射活动。研究发现运用缓冲生理溶液嗅觉刺激,是治疗老年吞咽障碍最新的一种治疗方法,这可能与右侧岛叶皮质的活动有关。这种嗅觉刺激不会有副作用,也不需要患者有遵从口头指示的能力,只是经鼻吸入有气味的气体,对于老年人来说是简便易行的训练方法。对于气管切开术或插胃管等严重吞咽障碍患者,有一定的帮助。

2. **黑胡椒刺激** 黑胡椒是一种很常见简单的调味品,其味道来自于胡椒碱,是与辣椒辣素相似的瞬时 TRP 受体激动剂,每天刺激可引起皮层重塑,从而更易引发吞咽反射。

3. **薄荷脑刺激** 研究表明,薄荷脑刺激和冷刺激都能使吞咽障碍患者吞咽反射的敏感度恢复。让患者餐前嘴里含化一颗含有薄荷脑的片剂,或在液体、食物中加入薄荷脑,能改善其吞咽反射的敏感度,有助于防止吞咽障碍患者吸入性肺炎的发生。

(五)呼吸训练

正常在吞咽时,呼吸停止,而吞咽障碍患者有时会在吞咽时吸气,引起误咽。另外,有时由于胸廓过度紧张或呼吸肌肌力低下、咳力减弱,无法完全咳出误咽物。呼吸训练的主要目的是:①通过提高呼吸控制能力来控制吞咽时的呼吸。②为排除气道侵入物而咳嗽:强化腹肌,学会随意地咳嗽。③强化声门闭锁。正常吞咽的情况下,当食物通过咽部时,声带关闭,由此而来阻挡食物进入气道,并保证咽部内压。而吞咽障碍患者由于肌肉麻痹及低下,声带闭锁往往是不够完全。此法可以训练声门的闭锁功能、强化软腭的肌力,而且有助于除去残留在咽部的食物。④通过学习腹式呼吸来缓解颈部肌肉(呼吸辅助肌)过度紧张。

1. **腹式呼吸** 患者卧位屈膝,治疗师两手分别置于患者的上腹部,让患者用鼻吸气、以口呼气,呼气结束时上腹部的手稍加压于上方膈部的方向,患者以此状态吸气。单独练习时,可在腹部放上 1 ~ 2kg 的砂袋,体会吸气时腹部膨胀、呼气时腹部凹陷的感觉,图 11-24。卧位腹式呼吸熟练掌握后,可转为坐位练习,逐渐增加难度,最后以腹式的呼气步骤转换为咳嗽动作。强化有咳嗽力量有助于除去残留在咽部的食物。

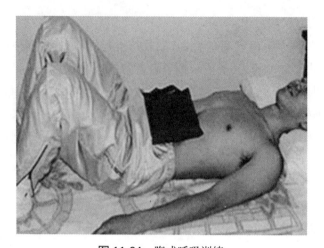

图 11-24 腹式呼吸训练

腹部放上 1 ～ 2kg 的砂袋,体会吸气时腹部膨胀、呼气时腹部凹陷的感觉

2. **缩口呼吸** 以鼻吸气后,缩拢唇呼气(或缩拢唇发"u"音、"f"音),呼气控制越长越好,图 11-25。此原理是缩紧唇部时肺内压力增大,有助于增大一次换气量,减少呼吸次数和每分钟呼气量。这种方法能调节呼吸节奏、延长呼气时间,使呼气平稳。呼气与吸气的比率为 1 ∶ 2。

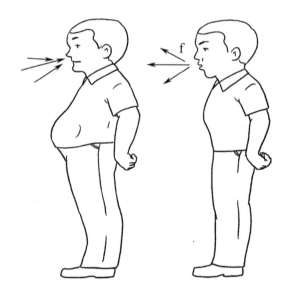

图 11-25 鼻吸气后,缩拢唇发"f"音,呼气控制越长越好

3. **强化声门闭锁** 具体操作方法是患者坐在椅子上,双手支撑椅面做推压运动(pushing exercises)和屏气。此时胸廓固定、声门紧闭。然后,突然松手,声门大开、呼气发声。此运动不仅可以训练声门的闭锁功能、强化软腭的肌力而且有助于除去残留在咽部的食物。

4. **呼吸训练器** 为三球式呼吸训练仪,从 600cc 到 900cc 再到 1200cc 肺活量的递增,要求患者鼻吸嘴呼方式练习,最大限度的扩张肺部,让肺部肌肉得到最大限度的伸缩训练(见第六章运动型构音障碍的治疗章节详述)。

5. **吹气分级训练** 运用莎拉庄臣独创的一套 12 级别气笛进行吹气训练。

（六）气道保护吞咽手法训练

吞咽辅助手法（swallow maneuver）目的是增加患者口、舌、咽等结构本身运动范围，增强运动力度，增强患者对感觉和运动协调性的自主控制。此法需要一定的技巧和多次锻炼，应在吞咽治疗师指导和密切观察下进行。此手法不适用于有认知或严重的语言障碍者。吞咽辅助手法主要有以下几种：

1. **声门上吞咽法** 适用于吞咽反射触发迟缓及声门关闭功能下降的患者。目的是在吞咽前及吞咽时关闭声带，保护气管避免误吸发生，由于患者表现为吞咽前及吞咽中咽喉肌不能充分收缩，可指导患者练习。

操作方法：深深吸一口气后闭住气—保持闭气状态，同时进食一口食物—吞咽—呼出一口气后，立即咳嗽—再空吞咽一次—正常呼吸，图 11-26。

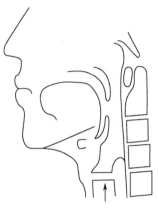

图 11-26 声门上吞咽法：
吞咽前及吞咽时关闭声带

这些步骤需先让患者吞口水做练习，如果患者可以在没有食物的情形下，能正确遵从上述步骤练习数次，再给予食物练习则比较稳妥。若以上方法不能立即关闭声门，则应反复训练喉肌内收（即闭气）。

2. **超声门上吞咽法** 在正常吞咽中，是利用喉部上抬来完成杓状软骨向前倾至会厌软骨底部，喉部上抬可使杓状软骨接近会厌软骨的后侧表面。因此，杓状软骨向前移动的幅度可以减少一些。这是关闭呼吸道入口的正常机制。超声门上吞咽法的目的是让患者在吞咽前或吞咽时，将杓状软骨向前倾至会厌软骨底部，并让假声带紧密的闭合，以使呼吸道入口主动关闭，图 11-27。

操作方法：吸气并且紧紧地闭气，用力向下压。当吞咽时持续保持闭气，并且向下压，当吞咽结束时立即咳嗽。

超声门上吞咽法可在吞咽法开始时，增加喉部上抬的速度，对于颈部做过全程放射治疗的患者特别有帮助。超上声门吞咽法也可当作一种运动，对于有正常解剖构造的患者，可以改善舌根后缩的能力。

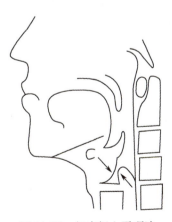

图 11-27 超声门上吞咽法

吞咽前或吞咽时，将杓状软骨向前倾至会厌软骨底部，并让假声带紧密的闭合，以使呼吸道入口主动关闭

3. **门德尔松法** 门德尔松吞咽技术是为了增加喉部上抬的幅度与时长而设计的，并借此可以提升舌肌和喉肌，增加环咽肌开放的时长与宽度，使食管上端开放。此手法可以改善整体吞咽的协调性。具体操作方法如下：

（1）对于喉部可以上抬的患者，当吞咽唾液时，让患者感觉有喉向上提时，设法保持喉上抬位置数秒；或吞咽时让患者以舌部顶住硬腭、屏住呼吸、以此位置保持数秒，同时让患者示指置于甲状软骨上方，中指置于环状软骨上，感受喉结上抬，图 11-28。

（2）对于上抬无力的患者，治疗师用手上推其喉部来促进吞咽。即只要喉部开始抬高，治疗师用拇指和食指置于环状软骨下方，轻捏喉部并上推喉部，然后固定。注意要先让患者感到喉部上抬，上抬逐渐诱发出来后，再让患者有意识地保持上抬位置。此法可增加吞咽时喉提升的幅度并延长提升后保持不降的时间，因而也能增加环咽段开放的宽度和时间，起到治疗的作用。

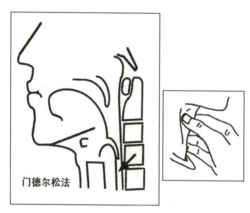

图 11-28　让患者食指置于甲状软骨上方，中指置于环状软骨上，感受喉结上抬

4. 用力吞咽法　用力吞咽法是为了在咽部期吞咽时，增加舌根向后的运动而制定的。用力使舌根后缩，增加舌根力量，从而使食团内压增加，促通会厌答清除食团的能力，此法可帮助患者最大限度地吞咽。

操作方法：当吞咽时，用所有的肌肉用力挤压。这样可以让舌头在口中沿着硬腭向后的每一点以及舌根部都产生压力。

以上四种吞咽手法总结为：①声门上吞咽法，在吞咽前或吞咽时，用来关闭真声带处的呼吸道；②超声门上吞咽法，在吞咽前或吞咽时，用来关闭呼吸道入口；③用力吞咽法，在咽部吞咽时用来增加舌根部后送力量，可以把会厌谷处的食团清干净；④门德尔松吞咽手法，用来增强喉部上抬的幅度与时长，借此增加环咽肌开放的程度与时长。门德尔松吞咽手法也能改善整体吞咽的协调性。吞咽手法具体适应证及作用见表 11-10。

表 11-10　吞咽手法治疗适应证及其作用

吞咽动作手法名称	适用的吞咽异常	作用
声门上吞咽	声带关闭减少或延迟	自主性屏气常可在吞咽前或吞咽中关闭声带
	咽部期吞咽延迟	在其延迟之前或延迟时关闭声带
超声门上吞咽	气道入口关闭减少	努力屏气使杓状软骨向前倾斜，在吞咽之前或之中关闭气道入口
用力吞咽	舌根向后的运动减少	用力增加舌根后部运动
门德尔松动作手法	喉运动减少	喉的运动可开启食管上括约肌，延长和保持喉上升的时间也延长食管上括约肌开放的时间
	吞咽不协调	促进咽部期吞咽的正常化

(七) 摄食训练

姿势调整 培养良好的进食习惯关重要。最好定时、定量,能坐起来不要躺着,能在餐桌上不要在床边进食但由于口腔阶段及咽腔阶段同时存在功能障碍的患者较多,因此进食的体位应因人因病情而异。开始训练时应选择既有代偿作用且又安全的体位。对于许多不同类型吞咽障碍患者,使用改变进食的姿势可改善或消除吞咽误吸症状。改变进食的姿势其原理是在吞咽食团时,让患者的头部或身体改变某种姿态即可解除吞咽障碍的症状。

(1)躯干姿势:正常的姿势是进食的前提条件,应该观察患者采取何种姿势,是否能保持坐位,进食时躯干是否平衡,姿势的调整是否对食物会产生影响。

1)坐位姿势:体力较佳者,应尽量采取自然的坐位姿势。

2)半坐卧位:体力较弱者,对于不能坐位的患者,可采取半卧位,头部确保维持在30度以上,头部前屈,偏瘫侧肩部以枕垫起,喂食者位于患者健侧,图11-29。此时进行训练,食物不易从口中漏出、有利于食团向舌根运送,同时颈部前屈也是预防误咽的一种方法。对于吞咽时或吞咽后有严重反流性疾病及依靠胃管进食患者,半坐卧位可减少或预防反流性误吸的发生。长期有夜间反流患者提倡在夜晚将床头抬高,可有效地清除食管内胃酸。

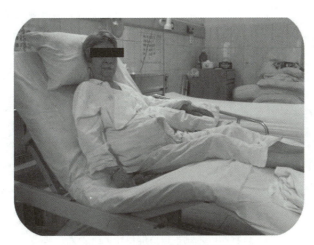

图 11-29 半坐卧位进食姿势

3)健侧卧位:体力较弱偏瘫患者,最好是采用健侧半坐卧位,即健侧在下,患侧在上,这是利用了重力作用使食团(或食物残留)在健侧咽吞咽。

体位调整所产生治疗效果可通过吞咽造影检查或内窥镜检查证实。在临床上,有些患者可能需长期使用这种方法。

(2)头部姿势

1)低头吞咽姿势:采取颈部尽量前屈姿势吞咽,可将前咽壁向后推挤,对延迟启动咽部期吞咽、舌根部后缩不足、呼吸道入口闭合不足患者是一个较好的选择。在这种姿势下吞咽的作用是:①使会厌谷的空间扩大,并让会厌向后移位,这样避免食物溢漏入喉前庭,更有利于保护气道;②收窄气管入口;③咽后壁后移,使食物尽量离开气管入口处。适用于咽部期吞咽启动迟缓(食团已过下颌,咽部吞咽尚未启动)患者,图11-30。

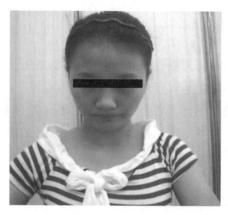

图 11-30　低头吞咽姿势

　　2)仰头吞咽姿势:头部后仰时,由于重力作用,食物易通过口腔至舌根部,适用于食团口内运送慢(舌的后推力差)者。训练时,指导患者将食物咀嚼并混合成食团后,先做仰头姿势,待食物进入到舌根后部再作低头姿势吞咽,图 11-31。头颈部的前倾和后仰能解决食团在口腔内的保留及运送,食团转运至咽部仍不能触发吞咽时,应教会患者作闭气动作以关闭气道再作吞咽。

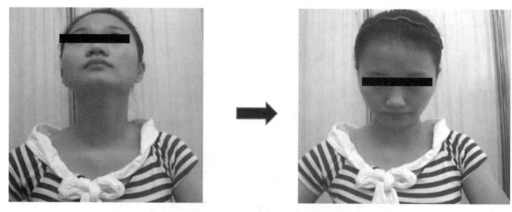

图 11-31　仰头吞咽姿势
仰头待食物进入到舌根后部再作低头姿势吞咽

　　3)头侧健侧吞咽姿势:头部向健侧倾,使食团由于重力的作用移向健侧,同时,在咽部期使该侧梨状窝变窄,挤出残留食物,对侧梨状窝变浅,咽部产生高效的蠕动式运动,可去除残留物,图 11-32。适用于一侧舌肌和咽缩肌麻痹的患者。

图 11-32　头侧健侧吞咽姿势

4)转头吞咽姿势：头颈部向患侧旋转可以关闭该侧梨状窝,使食团移向健侧,患侧声门被推挤压向健侧有利于关闭患侧声门,图11-33。头部前倾并向患侧旋转,是关闭声门最有效的方法。适用于单侧咽部麻痹(单侧咽部有残留)的患者。

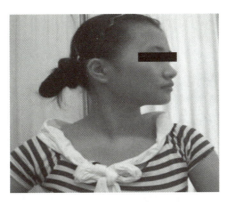

图 11-33　转头吞咽姿势

（八）食物调配及进食指导

1. 食物调配

（1）吞咽与营养的选择：吞咽障碍患者的膳食除了尽量按平衡膳食的种类及比例选择外,还必须容易进食,而又不引起误吸等安全方面考虑,这在食物的调制方面可作适当的加工,以更适合不同阶段吞咽障碍患者食用,适当应用高质量肠外营养。可作适当的加工调制食物质地。

（2）食物性状与质地：根据食物的性状,一般将食物分为五类,即流质如水、果汁等、半流质如米汤、羹等、糊状如米糊、芝麻糊等、半固体如软饭、固体如饼干、坚果等。食物的性状应根据吞咽障碍的程度及阶段,本着先易后难的原则来选择。食物质地有爽滑和粗糙的食物,吞咽障碍患者食物质地要求是密度均匀、黏性适当、不易松散、通过咽和食管时易变形且很少在黏膜上残留。临床实践中,应首选爽滑的糊状食物,因为它能较满意地刺激触、压觉和唾液分泌,使吞咽变得容易,食物性状黏稠度改变实施要点见表11-11。此外,还要兼顾食物的色、香、味及温度等。

表 11-11　食物性状黏稠度改变实施要点

吞咽障碍异常情况	适合的食物性状	应避免的食物质地
舌运动受限	开始时吃半流质,以后再喝流质	糊状食物
舌的协调性不足	半流质	糊状食物
舌的力量不足	流质	大量糊状食物
咽部期吞咽延迟	半流质	流质
呼吸道闭合不足	糊状食物	流质
喉上抬不足 / 环咽肌功能紊乱	流质	浓稠和高黏稠性食物
咽壁收缩不足	流质	浓稠和高黏稠性食物
舌根部后缩不足	流质	高黏稠性食物

（3）根据吞咽障碍影响吞咽器官的部位因地制宜地选择适当食物并进行合理配制,可使用食物增稠剂调节食物的性状。

1) 食物增稠剂:是一种不含脂肪、糖、蛋白质,仅含单纯糖的结晶状粉末,用于调配液体食物,在国外广泛用于吞咽障碍患者,国内称为凝固粉。其特点是常温下能快速完全溶解;稳定性佳,不会因放置时间长而改变浓度;无色无味,用于调制食品不会改变食品口味等,有黄原胶类和淀粉类两种,见图11-34。

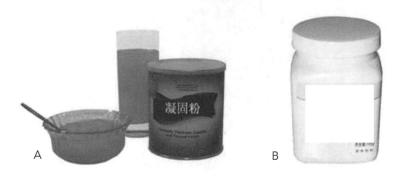

图 11-34

A. 淀粉成分的凝固粉;B. 黄原胶成分的凝固粉

2) 固体食物的制作:①搅拌机调制食物:把所需食物混合,用搅拌机搅碎,调制成各种黏稠度的流质食物;②简易烂饭调配:把软饭和带汁的碎菜充分混合成不松散的烂饭;③食米粉调配:把即冲米粉放于适合温度的温水中,调制成各种黏稠度的食物,此种适合短期使用,方便容易调配;④应用食物爽滑剂特殊制作的方法:是由日本引进的一种用于固体食物调制的粉末食物爽滑剂,其成分是碳水化合物,适用于固体食物制作的方法,不改变食物味道。特点:①需与食物充分混合并加热至80度以上,必要时用搅拌机搅拌,再冷却即可变成爽滑食物;②稳定性佳,隔夜放置,也不会改变浓稠度;③无色无味,与食物调制时,不会改变原口味;④用途广泛:可应用于肉类、米饭、青菜等固体食物的制作,以方便进食,促进食欲;⑤可冷藏,调制后,可先冷藏再烹调,冷藏时间可长达24小时,增加供餐的便利性。可用食物模具制作成各种形状,食物爽滑剂制作的食物见图11-35。

图 11-35 食物爽滑剂制作的食物

A. 用食物爽滑剂制作的粥;B. 用食物爽滑剂制作的各种食物

2. 进食指导 安全进食八步法。预防误吸、窒息是吞咽障碍进食重要考虑的因素,因此需要安全

的指导进食,可按八步分述,也叫安全喂食八步法;

(1)对吞咽障碍患者及家属的健康教育及指导,并签进食知情同意书。

(2)进食环境:安静、舒适,进餐时不要大声说话,让患者尽量保持轻松、愉快的心情。

(3)进食体位与姿势:可参照本章节姿势调整治疗。

(4)食物选择:根据评估结果选择合适的食物。一般情况下可先糊状食物,吞咽功能明显改善后逐渐过渡到软饭等食物,最后可进食普通食物和液体食物。口前期、咽期食物选择也可参考上述表11-11来选择。

(5)进食速度:为减少误咽的危险,应调整适合的进食速度,嘱患者应在前一口吞咽完成后再进食下一口,避免2次食物重叠入口的现象。

(6)一口量:一口量太少(少于1ml)不能启动吞咽,一口量太大,容易导致吞咽前误吸。一般建议稀液体1～20ml、果酱或布丁5～7ml、浓稠泥状食物3～5ml、肉团平均为2ml为宜。

(7)吞咽方式:吞咽方式的选择包括有:①空吞咽:每次进食后,应反复作几次空吞咽,使食团全部咽下,然后再进食;②交互吞咽:亦可每次进食后饮极少量的水(1～2ml),这样既有利于刺激诱发吞咽反射,又能达到除去咽部残留食物的目的。

(8)进食后的记录与排痰:记录每次进食时间、食物成分、食物性状、每次入量、进食的反应等,如有出现呛咳误咽应进行排痰。

(九) 其他治疗

包括球囊扩张术、吞咽说话瓣膜技术、电刺激治疗、针灸治疗、药物治疗、采取辅助具进行口内纠治、手术治疗等。

1. 导管球囊扩张术

(1)概述:用适当号数球囊导管经鼻孔或口腔插入食管,在食管入口处,用分级注水或注气的方式充盈球囊,通过间歇性牵拉环咽肌,激活脑干与大脑的神经网络调控,恢复吞咽功能,扩张的球囊导管见图11-36。主要应用于神经疾病导致的环咽肌功能障碍即是上食管括约肌不能开放或开放不完全(failed upper esophageal sphincter relaxation)又称为环咽肌功能障碍(cricopharyngeal disorder,CPD)的患者。

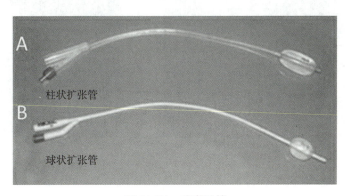

图11-36 球囊导管

(2)适应证:①神经系统疾病导致的环咽肌功能障碍、吞咽动作不协调,咽部感觉功能减退而导致吞咽反射延迟;②头颈部放射治疗导致环咽肌纤维化形成的狭窄以及头颈癌症术后瘢痕增生导致食管狭窄。

（3）禁忌证：①鼻腔、口腔或咽部黏膜不完整或充血严重、出血者；②呕吐反射敏感或亢进者；③头颈部癌症复发者；④食管急性炎症期；⑤未得到有效控制的高血压或心肺功能严重不全；⑥其他影响治疗的病情未稳定者。

（4）操作方法

材料：14 号乳胶球囊导尿管、水、10ml 注射器等。

操作步骤：

下面将经鼻导管球囊扩张为例作详细讲述。

1）插管：由 1 名助手按插鼻饲管操作常规将备用的 14 号导尿管经鼻孔 / 经口腔插入食管中，确定进入食管并完全穿过环咽肌后（长度约 30cm），将导尿管交给操作者原位保持，见图 11-35。

2）注水：助手将抽满 10ml 水（冰水或温水）的注射器与导尿管相连接，向导尿管内注水 6 ~ 9ml，使球囊扩张（直径约 22 ~ 27mm），顶住针栓防止水逆流回针筒，见图 11-36。

3）标记及测基值：操作者将导尿管缓慢向外拉出，直到有卡住感觉或拉不动时，用记号笔在鼻孔处作出标记（长度约 18 ~ 23cm），此处相当于环咽肌下缘，再次扩张时作为参考点。用手体会球囊通过环咽肌或狭窄处的阻力，确定注水基值，即初次扩张时球囊扩张到多大容积才能通过狭窄处；体会导尿管被拉长时的弹性感觉与球囊滑过环咽肌时的手感有何不同，图 11-37。

4）分级扩张：操作者嘱助手抽出适量水（根据环咽肌紧张程度，球囊拉出通过环咽肌下缘后，操作者应尽量控制球囊置于食管狭窄处，持续保持 1 ~ 2 分钟后拉出阻力锐减或有滑过感觉时，此时球囊已脱出环咽肌上缘。嘱助手迅速抽出球囊中的水，操作者把导尿管拉出鼻孔。其目的是避免窒息，保证安全。步骤一至步骤四为一次完整的操作，见图 11-38。

5）操作者再将导尿管从鼻咽腔插入食管中，重复操作 5 ~ 8 遍，自下而上的缓慢移动球囊，充分牵拉环咽肌，降低肌张力。

一般地，每天 1 次，需时约半小时。环咽肌的球囊容积每天增加 0.5 ~ 1ml 较为适合。上述操作见图 11-37 ~ 图 11-40。

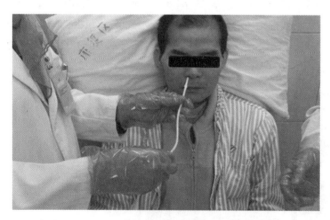

图 11-37 插管

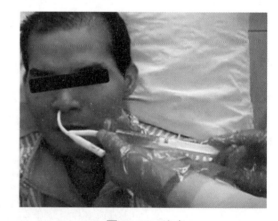

图 11-38 注水

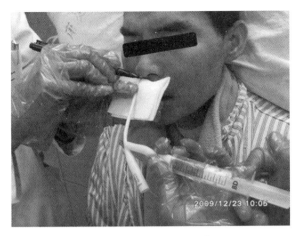

图 11-39　标记及测基值

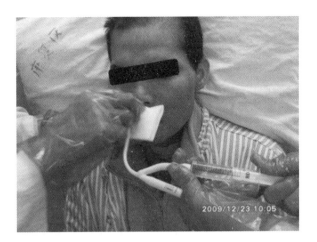

图 11-40　分级扩张

（5）注意事项

1）扩张前要作内窥镜检查确认舌、软腭、咽及喉无进行性器质性病变患者，才可操作。

2）鼻孔局部麻醉扩张前插管及上下提拉时，移动导管容易引起鼻黏膜处疼痛、打喷嚏等不适，影响插管进程，因此插管前可用棉签蘸 1% 丁卡因插入鼻孔以行局部黏膜麻醉以降低鼻黏膜的敏感性。

3）雾化吸入扩张后，可给予地塞米松 +α- 糜蛋白酶 + 庆大霉素雾化误吸，防止黏膜水肿，减少黏液分泌。

（6）遇到一下情况无法插管时需作调整：驼背，可去掉导丝插管；咽腔变形，去掉导丝或边插边改变导管方向；鼻咽癌食管入口僵硬，用钢丝导丝；婴幼儿哭闹，用钢丝导丝。

（7）终止扩张治疗标准

1）吞咽动作引出：进食改善吞咽功能改善即可。

2）主动扩张，一般注水容积量不等，吞咽功能改善，即可终止扩张治疗。

3）被动扩张，一般注水容积达 10ml 并顺利通过环咽肌时或吞咽功能改善，终止扩张治疗。

2. 吞咽说话瓣膜技术

（1）概述：在气管切开患者中，在气管套管口安放一个单向通气阀，用于改善吞咽和说话功能的装置，由于患者佩戴此通气阀后，恢复了发声、语言交流功能，故被称为说话瓣膜（speaking value）。说话瓣膜是由美国引进一项技术，临床上常用的是吞咽说话瓣膜（swallowing and speaking value），见图 11-41。治疗作用：①恢复喉和上气道中的气压和气流；②改善吞咽功能；③恢复语言交流能力。

图 11-41　吞咽说话瓣膜（swallowing and speaking value）

（2）适应证

1）患者清醒，有警觉，有恢复语言交流的愿望。

2）需要吞咽治疗的患者：下列疾病常有吞咽障碍，气管切开后可考虑佩戴说话瓣膜：①四肢瘫；②神经肌肉疾病；③脑血管意外；④没有明显气管阻塞的双侧声带麻痹；⑤闭合性头颅损伤或创伤。

3）不能耐受用塞子堵住气管套管开口的患者。

（3）禁忌证

1）无意识/昏睡的患者。

2）严重行为障碍。

3）临床情况不稳定，特别是肺功能差，肺顺应性、弹性降低。

4）严重的气管狭窄或水肿。

5）任何套管之上的气道阻塞，有可能阻止气流沿声门向上呼出。

6）持续放置瓣膜后引起大量黏稠的分泌物，且不易咳出者。

7）泡沫制作的气管套管气囊，因无法放气，放置瓣膜后有窒息的危险。

8）全喉切除术或喉气管离断术后。

9）气管切口处肉芽增生，气管套管周围没有足够的空间允许气体通过。

10）气囊放气后不能维持足够的通气量。

（4）操作步骤

1）评估是否适合放置瓣膜：评估有无放置说话瓣膜的适应证，向患者及家属做好充分的解释，检查气管内套管与说话瓣膜装置内径是否一致。

2）放置说话瓣膜

正确摆放体位：让患者处于适当体位，通常取半卧位，床头至少抬高45°以上，对于无气囊的金属套管，准备工作充分的话，可让患者保持直立坐位。

吸痰：护士应给予口腔后部和气管处吸痰，吸出分泌物，以免气囊放置后，这些分泌物误吸入肺部。

气囊放气：通常用注射器将气体从放气管抽出直至球囊变扁，如图11-42，并观察患者有咳嗽、作呕、吞咽、有痛苦表情。放气后常需再吸一次痰，必须保持气管通畅。

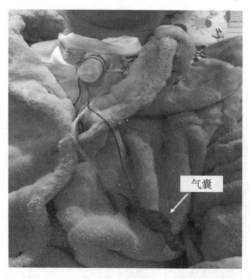

气囊

图11-42 将气管套管的气囊抽出直至球囊变扁

试堵:用戴手套的手指封闭气管套管入口确定是否有足够多的气体或分泌物通过气管套管周边排出,此时手指尖应感受不到气流,旨在保证患者正式佩戴 PMV 后,能正常发音并能与你交谈。

操作者用食指、拇指轻轻固定气管套管,用另一只手将瓣膜放在套管入口处。因瓣膜没锁扣,在咳嗽等情况下,可能会突然掉下,需要轻轻扭转一下确保固定,但也不能固定太紧,以免紧急情况下非常用力也咳不出。

将连接于 PMV 的塑料带子扣在气管套管固定绳上,以免脱落后被污染或找不到。

安放后即刻要求患者再发音,以评估声门上气流大小。监测脉搏、心率、血氧饱和度及患者的主观感受。

严密观察 30 分钟,评估患者的主观感受及对瓣膜耐受的情况,确保安全,佩戴 PMV 后的患者如图 11-43。

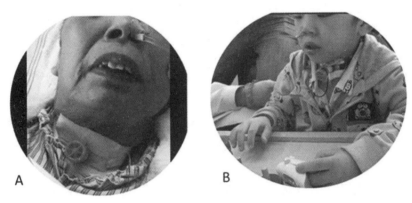

图 11-43　佩戴说话瓣膜情况
A. 成人佩戴说话瓣膜;B. 儿童佩戴说话瓣膜

(5)注意事项:除放置操作中,提到的注意事项外,佩戴说话瓣膜期间也有一些重要事项应注意。每次使用前必须完全清除气道内分泌物,以保持气道通畅不被阻塞。

1)佩戴时长的控制:①首次佩戴如患者可耐受,一般佩戴 30 分钟;②如不可耐受,时间可缩短,以后循序渐进延长时间;③逐渐增加佩戴时间,直至白天全天佩戴。

2)下列情况下不宜使用:①睡觉时不能使用;②不能用于严重的活动性上呼吸道或下呼吸道感染导致的气道阻塞或有黏稠的分泌物时;③雾化治疗期间不能用 PMV;④放置 PMV 后需观察患者,确保气道通畅。

3)一旦出现呼吸困难,要立即拔掉 PMV 并通知医生。

4)要严密监护那些不能自己拔掉该装置的儿童和成年患者。年龄较小或体力较差的患者,因配合能力有一定限制,起始的佩戴时间较短,需慢慢学会口鼻协调呼吸后才能逐渐延长佩戴时间。

5)PMV 等说话瓣膜属消耗性产品,不宜多次反复使用,更不宜混用,使用前应检查此装置是否合格,完好无损。

6)拆除及清洗:①一手食指、拇指固定气管套管,一手将瓣膜逆时针轻轻旋转取下;②将扣在气管套管的固定带上的塑料带解下;③将瓣膜放在盒子中用清水泡洗后取出,阴干;④禁忌用热水洗或高温消毒,禁用电吹风吹干;慎用消毒水清洗。

3. 电刺激治疗

(1)神经和肌肉低频电刺激:神经肌肉低频电刺激治疗是使用一种专门针对吞咽障碍治疗的电刺激

器,经过皮肤对颈部吞咽肌群进行低频电刺激,帮助维持或增强吞咽相关肌肉的肌力,并通过增强肌力和提高速度而使喉提升功能改善,从而改善吞咽功能。目前主要的代表产品是吞咽障碍电刺激治疗仪。

1)治疗参数:该吞咽障碍电刺激仪器属低频电刺激范畴,其刺激参数为双向方波,波宽 700 毫秒,输出强度 0 ~ 15mA,频率为变频固定,有固定通断比,使用专用体表电极,电极在颈、面部放置有 4 种方法可供选择。此治疗仪的输出波形虽为双向方波,但在正负半波(各为 300 毫秒)之间有 100 毫秒的间歇。这种输出波形与常用的低频电疗有明显不同。

2)适应证:各种原因所致神经性吞咽障碍是该项治疗的首选适应证,其次头、颈、肺癌症术后,面、颈部肌肉障碍。

3)电极放置方式:有以下 4 种可供选择的电极放置方式。

电极放置方法一:最常用的放置,98% 可采用,此放置方法适合于大多数患者,在严重吞咽困难时,开始以此放置方式放置电极,并可影响多数肌肉群见图 11-44A。沿正中线垂直排列所有电极,将第一电极刚好放置于舌骨上方,第二电极紧挨第一电极下放置,置于甲状软骨上切迹上方,第三和第四电极按前两个电极之间的等距离放置,最下面的电极不应放置于环状软骨之下。通道 1 主要作用于舌骨上及舌骨下肌肉系统;通道 2 则作用于舌骨下肌肉系统。

电极放置方法二:对伴有原发性会厌谷滞留和喉部移动功能障碍的患者考虑这一电极放置方法,见图 11-44B。通道 1 紧位于舌骨上方,水平排列电极;通道 2 沿正中线水平排列电极,最上面的电极放置于甲状上切迹上方,最下方的电极放置于甲状软骨上切迹下方。该放置方法上方的通道电流主要作用于会厌谷和舌基部周围肌肉系统,下方通道电流主要作用于舌骨下肌肉(甲状舌骨肌、胸骨舌骨肌),强度足够情况下,电流还可作用于喉内肌。

电极放置方法三:适用于大多数咽部及喉部运动缺陷,见图 11-44C。在中线两侧垂直排列通道,最下方电极恰位于或放置于甲状软骨上切迹上方,但应注意不要向旁侧过远放置电极,以免电流通过颈动脉窦。本放置方法是方法一的替代方案,电流主要作用于下颌舌骨肌、二腹肌和甲状舌骨肌,当电流足够强时,电流将向深部穿透并还可到达舌骨咽肌,可能情况下,可到达上咽缩肌和中咽缩肌。

电极放置方法四:此放置方法适合治疗口腔期吞咽困难,见图 11-44D。将通道 1 电极置于颏下方,通道 2 电极放置于面神经颊支位置上。通道 1 刺激舌外附肌群和某些舌内附肌肉组织及舌骨上肌肉,促进咽部上抬;通道 2 刺激面神经,引发面部肌肉收缩;颊肌和口轮匝肌是口腔期吞咽困难治疗的目的肌肉。

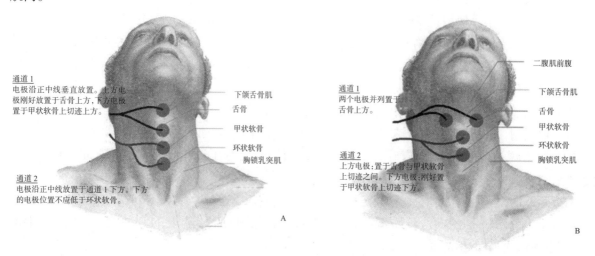

图 11-44　电极放置方法
A. 电极放置方法一;B. 电极放置方法二;

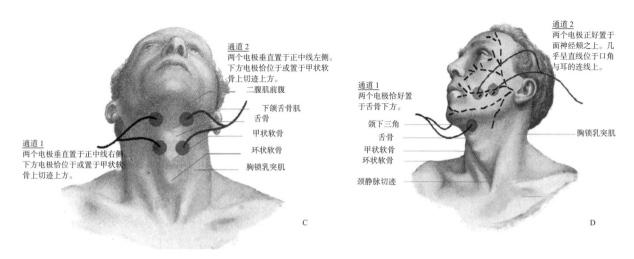

图 11-44（续）

C. 电极放置方法三；D. 电极放置方法四

4）注意事项与禁忌证：①严重痴呆并不停说话的患者：持续说话会导致经口摄食试验期间发生误吸；②由于使用鼻饲管而严重反流的患者此类患者易于反复发生吸入性肺炎；③药物中毒所致吞咽困难的患者：药物中毒的患者经口摄食试验期间可发生误吸；④不要直接在肿瘤或感染区域使用：刺激会导致局部代谢率增加，加重病情；⑤带有心脏起搏器的患者慎用；⑥带有其他植入电极的患者慎用：包括埋藏式复律除颤器（ICDs），电流可干扰其信号，导致功能紊乱；⑦不要在主动运动禁忌处使用，仅应用于引发实际肌肉收缩；⑧癫痫发作患者慎用；⑨不能直接在颈动脉窦使用电极该区域电刺激可导致血压波动。

（2）经颅磁刺激（TMS）：经颅磁刺激（transcranial magnetic stimulation，TMS）技术作为一种安全、无创的新技术，实现了在人类活体上进行大脑的无创刺激，从而观察人的生理活动的变化。它是根据法拉第电磁感应原理，通过强电流在线圈上产生磁场，然后磁场无创伤地穿透颅骨进入大脑皮层，并在相应的皮层引起局部微小感应电流，改变大脑皮层的膜电位促使大脑皮层产生相关的生理效应。因此磁刺激是直接作用于运动皮质，通过运动诱发电位反映皮质的兴奋性，并根据不同频率的 TMS 的特性调节皮质的兴奋性，还可通过神经网络调节远离刺激部位的大脑结构的兴奋性。

（3）经颅直流电（tDCS）：经颅直流电刺激（transcranial direct current stimulation，tDCS）作为一种非侵入性脑刺激技术，其核心是基于对健康和疾病状态下人类大脑兴奋性和可塑性的调控。tDCS 是通过调节自发性神经元网络活性而发挥作用。在神经元水平，tDCS 对皮质兴奋性调节的基本机制是依据刺激的极性不同引起静息膜电位超极化或者去极化的改变。阳极刺激通常使皮层增强兴奋性提高，阴极刺激则降低皮层的兴奋性。动物研究表明兴奋性的变化反映在自发性放电率和对传入的突触输入的响应能力上。正是这种初级的极化机制成为低强度直流电对人类大脑皮层兴奋性产生即刻作用的基础。

（4）肌电生物反馈：在进行一系列食团吞咽和气道保护训练的同时，使用 SEMG 生物反馈可以明显提高吞咽训练的疗效。电脑生物反馈训练仪能无创探测到吞咽时喉上抬的幅度，实时显示在电脑屏幕上，并能与正常人的喉上抬动作比较。训练时要求患者尽力吞咽使喉上抬幅度尽量增加，达到正常的幅度。值得一提的是生物反馈训练对于运动和协调性降低所致的生理性吞咽障碍的患者可作为首选，而由于解剖结构破坏如头颈部癌症导致的吞咽障碍，其功能恢复可能较小。

4. 针灸治疗 针灸是我国的传统治疗，中医理论认为：脑卒中致病机制多责之气血亏虚，心肝肾三脏阴阳失调，加之忧思恼怒，生活起居失宜，以致脏腑功能失常，气机逆乱，气血上逆，挟痰挟火，流窜经络,蒙蔽清窍。现代医学认为由于两侧皮质延髓束受到损害,而引起假性延髓麻痹。假性延髓麻痹引起吞咽功能障碍,是由于咀嚼肌、舌肌、口唇肌、颊肌、腭和咽肌的无力,使食物不能充分搅拌成为食团,同时不能将食物送到咽部,软腭的麻痹和喉口遮盖不严重,常常造成食物或液体进入喉口而引起剧烈呛咳。取穴:天突,廉泉,丰隆。操作:天突穴在胸骨上窝正中直刺,后转向下方,沿胸骨后缘气管前缘向下进针,捻转泻法,使针感沿任脉下行至上腹部;廉泉穴向舌根斜刺;丰隆穴施提插捻转强刺激,使针感上行至下腹部。耳穴贴压:取穴:神门,交感,皮质下,食管,贲门。操作:取上述耳穴,每次贴压 1 耳,隔日 1 换,每日施行 1 次,10 次为 1 疗程。

5. **药物治疗** 目前吞咽障碍无特效药可以治疗。临床上采用抗胆碱酯酶药溴吡斯的明治疗脑干梗死导致咽部期吞咽启动延迟及咽缩肌收缩无力患者,有一定疗效。该药为胆碱酯酶抑制剂,使胆碱神经末梢释放的乙酰胆碱破坏减少,突出间隙中乙酰胆碱聚集,出现毒蕈碱样和烟碱样受体兴奋作用;对运动终板上的烟碱样胆碱受体(能 2 受体)有直接兴奋,并能促进运动神经末梢释放乙酰胆碱,从而提高胃肠道、支气管平滑肌和全身骨骼肌的肌张力,一般用量 60mg tid。

6. **采取辅助具进行口内纠治** 因口腔器官(舌、下颌)器质性病变行手术治疗后,口腔器官有缺损的患者,或双侧舌下神经麻痹的神经性疾患者,导致软腭上抬无力,影响进食吞咽功能,可应用口腔辅助具(如腭托等)代偿性方法改善吞咽功能。这些辅助具需要与口腔科合作制作。主要方法如下:

(1)腭提升术:将软腭提升至较高位置,适用于咽肌麻痹的,可以改善腭咽反流及构音清晰度。软腭切除术的患者可用软腭填充器,以补充切除的软腭。

(2)腭成形术:可补充硬腭的缺陷,使之能与舌配合,有效地控制和推动食团至咽。

7. **手术治疗** 手术治疗应用于保守治疗无效的患者。在临床工作中,较广泛应用于环咽肌功能障碍导致吞咽障碍的患者。对于环咽肌不能松弛患者,采用环咽肌切断术;对于喉上抬不良的患者可施行甲状软骨上抬,下颌骨固定术或舌骨固定术;对于软腭麻痹导致鼻咽闭锁不能,吞咽时食物逆流上鼻腔的情况下,可施行咽瓣形成手术,以加大吞咽的压力。

第五节 吞咽障碍治疗策略临床实施

一、吞咽康复治疗方案的制定及时机

吞咽障碍患者的治疗方案需个体化,其方案制定可根据以下几点设计:

1. 优先处理主要问题原则。根据评定结果,需考虑优先解决的问题以利于治疗效果最大化。营养的问题,吞咽障碍患者因营养缺乏,导致体力耐力差,肺部感染迟迟不愈,因此在考虑治疗时同时也许优先解决用各种途径纠正营养。气道的问题,气管切开患者常与吞咽障碍同时存在,两者需作评价,分析患者现阶段最有利解决的开始,其他可辅助解决。临床问题,急性期及病情突变患者,应先处理临床问题,等病情稳定后再做治疗。

2. 根据吞咽评定的结果,分析受损阶段的这些结构与吞咽产生的关系,治疗从哪一阶段哪一部位开始和先后的顺序。吞咽器官评定所发现的受损部位,便是吞咽运动训练的出发点,多个部位的运动障碍要从有利于吞咽功能恢复的关键部位,或选择几个部位同时开始。

3. 自主与辅助治疗选择,对于轻中度患者,训练主要是以自身主动练习为主,对于重度患者而言,由于患者自己无法进行自主运动或自主运动较差,更多的需要治疗师采用手法辅助治疗。

4. 选择适当的治疗方法和强度。恰当的治疗方法对提高疗效非常重要,不恰当的治疗会降低患者的训练欲望,使习得错误的吞咽动作模式。治疗的次数和时间原则上越多越好,但要根据患者的具体情况进行调整,避免过度疲劳,一般情况下一次治疗 30 分钟为宜。

5. 时机选择,病情稳定,能够抬高床头 30° 以上,患者有适当的清醒度,有一定程度的配合能力为佳。

二、 吞咽障碍的治疗操作流程

中山大学附属第三医院康复科根据临床实践总结了一套吞咽障碍的康复治疗流程,评价流程里首先是筛查,如果怀疑有吞咽障碍患者需做临床评价,确定有吞咽障碍者作进一步的仪器检查,以得更准确、更客观的诊断,制定更详细、针对性化的治疗方案。详细见图 11-45。

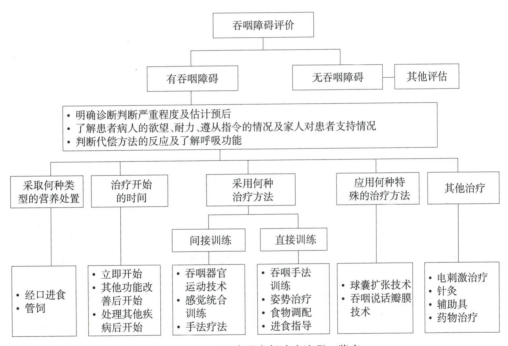

图 11-45 吞咽障碍康复治疗流程一览表

三、 不同期障碍患者治疗方法的选择

吞咽各期都有其特定的解剖器官和生理功能,若因为疾病损害到某一期,相应的器官功能将会受损,并表现出特定的症状。表 11-12 揭示了不同期吞咽障碍的异常表现,可能原因及对策,可作为治疗决策的重要参考。

表 11-12   不同部位的吞咽器官功能受损将导致不同期的吞咽障碍及治疗方案

类型	受损的器官	临床表现	吞咽造影所见	治疗方案
口腔前准备期	唇	嘴唇无力 唇漏出	无法将食物含在口里 食物唇沟残留	将食物放置在口腔后方 唇部运动及感觉刺激训练
口腔期	面颊	面部无力	食物在颊部残留	下颌及颊部运动训练 将食物放置在健侧
	下颌	咀嚼无力 张或合口障碍	咀嚼运动幅度减少	改变食物性状 牵伸下颌或咀嚼运动训练
	舌	舌肌无力 舌外吐 舌萎缩	食团无法形成 食团运送慢 舌面食物残留 舌上抬幅度不足 硬腭上粘食物	改变食物性状 放置在口腔后方 仰头吞咽 半坐卧位进食 舌头的感觉及运动训练 舌抗阻力练习 电刺激(以颜面部肌群为主) 味觉刺激
咽腔期	咽及喉部	口腔期问题 喉上抬不足(小于 2cm) 反复吞咽 吞咽后立即咳嗽 / 清嗓 延迟咳嗽 / 清嗓	吞咽启动延迟 环咽肌失弛缓 舌 - 喉复合体上抬幅度前移减小 会厌翻转幅度不足 喉部渗漏 显性 / 隐性误吸 会厌谷残留	温热刺激 舌抗阻力练习 气道保护吞咽手法训练 舌骨 - 喉复合体训练、shaker 训练法 导管球囊扩张术
	气管切开	喉上抬不足(小于 2cm) 口鼻呼吸不协调	环咽肌失弛缓 舌 - 喉复合体上抬幅度前移减小 会厌翻转幅度不足 喉部渗漏 显性 / 隐性误吸	吞咽说话瓣膜技术 呼吸训练 嗓音训练
	单侧 / 双侧咽缩肌无力	反复吞咽 吞咽后立即咳嗽 / 清嗓 延迟咳嗽 / 清嗓	环咽肌失弛缓 梨状窦残留	改变食物性状 头部姿势调整 Maseko 吞咽训练法 气道保护吞咽手法训练 电刺激(咽部肌群为主)
	声门闭合不全	• 声带无力 • 声音嘶哑	声带水平的渗漏 显性 / 隐性误吸	喉部功能练习 嗓音训练 呼吸训练
食管期	食管	反流	食物在食管推进缓慢	药物及胃肠治疗
	食管	食管憩息	食管凹形改变	改变食物性状 改变躯干体位
	食管 气管	气管食管瘘 进食后呛咳	在主气管处食物分流入肺	手术治疗

四、 对吞咽障碍患者及其家属的健康教育及指导

当患者有吞咽障碍时,会让患者发生很多改变,在这一时期,应对吞咽障碍患者及其家属进行健康教育及指导,接受有关预防吞咽障碍并发症的教育,并指导家属如何协助医护人员帮助,对患者渡过难关和恢复会有所帮助。家属能做的事情包括以下几方面:

1. 仔细熟悉患者的吞咽治疗项目和吞咽指导。
2. 和工作人员沟通。
3. 在患者进行吞咽治疗过程中给予支持和鼓励。
4. 为患者提供治疗师要求的性状的食物和液体。
5. 注意一般情况下患者进食时需要坐起,除非治疗师有特别的要求。
6. 鼓励小口进食。
7. 允许患者有足够的进食时间。
8. 在进食更多食物时要确信患者前一口食物已经吞咽完全。
9. 如果患者出现窒息立即停止喂食。
10. 一般进餐后让患者坐位休息 20 ~ 30 分钟。

附录

中山大学附属第三医院康复医学科

吞咽功能临床评估

姓名:_____ 年龄:_____ 性别:_____ 联系电话:_____

科室:_____ 床号:_____ 住院号:_____ 评估日期:_____

临床诊断:_____ 发病日期:_____

影像学诊断:_____

患者主诉						
管道:	□鼻饲管	□胃造瘘	□气管套管/插管 □呼吸机 □吸痰器 □心电监护			
进食方式:	□经口	□管饲	□其他_____			
使用餐具:	□筷子	□勺子	□其他_____			
进食所需时间:	□ > 60 分钟	□ 30 ~ 60 分钟	□ < 30 分钟			
进食时辅助:	□自理	□部分辅助	□完全依赖			
呛咳:	□无	□偶尔	□频繁			
呛咳发生时间:	□进食前	□进食中	□进食后			
反流:	□鼻:	□无	□偶尔	□明显		
	□口腔:	□无	□偶尔	□明显		
痰液:	□无	□有				
最近三个月是否发热:□无 □有_____						
体重是否减轻: □否 □是_____						
既往相关病史	□慢性阻塞性肺病,肺气肿,哮喘或其他呼吸道问题					
	□胃食管反流性疾病					
	□哽噎感					
	□短暂性缺血发作,脑血管意外					
	□其他神经疾病_____					

主观资料 S

主观资料 S	既往相关病史	□认知障碍 □手术史＿＿＿＿＿＿＿＿＿＿＿＿＿＿＿＿＿＿ □化疗／放疗 □误吸／吸入性肺炎 □气管套管存在或其他影响吞咽的情况 □其他＿＿＿＿＿＿＿＿＿＿＿＿＿＿＿＿＿＿

目前影响吞咽功能的药物使用情况：
□无／有＿＿＿＿＿＿＿＿＿＿＿＿＿＿＿＿＿＿＿＿＿＿＿＿＿＿＿＿＿＿＿＿

客观资料 O	基础状态	评估体位	□端坐位　□半卧位　□其他＿＿＿＿＿＿＿＿＿＿＿
		意识障碍程度：	□清醒　　□嗜睡　　□浅昏迷　□深昏迷
		精神状态：	□正常　　□稍差　　□很差
		颈部活动：	□正常 □异常 □左侧屈　□右侧屈　□前屈　□后伸　□左旋　□右旋
	呼吸功能	呼吸类型：	□胸式　　□胸腹式
		呼吸次数：	＿＿＿＿次／分
		最长呼气时间： □配合　□不配合	＿＿＿＿秒
	口颜面功能	面部观察：	口角下垂 L ／ R ＿　　眼睑下垂 L ＿／ R ＿　麻痹 L ＿／ R ＿ 痉挛 L ＿／ R ＿　□面具脸　□鬼脸　□抽搐
		口腔内部观察： □配合　□不配合	□完整　□缺如 □清洁　□痰液黏附　□食物残留　□溃疡 □结痂　□炎症　　□出血 □牙齿正常　□牙齿缺如　□牙齿松动　□义齿 □义齿佩戴情况及更换时间：＿＿＿＿＿＿＿＿＿＿＿＿
		下颌运动： □配合　□不配合	张口幅度：＿＿＿＿cm 下垂 a b c d e 咀嚼 a b c d e
		唇运动： □配合　□不配合	流涎 a b c d e 唇拢 a b c d e 唇缩 a b c d e 鼓腮 a b c d e
		舌的观察： □配合　□不配合	□萎缩（部位：＿＿＿＿） □震颤（部位：＿＿＿＿）
		舌运动： □配合　□不配合	伸　舌 a b c d e 摆　左 a b c d e 摆　右 a b c d e 舔上唇 a b c d e 舔下唇 a b c d e
		软腭运动： □配合　□不配合	提　升 a b c d e
	喉功能	最长发音时间： □配合　□不配合	＿＿＿＿秒

客观资料 ○	喉功能	音质： □配合 □不配合	□正常 □嘶哑 □震颤 □明显异常
		自主咳嗽： □配合 □不配合	□马上 □推迟 □强烈 □减弱 □缺失
		自主清嗓： □配合 □不配合	□马上 □推迟 □强烈 □减弱 □缺失
	相关反射	咽反射	□正常 □活跃 □减弱 □缺失
		呕吐反射	□正常 □活跃 □减弱 □缺失
		咳嗽反射	□正常 □减弱 □缺失

客观资料 ○	吞咽功能检查	吞咽动作	□< 2cm □≥ 2cm □无动作
		□反复唾液吞咽试验	□5 ~ 8次 □< 5次 □无
		□饮水试验	□Ⅰ级 □Ⅱ级 □Ⅲ级 □Ⅳ级 □Ⅴ级
		□简易吞咽诱发试验	□正常 □异常
		□染色试验	□正常 □异常
		□颈部听诊	□正常 □异常
	直接摄食评估	进食评估场所	□治疗室 □病房 □其他_____
		进食体位	□端坐位 □半卧位 □其他_____
		食物选择	□冰块 无需检查 / 正常范围 / 损伤 记录（请描述）_____ □水（稀流质） 无需检查 / 正常范围 / 损伤 记录（请描述）_____ □浓流质 无需检查 / 正常范围 / 损伤 记录（请描述）_____ □糊状食物 无需检查 / 正常范围 / 损伤 记录（请描述）_____ □固体 无需检查 / 正常范围 / 损伤 记录（请描述）_____ □其他 无需检查 / 正常范围 / 损伤 记录（请描述）_____
		一口量	_____ml
		食物放入口中位置	
		吞咽姿势	□低头 □左转头 □右转头 □仰头 □左侧头 □右侧头
		吞咽启动时间	□正常 □延迟
		吞咽方式	□一次吞咽 □多次吞咽 □交互吞咽
		食物漏出唇外	□有 □无
		发生呛咳	□有 　咳嗽力量 □强烈 □减弱 　咳嗽反应时间 □马上 □推迟 □无
		吞咽后声音的改变	□有 □无
		口腔残留量	□无 □少 □多
		食物反流	□无 □口腔 □咽腔 □鼻腔
		咽部残留感	□无 □有
		咳出痰中是否带有所进食的食物	□无 □少 □多

续表

评估 A	□患者存在(□严重 □中等 □轻微)的口腔期吞咽困难 　请描述_____ □患者存在(□严重 □中等 □轻微)的咽腔期吞咽困难 　请描述_____ □患者没有临床误吸的症状和体征 □患者存在明确的临床误吸体征 □其他:_____ 功能性经口进食分级:□1级 □2级 □3级 □4级 □5级 □6级 □7级 预后(选一项):□很好 □好 □一般 □差 影响因素:_____ 目标　短期目标:_____ 　　　远期目标:_____
计划 P	□不能经口进食,改变营养方式 □能经口进食以下食物: □冰块 □水(稀流质) □浓流质 □糊状食物 □固体食物 □混合物 □需进行进一步检查: □纤维电子喉镜吞咽检查(FEES) □吞咽造影检查(FESS) □固态咽腔测压 □需要进行吞咽治疗_____次/周,持续_____周,目标如下: □增加口腔吞咽器官的运动功能_____ □增加患者吞咽过程中的气道保护功能_____ □增加咽的功能_____ □提供给患者或照顾者安全的吞咽技巧_____ □其他:_____ 患者及其照顾者的教育: □根据治疗提供了建议与教育 □其他:_____
	备注

治疗师签名:_____

该表格由中山大学附属第三医院康复科提供(制表于 2016 年)

(万桂芳)

第十二章
孤独症谱系障碍语言康复

第一节 概述

孤独症谱系障碍(autism spectrum disorder, ASD),又称自闭症谱系障碍,是一类以社交交流和社交互动缺陷,及受限的、重复的行为模式、兴趣或活动为主要特征的神经发育障碍性疾病。大多数孤独症谱系障碍儿童的首发临床症状是语言发育延迟及异常,也是父母亲带其到医院就诊的主要原因。

1943年美国儿童精神病学家Kanner首次提出孤独症的概念,1977年国际疾病分类ICD-9中首次提出"婴儿孤独症"诊断。1980年美国《精神障碍与诊断统计手册》(第3版)(DSM-Ⅲ)提出广泛性发育障碍,将孤独症与儿童精神疾病分离开来,列孤独症为广泛性发育障碍的一个亚型。ICD-10也将孤独症归于心理发育障碍类别下的广泛性发育障碍分类。2013年5月DSM-V对孤独症的进行新的定义,称为孤独症(自闭症)谱系障碍,包括孤独症(早期婴儿孤独症、儿童孤独症、卡纳孤独症、高功能孤独症、非典型孤独症几种)、阿斯伯格综合征(Asperger syndrome)、儿童期瓦解障碍(childhood disintegrative disorder)、未特定的广泛发育障碍。DSM-V将孤独症谱系障碍归为神经发育障碍,取消了广泛性发育障碍概念,强调其具有持续的社会沟通和社会交往缺失,以及限制性、重复的行为模式,症状必须存在于发育早期,增加了严重程度的划分,将孤独症、阿斯伯格综合征等均统一为"孤独症谱系障碍"诊断。

美国疾病控制与预防中心2014年发布的美国各州ASD儿童患病率为1/68(147/万,8岁儿童),北京、广州、深圳等地的调查显示,我国ASD患病率约为1%。ASD严重危害儿童身心健康,可导致严重的社会行为问题,可造成终生残疾,提高人们对孤独症的认识,同时宣传早期诊断和干预治疗ASD具有重要的意义。

一、病因及发病机制

孤独症谱系障碍的病因尚不明确,近年来认为,其发生是一个涉及多因素的复杂过程,可能是由于外部环境因素(如孕产期因素、营养因素)作用于具有ASD遗传易感性(遗传因素)的个体,导致神经系统发育障碍(神经生理或神经生化因素),从而出现一系列的ASD临床表现。ASD患者的出现不能归于某一特定原因,既往认为是父母过分冷淡、理智化抚育方式及家庭环境因素造成的说法是不正确的。

目前研究的因素主要涉及以下几个方面:①遗传因素,有家族聚集现象,考虑为多基因遗传;②神经生理因素,应用功能性磁共振(fMRI)检测发现患者杏仁核、海马、左内侧前额皮层、右侧眶额皮层等脑结构和形态有异常;③神经生化因素,与神经递质的代谢有关,是兴奋性神经递质和抑制性神经递质失调的结果,如5-羟色胺、多巴胺、谷氨酸等的失常;④孕产期因素,如高龄产妇、精神抑郁、病毒感染、服药史、剖宫产等;⑤免疫因素,包括自身免疫因素、病毒感染损伤免疫功能学说、免疫接种因素等;⑥营养因素,主要认为与谷蛋白、酪蛋白饮食有关;⑦神经心理因素,主要认为存在"心灵理论"缺陷,缺乏对他人心理的认识解读,主要表现为情景记忆与语义记忆、执行功能、中枢集合功能缺陷及不同加工水平的再认表现障碍等方面。

二、 临床特征

孤独症谱系障碍患者在临床上有高度的异质性,有各种不同表现。但在临床上主要有两大核心特征:①社交交流和社交互动缺陷;②受限的、重复的行为模式、兴趣或活动。同时可能伴有智力、情绪等其他方面的异常。ASD 大多数起病于发育早期即婴幼儿时期,少数患者到青春期或成年时才发病。两大主要症状的严重程度在每个患者可能有明显的差异,不同亚型之间的划分是基于障碍程度的轻重而进行划分的。

(一) 社交交流和社交互动缺陷

包括两大方面:社交情感互动缺陷,及理解、发展和维持人际关系的缺陷;在社交互动中使用语言及非语言交流行为的缺陷。

1. 社交情感互动缺陷,及理解、发展和维持人际关系的缺陷 社交情感互动缺陷是孤独症谱系障碍患者质的缺陷。主要表现为异常的社交接触,不能正常地来回对话,分享兴趣、情绪或情感的减少,及不能启动或对社交互动作出回应。患者表现非常冷漠,沉浸在自己的内心世界里,喜欢独自玩耍,对父母的指令常常充耳不闻;缺乏与亲人的目光对视,面对人脸时目光游移不定。

还表现为理解、发展和维持人际关系的缺陷,使其难以调整自己的行为以适应各种社交情境,难以分享想象的游戏,交友的困难,对同伴缺乏兴趣。不能体会他人的情绪和情感行为,不会根据社会场合调整自身行为,不能理解和建立社会规则;很少主动寻求父母的关爱或安慰,专注力弱。不会与他人分享快乐,遇到不愉快或受到伤害时也不会向他人寻求安慰。大多数孤独症患者表现为焦虑、恐惧、抑郁等不良情绪,有些情绪很不稳定,容易暴怒或大哭,特别是自己要求得不到满足或得不到理解时,好动、注意力不集中,常易激惹、有破坏、攻击、自伤行为等。

2. 社交互动中使用语言和非语言交流行为的缺陷 主要表现为语言和非语言交流的整合困难,异常的眼神接触和身体语言,或在理解和使用手势方面的缺陷,面部表情和非语言交流的完全缺乏。

孤独症谱系障碍儿童语言特征主要为语言发育迟缓。通常是其就诊的主要原因。表现为整个语言发育进程中语言习得速度慢,通常在两三岁时仍然不会说话,语言能力明显低于其年龄阶段应有的水平,甚至一部分儿童终生无语言表达能力。或者出现语言功能倒退,部分患儿虽具备语言能力甚至语言过多,但是缺乏语言交流的能力。在非语言交流方式的使用上存在障碍,运用躯体语言方面落后,较少运用点头或是摇头表示同意或拒绝,不会与他人打招呼,不懂得表达需要,不能用手指物。

在增加了孤独症谱系障碍概念后,语言障碍不再是确定诊断的必需依据,而是疾病程度不同的体现。

(二) 受限的、重复的行为模式、兴趣或活动

1. 刻板重复的躯体运动、物体使用、或言语 出现转圈、嗅味、玩弄开关、来回奔走、固定模式地排列玩具和积木、双手舞动,简单的躯体刻板运动、摆放玩具或旋转物体、模仿言语、特殊短语。

2. 坚持相同性,缺乏弹性地坚持常规或仪式化的语言或非语言的行为模式 将物品放在固定位置,走同一条路线,只吃某几种食物等。对微小的改变极端痛苦,难以改变,僵化的思维模式,仪式化的问候,需要走相同的路线或每天吃同样的食物。

3. **高度受限的固定的兴趣,其强度和专注度方面是异常的** 可能对多数儿童喜爱的活动和东西不感兴趣,但是却会对某些特别的物件或活动表现出超乎寻常的兴趣。特别依恋一种东西如车轮、风扇或其他圆形物体、反复观看电视广告或天气预报、爱听某一首或几首特别的音乐。如对不寻常物体的强烈依恋或先占观念,过度的局限或持续的兴趣。往往在某一段时间有某几种特殊兴趣和刻板行为,并非一成不变。

4. **对感觉输入的过度反应或反应不足,或在对环境的感受方面不寻常的兴趣** 孤独症谱系障碍儿童存在感知觉过度或迟钝,可在视觉、听觉、味觉、嗅觉、痛觉和触觉等多种方面存在异常表现。在视觉上其目光对视缺乏,视觉追踪不良,对正常人感兴趣的物品经常视而不见,但对正常人不关注的细节过于执迷,出现对光线或运动的凝视等,有些表现为对某些视觉图像的恐惧,惧怕乘坐电梯等;听觉上对周围人类语言"听而不闻",而有些患者对某些声音特别恐惧或喜好;味觉方面有些患儿有特殊的食物偏好,进食种类有限,偏食,有异食癖;嗅觉上,有些患儿对物体过度地嗅或闻,对某种气味过度依恋,如喜欢闻头发的味道;触觉上,大多数患儿触觉过度敏感,不喜欢别人触摸他们的身体,对特定的质地有不良反应,但对疼痛、温度的感觉迟钝,不知冷热,打针时不哭,甚至出现自残、自伤时也无痛苦表情,不怕危险等。

(三) 合并异常

孤独症谱系障碍的患者还会并发精神发育迟缓、注意力缺陷多动障碍、情绪障碍、行为问题等。孤独症谱系障碍儿童可能会存在"孤岛样"才能,如超强的计算能力、数字能力、记忆能力、绘画能力、音乐能力等,但往往因其整体能力低下,导致其特殊才能不能正常发挥。

三、 诊断标准

世界各国在孤独症的诊断上常用的标准有:《国际疾病分类》(第 10 版)(ICD-10),《精神疾病诊断与统计手册》(第 5 版)(DSM-V),《中国精神障碍分类与诊断标准》(第 3 版)(CCMD-3)中有关孤独症的诊断标准。其中 DSM-V 为最新的诊断标准,增加了孤独症谱系障碍的诊断,将孤独症、阿斯伯格综合征等均统一为"孤独症谱系障碍"诊断,下面是 DSM-V 中孤独症谱系障碍的诊断标准的主要内容:

患者必须符合以下 A、B、C、D、E 五个标准,其中 A 和 B 阐述了孤独症谱系障碍的核心症状。DSM-V 增加了基于社交交流的损害和受限的重复的行为模式的严重程度分级,提出基于社会交流和受限的重复性行为严重程度的评判标准,分为三级,三级最严重,一级最轻。此分级对于指导临床治疗和判断预后有显著意义,也体现个体化治疗的思想。具体标准如下:

A. 在多种环境中持续性地显示出社会沟通和社会交往的缺陷,包括在现在或过去有以下表现:

1. 社交与情感的交互性的缺陷。

2. 社会交往中非言语的交流行为的缺陷。

3. 发展、维持、和理解人际关系的缺陷。

B. 局限的、重复的行为、兴趣或活动,包括在现在或过去有以下表现的至少两项:

1. 动作、对物体的使用、或说话有刻板或重复的行为。

2. 坚持同样的模式、僵化地遵守同样的做事顺序、或者语言或非语言行为有仪式化的模式。

3. 非常局限的、执着的兴趣,且其强度或专注对象异乎寻常。

4. 对感官刺激反应过度或反应过低、或对环境中的某些感官刺激有不寻常的兴趣。

C. 这些症状一定是在发育早期就有显示(但是可能直到其社交需求超过了其有限的能力时才完全

显示,也可能被后期学习到的技巧所掩盖)。

D. 这些症状带来了在社交、职业或目前其他重要功能方面的临床上显著的障碍。

E. 这些症状不能用智力发育缺陷或全面发育迟缓更好地解释。智力缺陷和自闭症谱系障碍疾病常常并发,只有当其社会交流水平低于其整体发育水平时,才同时给出的自闭症谱系障碍和智力缺陷两个诊断。

此外,孤独症谱系障碍还要与一些疾病相鉴别:如精神发育迟滞、语言发育迟缓、Rett 综合征、儿童精神分裂症、注意缺陷多动障碍、选择性缄默症、强迫症等。

【补充】

1. 儿童期瓦解障碍(Heller 综合征) 大多起病于 2 ~ 3 岁,起病前发育完全正常,起病后智力迅速倒退,其他各种已获得的能力(包括言语能力、社会交往能力、生活自理能力等)也迅速衰退,甚至丧失,技能丧失后可再出现某种程度的恢复。社会化和语言交流的损害具有典型孤独症样的性质而不是智力减退的性质。

2. 阿斯伯格综合征(Asperger 综合征) 特征是典型社会交往障碍、兴趣狭窄、行为刻板,但没有语言和认知的一般性发育延迟,常伴有动作笨拙、运动技能发育落后。发病率大约 0.2% ~ 0.25%,男孩多见,一般到学龄期 7 岁左右症状才明显,病因有遗传学因素,神经心理学因素及社会环境因素。

第二节 康复评定

孤独症谱系障碍儿童的症状表现在多方面,而且不同的阶段表现也有不同,需要进行全面细致的评定,全面的康复评定是诊断和指导治疗的重要依据。孤独症谱系障碍的评定包括针对社会交往障碍及刻板行为的儿童行为观察评定,筛查、诊断量表评定等;针对语言障碍的语言能力评定、构音评定;针对合并疾病的智力测验等。通过对其临床核心症状进行评定,掌握每个患儿的特异性表现,才能较好的指导下一步康复治疗。

一、儿童行为观察评定

孤独症谱系障碍儿童行为检查采用观察法,有言语能力的患儿应结合交谈。

从以下几个方面进行观察:社会交往方面、语言交往方面、行为方式.

检查要点如下:有无目光对视;言语理解及表达是否落后;有无模仿言语、刻板重复言语、及自我刺激式言语、有无你我不分;能否进行话题交谈、及遵从指令;能否用手势、点头摇头、姿势及面部表情进行交流;假装父母离开时的反应,假装受伤痛苦时患儿的反应,对陌生环境、陌生人反应;拿出玩具,其对玩具及周围物品是否感兴趣,玩具使用方式及游戏能力;有无刻板动作、仪式性行为、自伤行为;智力水平与年龄相当否;有无相对较好或特殊的能力。

二、筛查、诊断量表

由于孤独症谱系障碍的病因尚不清楚,没有特异性的指标可以进行诊断。临床上判断 ASD 主要是通过行为学特征观察作出症状诊断。掌握该障碍的主要临床特征及筛查、诊断评定方法,对早期明确孤独症,及时实施行为干预有重要的意义。从这些量表中总结出患儿行为学特征也是评定的重要任务。

(一)筛查量表

目前常用的 ASD 筛查量表有:婴幼儿孤独症筛查量表;婴幼儿孤独症筛查量表改良版;克氏孤独症行为量表;孤独症行为量表;CSBS 婴幼儿沟通及象征性行为发展量表等。筛查量表主要通过询问家长来完成,可以选出可疑孤独症患者。需要注意的是,在使用筛查量表时要注意其可能出现假阴性或假阳性的结果。

1. **婴幼儿孤独症筛查量表**(Checklist for Autism in Toddler,CHAT) 由英国学者发明,评估分两部分进行,包括 A 部分 9 个家长报告项目和 B 部分 5 个评估者观察项目,内容包括了共同注意和假扮游戏,项目选项为"是"和"否"。14 个条目中有 5 个关键条目即条目 A5、A7、B2、B3 和 B4。量表筛查标准:若 5 个关键条目均未通过,提示孤独症高度危险;若关键条目 A7 和 B4 均未通过,但提示孤独症中度危险;未通过CHAT筛查者一个月后需进行二次筛查。适用于 18 个月以下婴幼儿,用时大约 5 分钟。具体内容见表 12-1。

表 12-1　婴幼儿孤独症筛查量表(CHAT)

A:询问父母
1. 您的孩子喜欢坐在你的膝盖上被摇晃、跳动吗
2. 您的孩子对别的孩子感兴趣吗
3. 您的孩子喜欢爬高比如上楼梯吗
4. 您的孩子喜欢玩"躲猫猫"游戏吗
5. 你孩子曾经玩过"假扮"游戏吗? 如假装打电话、照顾玩具娃娃或假装其他事情
6. 您的孩子曾经用过食指去指,去要某件东西吗
7. 您的孩子曾经用过食指去指,去表明对某件东西感兴趣吗
8. 您的孩子会恰当地玩玩具(如小汽车、积木)吗? 而不是只是放在嘴里、乱拨或乱扔
9. 您的孩子曾经拿过什么东西给你(们)看吗
B:医生观察
1. 在交流时,孩子与您有目光接触吗
2. 吸引孩子的注意,然后指向房间对侧的一个有趣的玩具,说:"嘿,看,那里有一个(玩具名)",观察孩子的脸,孩子有没有看你所指的玩具
3. 吸引孩子的注意,然后给孩子一个玩具小茶杯和茶壶,对孩子说:"你能倒一杯茶吗?"。观察孩子,看他有无假装倒茶、喝茶等
4. 问孩子:"灯在哪里?"或问:"把灯指给我看看",孩子会用他的食指指灯吗
5. 孩子会用积木搭塔吗? (如果会,多少?)(积木的数量:_____)

2. **改良婴幼儿孤独症筛查量表**(the Modified Checklist for Autism in Toddler,M-CHAT) 由美国学者 Robins 等于 2001 年根据 CHAT 改编而成,被翻译成多种语言,具有良好的应用前景,国内已有汉化版,是孤独症早期筛查的理想工具。此表将 CHAT 原来的 9 个报告项目新增到 23 个项目,由家长根据儿童当前的行为和技能情况单独完成。适用于 16 ~ 30 个月儿童,用时约为 5 ~ 10 分钟。

3. **克氏孤独症行为量表**(Clancy Autism Behavior Scale,CABS) 由美国 Clancy 所编(1969 年),包括 14 个行为项目,行为出现频率分为"从不、偶尔、经常"3 级,分别评分为"0、1、2 分",累积分 ≥ 14 分,且"从不"≤ 3 项,"经常"≥ 6 项者,可能为孤独症,分数越高,可能性越大。该量表适用年龄 2 ~ 15

岁,简便易行,由家长填答,约需 10 分钟,适用于对儿童进行快速筛查,此表灵敏度高,特异性不高。

4. 婴幼儿沟通及象征性行为发展量表(Communication and Symbolic Behavior Scales Developmental Profile,CSBS DP) 包括 25 个问题,由儿童主要带养人完成,从社会交往、语言、象征性行为 3 个方面评估,最后得出总分,与同性别、月龄的划界分相比较,低于划界分为筛查可疑。适用于 6 ~ 24 个月儿童,用时约为 5 分钟。

(二) 诊断量表

经过筛查的可疑孤独症患者,需要进一步进行诊断量表评估。常用的诊断量表有儿童孤独症评定量表(CARS)、孤独症行为量表(ABC)、孤独症诊断访谈量表修订版(ADI-R)、孤独症诊断观察量表(ADOS-G)等。其中,孤独症诊断观察量表(ADOS-G)和孤独症诊断访谈量表修订版(ADI-R)是目前国外广泛使用的诊断量表,由美国芝加哥大学精神病学劳德(Lord)教授等人制订,在欧美等国家已享有孤独症诊断"金标准"的美誉。我国还未被广泛使用,尚停留在临床少量试用研究阶段。

诊断量表评定结果仅作为儿童孤独症诊断的参考依据,主要诊断还需临床医师综合病史、精神检查及诊断标准作出。

(1) 儿童孤独症评定量表(Childhood Autism Rating Scale,CARS):该量表编制于 20 世纪 80 年代初,从 15 个主要方面对孤独症儿童进行评估,包括人际关系、模仿(词和动作)、情感反应、躯体运用能力、与非生命物体的关系、对环境变化的适应、视觉反应、听觉反应、近处感觉反应、焦虑反应、语言交流、非语言交流、活动很大、智力功能、总的印象。每个项目有 1 ~ 4 分评分,当总分大于 30 分可考虑为孤独症,30 ~ 36 分为轻 – 中度孤独症,大于 36 分并且 5 项以上达 3 分或大于 3 分时为重度孤独症。应用时最好能结合儿童孤独症家长评定量表共同使用。

(2) 孤独症行为量表(Autism Behavior Checklist,ABC):是克鲁格(Krug)等(1978 年)编制,国内外广泛使用,1989 年北京医科大学杨晓玲教授将其引进并进行了修订,主要用于孤独症儿童的二级筛查,为家长评定量表,共 5 大部分 57 个项目,包括:①感觉;②交往;③躯体运动;④语言;⑤生活自理,每个项目 4 级评分,总分≥ 31 分提示存在可疑孤独症样症状,总分≥ 67 分提示存在孤独症样症状,适用于 8 个月 ~ 28 岁的人群,本量表项目数量适中,用时约为 5 ~ 10 分钟,对不同年龄、不同性别者使用无差异,其信度、效度均较好。

(3) 孤独症诊断访谈量表(Autism Diagnostic Interview-Revised,ADI-R,1994):是针对父母或儿童主要抚养人的一种标准化访谈问卷,该量表包括 3 个核心部分,社会交互作用方面质的缺陷(16 项),语言及交流方面的异常(13 项),刻板、局限、重复的兴趣与行为(8 项)。另有判断起病年龄(5 项)及非诊断记分(8 项)两部分,还有 6 个涉及孤独症患儿的一些特殊能力或天赋(诸如记忆、音乐、绘画、阅读等)的项目。一般按 0 ~ 3 分 4 级评分。ADI-R 目前被认为是诊断效度较好、信度较高的诊断访谈工具,适合于临床应用。完成量表约需时 90 ~ 120 分钟。

(4) 孤独症诊断观察量表(Autism Diaggnostic Observation Schedule,ADOS):ADOS 是一种半结构化的评估工具,其中设置了大量有关社会互动、日常生活的游戏和访谈,包含了一系列标准化、层层递进的活动和材料。通过观察儿童在游戏中的表现和对材料的使用,重点对他们的沟通、社会交往及使用材料时的想象能力加以评估。量表由四个模块组成,每模块需用时 35 ~ 40 分钟。ADOS 的一大特点是,可以根据评测对象的语言能力(从无表达性语言到言语流畅)选择适合其发展水平的模块。进行每个模块时都详加记录,在活动结束后根据记录作出整体评估。

三、 语言能力评定

孤独症谱系障碍患儿语言表现为发育延迟,是其来就诊的主要原因。

(一) 临床常见语言特征

1. 语言表达障碍 患儿较少主动用语言表达自己的意愿,发音困难及理解障碍更影响了语言的表达与使用,即使有少量语言表达也是单一的动词或动词+名词。有的根本无法形成语言表达能力,即使有说话能力,也通常无法发展出实用性语言,功能性言语受限。具有学舌式说话,如模仿语言。缺乏非语言交流方式,有需要时常拉着别人的手到某一地方,不会用手势、点头、摇头、肢体动作表达想法,自身表情缺乏变化。

2. 语言理解障碍 对一步指令可理解,但不主动完成,对二步指令及抽象问题难于理解、缺少逻辑性。混淆称呼,不能分出你、我、他的关系。

根据孤独症谱系障碍儿童语言的不同临床表现,将其语言进行分期,包括无口语期、仿说期、不善交流期。临床工作者可根据分期进行对应的治疗。

(1)无口语期:此期孤独症儿童多在 1~3 岁年龄,表现为随着年龄的增大,患儿仍不开口说话,常被误诊为聋哑,语言发育迟缓等。

(2)仿说期:一般 2 岁半以上的孤独症患儿常会出现鹦鹉学舌样仿说,自创语言、自言自语,完全沉浸在自己的语言世界里。

(3)不善交流期:孤独症儿童即使会说话,也不愿主动说话,不善于语言沟通。

(二) 常用语言评定方法

目前国内针对孤独症谱系障碍儿童语言能力,常用的评定方法有汉语儿童语言发育迟缓评价法(S-S 法)、韦氏儿童智力量表(第 4 版)、格塞尔发展量表(婴幼儿生长发育智能评估表)、皮博迪图片词汇检测(PPVT)、语言行为量表、计算机辅助语言能力评定等。PPVT 侧重检测被试儿童的语言理解能力;S-S 法中符号形式 - 指示内容的关系部分则侧重于儿童接受性语言能力和描述性、命名性表达能力;韦氏儿童智力量表(第 4 版)中的关于语言能力的分测验不仅可以考查儿童对事物功能、特征、属性的理解能力,而且考察儿童的语用能力、轮流讲话能力。目前仍没有一种量表可以全面评估一个儿童所有的语言能力,每种量表都有工作优势,多个量表相互结合,综合应用,可以尽可能准确、全面地评估儿童的语言能力。

孤独症谱系障碍儿童的 S-S 法评定:

在临床上主要应用于孤独症谱系障碍语言评定方法有 S-S 法,其从符号形式与内容关系、操作性课题、交流态度三方面进行评定,检测其语言发育水平,列出不同患儿其临床语言特征性表现,从而根据评定结果制定细致的有针对性的治疗方案。

经常可以发现,ASD 患儿多数处于 1 阶段,即事物、事态理解困难阶段,很难越过 3-1 阶段,在幼儿期或学龄前期、学龄期,仍用哭闹、跺脚、地上打滚、自残、自伤等不良行为和不良情绪表达,语言表达能力停留在前语言期。有些学龄前期、学龄期儿童用"拉着照料者的手,牵引照料者到想要的物品前"的方式表达,却不懂站在远处,用自己的食指指着去表达。他们很少会用非语言性的社交姿势去补充自己口头语言表达能力上的不足,而是停留在最原始的表达方式(哭)上。另外,ASD 患儿的理解能力和表达能力发育不协调,正常儿童在语言表达前往往已具备了一定的语言理解能力,即"理解先于表达",ASD 患儿往往表现为"表达先于理解",但其表达多为刻板重复或是答非所问、或是喃喃自语式的"独白",并且经常分不清,"你的,我的,他的"。Asperger 综合征儿童语言能力虽然不落后,但其语言理解能力有限,不能理解双关语等复杂语言,不能在适当场合正确运用自己的语言,自说自话,不懂得轮换原则,不懂得转换话题。

(三) 构音评定

语音能力的发育包括三个方面:语言辨别能力、发音能力、语音意识能力。孤独症谱系障碍患儿大多不存在发音器官的障碍,但却存在语音辨别能力及语音意识能力异常。存在目的性运用障碍,不会自主地运用发音器官模仿正常的发音。其构音异常常表现为:一般都有无意义的发音,也有些儿童发出异常的声音,如发尖锐的声音,也有部分出现音节间停顿延长、音节减少、音节重复、自加多余音节、延迟模仿、声音小等不同问题。有些说话时有怪异或其他自己的习惯用语。如音拉得长、音调高等。

四、 智力及发育的评定

孤独症谱系障碍患儿常伴有智力水平的落后,可根据患儿的年龄及病情的严重程度,选择适当的量表进行评定,常用的智力测验量表有韦氏儿童智力量表(WISC)、韦氏学前儿童智力量表(WPPSI)、斯坦福 - 比内智力量表、Peabody 图片词汇测验等。

孤独症谱系障碍患儿粗大运动功能和精细运动功能的发展水平与正常儿童相差不大,但其粗大及精细动作模仿、运用障碍会导致非语言替代性交流手段的缺乏和语音质量的异常。所以也要对其这部分发育功能进行评定,用于孤独症发育评估的量表有丹佛发育筛查测验(DDST)、贝利婴儿发育量表、格塞尔发育诊断量表等。

五、 孤独症谱系障碍的评定流程

综合以上评定方法,对孤独症谱系障碍患儿可遵循以下流程:见图 12-1 康复评定流程。

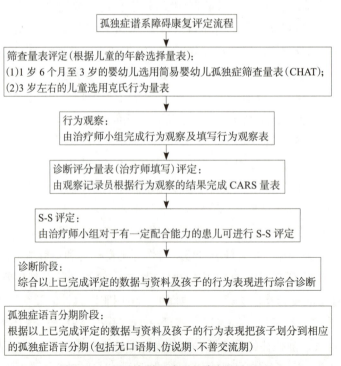

图 12-1 孤独症谱系障碍的康复评定流程

第三节 康复治疗

孤独症谱系障碍患者早期诊断、早期科学治疗非常关键,最好的干预时间在 3 岁以前。康复治疗采取个体化的综合的治疗措施,包括语言治疗、行为教育训练、药物治疗等。其中语言、交往能力训练是核心,行为教育训练是基础。治疗的最终目标是减轻核心症状,减少不适当行为,增强社会交往,促进语言、认知以及社会适应能力的发展。

孤独症一经明确诊断不可能在短期内治愈,对此患儿家长必须有充分的思想准备。教育训练和心理治疗强调以家庭为中心,向家长传播有关知识,建立一个温馨的家庭环境,充分利用社会资源给予正规的康复治疗。目前,发达国家建立了许多孤独症特殊教育和训练课程体系,各有优缺点,无证据表明哪一种疗法显著优于另外一种,各种方法有互相融合的趋势。少部分孤独症儿童有自我改善的可能。

一、语言治疗

孤独症谱系障碍的儿童其语言障碍主要表现为语言发育迟缓,语言交流能力降低,也是大多数孤独症儿童就诊的主要原因。无法用语言沟通成了阻碍他们融入社会的最大问题。语言发育的关键时期是 2 岁,所以需要尽早的进行语言训练治疗。

孤独症谱系障碍语言交流障碍一般经历无口语期、仿说期、不善交流期三个时期,不同时期,康复治疗的重点也有所不同。

(一) 无口语期

此期孤独症谱系障碍儿童多在一岁至三岁年龄,表现为随着年龄的增大,患儿仍不开口说话,常被误诊为聋哑,语言发育迟缓等。还有些儿童曾经会发音,但到一岁半左右逐渐出现语言障碍,不用口语交流。此期目标建立基础的交流意识,诱导发音。

主要训练包括:语言相关能力训练、发音训练、享受发音乐趣训练。

1. **语言相关能力训练** 包括注视人与物、听从简单指令、动作模仿、交流愿望、使用某些手势符号、理解物品名称。具体意义见表 12-2。可通过游戏等增加患儿的语言能力,如利用手势符号教"要"(手势取物),然后教"我"(用手拍前胸),再连起来组成"我要"延续到"我要物品"。

表 12-2 语言相关能力训练的内容

语言相关能力	意义
注视人与物	培养交流的最基本技能
听从简单指令	学习如何与人合作配合
动作模仿	通过动作模仿过渡到声音模仿
交流愿望	交流满足患儿的需求,语言发展的动力
使用某些手势符号	借用手势表达是发展口语的准备和过渡
理解物品名称	为说出词语做准备

语言相关能力训练举例,如注视人与物训练步骤:

1)和孩子面对面坐在椅子上。

2)一边把孩子的兴趣物展现在孩子和治疗师之间面前,一边同时说:"看我(这里)。"

3)若孩子没看则先撤走兴趣物10秒钟,再重复第2)步,若孩子还没看,则用手引导孩子把他转向自己,帮助他成功,然后给予强化。

4)逐渐地减少实践的提示,改变强化方式。减少提示,加强表扬或奖励。最后孩子能够按照指令反应正确时才给他强化。

2. **发音训练** 无口语期来就诊的患儿,大多不能发音,或发无意义的声音。而大多孤独症谱系障碍儿童检查发现,不存在发音器官的障碍,但却存在目的性运用障碍。针对此种情况的发音训练,重点为模仿训练,包括粗大动作模仿、口部动作模仿、发音模仿(从无声到有声),并进行声调的模仿训练。可主动、被动加辅助训练。从能发的音入手,逐渐由增加音节、到单词、到短句。使用患儿感兴趣的课题材料进行训练,训练举例,见表12-3。

表 12-3 发音训练的形式

发音训练种类	方法
主动发音训练	训练者示范如何呼吸
	(吹蜡烛、纸条、风车、气球、口哨、口琴等,漱口)
	示范如何变化舌部及口部,示范发单音(i、u、a……)
被动发音训练	训练者用双手帮助儿童变化口形;用压舌板帮助儿童张开口;用棒棒糖引导伸舌
	在成人动作的辅助下发(a、o、u)

3. **享受发音的乐趣** 通过视觉或听觉让患儿知道发音可得到反馈,知道交流的过程,如用录音机给患儿录音后再让患儿听自己的被录制下的声音,或利用特殊儿童诊治仪中的发声训练,发声时会看到青蛙的跳动,通过直观的游戏吸引患儿的兴趣,其他还有音量训练游戏、音长训练游戏、跟读训练游戏等。通过按治疗师的要求发音给予视觉反馈,即时评分、奖励等,让患儿在游戏中尽快度过无口语期。

(二) 仿说期

一般2岁半以上的孤独症谱系障碍患儿常会出现这样的现象:吃饭的时候,妈妈问他:"吃不吃""要不要",他就跟着妈妈的尾音,也说"吃不吃""要不要"。患儿表现为鹦鹉学舌样仿说,自创语言、自言自语,完全沉浸在自己的语言世界里,如没有有效的康复治疗,某些患儿可延续到十多岁,跨过了语言形成和发展的最佳时期,以至日后无法融入社会。此期训练很关键,训练内容如下:

1. **听声音** 某些孤独症谱系障碍儿童听觉发育有异常,要尝试不同的声音,观察患儿的反应,听声音刺激可由动物叫声、大自然声音、音乐、歌声、说话声音,逐渐过渡,让患儿学会聆听。

2. **听理解** 给患儿丰富的语言刺激,如对着儿童感兴趣的人物和事物说话,并辅助手势,夸张的口形,面部表情等,告诉他:"(这是)妈妈""(这是)爷爷""宝宝吃饭";与儿童做听指五官等互动的游戏。

3. **恰当的指示** 对仿说的患儿不要过多地指责,多给孩子恰当的语言提示,如拼音提示,出示妈妈的照片或指着妈妈,念"m"→"m-a"→mā,用拼音的每一节给予提示;字头提示,提示单词或短语开头的第一个字,儿童接下去说,然后再完成重复,如:"阿姨再见",治疗师做再见手势的同时说"阿",提示患儿说出"阿姨再见";口形提示,治疗师只作出夸张式的口形或发出很轻的声音,等待患儿大声说出;口头提示,不能有任何的语音线索,在相应情景下,要求用"说话"表示。

4. 学会简单语句表达 让患儿逐渐掌握最基本的简单语句,如"要→我要→我要××(物品名)""吃→吃××→某某吃××"等,在固定句式的前提下进行名词替换练习。在口语表达训练时,可以不同的口语表达方式进行训练,临床上口语表达训练主要方式有 8 种,即接受性语言、要求性表达、描述性表达、对话性表达、复述性表达、命名性表达、独白性表达、阅读性表达。一般孤独症谱系障碍患儿从"要求性表达"开始,可提高其学习的动力,减少不良的表达行为,随后开始"接受性语言和描述性语言的联合训练,可从"功能、特征、属性"三个方面对儿童提问,可促进其全面地理解事物。当此阶段的词语有 50 ~ 100 个词时,可开始"对话性表达"训练。

(三) 不善交流期

孤独症谱系障碍儿童即使会说话,也不愿主动说话,不善于语言沟通,此期的康复训练有:①"逼"患儿说话,让患儿知道说话才有可能得到相应的需要,强化有需求→说话表达→满足需求的行为模式。②设置要说话的情景,孤独症患儿需求范围窄,治疗师要巧妙的设置一些情景,激发患儿的需求,如患儿喜欢的游戏做一次就停下来,引导他说"我要""我还要"等。制造点小困难,小麻烦,引导他说"帮帮我""打不开"等。做他不喜欢的事,做些违反常规的事,引导他说出相应的话。③设计适合其能力的交流,任何一个患儿都要经历发展的各阶段,治疗师与患儿语言交流时,要把握该患儿语言水平,用适合该水平的交流方式交流,不要超出患儿能力,交流时避免讲复杂句子同时注意让其提问等,尽量以平等的方式进行交流。

为使治疗顺利进行,可实施一些辅助技能。在语言训练中常用的 6 种辅助技巧有:激发性操作(以其需求为出发点);实物提示;形体辅助;直接示范;口头指令;语言提示等。举例:如教儿童作出"喝水"的手势动作。在儿童口渴,想要喝水时开始训练为激发性操作;给儿童展示他平时喜欢喝的饮料为实物提示;手把手辅助儿童作出"喝"的动作是形体辅助;训练者作出"喝"的手势给儿童看为直接示范;告诉儿童:作出"喝"的手势为口头指令;训练者问"你想做什么"是语言提示。

二、 行为教育训练

行为教育训练主要适用于异常行为(如刻板重复动作、语言)的矫治和恰当行为的塑造,是目前治疗孤独症谱系障碍比较有效的方法。在行为教育训练过程中有三个原则:①对孩子行为宽容和理解;②对异常行为的矫正;③对特别能力的发现、培养和转化。目的是教会患者掌握最基本的生活技能、自理生活能力和与人交往能力,行为教育训练进行得越早越好。

目前临床上常用的行为教育训练有:应用行为分析疗法(ABA 法)、结构化教学法(TEACCH)、人际关系发展干预、地板时光疗法、游戏角色扮演、感觉统合训练、多感官统合训练、感知觉训练、辅助沟通系统训练、饮食疗法。行为矫正训练应用最多的是应用行为分析法和结构化教学法。

1. 应用行为分析疗法(applied behavior analysis,ABA) 又称离散单元教法,或强化疗法。是由美国著名孤独症训练专家洛瓦斯教授等人研究提出的,对孤独症儿童有效的方法,目前在临床中使用比较广泛。本方法是指将目标任务(知识、技能、行为、习惯等)按照一定的方式和顺序分解成一系列较小的或相对独立的步骤,然后采用适当的强化,以正性强化、负性强化、区分强化、消退、泛化训练、惩罚等技术为主,矫正孤独症患儿各类异常行为,促进正常能力的出现和发展,努力使孩子在注意力、语言、社会交往、自理等各方面的技能得到发展。

应用行为分析疗法的核心部分是回合式教学(discrete trial teaching,简称 DTT),也叫做离散单元教学法,主要步骤包括训练者发出指令、儿童反应、训练者对反应作出应答和停顿。它主要具有以下特点:

①任务分解。②分解任务强化训练,在一定的时间内只进行某分解任务的训练。③提示和提示渐隐,根据儿童的发展情况给予不同程度的提示,帮助患儿作出正确反应,随着所学内容的熟练又逐渐减少提示和帮助。④使用强化物及强化手段。即每完成一个分解任务都必须给予正性强化,正强化物主要是食物、玩具、口头或身体姿势鼓励(常用正强化物的类型见表12-4),负强化是对错误的答案给予忽略、纠正或重做。强化随着进步逐渐隐退。⑤间歇,在两个分解任务训练间需要短暂的休息。具体训练要求严格,要求内容一致,注意个体化、系统化。要保证治疗具有一定的强度,一般要求每周训练30~40个小时,每天训练1~3次,每次3小时,2周内完成规定的任务。

作出评估之后,可针对孩子的个体情况来制订康复计划。孤独症谱系 ABA 的课题包括:儿童模仿能力、粗大运动、精细运动、认知能力、手眼协调、语言表达及理解能力、自我照顾能力、社会交往能力和情感情绪处理等训练中应充分利用身体姿势、标签、提示、文字和图表等增加患儿对内容的理解和掌握,同时运用行为强化和矫正技术改善异常行为。每项任务中又含若干个分解任务。一般可有针对性地选出两个到三个领域中的1~2个项目作为重点训练内容,具体示例见表12-5。

表 12-4 正强化物的类型

原级强化物(非社会性强化物) 物质奖励		次级强化物(社会性强化物) 精神奖励
食品	玩具	表扬(说"真棒""对了""干得好""真乖")
水/饮料	礼物	微笑 眼神 手势
依恋物/活动	听音乐	抚摸 关注 碰头
游戏	看 CD 盘	拥抱 握手
休息	外出	鼓掌 击掌

表 12-5 个体康复计划举例

儿童姓名:_____ 年龄:_____ 指导老师:_____

领域	项目	要求	通过日期	备注
认知	配对两个完全相同的物品 图片、照片与实物配对			
生活自理	用一只手拿杯子喝东西 脱袜子			
运动	模仿将球推向对方 模仿画圆的动作			

2. 结构化教学法(treatment and education of autistic and communication handicapped children,TEACCH) 是由美国研究提出的。在欧美国家中获得最高评价。教学强调技能训练与环境的配合,重视家庭的参与及家庭和专业的合作。通过结构化教学,让儿童认识及明白环境的要求和改变,明白因果的关系,增强儿童沟通的欲望和改善儿童沟通的技巧,以达到融入社会、独立生活的目的。以认知、行为理论为基础,根据孤独症儿童视觉辨别及记忆优于听觉辨别及记忆的特点,利用实物、图片、相片、数字、文字、符号这些可视性媒介来标明学习的内容及步骤,针对孤独症儿童在语言、交流及感知觉运动等方面的缺陷进行训练,帮助儿童在高度结构化的环境中学习,增进孤独症儿童对环境、教育和训练内容的理解和服从。TEACCH 主要包括五项内容:①视觉结构:视觉结构就是按合理的空间位置

安排学习材料,并用文字、图片、实物标明学习的内容及步骤,突出材料的特征(比如颜色、形状),使儿童一看便明白做什么、做多少、怎么做。②环境结构:环境结构就是用清晰的界限为儿童划定不同的活动和学习空间,使儿童慢慢了解哪些地方可以玩、可以去,哪些地方不可以玩、不可以去;他的学习用品、玩具、衣物应从什么地方拿取,用完后再放到哪里。③常规:常规就是帮助儿童建立起日常生活和学习的习惯及掌握做事的规律。如:建立"做事要有先后顺序"的概念,先学习再玩耍;建立"完成工作"的概念;建立"由左到右"、"由上到下"的工作步骤,写字、清扫、取东西等。④程序时间表:程序时间表即一日活动先后顺序的安排(课表或活动表),如:按程序表上的物品指示,到有相同物品的地方活动;按工作程序表上的图卡指示,找出贴有相同图卡的项目。⑤个人工作系统:个人工作系统就是根据儿童的需要建立一个独立的包括结构化教学法各个要素的切实可行的个人工作计划。

该课程适合在医院、康复训练机构开展,也适合在家庭中进行。

3. **人际关系发展干预**(relational development intervention,RDI) RDI 是由美国临床心理学家 Steven Gutstein 博士针对孤独症儿童共同注意缺陷和心理理论缺陷两种核心缺陷而提出的训练方法。其原理是共同注意缺陷是指患儿不能形成与养育者同时注意某事物的能力;心理理论缺陷指患儿缺乏对他人心理的推测能力,表现为缺乏目光接触、不能分辨别人的面部表情等,因此患儿无社会参照能力,不能和他人分享感觉和经验,无法与亲人建立感情和友谊。RDI 通过人际关系训练,改善患儿的共同注意能力,加深患儿对他人心理的理解,提高患儿的人际交往能力。强调的是人际关系能力方面的动机和技巧,常以游戏的方式进行,用简单的活动诱发孩子的主动性和沟通的动机,拓展其互动能力,强调在非语言的沟通和生活化环境中干预,并确保技巧具有实际交流意义。

方法:①对患儿人际关系发展水平进行评估。②根据评估结果,依照正常儿童人际关系发展的规律和次序,依次逐渐开展目光注视 - 社会参照 - 互动 - 协调 - 情感经验分享 - 享受友情等能力训练。③开展循序渐进的、多样化的训练游戏活动项目。活动多由父母或训练老师主导,内容包括各种互动游戏,例如:表情识别、举高高、转圈、捉迷藏、目光对视、"两人三足"、抛接球、红布遮脸等。要求训练者在训练中表情丰富夸张但不失真实,语调抑扬顿挫。

4. **地板时光疗法**(floor time) 是由美国的格林斯潘教授创立的,是一种系统的、以发展为取向、以家庭环境和人际互动为主的孤独症干预和治疗模式。与 RDI 不同的是,地板时光训练是以患儿的活动和兴趣决定训练的内容。训练中,训练者在配合患儿活动的同时,不断制造变化、惊喜和困难,引导患儿在自由愉快的时光中提高解决问题的能力和社会交往能力。训练活动分布在日常生活的各个时段。地板时光疗法的实施步骤包括:观察;接近、开放式的交流;跟随着儿童的兴趣和目标;扩展游戏活动;让儿童闭合交流的环节。其训练时间:每天至少 6 ~ 10 次,每次 20 ~ 30 分钟。

5. **游戏角色扮演** 孤独症儿童缺乏推测别人心理的能力,而游戏中的角色扮演可以训练儿童的这一能力,因此可以多与儿童进行角色扮演游戏,利用游戏改善交往。待患儿能参加集体游戏时,游戏内容要逐渐注入购物、乘车等日常活动,让患儿扮演不同角色,在角色的扮演中学会推测他人的心理,同时也可以掌握各种角色的行为方式,学习各种社会规范,使他们逐渐学会如何与人进行交往,完成日常活动,为成年后的自立打好基础。

6. **感觉统合训练**(sensor integration training) 感觉统合是指将人体器官各部分感觉信息输入组合起来,经大脑统合作用,完成对身体外的知觉作出反应,能让孩子在玩乐中训练,达到刺激孩子的前庭、本体、视觉、触觉、听觉的综合发展,促进身体功能的协调发展,提升心理素质。是基于儿童的神经需要,引导对感觉刺激作适当反应的训练,此训练提供前庭、本体感觉及触觉等刺激的全身运动。孤独症儿童普遍存在感知觉方面的异常,通过训练纠正患儿的前庭觉统合失调、本体觉统合失调、触觉防御过度或迟钝、视觉和听觉感觉统合失调等,此外,还可减少多动行为,增加语言功能。常见训练内容有:

①滑梯游戏,患儿俯卧在滑板上,双手抓住滑梯两侧用力向下滑,滑下时双臂朝前伸展,双腿并拢,头抬高;也可滑板爬,促进身体保护伸展行为的成熟;②吊缆游戏:让孩子双手紧握吊缆,前后左右摆动,促进固有前庭感觉输入统合功能;③圆筒吊缆游戏;④旋转浴盆游戏;⑤跳跳床游戏;⑥走线游戏;⑦爬行游戏等。可通过小组活动来进行训练。

7. 多感官统合训练 该训练也是属于感觉统合的一种,是通过各种不同的感官活动,包括视觉、听觉、触觉、嗅觉等来输送信息,促进幼儿对知识的理解,丰富信息量,促进沟通。治疗师先评估,了解患儿对哪一类感官刺激有需要,通过多感官游戏,如钢琴、水柱、荧光画板及投射灯光系统等,与患儿进行沟通训练,可诱发及培养患儿主动探索环境,积极参与尝试适应环境的变化。

8. 感知觉训练 孤独症谱系障碍儿童存在感知觉过度或迟钝,可在视觉、听觉、味觉、嗅觉、痛觉和触觉等多种方面存在异常表现,可以进行一些感知觉训练治疗,目的是改善孤独症谱系障碍患儿对感知觉刺激的异常反应,提高运动协调能力及认知水平,促进其社会交往,感知觉的提高也可反过来促进语言交流能力的发展。在训练中要注意尽可能多地运用直观训练器具,补偿其抽象思维的不足。可用下列方法:A 视觉刺激:视觉集中、光线刺激、颜色视觉、找出物体长短等。B 听觉训练:声音辨别、找出声源、跟着节拍训练、听觉集中、音乐疗法等,通过过滤敏感的频率,减少对听觉信号的歪曲。使患儿更清楚地接受声音,从而使其能够更好地学习声音与行为、环境、行动及事件的关系。C 触觉训练:可进行捏脊治疗、挤压疗法、拥抱治疗、触摸治疗等,可进行箱中寻物、冷、温、热物体试管刺激等;D 整体知觉和部分知觉训练:先训练认识客体的个别部分,然后训练认识客体的整体部分,最后训练综合认识这两个部分;E 空间知觉训练:包括形状、大小、方位训练。

9. 辅助沟通系统训练 针对没有语言或有限语言的患者,是训练儿童交流的良好辅助手段,如图片交换交流系统(picture exchange communication system,PECS)可以有效地增加儿童与成人间的交流。

10. 饮食疗法 通过控制饮食改善行为,有专家建议儿童应多食绿色蔬菜,水果;限制含酪蛋白(主要来源于牛奶和奶制品)和谷蛋白(主要来源于谷类食品的麸质、麦制品、粮食酿造的酒类)食物的摄入;减少香料、调味品(酱油等)、人造色素等食用,以减少硫酸盐的消耗。

三、 药物治疗

目前无特效药可以治愈孤独症谱系障。药物治疗仅可辅助改善部分核心症状。0～6岁患儿以康复训练为主,不推荐使用药物,当行为问题突出而其他治疗无效时,可谨慎选择使用药物,但应严格把握适应证。6岁以上可根据症状及其影响程度选择药物。以单一用药为主,逐渐增加剂量,之前应与家长沟通并签知情同意书。

目前常用氟哌啶醇、硫利哒嗪减轻多动、冲动、自语、自伤和刻板行为,稳定患儿情绪;舒必利可改善孤僻、退缩,使患儿活跃、言语量增多;氯丙帕明、舍曲林、氟伏沙明可改善该症的刻板重复行为,改善情绪,并缓解强迫症状;丙戊酸钠、托吡酯可改善儿童的易激惹;中枢兴奋药或可乐定,适用于伴有注意缺陷障碍及多动症状的患儿;可予改善和促进脑细胞功能药物,疗效不确定;有研究报道大剂量维生素 B_6 和镁剂可能改善该症的部分症状,但此方面有待于进一步研究和确定。

(王丽梅 陈卓铭)

第十三章
脑退化性疾病的语言干预

　　脑退化性疾病是一种中枢神经系统的退行性病变,是大脑的细胞神经元丧失的疾病状态。起病缓、进程慢、病程约五到十年,以进行性认知功能减退、丧失记忆力及人格改变为主要特征,其中阿尔茨海默病和帕金森病是脑退行性病变中发病率最高的两种疾病。本章主要着重讲解脑退化性疾病的语言方面的治疗。

第一节　阿尔茨海默病

　　阿尔茨海默病(Alzheimer disease,AD)是一种神经系统进行性变性疾病,是痴呆最常见的原因之一。其临床特点是隐袭起病、持续进展的智能衰退,以认知缺陷为特征,记忆障碍突出,可有视空间障碍、失语、失算、失用、失认、人格改变等,并导致患者社交、生活或职业功能缺损。随着人口老龄化的发展,成为老年人最常见的痴呆类型之一。由于大脑皮层及皮层下语言网络结构及其联络纤维广泛受损,导致AD患者出现语言障碍。另外,AD患者认知障碍必然影响语言行为,语言能力是认知功能的组成之一,语言又是其他认知功能的外部表现形式,语言能力可能随着认知衰退而出现不同程度的下降。

一、临床表现

　　AD临床过程分为早期、中期和晚期三个阶段。
　　早期大约在发病后1～3年内,多为隐匿起病,很容易被患者和家人忽略。首发的表现是记忆力障碍,近记忆力受损明显,患者表现为遗忘,刚刚说过的话和做过的事情不记得,忘记熟悉的人,忘记重要的物品存放何处,忘记住址等。视空间功能早期受损,不能精确临摹立体图形;早期语言基本正常,但可出现命名障碍;空间和时间定向障碍亦常早期出现;患者判断以及推理能力下降,情感淡漠、注意力涣散、主动性减少和多疑也常为早期症状。
　　中期大约为发病后2～10年,患者的近记忆力和远记忆力均明显受损,出现流利性失语。患者表现出失用、失认、失算,判断和概括能力下降。患者不会使用常用的物品如铅笔、筷子等,不认识亲人的面貌;自我认识也受损,常对镜子中自己的影像说话。视空间障碍表现为不能临摹简单的几何图形,穿衣不能,在熟悉的环境中迷路。计算力下降表现为经常算错账。推理能力下降,不能理解熟知的谚语,不能胜任熟悉的工作;此时,初期的情感淡漠变为躁动不安,并频繁走动,部分患者出现妄想、幻觉和攻击倾向。
　　晚期大约在发病后8～12年,患者智能全面严重衰退,生活完全不能自理。运动障碍的表现至晚期也明显起来,出现强直痉挛、肌阵挛、癫痫,成为屈曲性四肢瘫,最后出现大小便失禁。

二、 诊断

阿尔茨海默病是痴呆的常见类型之一,起病隐袭,认知功能的下降呈缓慢渐进性的加重,无缓解。高级认知功能相继丧失、行为和神经系统功能障碍发生的时间次序,是临床上诊断的重要线索。一般认为只有病理学检查才能肯定老年性痴呆的诊断,但是经过详细的临床检查,在排除了其他致痴呆疾病之后,仍可以进行临床的诊断。

世界卫生组织的《疾病国际分类》第 10 版(ICD—10)提出的对阿尔茨海默病的诊断要点包括:

1. 存在痴呆。

2. 起病隐袭,缓慢变化,难以指明发病时间,会被他人突然觉察到症状的存在。

3. 排除由其他可造成痴呆的全身性疾患或脑的疾病(如,甲状腺功能低下、高血钙、维生素 B_{12} 缺乏、烟酸缺乏、神经梅毒、正常压力性脑积水或硬膜下血肿)而导致的智能障碍。

4. 无突发的脑卒中样发作,早期无局灶性神经系统损害的体征,如轻偏瘫、感觉丧失、视野缺损和运动协调不良(这些症状在疾病晚期出现)。

三、 言语障碍的发病机制

阿尔茨海默病的发展过程中,并不是所有语言功能同时受损,而是按预期次序发生进行性变化,患者的语言特征依赖于不同的疾病阶段。AD 病变多为累及双侧大脑皮层的弥漫性萎缩变性,其部位可广泛累及额叶、顶叶、颞叶等语言功能区,从而出现言语障碍。在病程早期,颞顶 - 额 - 扣带回网络受损;病程中晚期,病变范围加大,双侧额叶受累,语言损害的症状随之加重。有研究通过 FDG-PET 发现,AD 患者语义流利性下降与额下回及颞叶代谢减少明显相关,提示其功能下降及结构萎缩变性是 AD 语言损害的原因。

四、 言语障碍的临床表现

语言改变是皮质功能障碍的敏感指标,因老年性痴呆为皮质变性性痴呆,因而语言障碍的特殊模式有助于诊断本病。患者早、中、晚各期均可能有语言障碍,且与痴呆严重程度成正相关,国外学者认为随着痴呆的发展,AD 患者的语言障碍表现历经 4 个阶段:命名性失语、经皮质感觉性失语,Wernicke 失语及完全性失语,在早期阶段更多具备流利性失语的特征。

在 AD 的早期,患者有轻度的视觉言语理解、命名、复述、听理解和书写障碍,书写障碍(抄写早期受累更常见)比较其他语言功能障碍出现早而且明显,早期的语言特点对 AD 早期诊断及鉴别有帮助。

在 AD 的中期,语言障碍的特征类似于经皮质感觉性失语。

在 AD 的晚期,患者的语言障碍从经皮质感觉性失语向 Wernicke 失语过渡,语言的流畅性仍然相对保持,而听、说、读、写等语言功能全面严重受损,特别是书写功能完全丧失。

下面分别对 AD 患者的言语障碍进行详细分析:

1. **口语表达障碍** AD 的口语表达表现为流畅性语言的特点,尽管患者的口语量减少,但仍保留文法。早期表现的明显异常是找词困难和口语的冗赘空洞,列名受损,命名不能。疾病中期患者出现明显错语症,词义错语往往首先发生,AD 的错语与 Wernicke 失语或经皮质感觉性失语的流利性错语非常相似。语言的句法和发音相对地保留至晚期,而语义方面则进行性损害。随着疾病的发展,语言的社交和实用内容也逐渐受损,与患者交谈时,对方常不能从其谈话中理解其连贯的思路,自发言语愈加空洞,词量减少,命名不能更加突出。常用物品名称和亲属的名字也出现命名不能,并在命名不能的同时出现错语(表13-1)。

表13-1　AD口头语言的进行性变化

阶段	语言障碍变化特点
早期	空洞冗赘的自发语言,列名困难,轻度命名不能
中期	命名不能,错语症,理解障碍,流利性失语,难以从事交谈
晚期	错语,重复言语,模仿言语,词尾重复症,构音障碍(不可理解的声音),最后缄默(哑口无言)

2. **听理解和阅读理解障碍**　口语理解进行性受损,阅读理解受损,但读出声音、朗读可相对保留,直到病程很晚期才受累。

3. **复述障碍**　复述功能相对保留直到晚期才受损,至病的中期和晚期,可有各种明显的重复说话障碍,如:模仿言语(echolalia)为重复检查者对其说的词和词组;重语症(palilalia)为患者重复自己说的词和词组;词尾重复症(logoclonia)为患者重复词的最后一部分。这些在语言进一步恶化时均可出现。至晚期,声音减低到发出的重复声音听起来不像语言,最终可发生完全缄默。

4. **发音、语调、句法相对保留**　老年性痴呆患者言语的发音、语调及语法结构相对保留至晚期,在病后的大部分过程中,产生言语的机械部分仍正常,发音与其他初级运动一样不受损,随病情发展至后期才发生口吃和(或)含糊的咕噜声。

5. **语义方面进行性受损**　随着痴呆的加重,语言的实用内容逐渐减少,且不适当地加入无关的词汇和变换主题。

6. **书写障碍**　失语性失写和书法退步与自发谈话障碍同时发生。AD患者的语言障碍特点及语言变化模式证明,语言丧失不是全脑性退化,并且不是所有语言功能同时受损。整个过程中,语言的实质性和实用性部分进行性损害,而句法性和语言性成分相对不受损。

五、 AD不同阶段言语障碍表现

AD严重程度是影响语言障碍最严重的影响因素,随着老年痴呆病情的加重,语言功能逐渐衰退,最终缄默不语。表13-2中列出了不同程度AD患者的言语障碍特点。

表13-2　不同阶段AD患者的言语障碍特点

	早期	中期	晚期
自发语言	基本正常,偶有找词困难	语量稍减少,语调正常,无发音障碍,说话不费力,有文法,无错语,有找词困难,谈话不切题,缺乏逻辑关系	语量进一步减少,语调正常,说话不费力,出现无文法,错语,找词困难,模仿言语,重复言语,谈话严重不切题,答非所问,缺乏逻辑关系,信息量明显下降
复述	词或者短句子完全正常 长句子及无意义短句子有困难	异常(与听理解成比例)	明显下降
命名	词命名出现轻度障碍	轻度障碍	严重受损
听理解	大致正常,对复杂的口头指令有时有困难	异常(与复述成比例)	明显衰退,与复述衰退成比例

续表

	早期	中期	晚期
阅读	基本正常	阅读理解障碍显著	严重受损,朗读和阅读理解均受损,朗读比阅读理解要好
书写	较早出现,构字障碍、字词错写	篇章书写显著	完全丧失

六、 AD 患者言语障碍的评定

AD 患者言语障碍评定的目的是通过系统全面的语言评定发现患者是否有言语障碍及程度,了解各种影响患者交流能力的因素,评定患者残存的交流能力,制定治疗计划。AD 患者早期即可出现言语问题,可以通过神经心理方面的检查及神经影像学检查发现。

量表是语言评估的主要工具,近年逐渐发展出了适用于不同 AD 病程的语言评估量表。

1. 轻中度 AD 言语障碍常用的评定量表

(1)简易智能精神状态量表(Mini-Mental State Examination,MMSE):是用于筛查老年性痴呆的临床量表,其涵盖的认知项目较为广泛,敏感度较高,操作简单方便,现已被全世界广泛使用。包括时间与地点定向、语言、心算、即刻与短时听觉词语记忆、结构模仿等,目前国际及我国研究显示 ≥ 27 分为正常,21 ~ 26 分为轻度痴呆,10 ~ 20 分为中度痴呆,< 10 分为重度痴呆(表 13-3)。

表 13-3 简易智能精神状态量表

序号	检查内容	得分
1	今年是哪一年?	1,0
	现在是什么季节?	1,0
	现在是几月份?	1,0
	今天是几号?	1,0
	今天是星期几?	1,0
2	咱们现在是在哪个城市?	1,0
	咱们现在在哪个区?	1,0
	咱们现在在什么地方(地址、门牌号)?	1,0
	咱们现在是在哪个医院?	1,0
	这里是第几层楼?	1,0
3	现在我告诉您三种东西,在我说完后,请您重复一遍这三种东西是什么。请记住这三种东西,过一会儿我还要问您:树,钟,汽车	3,2,1,0
4	100 - 7=? 连续五次	5,4,3,2,1,0
5	现在请您说出我刚才让您记住的那三种东西	3,2,1,0
6	(出示手表)这个东西叫什么?	1,0
	(出示铅笔)这个东西叫什么?	1,0
7	请您跟我说"四十四只石狮子"	1,0
8	我给您一张纸,请按我说的去做,现在开始:"用右手拿着这张纸(1分),用两只手将它对折起来(1分),放在您的左腿上(1分)"	3,2,1,0
9	出示写有"请闭上您的眼睛"的卡片。请您念一下这句话,并按上面的意思去做	1,0
10	请您给我写一个完整的句子(要有主谓语,而且要有意义)	1,0

续表

序号	检查内容	得分
	出示图案。请您照样把它画下来	
11		1,0
	总分	
	评定者	

（2）阿尔茨海默病评定量表认知分表（Alzheimer Disease Assessment Scale-cognitive Subscale，ADAS-cog）中的语言部分：认知行为测验包括定向、语言（口语理解和表达、对测验指导语的回忆、自发言语中的找词困难、指令理解、命名 12 个真实物品与 5 个手指）、结构（模仿圆、2 个交错的四边形、菱形、立方体）、观念的运用、阅读 10 个形象性词语后即刻回忆 3 次的平均数与 12 个形象性词语的再认，共 11 题，费时约 15 ～ 20 分钟，满分 70 分。

（3）蒙特利尔认知评估量表（Montreal Cognitive Assessment，MoCA）：是 Nasreddine 2004 年编制的，涉及注意力、执行功能，记忆力，语言能力、视空间结构、抽象思维、计算和定向力，共 8 个认知领域、12 道题，共计 30 分。完成时间约 10 分钟，英文测试正常值 ≥ 26 分。该量表在识别早期痴呆的灵敏度高，识别正常人群和轻度认知障碍患者有较好的灵敏性。

（4）韦氏成人智力量表和韦氏记忆量表（Wechsler Memory Scale，WMS）：韦氏成人智力量表是目前国际心理学界公认的进行认知能力评估的测评工具，常作为效标对其他有关智力测验进行效度检验，痴呆的研究中韦氏记忆量表（WMS）应用广泛，WMS 对 AD 的早期诊断与鉴别更为敏感。

（5）Mattis 痴呆评估量表（Mattis Dementia Rating Scale，DRS）：本量表由注意、启动与保持、概念形成、结构、记忆 5 个因子组成，总分 144 分，耗时 30 ～ 45 分钟。是较早的对额叶和额叶 - 皮质下功能失调敏感的评定工具。

2. 中重度 AD 言语障碍常用的评定量表

（1）严重损害量表（Severe Impairment Battery，SIB）：SIB 语言分表现已被广泛应用于中重度 AD 患者语言功能疗效的临床评估，其评估内容包括 9 个认知域，语言评估部分占总内容的 47%，语言评估部分的比重增加，使得对于语言损害更加严重的中重度患者，评估其认知功能损害的灵敏度更高。

（2）功能性语言交流量表：是一项直接的、基于表现的衡量功能性沟通的工具量表，是评估晚期 AD 严重程度的少数量表之一，其评估包含 10 个方面，即问候和命名、回答问题、写作、符号理解与物体 - 图形匹配、词语阅读理解、回忆、遵从指令、手势、举止和会话。

AD 的不同阶段有不同程度的语言功能改变及特征，采用有效的评估方法如选择恰当的语言评估量表有助于 AD 的鉴别诊断及疗效评估。另外，也可根据 AD 患者早、中、晚期的语言障碍表现，参考失语症的评定方法进行测评（详见第五章第八节）。

七、 AD 患者言语障碍的康复治疗

AD 患者语言障碍的治疗是利用各种方法改善的语言机能和交流能力，提高患者生活质量，最终重新走向社会。

（一）主要机理

AD 语言障碍康复机理同失语症，恢复的理论依据为大脑的可塑性。主要有两种学说，一种是功能代偿学说，Luria 认为是由其他脑区来取代病损区的功能；基本脑结构功能的动员；高层脑结构功能的动员；即某些神经细胞代偿受到损伤的神经细胞功能。如代表传统法的 Schuell 刺激法就是刺激残存的功能以达到代偿。另一种是功能重组学说，利用其他神经通路，用不同的方法来完成被破坏的神经结构所承担的功能，失语症的恢复即是神经系统的重组，反复的刺激可能促进这种重组。有研究表明 AD 患者的非优势半球在其语言康复中起重要作用，通过语言康复训练，发现在优势半球对应的区域建立了语言区域的活动。

（二）目的

是促进交流能力的获得或再获得，对于大多数 AD 患者，训练重点放在改善日常生活交流能力，活化残存语言能力和学习使用其他沟通手段，以弥补失去的语言能力。根据患者病情的不同和失语的类型有针对性地进行训练，促进语言能力的提高和进行实际的交流。

（三）方法

1. 药物治疗 目前对 AD 患者言语障碍的药物治疗主要有 N- 甲基 -D- 天冬氨酸（NMDA 受体拮抗药、胆碱酯酶抑制剂等，其中 NMDA 受体拮抗药对 AD 言语障碍患者有较大的治疗价值。但值得说明的是，在配合药物治疗前提下，言语训练也是必不可少的，适当的语言康复训练，恰当的语言训练时机掌握，对患者言语障碍的康复是十分重要的。

2. 言语训练 AD 患者的康复训练主要是仿效脑卒中后语言障碍的治疗方法。两者的语言障碍在某种程度上有重叠，故而卒中后失语的治疗策略可能被用于 AD 患者的言语障碍治疗上。其中最常用的为 Schuell 刺激疗法和实用交流能力的训练（详细参照失语症的治疗）。

语言障碍康复训练方法：

（1）言语障碍表现类似于运动性失语的康复训练以语音训练为主。首先，进行肌群运动，特别是失语超过 1 个月者，与发音有关的肌肉会有不同程度的失用性萎缩，致使患者说话含糊不清。所以，先要进行舌肌、面肌、软腭和声带运动的训练，使语言肌肉的功能得以恢复；进行唇、舌、齿、软腭、咽、喉与颌部肌群运动，包括缩唇、叩齿、卷舌、鼓腮、咳嗽、清嗓子、嗑瓜子、嚼口香糖等活动。其次，进行发音训练，先练习易发或能够发的音。发单音后训练发复音，教患者先做吹的动作，然后发 "p" 音。对于不能随意支配自己唇舌发出想要发的声音的运动性失语患者，在训练开始时，先教会患者通过口形及声音支配控制自己的唇舌运动练习发音。即训练者先做好口形、发音示范，然后指导患者通过镜子观察自己发音时的口形，以纠正发音错误或通过录音机将自己的发音与正确的发音作比较纠正。再次，字、词、句训练。单音训练 1 周后逐步进行字、词等的训练，由无意义的词—有意义的词—短语—句子。如：你—你吃—你休息—你吃饭后休息。0 度、Ⅰ度语言障碍患者以单词训练为主，Ⅱ度、Ⅲ度患者以词组、短句为主。又次，复述训练。复述单字和词汇。命名训练让患者说出常用物体的名称。进行词句训练与会话训练时，先给患者一个字，让其组成各种词汇造句并与其进行会话交流。进行听觉言语刺激训练时，先听语指图、指物、指字，并接触实物叫出物名。最后，进行阅读训练。将适合患者发音的生活用语录制成磁带。让患者跟读，反复进行语言刺激。

（2）言语障碍表现类似于感觉性失语的康复训练以提高理解能力训练为主。首先，进行视觉逻辑法训练。感觉性失语症患者的训练要比运动性失语困难些，如给患者端上脸盆，放好毛巾，并对患者说 "洗脸"，患者虽不理解"洗脸"二字之意，但从逻辑上他会理解你是让他洗脸。如此反复进行多日，就会使患者语言与视觉结合起来，语言功能得以恢复。

（3）认知功能的训练：AD 患者以认知缺陷为特征，记忆障碍突出，故亦与认知功能训练同时开展，制订专业的训练计划。

早期进行语言康复训练对 AD 患者非常重要和必要，多数患者经过康复训练可获得不同程度功能恢复，但恢复程度与患者病情、年龄及能否主动配合等因素有关。AD 言语障碍的语言训练是艰难复杂的过程，能帮助患者最大程度的恢复语言功能，树立自信，适应生活，提高生活质量。

3. 计算机辅助训练技术　近年来，应用计算机辅助训练技术对 AD 患者进行言语训练，其影响逐渐为人们所重视。通过观察训练前后 AD 患者语言功能和认知能力的情况，结果表明计算机辅助认知训练可提高患者的语言功能和认知能力。计算机辅助认知训练具有良好的发展前景，它具有形象、生动、多元等诸多优点，可针对不同阶段、不同类别、不同文化背景的 AD 患者，未来的研究趋向于影像学及神经心理学量表和神经心理实验的共同应用。

4. 认知训练　语言功能与认知功能存在着有效的相互关系，故在 AD 患者言于常规训练外，还要注重认知功能的治疗，可提高语言恢复能力。故可在临床上设计一些难度适中的记忆任务来训练患者记忆的加工处理和储存速度，为患者提供多种途径的语言信息，提高其语言理解能力。

另外，随着人口老龄化的加速、生活方式的改变、各种面型代谢性疾病的低龄化和普及化，血管性痴呆的患者也随之增多。血管性痴呆是导致中老年人认知障碍的第二大病因，影响了患者的言语交流能力，导致患者日常生活水平下降。血管性痴呆患者言语训练方法与 AD 大致相同。血管性痴呆常见的病因有脑卒中、脑动脉硬化等，也可根据原发疾病所引起的言语障碍表现，进行相应评定，训练计划的制订及具体训练方法的实施。

第二节　帕金森病

帕金森病（Parkinson disease，PD）是老年人常见的中枢神经系统退行性疾病，其病理特征为黑质纹状体多巴胺缺乏，主要临床表现为静止性震颤、肌强直、运动迟缓和平衡障碍等。是人类常见的神经退行性疾病之一，其发病率仅次于阿尔茨海默病。是中老年人群中最常见的锥体外系疾病。

在帕金森病的发展过程中常伴有言语障碍，主要表现在构音障碍、自发言语障碍、复述障碍、阅读理解障碍、命名障碍和书写障碍等方面。据国外报道，89% 的特发性帕金森病患者伴有不同程度的言语障碍，且通常与吞咽障碍伴随发生。帕金森患者的言语、吞咽障碍，严重影响了患者的生存质量和社会参与能力。

一、PD 患者言语障碍的发病机制

PD 言语障碍可能与皮质 - 纹状体 - 背侧丘脑 - 皮质环路受损、基底神经节损害、认知损害、运动障碍相联系，揭示帕金森病言语障碍的复杂的神经心理机制。PD 言语障碍发病的确切机制目前仍不明确，主要与以下两方面的障碍有关。

1. 运动障碍　目前认为帕金森病患者的言语功能障碍主要和运动功能障碍相关。帕金森病患者发声的异常与骨骼肌系统的异常是相似的,即其主要表现的是运动调节障碍。PD 患者的塞音、爆破音、摩擦音大多受到影响,而且这种变化是由喉部肌肉运动障碍导致声门内收功能障碍所导致的。言语呼吸能力下降及喉功能障碍是 PD 患者言语障碍的重要原因。帕金森患者言语障碍多并发吞咽障碍,这是由于构音运动所动用的肌肉与吞咽过程所动用的肌肉有很大程度是共通的,比如它们都需要唇部和颊部的肌肉及舌肌和舌骨上下肌群。

2. **感觉、反馈障碍**　帕金森病患者常对自己嗓音的感受能力受损,如察觉不到自己的嗓音很低,也不愿意在治疗过程中刻意提高自己的音量。另外,帕金森患者有多种感觉障碍,如本体感觉障碍,口腔颌面部感觉功能障碍,包括下颌本体感觉减弱,舌、牙龈或牙齿触觉定位能力降低等,也是造成患者言语障碍的原因。

二、 PD 患者言语障碍的临床表现

PD 的言语障碍主要由运动迟缓所致,以嗓音质量障碍和发音障碍为主,属于运动过弱型构音障碍,患者常主诉说话中途停止,气息不连续等。其代表性症状包括发声不协调、发声疲劳、发声吃力、控制发声能力下降、音量过低、声音嘶哑、语言表达的清晰程度下降等,部分伴有鼻音化构音和语速的变化,在有些患者这些症状甚至可以作为首发症状。患者言语障碍的特点为语调单一和音量过低。

语调单一是 PD 患者言语障碍另一种较为普遍的症状。主要体现在讲话的音调单一、缺乏节律变化,即讲话的基本频率与正常人相比缺乏变化。人们之所以能够讲出含有不同声调的话语,是通过肺部呼出的气流冲击声带使之以不同的频率进行振动来实现的。每分钟这种振动的次数称之为基本频率或者基频,基频的变化对于声调和言语的表达是至关重要的。由于 PD 病患者对基频的调节控制能力受到了很大的削弱,使得患者无法像正常人一样自如快捷地调节讲话的基频,所以他们的话语听起来就过于单调、可懂度明显下降,造成与他人交流的障碍。

音量过低是指说话的音量或者强度不足以或者难以使得他人听清和理解讲话的内容。近年来的研究表明,与正常人相比,特发性帕金森病患者的音量属于弱或非常弱级别,较正常人低 2 ~ 4dB,相当于感觉上响度下降 40%。这种现象导致患者周围的亲属或者朋友常经常难以听清患者的话语,从而引起双方在交流方面的障碍。一个典型的现象就是当人们要求患者提高讲话的音量时,患者坚持他 / 她说话的音量已经足够大,并且认为对方有听力障碍,需要去配置助听器。这种现象在对患者进行言语康复训练时会更加明显。

三、 PD 患者言语障碍的评定

临床上可以从构音器官评估、主观听感觉和客观指标检测(声学、空气动力学)、仪器生理学评估等方面进行评定。

1. **构音器官评估**　目前国内最常用的构音障碍评定法是中国康复研究中心构音障碍检查法和汉语版 Frenchay 构音障碍评价法(详见第六章第二节)。

2. **主观听感觉评定**

(1)嗓音障碍指数(voice handicap index,VHI):是一个提问式量表,从患者角度出发,以其主观感受为中心,从生理、功能、情感三个维度描述患者喉部不适的感受、日常生活中使用嗓音的障碍及由此引起的情感反应。

(2)总嘶哑度、粗糙声、气息声、无力嗓音、紧张嗓音听感知评估量表(Grade,Roughness,Breathiness,

Asthenia,Strain,GRBAS):GRBAS 听感知评估量表则是从经过培训的听评委角度出发,从总嘶哑度、粗糙声、气息声、无力嗓音和紧张嗓音 5 个方面对自然说话声进行 4 个等级的分级评估(0:正常;1:轻度障碍;2:中度障碍;3:重度障碍)。评分越高,嗓音质量越差。

3. **客观检测指标评定** 空气动力学参数包括声门下压、平均发声气流、最长声时、发声阈压、声门效率等。指标对 PD 患者发声时气流、压力等的变化作出评估。有研究发现与正常人相比,PD 患者发声时最长声时下降,平均喉阻力升高;声门下压升高明显,且随着声强的增加而上升;而发声气流及声门效率无显著差异。

声学参数主要包括声强、基频、基频变化率、基频微扰(jitter)、振幅微扰(shimmer)、运动循环速率、信噪比和谐噪比。声强使用最广泛,即单位时间内通过垂直于声波传播方向的单位面积的能量,PD 患者发声的声强较正常人低。多数研究显示 PD 患者嗓音的基频微扰和振幅微扰较正常人高,与听感觉上的粗糙声和嘶哑声相一致。其数值随着 PD 患者姿势不稳定性的增加而升高。PD 患者发声时谐噪比较正常人低,提示 PD 患者可能存在声门关闭不全。

PD 患者的言语障碍多有以下三个特点:参与发声机制的肌肉运动幅度降低、对自己发声的感觉障碍及发声时无法调节适当的肌肉运动强度。

4. **仪器生理学评估** 生理学评定是描述 PD 患者发声时呼吸生理特点,多利用动态喉镜、电声门图、喉肌电图等手段评估喉功能。可了解帕金森患者发声时呼吸和喉部的生理特点。喉镜下可观察到的声带形态和振动异常。动态喉镜和电声门图观察发现患者发声时存在声带内收不全、声带震颤、声带两侧不对称。肌电图检测提示患者甲杓肌运动幅度减小,协调性差。

目前针对帕金森病患者语音障碍的主客观检测方法很多,但国内和国际上尚缺乏相对统一的评定模式。

四、 PD 患者言语障碍的康复治疗

帕金森病的治疗目前主要有药物治疗、手术治疗和康复治疗三个手段。

(一)药物治疗

是以左旋多巴为核心的药物,可抵抗震颤,降低肌张力,使运动相对协调,提高言语清晰度,对 PD 患者的言语障碍有一定的改善作用。早期效果显著,但在治疗若干年后其疗效逐渐降低,且可能引起严重的副作用。

(二)手术治疗

经多年的药物治疗效果不稳定者,可行手术治疗,以丘脑腹外侧核为手术靶点,对靶点进行射频热凝毁损术,术后震颤立即消失,由于震颤的消失,使得患者在说话时颤音减弱,情绪稳定,达到了部分改善语音的质量,为恢复语言功能打下了基础。术后仍需继续服用药物 3～6 个月,要逐渐减量,最后停止服药。

(三)康复治疗

PD 患者言语障碍是运动范围和速度受限,发音为单一音量,单一音调,重音减少,有呼吸音或失声现象的运动过弱型构音障碍,故其言语训练可参考构音障碍训练一节。

1. **常规言语治疗** 常规言语治疗包括舌唇运动、发声、音量、韵律、语速、呼吸控制等方面的训练。

舌唇运动的训练可以通过改善唇部肌肉的僵硬程度、活动幅度及舌、唇的运动协调性从而改善患者发音的清晰度。呼吸训练治疗通过延长呼气时间,增加呼吸肌活动度从而增加呼吸容量、声门下气流压和声强。也可结合视觉反馈让患者了解自己胸腔、腹腔运动情况进行呼吸训练。帕金森病患者的常规语言训练可从面部肌肉的运动、呼吸和发音训练、说话的训练三方面进行。

(1)构音器官运动训练

1)用拇指和食指掐脸。

2)用指尖轻叩整个脸部。

3)抬额。

4)皱眉。

5)睁闭眼双眼分别进行。

6)旋转眼球,或向对侧运动眼球。

7)鼓腮左右轮换 / 左右同时。

8)张口闭口。

9)反复噘嘴,咧嘴。

10)运动下颌左右 / 前后方向。

11)尽量伸出舌。

12)舌尖上下运动。

13)用舌舔面颊内侧。上面的动作可边照镜子边做,同一动作反复做 3 ~ 4 次,镜子前做鬼脸也能得到训练。

(2)呼吸和发音训练

1)用力腹式呼吸,将手和书放在腹部 / 吸气 3 秒(用鼻)。呼气 3 秒(用口) —延长。

2)持续发声,用腹部充分吸气后,喊"啊—" —测秒数(最好持续 15 秒以上)。

3)声音强弱和高低的控制。1、2、3、4、5"小声—大声"do、豫、mi、fa、80、ia、si、do"随着钢琴声喊(试着 2 个八音度)。

(3)语速训练

1)说话速度形成缓慢,1 个字 1 个字发音清楚的说话习惯—随着钟表的节奏进行说话练习"1,2,1,2…""月,火,水,木"。

2)气息快速调整气息。形成缓慢的说话习惯。

3)发音张大口,1 个音 1 个音地清楚发音超过自己能力之上快速说话只能使发音不清。这些训练有利于改善语言和保持更好的状态。短时间内最好每天进行。

(4)音调训练:深吸气,然后练习由低调到高调地发音,如"a—";或由高调到低调地发音,如"a—"。也可以做音符训练:深吸气,然后大声地由低调到高调歌唱音符,如"Do-Re-Mi-Fa-So-La-Si";或大声地由高调到低调歌唱音符,如"Si - La - So -Fa-Mi -Re -Do";练习唱歌,用不同语调说话,汉语拼音的四声练习,朗读训练。

2. 励 - 协夫曼言语治疗(Lee Silverman voice treatment,LSVT) LSVT 技术始于 20 世纪 80 年代末,由 Ramig 及其学生首先提出,经过 20 多年的发展,其疗效得到了大量临床研究的验证,已经成为目前首项具有直接临床证据的言语治疗技术。与其他方法不同的是,LSVT 主要集中于帕金森病患者最常见的言语问题,即嗓音异常的问题。由于治疗主要集中在嗓音上,每位患者在接受治疗前都要接受喉部检查,以排除禁忌证(如声带小结、胃食管反流、喉癌等),并且必须向患者说明治疗的目的在于提高发声的效率。

LSVT 训练的主要目标为改善长期的言语交流,注重增加声强,促进对于发声运动障碍的感受能力,并且重新调整发声的感觉运动系统。其要点如下:①加发声运动的幅度;②进对自己提高发声时的感觉能力;③者需要尽最大的能力来完成训练;④强度训练(每周 4 次,连续 4 周共 16 次训练);⑤发声运动的量化。

(1)LSVT 具体实施方法:每周四次,连续共四周。

训练内容包括两部分:

第一部分:每次训练的前半部分有三项任务:①训练患者尽可能长时间的发元音,如嘱咐患者深吸气,尽可能长时间维持发"啊"音;②训练患者尽可能地扩大发声的频率范围,如嘱咐患者先发出尽可能高音调的声音,再嘱其以尽可能低的音调发声;③语句训练,嘱患者选择 10 个日常生活用到的短语或句子进行发声训练。

第二部分:每次训练的后半部分为阶梯式声强训练,第一周为单词和短语的声强训练;第二周为句子的声强训练;第三周为读书时的声强训练;第四周为交谈时的声强训练。

在 LSVT 治疗期间,要求患者每天完成一定量的家庭作业,在有治疗的日子里,每天完成一次家庭作业,在治疗间歇日,每天完成两次家庭作业以维持疗效。在治疗期间,如无特殊原因,鼓励患者大量喝水。治疗结束后,患者仍然必须每天坚持自我训练以维持疗效,建议患者在 6 个月后随访,这时候患者还可以接受一些课程训练进行调整。

(2)LSVT 的疗效:LSVT 技术主要注重高强度的声带训练及改善患者对于发声力度的自我感知能力,这种方法的短期和长期疗效均得到了试验结果的证实。

3. 音乐治疗 近年来,有研究者将歌唱用于言语治疗,并证实其对 PD 患者言语障碍具有一定的疗效。其改善言语障碍的机制目前尚不明确。一方面可能是唱歌时减慢的发声运动可以减少发声运动对左侧大脑球的依赖,另一方面唱歌时节律作为一种听觉上的外提示可以改善发声运动。

4. 重复经颅磁刺激(repetitive transcranial magnetic stimulation,rTMS) 是通过时变磁场在颅内产生感应电流,刺激皮质神经元和(或)神经纤维从而达到治疗作用的一种技术,具有操作简便、无痛、无传统损伤等特点。rTMS 早期仅用于治疗抑郁症,随着研究的深入,有学者将其用于治疗帕金森病,发现其可以改善 PD 患者的运动障碍。近年来,研究发现 rTMS 对 PD 患者的言语障碍也有一定的作用,但其确切疗效仍需进一步临床研究以证实。

(王德强)

第十四章
其他原因引起的语言障碍

第一节　认知功能损害对语言交流的影响

　　认知是人类的一种心理活动,是指个体认识和理解事物的心理过程。它在觉醒状态下时刻存在,包括对自己与环境的确定、感知、理解、注意、学习和记忆、想象、思维和语言等。认知功能损害表现较复杂,其中轻度认知功能损害主要表现为:①记忆障碍,例如:近事记忆、个人经历记忆、生活中重大事件的记忆障碍;②定向障碍,包括时间、地点、人物的定向障碍;③语言障碍,包括找词困难,阅读、书写和理解困难;④视空间能力受损;⑤计算能力下降;⑥判断和解决问题的能力下降等。语言是人类独有的认知功能,语言符号信息在认知的加工过程中,从最初对语言符号感知辨识、理解到最终的语言表达,整个语言交流的心理过程都与认知功能(如思维、学习、记忆等)有着不可分割的联系。

（一）认知功能的评测

　　认知功能由多个认知域组成,包括记忆、计算、时空间定向、结构能力、执行能力、语言理解和表达及应用等方面。临床实践中,通过各种神经心理学量表检查可以量化地评估个体的总体认知功能,还可以发现某些日常生活中难以觉察的认知功能损害。

　　认知障碍的评测主要通过量表评测。其评测形式主要分为两大类:一种以观察患者的行为活动为主,一种以测验形式为主,目前国际上强调用两种方法进行双重评价。行为观察常用 CDR 量表、ADL 量表;测验形式的量表又可分筛查量表和成套量表两大类,目前临床使用的筛查量表有:简易精神状态检查量表(简称:MMSE)、长谷川智力量表(简称:HDS)、认知偏差问卷、老年人认知障碍简易测定方法、老年认知功能量表等,共同特点是简便易行,多以总分评定患者的认知功能,但这些检测无法反映各认知区域的变化特点,仅能进行认知障碍的初步筛选,其中临床上最常用的是简易精神状态检查量表(MMSE)及长谷川智力量表(HDS)。另一类是详尽的成套量表检测,如韦氏成人智力量表(WAIS)、Halstead-Reitan 神经心理成套测验量表、韦氏成人记忆量表、WHO 老年认知功能评价成套神经心理测验量表、认知评定成套测验量表等,其共同特点是全面、系统,基本上包括了记忆、语言、视空间、计算、思维概括能力等多项认知功能,但费时耗力,每次检测常需4～6小时,患者不易耐受,而且量表结构复杂,测验技术要求高,对中、重度认知障碍患者临床应用受限。

　　目前,认知障碍的测评也可以通过计算机系统进行筛查,有适宜于发现早期出现认知障碍患者的诊断和康复训练早老痴呆干预系统,也有适宜于轻中度认知障碍患者的诊断和康复训练的认知障碍诊治仪。两者都可自动实现甄别和详细检查,使各项认知能力进行分段检查,可对没有损伤的认知能力进行快速筛查,又可对损伤的认知能力进行详细检查。

（二）认知障碍与语言障碍

认知障碍必然影响语言行为,可同时伴发或表现为失语症、构音障碍、言语失用等。语言能力是认知功能的组成之一,语言又是其他认知功能的外部表现形式,语言能力可能随着认知衰退而出现不同程度的下降,如:轻度认知障碍患者可表现为找词困难,词汇量下降,在言谈中有频繁的停顿;中度认知障碍患者可表现为命名障碍明显,有语义错误,语音相对保存较好;重度认知障碍患者可表现为严重的语义障碍,词汇量大幅度下降,开始出现语音障碍,难以进行语言交流。各项认知能力障碍导致的语言障碍表现不同。

1. **定向力障碍与语言障碍**　定向能力指一个人自己对时间、地点、人物以及对自己本身状态的认识能力。一是包括对周围环境的认识,如时间、地点、人物;二是包括对自己状态的认识,如自己的姓名、年龄、职业等。

早期认知障碍患者主要表现为时间定向力的改变,而地点定向改变不明显,但随着认知功能的衰退,地点定向力亦逐渐下降,如脑梗死患者在认知障碍早期可表现为对时间缺乏定向力,他们不知道每天的时间,在问"现在是白天还是黑夜"的问题时,他们常说现在是黑夜,其实当时是白天。而认知障碍程度较重的患者地点定向力与人物定向力亦下降,他们不知自己在哪里,忘记了名字和个人的详细情况,不记得家庭成员与地址等。但无口语表达障碍与口语理解障碍,无复述受损,可以合并有命名障碍。

2. **记忆障碍与语言障碍**　记忆是已经获得的信息或经验在脑内储存和提取的神经过程,人的记忆可区分为编码、储存和提取三个独立而又相互作用的基本过程,其类型分为短时记忆和长时记忆两种,短时记忆又可分为:影像记忆、即刻记忆、初级记忆、工作记忆四种不同类型。长时记忆是指信息在脑中存储时间超过 1 分钟以上,分为陈述性记忆(或外显记忆)和非陈述性记忆(或内隐记忆)两大类。在陈述性记忆中,又分为语义记忆和情景记忆两个记忆系统,语义系统包含人们使用语言时的全部信息,而情景记忆是对个人亲身经历的记忆。

认知能力障碍患者大多早期表现为记忆力下降,其中延迟回忆比即刻回忆下降明显,如对轻度的认知功能障碍,患者可表现为部分或完全地失去回忆和再认的能力,可出现近事记忆、个人经历记忆、生活中重大事件的记忆障碍,从而导致了对近事、个人经历、生活中重大事件的语言交流内容缺乏,使语言交流中交流对方会认为一问三不知,答话不切题,语言交流时常因思考、回忆往事而中断,甚至对相关话题不知如何确切回答而被动采取沉默不语,中、重度记忆障碍大多因找词困难,难以独立组织话题而表现为不主动交流,被动地回答"是"或"否",某些重度记忆障碍患者会纠缠着某一主题而喃喃自语,表现如 Wernicke 失语。

3. **视空间能力障碍与语言障碍**　视空间功能包括物与物之间的定位关系、物与观察者之间的空间关系、景物之间的方位关系。由视觉原因造成物体在空间内的各种特性的认识障碍称为视觉性空间知觉障碍,简称视空间障碍。可分为定位障碍、深度知觉障碍、线方向判断障碍、形状知觉障碍和空间翻转能力障碍。大脑颞叶有助于快速的视觉辨认,与视空间整合能力有关。顶叶选择性地注意空间信息,顶叶上部可能与注意范围的缩窄、聚焦有关,顶下区可能和扩大注意范围使之包括黄斑以外的周围视野有关,大脑中相应区域的损伤可以导致患者对空间位置变化的注意、感知、快速辨认、整合和分析均有异于正常,出现视空间障碍。

视空间障碍可出现语言障碍。如枕叶皮层的损害可导致患者对物体形状的分析障碍,由于患者无法意识到的视空间变化,使在口语表达中对物体形状的描述错误而被正常的交流对方认为错误,双方各执一词而影响语言交流。大脑顶叶皮层受损导致位置和物体之间空间关系信息的处理障碍,在口语表达中表现为方向错乱,不辨东西;颞下皮层受损导致辨别物体特征信息(如形状和颜色)的处理障碍,在口语表达中表现对颜色辨别不清,容易被误诊为色弱,难以进行颜色辨别方面的语言辩论。

4. 计算力障碍与语言障碍 数字计算是脑高级认知功能之一,计算行为可能包含以下几种认知成分,即数字识别、数学符号含义的理解、从长时记忆中提取计算事件(个位数加法、乘法等简单算式的机械记忆)、计算方法的选择、运算规则和特殊计算程序的执行、中间结果的暂时储存和再提取以及记忆结果的表达。数字默读任务仅包含数字识别和程度较低的数字符号含义理解。数字计算过程可能以语义加工为基础,但比单纯数字默读包含更多、更复杂的认知过程。复杂计算至少存在词语工作记忆和空间工作记忆,词语工作记忆负责计算中间结果的储存和提取,用于下一步计算,这种存储与提取反复进行;而空间工作记忆参与减法计算过程在"十位"和"个位"双重单位系统之间进行"移位"。随着计算难度的增加,可能需要动用多项认知能力协同完成。

前额皮层、运动前区、额中回及扣带回等脑功能区受损可导致复杂计算障碍,顶下小叶、额下回后部(Broca 区)、运动前区和额中回(包括辅助运动区)受损导致计算中间结果的储存和提取障碍,随着认知程度的加重,工作记忆能力下降越明显,间接影响复杂计算的完成,导致中、重度认知障碍患者的计算功能的进一步下降。在口语表达中因计算困难而表现简单计算(如 2 加 3 等于几?)可回答正确,稍复杂的计算(如 93 减 7 等于几?)则回答错误。患者可表现出不愿意讨论与计算有关的话题,甚至交流中不想涉及该方面的表达,使交流难以完成。

5. 思维概括能力障碍与语言障碍 思维概括能力涉及多项认知功能,最能反映智力水平,在智力反映中分为流体智力和晶体智力两部分,流体智力与图形、物体之间关系的感知、注意、近事记忆和反应速度有关,受神经系统结构和功能的影响,是记忆力、视空间能力、定向能力、计算能力等的综合直接运用,流体智力可能随年龄增加而逐步下降;晶体智力受文化、知识、经验积累的影响,是各项认知能力与社会实验运用的概括总结,表现在社会交往和领导力、影响力等方面,晶体智力可能随着年龄增加逐渐增加,至退休年龄以后才会逐渐下降。

认知障碍患者思维概括能力与语言反应、交流障碍等临床症状相一致,如思维、概括能力障碍的患者,其延伸意义的主题讨论有障碍,出现复杂理解障碍,复杂思维问题难以表达,口语表达明显延迟,对简单问题的理解判断没有明显障碍,复述完全正常。

6. 执行功能障碍与语言障碍 执行功能是人们成功从事独立的、有目的的、自我负责的行为的能力,包括目标形成、策划过程(具有抽象思维性质)、完成目标导向和有效操作四个主要步骤。它不同于其他各种认知功能,它要问的是一个人正在"怎样"做事情,其他各种认知功能要问的是一个人正在"做什么"或"做多少"。执行功能不是单一的认知功能,是多种成分的综合。执行功能的常见成分包括:定势转移、优势抑制、工作记忆、概念形成和流畅性。

执行功能障碍患者常表现有语言障碍。在口语表达中出现语序颠倒,内容杂乱,主题不清,思维矛盾,语言不流畅,尽管极想表达一件事情,但表达不合逻辑,往往越说越乱。

(三)认知功能障碍的康复

认知功能障碍康复要与语言治疗、肢体运动训练相结合,采用作业治疗等与智能性的功能训练相结合,使用数字、物体的运动、记忆逻辑功能训练、定向力的练习和视觉记忆等训练方法,如做地图作业、彩色积木块的排列、物品的分类、数字的排列等,可以使认知功能障碍患者受益。也可以根据患者认知障碍的个体特点,制定一套康复计划,通过互联网进行开展一对一的训练,这些训练方法可以在医疗机构或在家里进行。

(陈卓铭)

第二节　精神心理障碍对语言交流的影响

一、焦虑

焦虑(anxiety)是对刺激产生不适应的严重和长时间的恐惧、焦急和忧虑反应的情绪和情感异常。常将之分为四型:反应性焦虑、恐怖焦虑、内源性焦虑、继发性焦虑。

(一)临床表现

焦虑的主要症状是,患者长期感到紧张和不安。做事心烦意乱,没有耐心;遇到突发事件时惊慌失措、六神无主,极易朝坏处着想;即便休息时,也可能坐卧不宁,如此惶惶不可终日。常伴有自主神经功能失调的症状,心悸、出汗、胸闷、口干、便秘、尿频等。如果患者出现突如其来的惊恐体验,仿佛窒息、疯狂将至、死亡将至,此称为惊恐发作。

(二)康复评定

评定焦虑的心理学量表有多种,此处仅介绍简单实用的焦虑自评量表(Self-rating Anxiety Scale,SAS)。

1. **评定内容**　评定内容如表 14-1。

表 14-1　焦虑自评量表(SAS)项目及可能引起的症状

序号	项目	可能引出的症状
1	我觉得比平常容易紧张和着急	焦虑
2	我无缘无故地感到害怕	害怕
3	我容易心里烦乱或觉得惊恐	惊恐
4	我觉得可能要发疯	怕发疯症
5	我觉得一切都很好,也不会发生什么不幸	无不幸预感
6	我手脚发抖打颤	手足颤抖
7	我因为头痛、头颈痛和背痛而苦恼	头痛
8	我感觉容易衰弱和疲乏	乏力
9	我觉得心平气和,并且容易安静坐着	无静坐不能
10	我觉得心跳得很快	心悸
11	我因为一阵阵头昏而苦恼	头昏
12	我有晕倒发作或觉得要晕倒似的	晕厥感
13※	我呼气吸气都感到很容易	无呼吸困难
14	我手脚麻木和刺痛	手足刺痛
15	我因为胃痛和消化不良而苦恼	胃痛或消化不良
16	我常常要小便	尿意频数
17※	我的手常常是干燥温暖的	无多汗
18	我脸红发热	面部潮红

续表

序号	项目	可能引出的症状
19[※]	我容易入睡并且一夜睡得很好	无睡眠障碍
20	我做噩梦	噩梦

注：[※] 为反向评分，即将表中最上一种情况不按表左方评定而按表右方的标准评定

2. 评分标准　评分标准如表 14-2。

表 14-2　SAS 的评分标准

评分	标准(以 1 星期为准)	反向评分项的评分
1	没有或很少情况有，指 < 1 天 / 星期	4
2	小部分时间有，即 1 ~ 2 天 / 星期	3
3	相当多时间有，即 3 ~ 4 天 / 星期	2
4	绝大部分或全部时间均有，即 5 ~ 7 天 / 星期	1

注：各项均按此标准评分，将 20 项得分相加即得出粗分，将粗分乘以 1.25 后取其整数部分即得标准分

3. 评定标准　正常人为 33.8 ± 5.9 分，焦虑者为 58.7 ± 13.5 分，一般以 < 46 分为正常，≥ 46 分即可考虑为焦虑。

（三）康复治疗

1. 心理治疗　对于反应性焦虑，由于是对生活中合理事件的反应，首选的应是解决冲突和支持性的心理治疗。理性情绪法（RET）可以有效地利用。对于恐怖焦虑，首选的应是行为疗法中的系统脱敏疗法，合并应用 RET 亦可收效。内源性焦虑的治疗亦可应用 RET。继发性焦虑是继发的，在于消除病因。

2. 药物治疗　目前使用最广泛的抗焦虑药阿普唑伦、氯氮平、地西泮、劳拉西泮、奥沙西泮、普拉西泮；反应性焦虑、恐怖焦虑、内源性焦虑和慢性迁延的焦虑均适用药物治疗。恐怖焦虑、内源性焦虑应用抗抑郁药比镇静药有效。对严重的恐怖焦虑、内源性焦虑患者可用氯硝西泮效果良好。

二、抑郁

抑郁（depressed）是一种对不良外界刺激发生长时间的沮丧感受反应的情绪改变。人们在遇到各种挫折时会出现抑郁，在各种灾害后也会出现抑郁，也可见于某些神经症、精神分裂症、更年期或脑损伤后等。因此认识抑郁，进行正确的评定和治疗是很重要的。

（一）临床表现

抑郁具有以下症状：①压抑的心境；②睡眠障碍，失眠或早醒；③食欲下降或体重减轻；④兴趣索然；⑤悲观失望；⑥自罪自责，严重时有自杀想法或行为；⑦动力不足，缺乏活动、唉声叹气；⑧性欲减低。抑郁的常见类型主要有抑郁性神经症、反应性抑郁、重型抑郁症等。

（二）康复评定

汉密尔顿抑郁量表（Hamilton Depression Scale，HAD；Hamilton Rating Scale for Depression，HRSD）是英国 Hamilton M 提出的，目的是为了评定抑郁症及其病情轻重和治疗的效果。目前国内外广泛采用（表 14-3）。

表 14-3 汉密尔顿抑郁量表

序号	具体症状	评分				
1	抑郁的心境	0	1	2	3	4
2	罪恶感	0	1	2	3	4
3	自杀	0	1	2	3	4
4	早段失眠	0	1	2	3	4
5	中段失眠	0	1	2	3	4
6	末段失眠	0	1	2	3	4
7	工作及活动兴趣减低	0	1	2	3	4
8	运动迟滞	0	1	2	3	4
9	激动	0	1	2	3	4
10	精神性焦虑	0	1	2	3	4
11	身体性焦虑	0	1	2	3	4
12	胃肠系统症状	0	1	2	3	4
13	一般身体症状	0	1	2	3	4
14	性器官症状	0	1	2	3	4
15	疑病症	0	1	2	3	4
16	体重减轻	0	1	2	3	4
17	自知力丧失	0	1	2	3	4

注:0—无;1—偶尔;2—轻微;3—经常;4—严重。在每项中圈出最适合患者特征的号码。如果评定达到 20 分以上可诊断为抑郁状态。经过治疗降到 7 分以下则属效果满意。正常人可评出 2 ~ 5.5 分

(三)康复治疗

1. 心理治疗

(1)宣泄法:宣泄患者内心深处的矛盾与痛苦,从而找出产生抑郁的病因。

(2)支持疗法:这样的患者自责感往往较重,觉得自己什么都不行,什么都干不了,往往失去了战胜困难的信心,失去对工作和生活的信心。因此,给予患者心理上的支持,帮助患者建立必胜的信心,看到自己的长处,看到希望,从而战胜困难。

(3)理性情绪疗法(RET 疗法):治疗者要让患者领悟到自己所以产生抑郁,是因在对事物分析中不合理信念占了上风,即看到事物的悲观面较多,看到自己的能力不够,从而导致悲观、抑郁的情况。治疗者要敢于与患者的不合理信念进行辩论,让患者认识自己的不合理信念,建立合理的信念,树立信心,克服抑郁和消极的情绪。

2. 药物治疗
目前治疗抑郁的药物主要有三环类(阿米替林)、四环类(马普替林)、单胺氧化酶抑制剂(苯乙肼)、选择性 5- 羟色氨再摄取抑制剂(盐酸帕罗西汀)、去甲肾上腺素及 5- 羟色氨再摄取抑制剂(盐酸文拉法新)、去甲肾上腺素及选择性 5- 羟色氨再摄取抑制剂(米氮平)。

三、 精神分裂症

精神分裂症(schizophrenia)是一组病因未明的精神病。多在青壮年发病,起病往往较为缓慢,临床上可表现出思维、情感、行为等多方面的障碍以及精神活动的不协调。患者一般意识清楚,智能基本正常,但部分患者在疾病过程中可以出现认知功能损害。该级疾病一般病程迁延呈反复加重或恶化,部分

患者可最终出现衰退和精神残疾,而部分患者经治疗可保持痊愈或基本痊愈的状态。

(一) 临床表现

精神分裂症急性期主要表现为正常心理功能的偏移,涉及感知、思维、情感和行为等多个方面,常见症状有:知觉障碍、思维联想障碍、思维逻辑障碍、妄想内向性思维、情感障碍、行为障碍等;精神分裂症慢性期或精神衰退的患者,一般表现为思维贫乏、情感平淡或淡漠、意志活动的减退;对诊断精神分裂症较为重要和必备的症状(一级症状)主要包括:思维化声、第三人称幻听、评论性听幻觉、躯体幻觉、体验到被外力所影响和形成的情感和动作等方面的症状。精神分裂症的临床类型:偏执型精神分裂症、青春型精神分裂症、紧张型精神分裂症、单纯型精神分裂、未分化型精神分裂症、残留型精神分裂症、分裂症后抑郁。

(二) 康复评定

1. **症状评定** 至少有下列 2 项,并非继发于意识障碍、智能障碍、情感高涨或低落,单纯型分裂症另规定:

(1)反复出现的语言性幻听。

(2)明显的思维松弛、思维破裂、语言不连贯,或思维内容贫乏。

(3)思维被插入、被播散,思维中断,或强制性思维。

(4)被动,被控制,或被洞悉体验。

(5)原发性妄想(包括妄想性知觉,妄想性心境)或其他荒谬的妄想。

(6)思维逻辑倒错、病理性象征性思维,或语词新作。

(7)情感倒错,或明显的情感淡漠。

(8)紧张综合征、怪异行为,或愚蠢行为。

(9)明显的意志减退或缺乏。

2. **严重程度评定** 自知力障碍,并有社会功能严重受损或无法进行有效交谈。

3. **病程评定**

(1)符合症状标准和严重程度标准至少已持续 1 个月,单纯型另有规定。

(2)若同时符合分裂症和心境障碍的症状标准,当情感症状减轻到不能满足心境障碍症状标准时,分裂症状需继续满足分裂症的症状标准至少 2 周以上,方可诊断为分裂症。

4. **排除评定** 排除器质性精神障碍;排除精神活性物质和非成瘾物质所致的精神障碍。

(三) 康复治疗

1. **药物治疗** 传统抗精神病药物有吩噻嗪类、丁酰苯类、苯甲酰胺类、硫杂蒽类药物,在临床上常用的药物有:氯丙嗪、奋乃静、三氟拉嗪、氟哌啶醇、舒必利等。非典型抗精神病药物主要包括培酮、奥氮平、喹硫平、氯氮平等。

2. **心理治疗** 精神分裂症的心理治疗主要应针对患者的具体情况进行,例如,可以通过支持性心理治疗解决社会心理因素给患者带来的打击,通过家庭治疗解决患者家庭成员对患者的情感表达问题,通过认知治疗来促进恢复患者的自知力等。

3. **精神康复** 大部分精神分裂症患者在接受药物治疗,症状基本消失以后,仍然存在认知,行为以及个性等方面的问题,有的患者还可能残留部分阳性症状或阴性症状,所以需要继续接受精神康复方面的治疗和训练。所谓精神康复可概要地理解为尽量采用各种条件和措施使患者的精神活动,特别是行为得到最大限度的调整和恢复。精神康复因人而异,因患者的具体问题而定,途径可以有多种,例如,通过对恢复期患者及其亲属的精神卫生知识教育,特别是精神分裂症有关知识的教育,可使患者和亲属了解到有关精神分裂症的表现,维持治疗,护理和监护等方面的知识,有利于患者和亲属对治疗的配合,也有利于使患者对自己病情的更加重视,通过开展各种娱乐活动和体育锻炼,特别是参与集体活动,可使患难与共者的孤僻、退缩行为得到改善,与别人沟通的能力得到增强,通过对患者生活自理以及家政方面的训练,有利于促进患者自理自己的生活和提高自立的信心,为患者进入真正的社会生活做好准备。对于精神分裂症患者的康复工作应该在治疗的早期就开始。

(郭艳芹)

第三节 口颜面失用和言语失用

一、口颜面失用

(一) 定义

口颜面失用是指在非言语状态下,虽然与言语产生活动有关的肌肉自发活动仍存在,但是舌、唇、喉、咽、颊肌执行自主运动困难。在临床上,一些言语失用并不存在口失用,但多数口失用伴有言语失用。Arosen(1980)的研究通过以下的表现证实了口失用的存在。①患者无发音或喉发声运动;②由非发声气流所产生的发音,如耳语;③不伴有呼气运动的发音运动。在这些患者中,即使为了维持生命目的能反射性的呼气、吸气,但是他们却不能按指令自主的呼气、吸气或模仿声音。

(二) 口失用检查

通过以下的检查可以判断患者是否存在口失用及轻重程度,表 14-4。

表 14-4 口失用检查

1. 鼓腮 　正常_____ 　摸索_____	4. 缩拢嘴唇 　正常_____ 　摸索_____
2. 吹气 　正常_____ 　摸索_____	5. 摆舌 　正常_____ 　摸索_____
3. 咂唇 　正常_____ 　摸索_____	6. 吹口哨 　正常_____ 　摸索_____

(三) 口失用的治疗

1. **喉活动技巧** 训练时,治疗人员与患者面对镜子而坐,治疗者发"澳"让患者边听边看,然后模仿。如果患者不能模仿又试图发声时,治疗者应把患者的手放在自己的喉部让其感觉到震动。有时需要治疗者用手帮助患者张口成为发声的口型,此过程应多次重复。由治疗者产生的和来自患者本人的听觉反馈系统加上触摸喉的触觉刺激可以促进发声控制。也可以由一个反射性的声音来建立发声,例如,咳嗽、叹气、哼哼声、大笑、哼曲子等都可以促进"澳"的发声,这种声也可以通过患者自己用手使双唇形成口型得到促进。当患者可以成功地发"澳"时,下一步可以练习发其他声调,同时加大音量。随后可以训练其他音,如"衣""屋"等,可以用同样的方法训练。另外,唱歌和完成句子也可以训练初始音,如一杯(水、茶、酒),草是(绿的、黄的)等。

2. 舌活动技巧 为了控制运动,治疗人员通过用单音节"la"唱一支流行歌曲表示舌如何活动,患者以同样方法唱,并对着镜子看舌是如何运动的。另外,还可以用压舌板帮助训练患者伸舌、缩舌、向侧方及上下运动。

3. 言语活动技巧 能控制发声和双唇运动之后,便可以训练患者产生完整词语并使患者在言语中意识到听、视、触觉的作用。口颜面失用和言语失用的共同特点是自主言语困难,而不是自发的言语状态。但是,可以利用自发性言语来改善自主性言语。可以让患者唱熟悉的歌曲或戏曲,如"祝你生日快乐""东方红""洪湖水浪打浪"等,可以促进自主言语。另外,让患者从1数到10;从星期一说到星期日等作为自发性言语来促进完整的言语活动。在治疗人员与患者一起说话时,开始时的声音总是小于患者,然后再慢慢降低,最后在没有帮助的状态下由患者自己说,最好选用较强的听觉模式、节律或生活中常用的词语,如"你好""谢谢""再见"以及广告词等作为引出完整言语活动技巧用词。

二、言语失用

(一) 定义

言语失用是不能执行自主运动进行发音和言语活动。而且这种异常是在缺乏或不能用言语肌肉的麻痹、减弱或不协调来解释的一种运动性言语障碍,或者说是一种运动程序障碍。

(二) 病因及机制

言语失用的病因是由于脑损伤,大部分患者为左大脑半球的损害涉及第三额回。言语失用被认为就是在言语产生的中间水平发生障碍,即语言形成(失语性错误所在)和运动计划的执行(构音性错误所在)之间。言语失用可以单独发生,也可以伴随其他语言障碍,常常伴随运动性失语。

(三) 言语特征

言语失用的言语特点多种多样,其突出特征多表现在以下几个方面:①努力的,尝试性和摸索性以自我纠正错音;②在正常的节奏、重读和声调上失语韵;③重复相同的表达材料出现非一致性发音;④明显的始动发音困难。

1. 发音错误 言语失用的发音错误多以置换、歪曲、遗漏和重复为特征。其中,发音错误中调音部位错误最常见,其次是发音方法的错误,再次是声调错误,最后是口/鼻音辨别的错误。

2. 韵律错误 言语失用患者在韵律上倾向于缺乏抑扬顿挫、不恰当的音节间停顿,及音调和响度的改变或受限,语速多偏慢。

3. 错误产生的影响因素

(1)随着发音器官运动调节复杂性增加,发音错误增加。

（2）词的开头为辅音比在其他位置发音错误多。

（3）重复朗读相同的材料时,倾向出现一致的错误发音。

（4）模仿回答比自发性言语出现更多发音错误。

（5）发音错误随着词句难度的增加而增加。

（四）分类

1. **获得性言语失用**（ac-quired apraxia of speech） 成人获得性言语失用通常是局灶性脑损伤所引起,损伤运动言语的计划或设计过程,而不存在面部言语相关肌肉的肌力、运动速度和协调性障碍。本章节着重讲解此部分。

2. **发育性言语失用**（developmental aprax-ia of speech） 发育性言语失用由 Yoss 等于 1974 年首次描述。其运动性言语异常表现在韵律、重音、发音错误(发音错误非一贯性)、共鸣、摸索行为、启动发音困难等,与获得性言语失用有相似性,但两者的相似性存在疑问,主要区别是发育性言语失用可能是音位加工和(或)运动加工受到影响所致,这两个过程在儿童尚处于发育阶段,可习得口语;而获得性言语失用损伤的则是以前已经获得的过程。

（五）评价

见表 14-5。

表 14-5 言语失用评价

元音顺序（1.2.3 要说五遍）	
1.（ɑ-u-i） 正常顺序 元音错误 摸索	3. 词序（复述爸爸、妈妈、弟弟） 正常顺序 元音错误 摸索
2.（i-u-ɑ） 正常顺序 元音错误 摸索	4. 词复述（啪嗒洗手、你们打球、不吐葡萄皮） 正常顺序 元音错误 摸索

（六）鉴别

1. **运动性构音障碍与言语失用** 运动性构音障碍是在运动计划的执行过程出现障碍,而言语失用则是在运动言语计划过程出现障碍,两者的本质均是运动性言语障碍,不同的是运动性构音障碍的言语错误是由言语相关的肌肉麻痹、肌力减弱或运动不协调导致的,其发音错误具有一致性,且可预见。而言语失用的发音错误与肌力无关,且发音错误非一贯性,不可预见。

2. **音素性错语与言语失用** 言语失用的发音错误,从本质上是非语言性的,而失语性音素性错语则是在音位编码阶段出现障碍,本质上属于语言性的。然而,从错音模式上看,失语症的音素性错语的临床特征有时被认为是言语失用的突出表现,而且,有时也会表现为努力尝试、错误发音运动并尝试自我纠正、发音错误非一贯性和启动表达困难,与前述言语失用的错误相似,表明言语失用和音素性错语不能简单地从错音模式上进行鉴别。

（七）治疗

1. 治疗原则　治疗原则应集中在异常的发音上,因此与适用于失语症和构音障碍的语言刺激,听觉刺激不同。视觉刺激模式是指导发音的关键,建立或强化视觉记忆对成人言语失用的成功治疗是最重要的。另外,也要向患者介绍发音音位和机理指导发音。

可以按照以下步骤:

1）把握每个辅音发音的位置。

2）迅速重复每个辅音加"啊",以每秒 3 ~ 4 次为标准。

3）用辅音加元音方式建立音节,如 fɑ、fɑ、fɑ、fɑ……

4）一旦掌握了稳定的自主发音基础和基本词汇,便试图说复杂的词,原则上还是先学会发词中的每个音、音节、最后是词。

2. Rosenbeke 成人言语失用八步治疗　另外还可以应用 Rosenbeke 成人言语失用八步治疗,见表 14-6。

表 14-6　成人言语失用八步治疗

步骤:

联合刺激—"请看着我"（视觉 [V1]）,"请听我说"（听觉 [a]）,同时发音（患者和治疗师同时发音或词语）。当一起发音时,治疗师要嘱患者注意听准确,特别是正确发音（词）时的视觉提示

联合刺激（V1.a）和延迟发音（治疗师先发音或词,稍隔一会儿,患者模仿）伴（V1）提示。治疗师先示范说出一个音（词）,然后,治疗师重复这个音或词的口型但不发音,患者试图大声地说出这个音（词）,也就是这时只有视觉提示而衰减了听觉刺激

联合刺激（Vi、a）和不伴视觉刺激（V1）的延迟发音。这是传统的"我先说一个音（词）,随后你说"此时治疗师没有提示

联合刺激和不提供任何刺激以及听觉（a）或视觉（V）状态下正确发音（词）。治疗师发音（词）一次,患者在无任何提示状态下连续发这个音（词）几次

书写刺激（V2）,同时发音（词）

书写刺激（V2,延迟发音（词）

提问以求适宜回答,放弃模仿,由治疗师提出适宜问题以便患者能回答相应的靶音（词）

角色发挥情景下适宜的反应,治疗师、工作人员或朋友被假定为靶词语角色。患者做恰当回答

（王德强）

第四节　缄默症

缄默症（mutism）也称不言症,是指在意识清楚,理解力完好,且无口面失用情况下的言语完全缺失。分为功能性缄默症和器质性缄默症。

一、功能性缄默症

功能性缄默症指精神活动异常导致的沉默不语,并非不能言语。患者没有言语器官及内外科疾病

引起的语言障碍、智力发育正常和神经系统检查正常。

（一）选择性缄默症

选择性缄默症（selective mutism，SM）多见于儿童及青少年，表现为在某些需要语言交流的场合（如学校，有陌生人或人多的环境等）持久地"拒绝"说话，而在其他场合言语正常。

选择性缄默症的诊断需要一个全面的检查评估，包括神经系统检查、精神心理检查、听力检查、语言和言语检查以及各种相关的客观检查（如脑电图、头颅影像学、事件相关电位）等。以下五项临床特征可作为诊断的依据：①在某些需要语言交流的场合"不能"说话，而在另外一些环境说话正常；②持续时间超过一个月；③无言语障碍，没有因为说外语（或不同方言）引起的语言交流问题；④可以找到如入学或改变学校、搬迁或社会交往等影响到患儿生活的原因；⑤不能诊断为自闭症、精神分裂症、精神发育迟缓、失语症等疾病。

选择性缄默症的治疗，大多采用心理治疗、行为治疗、药物治疗、家庭治疗、学校及社会支持等。

1. **心理治疗**　以缓解患儿的内心冲突为主要目的，强调个体化治疗，具体方法有心理暗示、心理辅导、精神分析法、认知治疗等。心理医师应从个案研究及经验入手，对患者做长时间的治疗。

2. **行为治疗**　纠正行为方式、调节情绪、克服急躁和焦虑，纠正处理问题的行为模式。常用的方法有正性强化法、负性强化法、脱敏法、录像自我模型法等。

3. **家庭治疗**　包括家庭教育和家庭游戏。不强迫患儿说话，与患儿交流时增加眼神、手势、躯体姿势等辅助提示。家庭教育要求改善不健康的家庭环境和家庭关系，加强家长对选择性缄默症的认识，减少粗暴的呵斥，增加善意的鼓励。做家庭游戏，如邀请患儿的朋友、同学和老师来家中做客，同患儿一起做游戏，让患儿在熟悉的环境中，同他们进行交流。不鼓励患儿使用其他的方式交流，但也不能反对，以免增加患儿的焦虑。来客由熟悉到陌生，由少到多，最终让患儿在学校接触到的人都是自己熟悉的人，从而忽略学校是一个陌生的环境。

4. **学校及社会支持**　给患儿创造一个良好的环境，多鼓励患儿讲话，不取笑其语言障碍，不恐吓捉弄等。了解患儿的情况及治疗特点，多与患儿交流，不强求患儿语言应答，对患儿各种形式的回应给予鼓励。

5. **药物治疗**　主要应用抗抑郁药物，改善抑郁和焦虑，但一般作为辅助治疗手段。

（二）癔症性缄默症

癔症性缄默症可发生在儿童或成人，有癔症性格患者在精神刺激或情绪波动下起病，拒绝讲话无场合的选择性，一段时间内任何场合均拒绝讲话，可表现为失音而非完全拒绝开口，持续时间相对较短，多为一过性。如并发癔症木僵，则写字、手势等均有异常。

（三）紧张性缄默症

精神分裂症的紧张型或木僵型都可出现缄默症。表现为缄默不语，或有片段的破裂性语言，同时可伴有拒绝、违拗、木僵、蜡样屈曲、冲动等症状，但意识清楚，有精神分裂症或紧张症病史。

（四）妄想性缄默症

系统妄想症与妄想型精神分裂症都可发生缄默。迫害妄想患者可由于妄想或幻听的内容"命令"患者不语，或者是因患者周围同伴和家人不同意患者所述妄想内容，使患者消极对待，拒绝与周围同伴或家人交谈而出现缄默不语。表现的拒绝也多限于"交谈"，无其他违拗、冲动或僵住现象。

（五）抑郁性缄默症

抑郁症和情感性精神障碍的抑郁状态可以表现为木僵或喃喃自语,患者面容悲戚,有时可伴有阵发性焦虑,病情严重者绝对闭口、不语。病情稍轻者,虽不能顺利交谈,但有时或略启唇齿。慢性病例可能已不见悲戚面容,不再出现阵发性焦虑表现,患者无所作为,听任摆布,状似"痴呆",但病史有初期悲观妄想与情感抑郁的过程。

（六）诈病性缄默症

诈病者在很多时候表现为缄默。单纯性诈病没有任何病情,完全假装"不语";非单纯性诈病者可有一定的真实病情,但缄默不是原有病情应有的表现,诈病者一般有目的性。了解诈病目的有助于缄默症的治疗。

二、器质性缄默症

（一）无动性缄默症

无动性缄默症为丘脑、下丘脑、中脑的网状结构上行激活系统受损所致,患者缄默不语,对外界刺激无反应,四肢不能活动或处于强直状态,无目的地睁眼或眼球运动,觉醒—睡眠周期可能出现混乱。有时出现体温升高、脉搏增快、心律不齐、呼吸频数或节律差、多汗等自主神经紊乱的表现。患者预后不好。以治疗原发病为主,辅助给予听音乐,听家人的语言等,按昼夜及生活作息规律给予运动及语言被动刺激。

（二）延髓麻痹性缄默症

延髓麻痹包括假性延髓麻痹和真性延髓麻痹两种,其中假性延髓麻痹是大脑多处损害,引起双侧皮质延髓束损害,是一种上运动神经元损害,表现为口—舌—唇肌的肌张力增高、肌力减弱,导致腭、咽喉及舌肌运动困难。重者完全缄默不语,轻者表现为说话迟缓,滞涩费力,口部活动但音轻声低,鼻音严重,可有吞咽困难。神经系统检查无肌肉萎缩,常伴有强哭强笑,下颌反射亢进,掌颏反射阳性。

真性延髓麻痹是由于发音肌肉本身的病变或支配发音肌肉的损害,是一种下运动神经元损害引起的发音肌肉弛缓无力,表现为咽、喉、腭、舌的肌肉瘫痪及萎缩。说话时鼻音很重,呼气发音时因鼻腔漏气而语句短促,字音含糊不清,声音嘶哑,伴有吞咽困难、流涎、饮水呛咳,进食时食物常从鼻孔呛出,软腭上抬困难,咽反射减弱或消失。

（三）小脑性缄默症

小脑性缄默症多见于后颅窝肿瘤广泛切除后的儿童,肿瘤绝大多数位于小脑蚓部,术后可能经过一段正常的语言表达阶段后出现缄默,部分患者有拒食和躁动为主的精神症状,对患者进行器质性因素和精神因素的双重治疗,预后一般较良好。

（四）扣带回损害缄默症

扣带回损害也可引起缄默症,失认、失用、失语三症为主的神经系统障碍。由睁眼凝视,表情淡漠,视、听、嗅、味及触觉的识别不能,对疼痛刺激无反应,语言交流能力丧失。因此导致缄默不语。常伴尿

便失禁及神经系统检查异常。此类患者预后不良,而病情的进展,使患者进入昏迷而死亡。

三、 缄默症的治疗重点

不同的缄默症类型的治疗侧重点不同,详见表 12-7。

表 12-7　缄默症的类型及治疗重点

类型		治疗重点
功能性缄默症	选择性缄默症	行为纠正,脱敏法,心理辅导
	癔症性缄默症	心理暗示,心理辅导
	紧张性缄默症	心理治疗,药物治疗
	妄想性缄默症	心理治疗,药物治疗
	抑郁性缄默症	心理治疗,药物治疗
	诈病性缄默症	找诈病目的,心理治疗
器质性缄默症	无动性缄默症	治疗原发病,规律语言、音乐的被动刺激
	延髓麻痹性缄默症	参照运动性构音障碍的康复治疗
	小脑性缄默症	参照运动性构音障碍的康复治疗、心理治疗
	扣带回损害缄默症	治疗原发病,按言语失用进行康复治疗

【个案】

1. 基础资料　患者,黄 ××,男性,年龄 7 岁 3 个月,广州人,家里较多使用粤语与普通话。因"拒绝和同学说话 3 个月余"由妈妈带来我院门诊求诊。患者在诊室中拒绝与他人交流,家属诉孩子在家可正常与家里人进行一般交流,对答切题,日常生活基本可自理。但自从 3 个月余前,孩子拒绝上学。随后家长询问老师得知其约 4 个月前在学校就开始不愿与老师、同学说话。家长来诊希望进行言语语言康复训练。未见患者既往有重大疾病或手术。

2. 专科评定

(1)语言障碍诊治仪 ZM2.1 检测

听:简单指令(100 分)、复杂指令(90 分)、听是否(95 分)。

说:表达语音(0 分)、表达语义(0 分)、命名(0 分)、

复述语音(0 分)、复述语义(0 分)。

读:视简单理解(65 分)、复杂理解(30 分)、听读字(0 分)。

其他:简单常识(88.2 分)、复杂常识(50 分)、匹配(90 分)、定向力(80 分)、比较(88.8 分)、记忆(80 分)、计算(77.7 分)。

注:在检测过程中,家属在场时,患者配合可,注意力集中,但仍不愿开口说话。

分析:患者听能力与其他认知能力尚可,说能力明显下降,读能力欠佳。

(2)行为观察

1)社会交往方面:①孩子拒绝治疗师指示下的目光对视,治疗师以孩子兴趣物引诱其目光对视 1 秒。治疗师呼名 1 次有回应,家属呼名 1 次有回应。②孩子对治疗师的握手请求有违拗表现。家属诉其在家可互动游戏。但是,孩子在检测过程中,回避与治疗师的交流,低头看下方,有目光回避现象,未见有交往性微笑出现。孩子未能向治疗师展示或分享其感兴趣物。③孩子在检测过程中未能用语言或手势进行表达,而直接实施行为,其尽量避免向治疗师表达自己的意愿。④治疗师下达简单指令时,孩

子会拒绝执行指令。

2）语言交往方面：①孩子语言理解能力好，可理解简单口头指令、双指令、复杂指令，可理解部分抽象问题；②孩子在检查过程中，语言表达欲望较差，孩子回避与治疗师的语言交流，多以直接实施行为的方式来达到自己的目的。但是，离开检查室后可与家属进行正常的语言交流。

3）行为方式方面：①情绪波动稍多，自我调控欠佳，需要他人共同调控；②兴趣物范围尚可，未见明显刻板行为。

临床诊断：选择性缄默症。

功能障碍：建议考虑沟通交流障碍。

3. 治疗经过

治疗建议：

（1）行为纠正。

（2）心理辅导。

（3）沟通交流训练。

具体治疗如表 14-8：

表 14-8　阶段性治疗计划

阶段性治疗计划	
第一阶段	对孩子家属进行宣教； 在孩子家属辅助下与孩子进行接触、交流； 逐步建立与孩子的信赖关系； 家属在场环境下，创造与孩子的语言沟通交流机会
第二阶段	在非家属在场的环境下，与孩子进行互动、游戏等； 在非家属在场的环境下互动，同时创造与孩子的语言沟通交流机会； 在非家属在场的互动环境下，逐渐增加陌生人的数量
第三阶段	鼓励孩子参加兴趣班，并指导家属去引导孩子与班上同学的交流； 鼓励孩子自主参加到兴趣班上的同学交流； 建议并逐步让孩子回到学校上课（低频率）； 鼓励孩子在学校与老师、同学交流（开始时，可让老师多引导）

5 个月后，孩子经过三个阶段的治疗后可正常上学，并恢复与老师、同学的日常语言交流能力。但与初次见面的陌生人可打招呼，仍难以积极进行语言交流。

（陈卓铭）

参考文献

[1] 李胜利.语言治疗学.北京:人民卫生出版社,2008.

[2] 高素荣.失语症. 2版.北京:北京大学医学出版社,2006.

[3] 陈卓铭.语言治疗学-学习指导和习题集. 2版.北京:人民卫生出版社,2013.

[4] 陈卓铭.语言治疗学-学习指导和习题集.北京:人民卫生出版社,2008.

[5] 陈卓铭.精神与认知康复.北京:人民卫生出版社,2017.

[6] Michel Paradis著,林谷辉,林梅溪,陈卓铭主译.双语失语症的评估.广州:暨南大学出版社,2003.

[7] 陈卓铭.特殊儿童的语言康复.北京:人民卫生出版社,2015.

[8] 张庆苏.语言治疗学实训指导.北京:人民卫生出版社,2013.

[9] 励建安.康复医学,研究生用书.北京:人民卫生出版社,2014.

[10] 励建安.康复治疗技术新进展.北京:人民军医出版社,2015.

[11] 赵斌.神经病学(案例版,2版).北京:科学出版社,2016.

[12] 李胜利.言语残疾评定手册.北京:华夏出版社,2013.

[13] 美国医师学会.精神障碍诊断与统计手册.5版.张道龙等,译.北京:北京大学出版社,2015.

[14] 李晓捷.实用儿童康复医学.2版.北京:人民卫生出版社,2016.

[15] 王维治,罗祖明.神经病学.北京:人民卫生出版社,2002.

[16] 柏树令,应大君.系统解剖学.北京:人民卫生出版社,2004.

[17] 汤慈美.神经心理学.北京:人民军医出版社,2001.

[18] 李胜利.言语治疗学.北京:华夏出版社,2004.

[19] 中华人民共和国卫生部.中国康复医学诊疗规范.北京:华夏出版社,1998.

[20] 黄东锋,卓大宏,陈卓铭,等.临床康复医学(上、下册).汕头:汕头大学出版社,2004.

[21] 王祖承.精神病学.北京:人民卫生出版社,2002.

[22] 郝伟.精神病学.4版.北京:人民卫生出版社,2001.

[23] 贺丹军.康复心理学.北京:华夏出版社,2005:77-84.

[24] 韩太真,吴馥梅.学习与记忆的神经生物学.北京:北京医科大学、中国协和医科大学联合出版社,1998.

[25] 姜泗长.临床听力学.北京:北京医科大学、中国协和医科大学联合出版社,1999.

[26] 刘慕虞.耳聋诊断治疗学.福州:福建科学技术出版社,2005.

[27] 潘映辐.临床诱发电位学.2版.北京:人民卫生出版社,2002.

[28] 朱镛连.神经康复学.北京:人民军医出版社,2001.

[29] 黄东锋.临床康复医学.汕头:汕头大学出版社,2004.

[30] 李树春.小儿脑性瘫痪.郑州:河南科学技术出版社,2000.

[31] 傅豫川.唇腭裂畸形的治疗.武汉:湖北科学技术出版社,2002.

[32] 宋儒耀.唇裂与腭裂的修复.北京:人民卫生出版社,1957.

[33] 石冰.唇腭裂修复外科学.成都:四川大学出版社,2004.

[34] 张守杰.嗓音疾病的防治.上海:上海中医药大学出版社,2002.

[35] 田勇泉.耳鼻咽喉科学.6版.北京:人民卫生出版社,2006.

[36] 张连.耳鼻咽喉科学.北京:中国协和医科大学出版社,2001.

[37] 王中植.耳鼻咽喉科治疗学.北京:北京医科大学、中国协和医科大学联合出版社,1997.

[38] 姜泗长.言语语言疾病学.北京:科学出版社,2005.

[39] 罗建仲.临床诊断新思维与新技术.成都:四川科学技术出版社,1998.

[40] 魏新邦.耳鼻喉科医师进修必读.北京:人民军医出版社,1997.

[41] 佐竹恒夫,小寺富子,仓进成子他.(S-S法)言语发育迟缓训练手册,言语发育迟缓研究会.东京:1991.

[42] 香港协康会.儿童发展手册.6版.中国香港:2002.

[43] 曾进兴.语言病理学基础(第一卷).中国台北:心理出版社有限公司,1996.

[44] 大西幸子,孙启良.摄食吞咽障碍康复实用技术.北京:中国医药科技出版社,2002.

[45] 梅欧医院神经科.梅欧医院神经科检查法.李海峰,冯立群,译.北京:科学出版社,2002.

[46] 高素荣,袁锦楣.痴呆诊疗学.北京:北京科学技术出版社,1985.

[47] 米歇尔·巴哈第.双语失语症的评估.林谷辉,林梅溪,陈卓铭,译.广州:暨南大学出版社,2003.

[48] 陈之.认知心理学.广州:广东高等教育出版社,2006.

[49] 邹小兵,静进.发育行为儿科学.北京:人民卫生出版社,2005.

[50] 陶国泰,贾美香.让孤独症儿童走出孤独.北京:中国妇女出版社,2005.

[51] 窦祖林.吞咽障碍评估与治疗.北京:人民卫生出版社,2009.

[52] 丘卫红,窦祖林,万桂芳,等.球囊扩张术治疗吞咽功能障碍的疗效观察.中华物理医学与康复杂志,2007,29(12):825-828.

[53] 李胜利.促进国内言语治疗发展,尽快与国际接轨.中国康复,2014,29(5):323-324.

[54] 张庆苏,李胜利.我国康复治疗学本科专业言语治疗学课程教学的探讨与实践.中国康复理论与实践,2012,18(10):997-998.

[55] 卓大宏.中国当代康复医学发展的大趋势.中国康复医学杂志,2011,26(1):1-3.

[56] 尚跃宏,熊国星,刘娟,等.两省一市残联及卫生系统康复治疗师现状调查.中国康复理论与实践,2011,17(9):889-891.

[57] 曹兴泽.言语-语言障碍治疗专业人才培养模式研究.中国听力语言康复科学杂志,2012(6):460-462.

[58] 张敬,章志芳,肖永涛.我国多省份医疗系统和非医疗系统言语治疗从业人员现状调查分析.中国现代医学杂志,2016,26(12):476-483.

[59] 李胜利.第二次全国残疾人抽样调查言语残疾标准研究.中国康复理论与实践,2007,13(9):801-803.

[60] 庞子健.运动性构音障碍言语声学水平客观评价的研究进展.中国康复理论与实践,2010,16(2):118-120.

[61] 方俊明.特殊教育学.北京:人民教育出版社,2007.

[62] 杜晓新,刘巧云,黄昭鸣,等.试论教育康复学专业建设.中国特色教育,2013,156(6):25-28.

[63] 田子遇.基于语谱的聋儿语训辅助手段实验研究.东北师范大学,2014.

[64] 黄昭鸣,籍静媛.实时反馈技术在言语矫治中的应用.中国听力语言康复科学杂志,2004(6):35-39.

[65] 卢红云,黄昭鸣.口部运动治疗学.上海:华东师范大学出版社,2010:72-91.

[66] 爱荷华大学.爱荷华大学交流科学与障碍专业介绍[EB / OL]. http://admissions.uiowa.edu / academics /

speech-hearing -science ,2014-11-16 .

[67] 王天舒 , 朱毅 . 日本康复相关专业本硕博培养现状与启示 . 中国康复医学杂志 , 2014, 29(2):156-161.

[68] 王南梅 , 刘树玉 , 王永华 , 等 . 台湾听力与语言治疗学专业的发展 . 听力学及言语疾病杂志 , 2013(6):621-623.

[69] 台湾听力语言学会. 台湾 "言治疗师" 及 "听力师" 专业学程 .2002.

[70] 王南梅. 听语人力供需实证研究. 台湾听力语言学会二十周年纪念专刊,2006,20 :8.

[71] 台湾听力语言学会. 医事人力需求调查表. 2011.

[72] 陈健尔 , 周菊芝 , 陈芙蓉 , 等 . 我国高职高专康复治疗技术专业现状与发展对策研究 . 中华物理医学与康复杂志 ,2011,33(11):867-869.

[73] 张凤仁 , 李洪霞 . 康复治疗学专业课程设置探讨 . 中国康复理论与实践 , 2004, 10(8): 449-450.

[74] 敖丽娟 , 李咏梅 , 王文丽 , 等 . 昆明医学院康复治疗学专业教学计划及课程设置探讨 . 中国康复医学杂志 , 2008, 23(4): 363-365.

[75] 张凤仁 , 李洪霞 , 赵扬 . 康复治疗学专业本科学历教育的探讨 . 中国康复理论与实践 , 2009, 15(3): 297-298.

[76] 黄澎 , 励建安 , 孟殿怀 , 等 . 康复治疗学本科教学改革方案探讨 . 中国康复医学杂志 , 2006, 21(10): 912-913.

[77] 陈艳 , 潘翠环 . 国内医学院校康复治疗学专业本科教育课程设置比较分析 . 中国康复医学杂志 , 2010, 25(10): 992-995.

[78] 黄红云 , 陈琳 . 重复经颅磁刺激治疗帕金森病的研究进展 . 中国微侵袭神经外科杂志 , 2010,(01) :46-48.

[79] 朱小霞 , 陈曦 . 帕金森病言语障碍的评定及康复治疗研究进展 . 中国康复医学杂志 , 2013,4(28):377-380.

[80] 袁萍 , 夏颖 . 脑损害后构音障碍患者语言治疗的有效性 . 中国临床康复 ,2003,7(31):4278.

[81] Boschi V, Catricalà E, Consonni M, et. Connected Speech in Neurodegenerative Language Disorders: A Review. Frontiers in Psychology, 2017,8:269. doi:10.3389/fpsyg.2017.00269.

[82] Bonnie Lorenzen, Laura L Murray.Bilingual aphasia :the theoretical and clinical review.American Journal of Speech - Language Pathology,2008,17(3):299-317.

[83] Brooke Hallowell(Ed.). Aphasia and Other Acquired Neurogenic Language Disorders(A Guide for Clinical Excellence).San Diego,CA:Pluralpublishing.

[84] Gorno-Tempini ML, Hillis AE, Weintraub S, et al.Classification of primary progressive aphasia and its variants. Neurology ,2011,76(11):1006-1014.

[85] LI L , Karen Emmorey, FENG XX,et al.Functional Connectivity Reveals Which Language the "Control Regions" Control during Bilingual Production.Frontiers in Human Neuroscience, 2016, 10: 616. doi:10.3389/fnhum.2016. 00616.

[86] OK-Ran Jeong History and Currend Training Model for Speech Language Pathologist in Korea. Korea First International on Speech and Languange Conference, 1998,134.131.

[87] Kyu-Shik lee Issue of Speech Therapist Training Korea First International Conference on Speech and Language Pathology, 1998,22.

[88] 美国劳工部 .speech and language pathology. http://en.wikipedia.org/wiki/Speech_and_language_pathology. 2012.

[89] Hodges JR , Patterson K．Is semantic memory consistently impaired early in the course of Alzheimer's disease?Neuroanatomical and diagnostic implications.Neuropsychologia,1995,33(4):441-459.

[90] Verma M, Howard RJ. Semantic memory and language dysfunction in early Alzheimer's disease: a review. International Journal of Geriatric Psychiatry, 2012, 27(12): 1209-1217.

[91] Fridriksson J, Baker JM, Moser D. Cortical Mapping of Naming Errors in Aphasia. Human Brain Mapping, 2009, 30(8): 2487-2498.

[92] Davis C, Heidler-Gary J, Gottesman RF. Action versus animal naming fluency in subcortical dementia, frontal dementias, and Alzheimer's disease. Neurocase, 2010, 26: 1-8.

[93] Wierenga CE, Stricker NH, McCauley A, et al. Increased fuctional brain response during word retrieval in cognitively in— tact older adults at genetic risk for Alzheimer's disease. Neuroimage, 2010, 51(3): 1222-1233.

[94] Saur D, Lange R, Baumgaertner A, et al. Dynamics of lan— guage reorganization after stroke. Brain, 2006, 29 Pt 6: 1371-1384.

[95] Kalf JG, de Swart B, Bloem BR, et al. Prevalence of speechimpairments in Parkinson's disease: A systematic review. Movement Disorders, 2009, 24: S528-S529.

[96] Fox CM, Ramig LO. Vocal Sound Pressure Level and Self-Perception of Speech and Voice in Men and Women With Idiopathic Parkinson Disease. American Journal of Speech-Language Pathology, 1997, 6: 85-94.

[97] Wan CY, Ruber T, Hohmann A, et al. The Therapeutic effects of singing in neurological disorders. Music Percept, 2010, 27(4): 287-295.